国家出版基金项目
NATIONAL PUBLICATION FOUNDATION

主　编　钱乘旦
本卷作者　刘明周

A HISTORY OF THE BRITISH EMPIRE

The End of the British Empire

第八卷 英帝国的终结

英帝国史

江苏人民出版社

图书在版编目(CIP)数据

英帝国史.第八卷,英帝国的终结/刘明周著.--南京:江苏人民出版社,2019.10
ISBN 978-7-214-23285-4

Ⅰ.①英… Ⅱ.①刘… Ⅲ.①英国-历史 Ⅳ.①K561.0

中国版本图书馆 CIP 数据核字(2019)第 043201 号

书　　名	英帝国史·第八卷　英帝国的终结
主　　编	钱乘旦
著　　者	刘明周
策　　划	王保顶
责任编辑	于　辉
装帧设计	周伟伟
责任监制	王列丹
出版发行	江苏人民出版社
出版社地址	南京市湖南路1号A楼,邮编:210009
出版社网址	http://www.jspph.com
照　　排	江苏凤凰制版有限公司
印　　刷	江苏凤凰新华印务有限公司
开　　本	880毫米×1 230毫米　1/32
印　　张	91.375　插页32
字　　数	2 040千字
版　　次	2019年10月第1版　2019年10月第1次印刷
标准书号	ISBN 978-7-214-23285-4
定　　价	580.00元(全8卷)

(江苏人民出版社图书凡印装错误可向承印厂调换)

本书获国家哲学社会科学基金经费资助,项目名称:
"英帝国的形成、发展及其在 20 世纪的崩溃"
项目号 11ASS001

谨此致谢

目 录

前言………… 1

第一章 大国战略与英帝国的解体………… 1

一、二战对英帝国的冲击………… 1

二、英国在世界格局中的衰落………… 12

三、大国战略与帝国支柱………… 22

四、英帝国的解体………… 34

第二章 战略转移与亚洲殖民地的独立………… 53

一、对亚洲殖民地的政治规划………… 53

二、印度的独立与分裂………… 56

三、缅甸的独立………… 82

四、锡兰的权力交接………… 95

五、马来亚的独立………… 100

第三章 冷战思维与中东殖民地的独立............ 114

　　一、战后中东的局面............ 114

　　二、败退巴勒斯坦............ 120

　　三、受辱埃及............ 136

　　四、被困塞浦路斯............ 159

　　五、溃败亚丁............ 167

第四章 经济规划与非洲殖民地的独立............ 178

　　一、变革之风............ 178

　　二、西非殖民地的独立............ 182

　　三、东非殖民地的独立............ 200

　　四、中非殖民地的独立............ 223

第五章 主动放弃与小型殖民地的独立............ 239

　　一、小岛的特殊性............ 239

　　二、放弃西印度群岛殖民地............ 241

　　三、撤出太平洋与印度洋岛国殖民地............ 263

　　四、斯芬克斯的第二副面相............ 280

第六章 从英帝国到英联邦............ 289

　　一、第一英联邦阶段............ 289

　　二、现代英联邦的形成............ 296

三、日益失去信心的英联邦………… 306

结语：论英帝国的解体………… 319

附表………… 332
　　二战以后英国殖民地独立时间表………… 332
　　英联邦成员国一览表………… 333
　　文中缩写语表………… 335

附录………… 337
　　一、地图………… 337
　　二、大事年表………… 343
　　三、参考书目………… 345
　　四、译名对照表………… 357

后记………… 365

前　言

对英帝国解体的研究，以英国、美国、英国原殖民地为代表的国际学界呈现出异常红火的态势，研究的专著与文章层出不穷。① 但仔细分析，就会发现其研究呈现出不同的倾向。英国学界大部分倾向于认为英帝国解体的主动权在英国，它是英国在完成传播文明任务后的功成引退。②美国学者在一定程度上同意英帝国解体的主动权在于英国，但是他们认为更准确的说法应该是英美同盟的主动行动；③也有一些美国学者认为二战之后国际格局转变对英帝国解体

---

① D. K. Fieldhouse, *Colonialism* 1870 – 1945: *An Introduction*, London, 1981, pp. 118 – 124.
② Harold Macmillan, *Pointing the Way:* 1959 – 1961, London, 1972; R. F. Holland, *European Decolonization* 1918 – 1981: *An Introductory Survey*, New York, 1985; John Darwin, *Britain and the Decolonization: the Retreat from Empire in the Post – War World*, New York, 1988.
③ W. R. Louis and Ronald Robinson, "The Imperialism of Decolonization", *Journal of Imperial and Commonwealth History*, Vol. 22, No. 3, (Sept. 1994), pp. 462 – 511; W. R. Louis and Ronald Robinson, "The Imperialism of Decolonization", in W. R. Louis, *Ends of British Imperialism*, London and New York, 2006; W. R. Louis, "The Dissolution of the British Empire", in *The Oxford History of the British Empire*, IV: *the Twentieth Century*, Oxford, 1998, pp. 329 – 356.

起着更为重要的作用。① 而英国原殖民地学者则强调民族主义在英帝国解体中的作用,认为英帝国的解体是斗争而不是恩赐的结果。②

强调民族主义的观点一度非常流行,但这一观点遭到了现实的挑战。按照民族主义的逻辑,国家独立后将会施展宏图,实现新国家的繁荣富强,但是在现实中,新独立的国家却是矛盾重重、步履艰难,美好的设想常常成为泡影。③ 基于此,恩克鲁玛(Kwame Nkrumah)提出新殖民主义理论,认为新国家的灾难在于新殖民主义,因为新殖民主义比旧式的殖民主义更为可恶,它们行使"没有责任的权力"。④以第三世界国家为参照系的依附理论更是从学理上论证了新殖民主义理论。⑤新殖民主义理论与依附理论遭到了英美学界的强烈质疑。三大流派的争论使英帝国的解体成为一个极具争议性的话题,而大争论又使这一问题的研究更为深入,研究成果也更为丰富。

研究的红红火火绝非仅仅由于争论所致,实际上,争论本身就表明这一研究的价值。长期以来,近代世界主要是几个欧洲强国主

---

① Paul Kennedy, *The Rise and Fall of the Great Powers*, New York, 1987; Paul Kennedy, *The Realities behind Diplomacy: Background Influences on British External Policy, 1865–1980*, London, 1981, pp.285–312.

② Jawaharlal Nehru, *Towards Freedom: An Autobiography of Jawaharlal Nehru*, New York, 1941; Kwame Nkrumah, *The Autobiography of Kwame Nkrumah*, New York, 1957.中文翻译本,恩克鲁玛:《恩克鲁玛自传》,国际关系研究所翻译组译,世界知识出版社,1960 年。以及其他第三世界学者的著作。关于该类观点,参阅:J. D. Hargreaves, *The End of Colonial Rule in West Africa*, London, 1979, pp.3–8; P. Gifford and W. R. Louis eds., *The Transfer of Power in Africa: Decolonization, 1940–1960*, London, 1982, pp.515, 569.

③ 唐·罗沃萨姆:《后殖民性:新现代性的挑战》,《国际社会科学杂志》,1998 年第 3 期,第 69–84 页。

④ Kwame Nkrumah, "Introduction", *Neo-Colonialism: the Last Stage of Imperialism*, London, 1965, p.xi.

⑤ C. P. 欧曼、G. 韦格纳拉加:《战后发展理论》,吴正章等译,中国发展出版社,2000 年。

导下的产物,可是二战以后,随着殖民帝国的解体,一大批新兴国家出现在国际舞台上。这些新兴国家的出现与随后产生的问题成为理解现代世界的关键。例如,中东国家由于石油经济而"大腹便便",但是在政治上又动荡不安,宗教上的原教旨主义最终演变为国际恐怖主义,这使关于经济与政治相对应的传统理论亟需调整;非洲国家独立后出现国家分崩离析的危险;南亚国家独立后发生的边界冲突;东亚国家的经济发展模式与威权政治紧密联系等等,这些都使殖民帝国解体后出现的问题成为现代国际社会的焦点。

对这些问题的关注产生了一大批研究成果,在这些成果中,最著名的学派包括现代化学派,其中塞缪尔·亨廷顿(Samuel P. Huntington)的现代化理论在学界享有盛名。另一个突然崛起的流派是批判学派,对民族主义者的失望使学界开始反思帝国末期民族主义领袖的豪言壮语,美好许诺与残酷的现实形成对比。一些学者认为帝国在形式上的解体并不能防止宗主国与原殖民地之间的藕断丝连,他们特别注意到文化上的延续性,文化帝国主义理论也风靡一时。[1] 其中,一个新兴研究的核心词"话语权"突然成为国际学界的一个热门话题,批判学派也正是在这一氛围中开始主导学界并俨然成为新的研究范式。

反观中国,对帝国解体的研究却异常寂寞。[2] 虽然王逸舟先生指

---

[1] Edward W. Said, *Culture and Imperialism*, New York, 1993. 中文翻译本,爱德华·W. 萨义德:《文化与帝国主义》,李琨译,生活·读书·新知三联书店,2003年。

[2] 主要的例外是张顺洪、李安山、高岱等人,主要成果有,张顺洪等:《大英帝国的瓦解:英国的非殖民化与香港问题》,社会科学文献出版社,1997年;李安山:《论"非殖民化":一个概念的缘起与演变》,《世界历史》,1998年第4期,第2-13页;高岱、郑家馨:《殖民主义史(总论卷)》,北京大学出版社,2003年。

出殖民体系的解体乃是一个大问题而且没有得到很好的阐发①,但是研究仍然没有大的起色。与研究的薄弱相对应的是,公众话语与文章中的"帝国解体"、"非殖民化"、"新殖民主义"却比比皆是,好像所有的人都在做研究。为什么出现围观者众、研究者寡的现象?在笔者看来,围观者众正是因为大家知道这一问题的价值,而研究者寡却反映了中国学术界的稚嫩、在困难面前畏葸不前。虽然英帝国的解体一直是国际学界的热门话题,研究的成果也让人叹服,但如果说这一课题的研究已经功德圆满,却要冒极大的风险。笔者看到,虽然不少学者对英帝国解体的研究做出了重大贡献,但是在研究的过程中,仍然面临严重的分歧,英国学界、第三世界国家的学者、美国学界的态度大不相同。实际上,在这三种研究视角的背后是意识形态的较量,因而,他们对英帝国解体的研究也不乏宣传的成分。在这一点上,福柯关于知识内在于权力的观点极具洞察力。这就为笔者的研究提供了紧迫感,如果笔者不能深入研究,就只能是人云亦云,跟在国外学界的后面跑,把他们的意识形态宣传当作真理来接受。然而,这一局面又为笔者的研究提供了空间,如果能够洞穿这些意识形态的假面,发现隐藏在其后的历史女神,倾听她的诉说,笔者就可以跟一个活蹦乱跳的、真实的历史正面接触。如果笔者的研究能够发现历史的真相,其他的研究就有了坚实的基础,中国学派就有可能梦想成真。但是就英帝国的解体而言,要达到这一目的谈何容易,国际学界众多的研究成果已经表明英帝国的解体是一个复杂的过程,它包含了众多内容。首先,英帝国的解体是一个政治过程,指的是原殖民地摆脱与英国的政治依附关系、开始全权处理自己的内外事务的过程。其次,英帝国的解体也是

---

① 王逸舟:《认真研究二战遗产(主编的话)》,《世界经济与政治》,2005年第8期。

一个经济过程，指的是原殖民地逐渐摆脱对英国的经济依附、获得经济自主权的过程。最后，英帝国的解体又是一个文化过程，指的是原殖民地逐渐摆脱对英国的文化依附、获得文化自主权并在国际上拥有自己话语权的过程。①

因而，英帝国的解体实际上是一个跨学科的问题，它既是政治、经济、文化的过程，也是三者之间的紧密互动。英帝国研究中出现一些片面的结论，主要是因为人们把树叶当作森林，水火不容的争论正是基于这样的原因。纵观先前对英帝国解体的研究，政治学家主要从政治层面进行研究，经济学家主要从经济方面进行研究，文学界与思想界主要从文化层面进行研究。这些研究的不足在于研究者对历史进程本身了解不足，因此，对英帝国解体进行深入的历史研究，对分学科的单向探讨具有至关重要的意义。从现实的层面来讲，深化对英帝国解体的历史研究，有助于深刻理解现代世界，准确把握国际社会的一系列问题，例如恐怖主义、原教旨主义、国家失败、国际冲突等等。在中国以更加自信的姿态走向世界时，历史研究显然具有重要的现实意义。

首先，有必要对英帝国解体的相关研究进行一次梳理。英帝国解体一直是欧美学界研究的热点，如果不对英帝国解体进行研究，

---

① 达尔文对英帝国解体的复杂性有过详尽分析，参阅 John Darwin, "Decolonization and the End of Empire", in *The Oxford History of the British Empire, IV: the Twentieth Century*, Oxford, 1998, pp. 541 - 556; John Darwin, *Britain and the Decolonization: the Retreat from Empire in the Post - War World*, New York, 1988, pp. 3 - 33; John Darwin, *The End of the British Empire: the Historical Debate*, Oxford, 1991.

所谓的"非殖民化"研究必定是无源之水。①在很长的时间内,对英帝国解体的研究是零碎的,这一研究的弱势是跟资料的缺乏紧密相关的。唯一的例外是印度与缅甸,而这主要跟两套文件集的出版有关。1970年由曼瑟(Nicholas Mansergh)教授主持的关于印度独立的12卷本文件集开始出版,这一工作花费13年之久,直到1983年才完全出齐。②在其刚刚出齐之时,由廷克(Hugh Tinker)教授主持的《缅甸的独立斗争之路,1944—1948》也开始出版,1984年两卷本的文件集都得以面世。③这段时期另外几套重要的参考文献是1953年由曼瑟教授主编的四卷本《英联邦事务档案与演讲集,1931—1952》④和1963年由曼瑟教授主编的两卷本《英联邦事务档案与演讲集,1952—1962》。⑤ 值得提到的另外一套著作是由摩根(D. J. Morgan)教授主编的《殖民地发展官方史》,在当时原始资料极为缺乏的情况下,摩根教授凭借私人关系得以参阅与英帝国相关的官方档案,之后他根据这些材料整理出五卷本的一套丛书,它对英帝国的研究具有重要的参考价值。⑥英帝国解体的研究在20世纪80

---

① 非殖民化研究的成果对西方的人文社科领域产生了深远影响,几乎所有学科都在非殖民化思潮中寻求学术的重新定位,如果不了解这一思潮,笔者对西方当代的学术动向将无从把握。
② Nicholas Mansergh ed., *The Transfer of Power* (TOP), London, 1970 – 1983, 12 Vols.
③ Hugh Tinker ed., *Burma, the Struggle for Independence, 1944 – 1948* (BSI), London, 1983 – 1984, 2 Vols.
④ Nicholas Mansergh ed., *Documents and Speeches on British Commonwealth Affairs 1931 – 1952*, London, 1953, 4 Vols.
⑤ Nicholas Mansergh ed., *Documents and Speeches on Commonwealth Affairs 1952 – 1962*, London, 1963, 2 Vols.
⑥ D. J. Morgan, *The Official History of Colonial Development*, New Jersey, 1980, 5 Vols. 路易斯教授曾高度评价这套书的史料价值,但也批评这套书可读性不强,许多时候显得"干巴巴"的。

年代中后期开始取得重大突破。1987年,英帝国解体的档案文件整理工作正式启动。这一年,由波特(A. N. Porter)教授与斯托克韦尔(A. J. Stockwell)教授整理的《英国的帝国政策与非殖民化,1938—1964》第一卷出版,1989年,第二卷也出版了。① 1992年,由哈耶姆(Ronald Hyam)教授整理的《工党政府与帝国的解体,1945—1951》四卷本文件集出版。② 1994年,由戈兹沃西(David Goldsworthy)教授整理的《保守党政府与帝国的解体,1951—1957》三卷本文件集出版。③ 1996年,由阿什顿(S. R. Ashton)教授与斯托克韦尔教授整理的《帝国政策与殖民实践,1925—1945》两卷本文件集出版。④ 2000年,由哈耶姆教授与路易斯(W. R. Louis)教授整理的《保守党政府与帝国的解体,1957—1964》两卷本文件集出版。⑤ 2004年,由阿什顿教授与路易斯教授整理的《苏伊士运河以东与英联邦,1964—1971》三卷本文件集出版。⑥ 另外一套重要文献是由著名的宪政史专家马登(Frederick Madden)教授主持整理的八卷本《英帝国与英联邦宪政史档案选编》,其中后三卷是直接跟英帝国解体相

---

① A. N. Porter and A. J. Stockwell eds., *British Imperial Policy and Decolonization, 1938-1964* (BIPD), London, 1987-1989, 2 Vols.
② Ronald Hyam ed., *The Labor Government and the End of Empire 1945-1951* (LGEE1), London, 1992, 4 Vols.
③ David Goldsworthy ed., *The Conservative Government and the End of Empire 1951-1957* (CGEE1), London, 1994, 3 Vols.
④ S. R. Ashton and S. E. Stockwell eds., *Imperial Policy and Colonial Practice 1925-1945* (IPCP), London, 1996, 2 Vols.
⑤ Ronald Hyam and W. R. Louis eds., *The Conservative Government and the End of Empire 1957-1964* (CGEE2), London, 2000, 2 Vols.
⑥ S. R. Ashton and W. R. Louis eds., *East of Suez and the Commonwealth 1964-1971* (ESC), London, 2004, 3 Vols.

关的内容。① 在地区与国别史方面，新近整理的档案文件也非常丰富。1992 年，由拉斯伯恩（Richard Rathbone）教授整理的加纳独立进程的两卷本文件集出版②，1995 年，由斯托克韦尔教授整理的马来亚独立进程三卷本文件集出版③，1997 年，由席尔瓦（K. M. De Silva）教授整理的斯里兰卡独立进程两卷本文件集出版④，1998 年，由肯特（John Kent）教授整理的《埃及与中东防务》三卷本文件集出版。⑤ 关于其他地区与国别的非殖民化文件集也相继出版。⑥

在对英帝国解体进行研究时，大部分学者认为美国对英帝国解体的影响非常大，随着美国一些档案材料的解秘，他们的结论得到了证实。因而，美国的相关材料对英帝国解体研究也助益良多。⑦ 毋庸讳言，苏联解体后的解密材料也助益了英帝国解体的研究。

如此一来，英帝国解体的研究突然获得了坚实的基础，一大批学者基于新的材料对英帝国解体进行了新的探讨。在这些争奇斗艳的群英之中，1998—1999 年由路易斯（Willlam Rogev Louis）教授主编的《牛津英帝国史》五卷本可以说是众芳之首，⑧这套丛书的编

---

① Frederick Madden et al eds., *Select Documents on the Constitutional History of the British Empire and Commonwealth*, Westport, 1993, 8 Vols.
② Richard Rathbone ed., *Ghana*, London, 1992, 2 Vols.
③ A. J. Stockwell ed., *Malaya*, London, 1995, 3 Vols.
④ K. M. De Silva ed., *Sri Lanka*, London, 1997, 2 Vols.
⑤ John Kent ed., *Egypt and the Defence of the Middle East* (EDME), London, 1998, 3 Vols.
⑥ 像斐济、马耳他、南非、塞浦路斯、肯尼亚等原殖民地独立进程的文件整理工作正陆续出版。
⑦ 在美国访学期间，笔者参阅了大量的美国外交档案中与英帝国解体相关的材料，收获颇多。乔治华盛顿大学设有国家安全档案馆，里面也存有一些相关的材料，地利之便，笔者得以充分利用这些文件。
⑧ W. R. Louis editor. in. chief, *The Oxford History of the British Empire*, Oxford, 1998－1999, 5 Vols.

纂是自《剑桥英帝国史》出版以来英帝国研究领域的最大盛事。从1992年开始，在路易斯教授的统筹下，全球125位相关领域的顶尖学者投入这套丛书的编撰，最后获得巨大的成功。① 在本卷的写作中，笔者系统地参阅了上述相关的档案资料与著作，也对各种学术成果进行了鉴别与吸收。

英帝国解体研究的成果极为丰富，详尽的列举非本文所能及，但是从英帝国解体的原因入手对英帝国解体研究的成果进行梳理似乎是可行的。实际上，从司马迁、希罗多德以来，对原因的探究就一直是历史研究的圭臬，以历史语境为核心的原因探究同样主宰着英帝国解体的研究。

在解释英帝国解体的原因时，早先的许多学者认为民族主义者的反抗是最为重要的内容，在殖民地教育精英的领导下，大众民族主义的兴起使英帝国难以延续。②但是在民族主义如何产生这一点上，学者的看法有分歧。根据博恩的看法，民族主义是殖民者入侵殖民地的必然产物，因而，早在殖民者侵入殖民地时，反抗殖民统治的民族主义就产生了。③但是在安东尼·洛看来，反殖民主义的兴起主要是20世纪之后的现象，特别是在大萧条之后，英国难以缓解殖

---

① 1999年这一项目完成之后，路易斯教授作为一个美国人获得"英帝国指挥官"的称号（这是英国女王授予的极高荣誉）。2001年，路易斯教授被推选为美国历史协会的主席。

② K. W. J. Post, "British Policy and Representative Government in West Africa, 1920 to 1950", in L. H. Gann and Peter Duignan eds., *The History and Politics of Colonialism* 1914 - 1960, London, 1970, pp. 31 - 57; Henri Grimal, *Decolonization: the British, French, Dutch and Belgian Empires* 1919 - 1963, Boulder, 1978.

③ A. Adu Boahen, "The Colonial Era: Conquest for Independence", in L. H. Gann and Peter Duignan eds., *The History and Politics of Colonialism 1914 - 1960*, London, 1970, pp. 503 - 524.

民地的经济与社会难局,由压抑与不满导致的民族主义才开始迅速发展。① 在哈格里夫斯和怀特看来,大众民族主义不过是构建的结果,他们以非洲为例进行研究,发现二战前非洲的民族主义主要局限于城市,但二战后英国政府主导的经济开发政策激起了殖民地人民的强烈反抗,殖民地的经济与社会问题都有利于民族主义的成长,一些民族主义领袖利用了这种局面,整合了城市和农村的不满情绪,发展出了大众民族主义。② 值得注意的是,虽然这些学者都承认民族主义在英帝国解体中的重要意义,但他们也都注意到民族主义者的内部矛盾,一些学者甚至认为在英帝国解体的过程中,与其说民族主义者与宗主国之间的矛盾是主要矛盾,不如说民族主义者之间的竞争才是主要矛盾,在英国决定撤出的时候,民族主义派别之间的竞争与分裂危险是英国加速退出的重要因素。③但是,也有一些学者认为强调民族主义者的作用是值得怀疑的,加拉格尔(John Gallagher)认为英帝国的解体与大众民族主义的反抗无关,他认为,不是像甘地这样的自由斗士,而是那些强调与英国合作的印度人才是英帝国解体的关键。④

也有一些学者认为英帝国的解体是美国、苏联的崛起与两极体系冲击的结果。二战结束后,以欧洲殖民帝国为主的均势格局转变为美苏争霸的两极格局,在两极格局中,美苏为了扩大自己的势力

---

① D. A. Low, *Eclipse of Empire*, Cambridge, 1991.
② Nicholas J. White, *Decolonization: the British Experience since* 1945, London, 1999; John D. Hargreaves, *Decolonization in Africa*, London, 1988.
③ Nicholas J. White, *Decolonization: the British Experience since* 1945, London, 1999; R. F. Holland, *European Decolonization 1918 - 1981: An Introductory Survey*, New York, 1985.
④ John Gallagher, *The Decline, Revival and Fall of the British Empire*, Cambridge, 1982.

范围，竞相压迫英法等老牌殖民帝国。而在这样的两极世界中，英国太过虚弱而不能维持英帝国，1956年的苏伊士运河事件就是一个典型的例子，在危机中，老牌的殖民国家英法遭到美苏的强烈反对，最后不得不狼狈撤退。因而，国际格局的转变才是英帝国解体的主要原因。① 这一观点也遭到了不少学者的质疑，路易斯教授以美国为例进行研究，发现美国在二战之前曾反对英国的殖民主义；但是从二战后期开始，美国基于自己的战略考虑也采取了帝国主义的政策。二战后，遏制共产主义很快成为美国政府的主要政策，基于这一政策，美国甚至去支持英帝国以扩大资本主义阵营在全世界的优势。②

随着英国档案材料的公布③，一些历史学者与社会学者逐步修正了原先的看法。哈格里夫斯、弗林特、吉福德、路易斯、皮尔斯等人开始认为英帝国解体的原因应该主要从英国政府这一方面进行解释，英国的政策才是英帝国解体的关键因素。④

但是在强调英国因素的时候，学者之间的分歧重新出现。一些

---

① W. D. Mcintyre, *Commonwealth of Nations: Origins and Impact*, Minneapolis, 1977; Brian Lapping, *End of Empire*, New York, 1985; Paul Kennedy, *The Rise and Fall of the Great Powers*, New York, 1987.

② W. R. Louis and R. Robinson, "The Imperialism of Decolonization", *Journal of Imperial and Commonwealth History*, Vol. 22, No. 3, (Sept. 1994), pp. 462 – 511.

③ 参阅文末参考文献中的档案性资料。

④ John Flint, "Planned Decolonization and its Failure in British Africa", *African Affairs*, Vol. 82, No. 328, (July 1983), pp. 389 – 411; John Gallagher, *The Decline, Revival and Fall of the British Empire*, Cambridge, 1982; P. Gifford and W. R. Louis eds., *The Transfer of Power in Africa: Decolonization, 1940 – 1960*, London, 1982; R. F. Holland, *European Decolonization 1918 – 1981: An Introductory Survey*, New York, 1985; D. J. Morgan, *The Official History of Colonial Development*, Vol., New Jersey, 1980; Robert Pearce, "The Colonial Office and Planned Decolonization in Africa", *African Affairs*, Vol. 83, No. 330, (January 1984), pp. 77 – 93.

学者认为英帝国的解体是客观因素的结果。英国财政大臣多尔顿等人认为英帝国的解体主要是英国经济的虚弱所致，英国战后严重的经济危机限制了英国的帝国野心，一次又一次经济危机最终埋葬了英帝国。[①]这一观点遭到霍兰等人的质疑，霍兰认为英国经济虚弱导致英帝国解体的结论是不准确的，英帝国的解体是英国与英帝国经济脱钩的必然结果。[②]沃瑟曼则提出新殖民主义理论，他在研究肯尼亚的独立进程时发现西方帝国主义已经进入到这样一个阶段，以致殖民统治变成一种累赘，肯尼亚的独立并没有削弱白人的经济利益。[③]

另一部分学者认为英帝国的解体是英国政治家开明政策的结果，一些具有远见的政治家决意把英帝国转变为英联邦，因而，英帝国的解体并不是英国衰落的表现，而是英国政策的调整与国家利益的重新定位。在强调英国主观因素的时候，一些学者又在英帝国解体的时间问题上出现分歧。根据弗林特的观点，从1938至1939年开始，英国政府决定以民主改革取代原先的间接统治制度，这一新的政策需要那些新的接受西方教育的非洲精英的合作，传统的合作者地位开始下降，英帝国解体的进程开始了。[④]根据皮尔斯的观点，艾德礼政府1947年制定的非洲政策报告是一个转折点，为了避免再

---

① Hugh Dalton, *High Tide and After: Memoirs 1945 – 1960*, London, 1962; Brain Lapping, *End of Empire*, New York, 1985. 该书引用了不少亲历者的回忆和谈话等第一手资料。在钱乘旦教授的主持下，中国学者已经翻译了该书，见布莱恩·拉平：《帝国斜阳》，钱乘旦等译，上海人民出版社，1996年。

② R. F. Holland, *European Decolonization 1918 – 1981: An Introductory Survey*, New York, 1985.

③ G. Wasserman, *The Politics of Decolonization: Kenya Europeans and the Land Issue 1960–1965*, Cambridge, 1976.

④ John Flint, "Planned Decolonization and its Failure in British Africa", *African Affairs*, Vol. 82, No. 328, (July 1983), p. 397.

出现印度独立中发生的错误,英国决定对非洲民族主义者的政治要求采取先发制人的策略,"一个连续的、有意识的非殖民化策略开始了。"① 但是弗林特对英国为什么决定放弃英帝国讳莫如深,而皮尔斯给出的答案则是,英国采取非殖民化的政策是因为英国认识到殖民地的独立是不可避免的。

还有一些学者提出英帝国的解体是英国社会发生"道德革命"的结果。巴尼特在研究英帝国解体时提出"道德革命"的观点,认为它在英帝国解体中发挥了至关重要的作用。② 凯杜瑞也提出如"道德急转"这样的类似观点。③ 但是"道德革命"的观点遭到了加拉格尔的质疑,他认为在英帝国解体的过程中,民众长期以来对帝国政策都是漠不关心的。④ 桑顿部分同意加拉格尔的看法,但又争论说民众对帝国缺乏热情在特定层面削弱了英国维持帝国的能力,他认为在20世纪初,贵族失去了对工人阶级的控制,更加自由的选举导致了更大范围的民主,而民众对贵族政治的帝国遗产毫无热情,在朝向福利国家的道路前进时,帝国被抛在了一边。⑤ 桑顿关于福利国家削弱了英帝国的观点得到了斯特雷奇与霍兰的支持。斯特雷奇认为工人阶级在本质上是反帝国主义的⑥,霍兰也认为战后英国福利

---

① Robert Pearce, "The Colonial Office and Planned Decolonization in Africa", *African Affairs*, Vol. 83, No. 330, (January 1984), p. 86.
② Correlli Barnett, *The Collapse of British Power*, New York, 1972.
③ Elie Kedourie, *The Chatham House Version, and other Middle-Eastern Studies*, London, 1970.
④ John Gallagher, *The Decline, Revival and Fall of the British Empire*, Cambridge, 1982.
⑤ A. P. Thornton, *The Imperial Idea and Its Enemies*, New York, 1959.
⑥ John Strachey, *The End of Empire*, New York, 1960.

国家的扩张导致了英帝国的解体。①

综合以上的观点,笔者发现西方对英帝国解体的原因研究无非是从三个主要的变量着手:殖民地的反抗、国际压力、英国内部因素。各流派都把自己的观点无限放大,对英帝国解体中的其他变量,却又弃之如敝屣。

但是,难道不能把三者综合起来解释英帝国解体的原因吗?这样会不会更为全面呢?根据加拉格尔的看法,这一简单相加的方法同样是南辕北辙。②加拉格尔长期担任牛津大学与剑桥大学的教授,是研究英帝国的旗手人物,他的影响无可替代。他认为,英帝国的解体并不是三者综合作用的结果,而是宗主国与殖民地的联系结构(imperial connection)难以为继的产物。随着历史的发展,英帝国出现了许多问题,英国维持英帝国的能力大大削弱,英国政府逐渐认识到放弃帝国比维持帝国更为有利,因而最终放弃了英帝国,所以,在英帝国解体的过程中,英国政府的官方心态是最重要的因素。③加拉格尔的这一观点一经提出就应者云集,之后的绝大部分学者都以官方心态为主对英帝国解体进行研究。从 20 世纪 70 年代开始,以美国学者路易斯教授为代表的研究者修正了加拉格尔的理论,认为英国的官方心态不够精确,实际上,在二战之后,英帝国成为英美同

---

① R.F. Holland, *European Decolonization 1918 – 1981: An Introductory Survey*, New York, 1985.
② John Gallagher, *The Decline, Revival and Fall of the British Empire*, Cambridge, 1982.
③ John Gallagher, *The Decline, Revival and Fall of the British Empire*, Cambridge, 1982.官方心态是加拉格尔与罗宾逊在更早的一本书中提出来的,在这本书中,加拉格尔与罗宾逊提出了官方心态的概念,对英帝国的研究起到了革命性影响。John Gallagher and R. Robinson, *Africa and the Victorians: The Official Mind of Imperialism*, New York, 1961.

盟的产物,英帝国的解体实际上是英美同盟官方心态的结果,而且不能夸大英帝国解体的实质意义,因为非殖民化不过是英美为了战略需要而采取的策略,是新形式的帝国主义。①这一"非殖民化的帝国主义"理论在学界刮起一阵旋风。②

加拉格尔对"帝国的联系结构"的研究并非首创,他对"帝国的联系结构"是如何崩溃的也没有详尽论述,他在这一方面的研究成果离不开其同事罗宾逊付出的努力。罗宾逊在英帝国研究中的地位与加拉格尔旗鼓相当,也是英帝国解体研究的第一代学者,在"帝国的联系结构"是如何解体这一问题上,罗宾逊的成就无人可及。③他在研究中发现英帝国的统治基础是英国与殖民地精英之间的合作体系,英国可以通过这些合作者对殖民地渗透并实行控制,而本

---

① W. R. Louis and R. E. Robinson, "The Imperialism of Decolonization", *Journal of Imperial and Commonwealth History*, Vol. 22, No. 3, (Sept. 1994), pp. 462 – 511; W. R. Louis and Ronald Robinson, "The Imperialism of Decolonization", in *Ends of British Imperialism*, 2006; W. R. Louis, "The Dissolution of the British Empire", in *The Oxford History of the British Empire, IV: the Twentieth Century*, Oxford, 1998, pp. 329 – 356. 霍普金斯与凯恩更是提出从 20 世纪 30 年代开始,美国就已经成为英帝国的重要支持力量,这对延续英帝国起到了重要作用。P. J. Cain and A. G. Hopkins, "Gentlemanly Capitalism and British Expansion Overseas: II: New Imperialism, 1850 – 1945", *Economic History Review*, 2nd Ser., Vol. 40, No. 1, (Feb., 1987), pp. 1 – 26; P. J. Cain and A. G. Hopkins, *British Imperialism: Crisis and Deconstruction 1914 – 1990*, London and New York, 1993.

② 当认识到政治非殖民化解释力的不足时,对非殖民化的研究开始转向,依附理论与批判学派才得以盛行。D. A. Washbrook, "Orients and Occidents: Colonial Discourse Theory and the Historiography of the British Empire", in *The Oxford History of the British Empire, V: Historiography*, Oxford, 1999, pp. 596 – 611.

③ 为了纪念他的贡献,波特与霍兰约请一些最主要的学者编写了一系列文章并最终结集出版。Andrew Porter and Robert Holland eds., *Theory and Practice in the History of European Expansion Overseas: Essays in Honour of Ronald Robinson*, London, 1988.

土精英则可以通过与英国的合作获取更大的财富与权势。两者的合作是一种双赢的关系,英帝国正是在这一合作的基础上才得以长期存在的。但随着时间的流逝,殖民地逐渐兴起新的势力,随着这一新势力的壮大,先前的合作者地位开始变得虚弱。对英国来说,在新势力已经形成的时候,他们倾向与这些新势力进行合作,并试图建立新的合作体系。但是这一努力是在一个急剧变化的国际社会中进行的,而在新的国际社会里,英国手中的资源已是今非昔比,同时,在一个新的时代,新势力更桀骜不驯,更具斗争精神,英国的努力最终失败。最后,殖民地的新势力动员了殖民地的广大民众,使殖民地传统精英与英国的合作体系无法维持。英国与殖民地之间的合作体系崩溃,这才是英帝国解体的真实原因,罗宾逊把这一合作体系的崩溃归结为"离心理论"(Eccentric Theory)。他认为以往主要从英国角度进行研究的倾向是值得怀疑的,为了更深刻地理解离心理论,更深刻理解英帝国的解体,研究者必须把注意力转向殖民地的维度。[①]罗宾逊的理论能够解释一些重要的问题,例如英国如何以极少数人统治一个庞大的帝国等,这一理论在解释英帝国解体的原因时也有发人深省的作用,因而,罗宾逊的理论在英帝国史研究中获得了显赫的地位。基于合作体系的认识,罗宾逊提倡把注意力转向对殖民地本身的研究,这一建议获得了其他研究者的支持,70年代以后,在对英帝国解体的研究中,殖民地本地史研究迅速崛起,开始成为研究的主导范式。

　　加拉格尔与罗宾逊的研究奠定了英帝国解体研究的既定框架。

[①] Ronald Robinson, "Non-European Foundations of European Imperialism: Sketch for a Theory of Collaboration", in R. Owen and B. Sutcliffe, eds., *Studies in the Theory of Imperialism*, London, 1972, pp.118-140.

根据加拉格尔的逻辑，既然官方心态如此重要，而英国历届政府的政策又有很大不同，那么英帝国解体的研究最好就以历届政府为主线。而根据罗宾逊的逻辑，既然合作体系在不同的地区存在差别，因而以地区为板块对历届政府进行分析就成为英帝国解体研究的最优框架。这两者的结合就是以政府为主线、以地区为板块的研究范式，它成为英帝国解体研究的主流。①

加拉格尔与罗宾逊创立的研究范式取得了很大成就，一大批研究成果付梓出版。但是这一范式的缺陷还是很快被发现了，以地区为板块的研究倾向导致了地区史研究的勃兴，但是地区研究的勃兴很快又使英帝国解体研究出现了碎片化的困境。不少学者注意到了这一问题。路易斯教授在回顾英帝国研究的学术史时，指出了这一问题的存在（虽然并没有给出医治的良方）。② 菲尔德豪斯在痛惜英帝国研究的碎片化危险时，探讨了重新整合英帝国研究的可能性。③但是，以各届政府为基本单位的研究范式却仍然没有被撼动。

在笔者看来，由加拉格尔与罗宾逊奠定的研究范式也并非完美无瑕。根据加拉格尔的看法，英国仍然可以在这个新的时代继续维

---

① 其中以如下著作为代表，W. R. Louis, *British Empire in the Middle East, 1945 - 1951: Arab Nationalism, the United States, and Postwar Imperialism*, Oxford, 1984; John Darwin, *Britain and the Decolonization: the Retreat from Empire in the Post - War World*, New York, 1988; Frank Heinlein, *British Government Policy and Decolonization 1945 - 1963: Scrutinizing the Official Mind*, London, 2002; L. J. Butler, *Britain and Empire: Adjusting to a Post - mperial World*, London, 2002; Ronald Hyam, *Britain's Declining Empire: the Road to Decolonization 1918 - 1968*, Cambridge, 2006, etc.
② W. R. Louis, "Introduction", in *The Oxford History of British Empire*, V: Historiography, Oxford, 1999, pp. 1 - 42.
③ D. K. Fieldhouse, "Can Humpty - Dumpty Be Put Together Again: Imperial History in the 1980s", in R. F. Holland and G. Rizvi eds. *Perspectives on Imperialism and Decolonization*, London, 1984, pp. 9 - 23.

持自己的殖民地,尽管代价是非常高昂的。但是这样的结论是值得怀疑的。为了对这一点进行深入分析,首先有必要区分两个概念:非殖民化与英帝国解体。

在以往的研究中,不少学者在分析英国非殖民化时,把它与英帝国解体等同起来,还有一些学者在讨论英帝国解体时,把英国非殖民化的理论成果不加变通地直接套用。虽然把英国非殖民化与英帝国解体混为一谈是不准确的,但却是可以理解的,因为两者在许多方面是可以公约的:两者探讨的对象都与英国殖民地的消失有关,两者都重视英国的殖民政策。

但仔细分析,两者的区别还是比较明显的。非殖民化在许多时候指的是一种政策,路易斯和罗宾逊教授在《非殖民化的帝国主义》这篇文章中也首先把非殖民化当作一种政策加以使用。英帝国解体指的是各殖民地一个一个地摆脱英帝国的束缚、英帝国从有到无的过程。可以这样说,英国非殖民化强调英国因素[①],重点探讨英国政策的调整;而英帝国解体强调综合因素,重点探讨英国、殖民地、国际社会之间的互动。非殖民化强调原因,英帝国解体重视过程。

这样,关于英国非殖民化的论著许多时候给人的印象是英帝国解体是英国政策调整的结果,发展到极端就是出现了麦克米伦所谓英国在完成使命后功成身退的理论。但这显然不能让人信服,笔者可以问这样一个问题,如果没有民族主义者的反抗、没有国际社会的压力,英国会放弃英帝国吗?答案显然是否定的。实际上,英帝国的解体是世界历史发展的必然结果,是反殖民主义时代不可避免

---

① 张顺洪等:《大英帝国的瓦解:英国的非殖民化与香港问题》,社会科学文献出版社,1997年,第1-3页。

的结果。英国也曾试图继续维持在中东的殖民地,但结果被证明是失败的,殖民统治最终以民族主义激进派暴力夺权的方式结束。这样看来,从英帝国解体的角度进行论述才能给人以更大的启发,才更能接近历史的真相。①

本卷立意,正是从英帝国解体的角度对英帝国面临的问题与最终解体进行研究。本卷认为,以加拉格尔与罗宾逊为代表的修正派之所以得出英国仍然可以继续维持英帝国的结论,与他们采取的研究范式紧密相关。以英国历届政府为主线对英帝国进行分析必然得出这样的结论,因为它过于强调英国政府的作用,以致其他的因素只能在英国政府的决策中才能找到自己的位置。应该提出的另一个疑问是:是历届政府之间的政策差异大呢,还是作为整体的英国政府在 A 型殖民地与 B 型殖民地之间的政策差异大呢?仔细分析英国在这些不同地区的殖民政策,笔者就会发现英国在 A 型殖民地与 B 型殖民地采取的殖民政策大不相同,英帝国的解体据此呈现出不同的类型。例如,由于英国在亚洲地区的殖民政策与英国在中东地区的殖民政策不同,亚洲殖民地的解体方式与中东殖民地的解体方式表现出了极大的差异,而非洲殖民地的解体方式也与亚洲殖民地、中东殖民地的解体方式大不相同,西印度殖民地的解体方式则另有自己的特色。如果是这样的情况,那种以历届政府为单位的官方心态岂不很成问题?因而,从这一新的角度出发,官方心态可能就有不同的表现,原先那种以时间顺序为代表的线性思维就应该得到

---

① 正如上文所言,由于西方不少学者在使用非殖民化时指的是英帝国的解体,但是为了翻译的准确,本文保留了非殖民化的提法,特别是在直接引用这一概念时更是如此,请读者注意鉴别。

修正,而以类型为主的官方心态应该深入发掘,①把英帝国的解体从图一的研究范式转向图二的研究范式就是不可避免的(参见下图)。

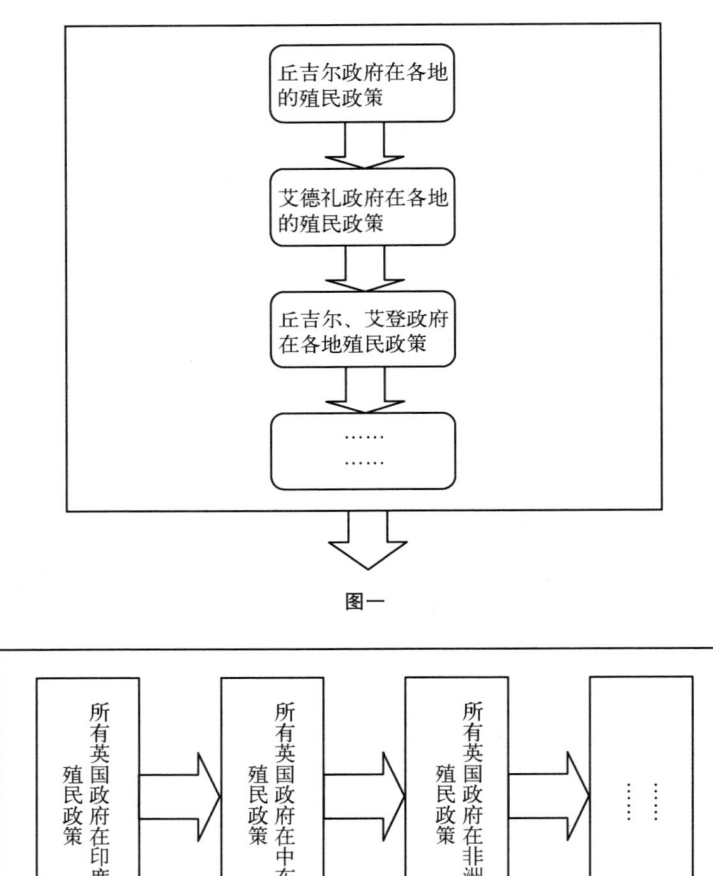

图一

图二

---

① 张伯伦教授的著作是少有的例外,但是由于她的目光涉及的是整个欧洲,对英帝国解体的论述不够充分,对英帝国解体的分类也显得简单。(Muriel Evelyn Chamberlain, *Decolonization: the Fall of the European Empires*, Oxford, 1999.)

为了从这样一个角度对英帝国解体展开探讨,本卷主要使用了如下几种研究方法:

长时段研究方法。根据布罗代尔(Fernanel Braudel)的看法,历史演变可以分为长时段、中时段和短时段三种,分别指示出地理时间、社会时间和个人时间,在不同时段的舞台上,它们分别上演着结构史(地理环境演变史)、情势史(经济、社会史)、事件史(政治、军事史)。布罗代尔认为,在短时段中发生的事件史虽然是不可缺少的,但本质上并不重要,它只不过是海面上的湍流、泡沫,与深海潜流表现的长时段相比,我们必须学会不再信任短时段,"短时间是最任性也是最富欺骗性的时间"[①]。虽然布罗代尔轻视短时段与事件史的看法值得商榷,但是如果善于利用布罗代尔的理论,善于发现事件背后那些深层的经济与社会内容,这对笔者的研究还是非常有利的,本卷在探讨英帝国解体的原因时,尽力透过那些看似突兀的事件去寻找其深层的潜流,最终得以深入发掘反殖民主义的时代潮流。

比较研究方法。在研究英帝国解体的过程中,本卷拒绝了以时间为线索的编年史研究方法,采用了比较研究法。正如 M. M. 波斯坦所言,如果要保证结论的可靠性,就必须以比较方法为基础。[②]加拉格尔与罗宾逊等人奠定的研究方法很容易让人发现历届政府在英帝国解体中的差异,但是它也导致了另一个问题,它让人得出如下结论:英帝国似乎是英国可以任意处理的傀儡,英国想怎么处置

[①] 费尔南·布罗代尔:《资本主义论丛》,顾良、张慧君译,中央编译出版社,1997年,第 177 页。
[②] 杰弗里·巴勒克拉夫:《当代史学主要趋势》,杨豫译,上海译文出版社,1987年,第 271 页。

就可以怎么处置。而这一结论是很有问题的。通过把英帝国的殖民地划分为以印度等为代表的类型、埃及等为代表的类型、非洲殖民地为代表的类型、西印度群岛为代表的类型,笔者发现,英国历届政府在某一类型的殖民地采取的殖民政策有很大的相似性,但是在不同类型的殖民地,即使同一届政府也有完全不同的表现。通过分析这些相似性与相异性,寻找它们之间的联系,笔者最后得出自己的结论:在一个反殖民主义的时代,英帝国的解体是不可避免的结果。

除了以上的研究方法,本卷也使用了个案分析法、数量统计法、图表法等等。笔者希望通过这些研究方法,尽可能准确而又形象地把英帝国解体这一历史事件呈现给读者。

从英帝国解体的角度进行论述,把英帝国解体划分为不同的类型,使用长时段研究法、比较研究法等等,笔者试图揭示英帝国解体的典型特征:大多数殖民地的独立以权力的和平交接方式进行,英国"体面"撤退;少数殖民地要求独立的斗争爆发为暴力冲突,英国狼狈退场。这一特点的解读与其他研究成果是不同的。怀特认为英国的明智态度对帝国解体有重要影响[1],但是布莱恩·拉平以英国在中东地区的殖民经历展示了英国的另一种态度。[2] 笔者的结论是,在不同类型的殖民地,在不同的历史阶段,英国政府的态度是大有不同的,明智与顽固乃是一对孪生兄弟。殖民地的独立与英国利益孰轻孰重这一关系决定了英帝国解体的特征。当英国认为自己的利益与殖民地的独立绝不相容时,它就坚持殖民统治,民族主义

---

[1] Nicholas J. White, *Decolonization: the British Experience since 1945*, London, 1999.
[2] 布莱恩·拉平:《帝国斜阳》,钱乘旦、计秋枫、陈仲丹译,上海人民出版社,1996年。

者则采取暴力夺权的方式驱逐英国的殖民统治;反之,当英国认为殖民地的独立符合自己的利益,从而调整政策并最终支持民族主义者的独立要求,殖民地的独立就以权力的和平交接方式进行。

笔者力图在不损害历史研究的精确与深刻的同时,尽量让本卷变得更具可读性。用马克斯·韦伯(Max Weber)的话来说,在一个物欲横流、瓦釜雷鸣的浮躁年代,用蘸着激情之笔进行写作,你还能有什么更高的目标吗? 当然,这一愿望就要留给读者来决定了。

第一章　大国战略与英帝国的解体

一、二战对英帝国的冲击

虽然二战的爆发为英帝国的巩固提供了一个很好的机会,但是在英帝国复兴的背后,又隐藏着英帝国解体的隐患,这主要表现在如下几个方面:

第一,以贝弗里奇报告(Beveridge Report)为代表的资源内倾对英帝国产生了深远的影响。

一战之后,英国实现了普选,民主制更为健全。到20世纪30年代,经济与社会的发展日益复杂,中下层民众要求国家更多地考虑自己的需求,国家的资源开始更多地向国内倾斜。数据显示,一战结束后,英国的防务开支日益下降,而政府的社会服务费用日益上升。[①] 当普通民众的作用越来越大,国家资源更多向国内倾斜的时候,在熊彼得(Joseph Alois Schmpeter)看来是贵族玩物的帝国主义还能维持吗?许多学者也都认识到了这一点,认为民主、福利社会

---

① John Gallagher, *The Decline, Revival and Fall of the British Empire*, Cambridge, 1982, p.96.

与帝国主义是不相容的。① 实际上,贝弗里奇报告当然是一个里程碑式的事件,可是容易让人忘记的是,贝弗里奇报告已经对民众的要求打了一个相当的折扣。② 资源内倾与英帝国的维持已经变得相互矛盾了,特别是在二战后英国的经济更为虚弱的时候,福利国家的许诺需要兑现,艾德礼政府不得不放弃一些如果继续维持统治则必须花费巨额代价的殖民地。

第二,金融霸权的丧失使英国失去了维持帝国的有力工具。

英国能够维持帝国的一个重要原因是英国与英帝国的金融联系。③ 英国对自治领与殖民地的资本输出形成的资本依赖是英国控制英帝国与自治领的重要支柱。英国签订《威斯敏斯特法案》(Statute of Westminster)的一个重要原因也在于它认为自己对自治领的金融控制仍然可以影响自治领的政策。④ 可是,二战结束时,英国欠下帝国大量的债务,特别是在印度与埃及,英国丧失了对殖民地的金融控制,那种互相依赖的资本结构在帝国不复存在。在资本的互补结构消失的时候,帝国还能维系吗?印度的独立与埃及的桀骜难驯似乎是对这一问题的简单回答。

第三,英帝国与英联邦在防务上出现离心倾向。

---

① John Darwin, *The End of the British Empire: the Historical Debate*, Oxford, 1991, pp.14-15; A.P.Thornton, *For the File on Empire*, New York, 1968, p.356.
② A.J.P. Taylor, *English History, 1914-1945*, Oxford, 1965, p.567.
③ 许多学者根据这一点以及英国与帝国间其他的经济关系创造出了"无形帝国"这一概念,为读者更深刻的理解英帝国做出了重大贡献。典型的代表学者是加拉格尔与罗宾逊,John Gallagher and R. Robinson, "The Imperialism of Free Trade", *Economic History Review*, 2nd series, Vol. 6, No. 1, (1953), pp. 1-15; or in John Gallagher, *The Decline, Revival and Fall of the British Empire*, Cambridge, 1982.
④ John Darwin, "Imperialism in Decline? Tendencies in British Imperial Policy between the Wars", *Historical Journal*, Vol.23, No.3, (Sep.1980), pp.657-679.

任何夸大帝国体系中宗主国力量的理论都值得怀疑,因为宗主国虽是核心但远不是一个巨人。在防务上,英帝国也是一个互利的合作体系。在二战中,英国为了欧洲的战争而削弱远东的防务,这引起了澳大利亚与新西兰的极大不满。在英国败于日本之后,澳大利亚与新西兰终于认识到,美国而不是英国才是自己安全的庇护人。1941年底,澳大利亚总理柯廷宣称澳大利亚将更多地向美国靠拢。① 二战之后,澳大利亚、新西兰与美国签订了澳新美条约,在这一体系中,英国被排除了出去。加拿大在二战中也和美国确立了防务合作关系,英国同样没有参加。对英国的其他殖民地来说,如果英国根本无法保卫自己,这一帝国还有继续存在的必要吗?英国在东亚的失败使马来亚、缅甸、锡兰、印度等更为难以控制,甚至在北非的失败兆头也使埃及对英国丧失了信心,英国再难回到昔日众星捧月的态势了。

第四,美国对英帝国的压力增强。

虽然丘吉尔(Winston S. Churchill)非常庆幸美国被卷入了战争,但是美国的参战也对英帝国形成了更大的压力。② 在美国总统罗斯福(Franklin D. Roosevelt)的坚持下,《大西洋宪章》(*Atlantic Charter*)最终包含了民族自决的条款。虽然丘吉尔政府把民族自决的范围严格限制为纳粹统治下的人民,但是这一条款还是有深远的意义。首先,正如路易斯教授所言,民族自决的条款对西欧帝国的解体有强大的冲击力。③ 副首相艾德礼(Clement Attlee)并不同意

---

① S. R. Ashton, "introduction", in *IPCP*, Vol. I, p. xxxviii.
② Ibid., p. xxxix.
③ W. R. Louis, *Imperialism at Bay: the United States and the Decolonization of the British Empire, 1941–1945*, New York, 1978, p. 3.

丘吉尔的看法,认为应该扩大这一条款的适用范围,在工党替代丘吉尔政府后,艾德礼也更容易让印度等殖民地走向独立。其次,如果要把盲目反对殖民者的斗争提升到自觉地追求民族国家的水平,思想武器就是必不可少的,而民族自决条款正是这样的思想武器。①虽然民族主义者的指导思想不尽相同,可是民族自决条款却是殖民地追求独立的思想原点,在民族主义者变得更加自觉的时候,甚至那些落后的殖民地都蕴藏着颠覆的危险。在西印度群岛殖民地,美国更是直接介入英国的殖民事务,推动了牙买加等殖民地的建立宪政的进程。②

第五,威望的丧失使英帝国的虚弱充分暴露。

许多学者都清醒地认识到维系英帝国的一根重要支柱是英国的威望。③ 对英帝国而言,成功没有什么惊奇,但是失败却是致命的。英国在新加坡的失败在帝国史上有重要的意义。

新加坡海军基地于1938年正式开港,标志着这座海军基地的最终建成。但是,实际上新加坡海军基地的建设是一个巨大的冒险。一方面,由于财政支出的限制这座基地大大缩减了其规模,另一方面,在防务上,它也存在严重的缺陷。首先,基地的建设几乎完全忽视了来自陆地的攻击,未能做好防御措施。其次,在空军改变了作

---

① Henri Grimal, *Decolonization: the British, French, Dutch and Belgian Empires 1919—1963*, Boulder, 1978, p.4.

② Proposal for Anglo-American Co-operation in the Caribbean: memorandum by T. N. Whitehead, 26 Dec. 1941, FO 371/30673, no 431, in S. R. Ashton and S. E. stockwell, *IPCP*, Vol.I, pp.170-172.

③ Michael Howard, *The Continental Commitment: the Dilemma of British Defence Policy in the Era of the Two World Wars*, London, 1972, p.144; W. R. Louis, "the Road to the Fall of Singapore, 1942", in W. R. Louis, *Ends of British Imperialism*, London and New York, 2006, pp.293-337.

战技术的时候,新加坡的海军基地几乎失去了空军的支援。最后,也是最重要的一点,建设这座基地的前提条件是,英国必须在远东拥有强大的海军,或者,在新加坡受到攻击后,英国能在很短的时间内派海军过来支援。① 但是随着欧洲局势的紧张,这一点已经很难做到了。1938 年,英国参谋部把帝国防务的优先权转向了中东。② 虽然在 1939 年 3 月,张伯伦(Neville Chamberlain)答应把舰队派到远东,③但当时的英国已是心有余而力不足。这样的情势下,新加坡海军基地实际上是非常脆弱的。

法国投降、德国傀儡贝当政府的建立使英国的远东帝国更为脆弱。贝当(Henri Philippe Pétain)把印度支那的战略要地与港口都拱手让与了日本。日本如虎添翼,很快攻陷了缅甸,随后顺势南下,英国在马来亚的防卫并不值得称赞,其失败也就不令人惊奇。马来亚的失陷使新加坡直接暴露在日本的攻击之下。正如上文所言,新加坡海军基地保存的前提是马来亚能够抵抗敌军来自陆路的进攻,这正如法国的马奇诺防线一样,当德国绕行从后面进攻马奇诺防线时,马奇诺就一无所用了。而与此同时,新加坡的空军力量也没有得到加强。二战爆发后,英国政府执行的是"一切为了欧洲"的战

---

① Anthony Clayton, "Deceptive Might: Imperial Defence and Security, 1900 – 1968", In *The Oxford History of the British Empire, IV: the Twentieth Century*, Oxford, 1998, pp. 285 – 286; L. J. Butler, *Britain and Empire: Adjusting to a Post-imperial World*, London, 2002, pp. 24 – 25.

② L. J. Butler, *Britain and Empire: Adjusting to a Post – imperial World*, London, 2002, p. 27.

③ Ibid.

略,这使新加坡海军基地防守上的缺陷很难得到纠正。① 新加坡海军基地的危险局面又因为丘吉尔政府的种族歧视而加重了,在英日已经处于战争状态的时候,丘吉尔却小觑日本人的作战技术,认为日本人缺乏与英国作战的勇气,内阁官员也认为日本人驾驶飞机是非常不专业的。种种因素使新加坡成为了东方的马奇诺。1942年,英国在新加坡的13万守军向日军投降。日本人尽力宣传这一胜利在种族竞争上的意义,他们强迫英军俘虏从事清扫大街等低等工作,以此显示黄种人对白种人的胜利。

丘吉尔把在新加坡的失败称为英帝国历史上最为耻辱的一幕。著名历史学家霍华德也写道,"一百多年以来,英国在东方统治的基础是其领袖魅力,英国的战略家也致力于保护这一基础,(新加坡之败)永久地破坏了这一点。"② 英国的失败使民族主义者更易于藐视英国的权威,民族主义者的斗争将会在一个新的起点上进行,二战后英帝国在东亚的迅速解体正是这一结果的主要表现,马来亚虽然没有很快独立,但是由马来亚共产党领导的斗争正是独立的根源。

第六,埃及、印度等殖民地的反抗向暴力方向发展。

最典型的例子出现在埃及,1942年的"二月四日事件"在英埃关

---

① 关于英国在远东的危局与应对可参阅,W. R. Louis, *British Strategy in the Far East 1919-1939*, Oxford,1971; W. D. Mcintyre, *The Rise and Fall of the Singapore Naval Base, 1919-1942*, Hamden,1979.

② Michael Howard, *The Continental Commitment: the Dilemma of British Defence Policy in the Era of the two World Wars*, London,1972, p.144.

系上有重要地位①。表面上看这是英国权威的展现,也证明了英国对埃及的控制是牢不可破的。最起码英国的保守派是这样看的,兰普森(Sir Miles Lampson,后来成为基勒恩勋爵,Lord Killearn)的日记充分显示了英国那种傲慢的态度。但是,这种权威的展现仅仅是历史表面的浪花,实际上"二月四日事件"使英国对埃及的控制更为困难了。② 正如上文所言,英国对埃及的控制主要基于三支柱形的权力结构,华夫脱党(Waft Party)与埃及国王的权力制衡使两者都希望从英国获得更多的支持,正是靠着这种居中调停的角色所构建起来的合作体系,英国才得以维持自己的控制。但是"二月四日事件"摧毁了这一合作机制。

"二月四日事件"后华夫脱党的威信迅速下降。事件表明了纳哈斯(Nahas Pasha)与英国的亲密关系,正是英国的坦克才使纳哈斯重新掌握了权力。埃及所遭受的屈辱使埃及人民将不满指向华夫脱党,反对党完全可以理直气壮地说,纳哈斯是英国殖民主义的走狗,1944年反对党发表指责纳哈斯政府助纣为虐的声明正是这一明证。纳哈斯执政不久,其政府财政大臣、也是华夫脱党的总书记马卡拉姆·奥贝伊德被排挤出了华夫脱党。奥贝伊德很快组织了新党"独立华夫脱集团",在1943年出版的《黑书》中,他揭露了华夫脱党的种种腐败行为。③ 华夫脱党的分裂与腐败使反对党逐渐形成了

---

① 二战期间,埃及的法鲁克国王误判形势,认为德国将会取得胜利。在国王的支持下,亲德意的人掌握了埃及政府的关键职位。英国驻埃大使兰普森向法鲁克国王施加压力,要求国王驱逐亲德意的公职人员,任命亲英的华夫脱党组建新政府。在法鲁克国王拒绝了英国的要求后,兰普森于1942年2月4日派坦克与装甲部队包围了王宫。法鲁克国王在压力下被迫答应了英国的要求。此即1942年的"二月四日事件"。
② 布莱恩·拉平:《帝国斜阳》,钱乘旦等译,上海人民出版社,1996年,第290页。
③ 雷钰、苏瑞林:《中东国家通史——埃及卷》,商务印书馆,2003年,第273页。

统一战线,1944年10月8日,在埃及的安全已经很稳固的时候,国王解散了纳哈斯政府。

"二月四日事件"也使埃及国王的威望下降。"二月四日事件"暴露了国王的懦弱,一些更为激进的组织很快失去对国王的敬意与信任,认为国王不可能成为埃及复兴的领导者,为了推翻英国的殖民统治,也必须推翻这个懦弱的国王。这一思想的典型代表人物是纳赛尔(Samal Abdel Nasser),"二月四日事件"中埃及所遭受的屈辱使纳赛尔的反英倾向大为膨胀,"如果英国人知道有的埃及人不怕牺牲,决心以牙还牙、以血还血时,他们就会像婊子一样悄悄溜走的。"[1]这样的态度使纳赛尔更为强调暴力,"我们的倾向,整个一代的倾向,开始走向暴力。"[2]激进派对国王丧失信心以及日益盛行的暴力倾向成为1952年政变的思想根源。

在传统的两根支柱丧失后,二战中新形成的政治力量却表现得更为桀骜不驯,反西方的思潮与激进的政治组织如雨后春笋一样迅速发展起来。首先,传统的激进组织进一步发展,穆斯林兄弟会(Muslim Brotherhood)与青年埃及协会利用民众的愤懑,制定新的指导思想并获得了更大的支持。穆斯林兄弟会吸纳了广泛的社会福利计划,他们掌握的报纸主要面向下层劳动群众和学生,其影响力甚至超过左翼组织。青年埃及协会更名为埃及社会党,主张激进的经济与社会变革。[3] 其次,一些新的激进组织开始出现。在二战结束的时候出现了"科学研究中心"、"现代教育和文化传播委员会"

---

[1] 默罕默德·埃尼斯、赛义德·拉加尔·哈拉兹:《埃及近现代简史》,埃及近现代简史翻译小组译,商务印书馆,1980年,第178页。
[2] 纳赛尔:《革命哲学》,张一民译,世界知识出版社,1956年,第23页。
[3] 雷钰、苏瑞林:《中东国家通史——埃及卷》,商务印书馆,2003年,第275页。

等文化团体,它们虽然标榜科学与现代,但实际上对西方的议会政治与西方式民主并不感兴趣。在这一思潮的指引下,一大批左翼政治组织纷纷涌现,其中最重要的是由纳赛尔领导的自由军官组织(Free officers)。最后,华夫脱党自身也出现了激进的倾向,其代表人物是左翼分子阿布杜尔·法塔赫与穆罕默德·曼杜尔,他们开始脱离上层社会,向城市无产者靠拢,并要求限制土地所有权,实行国家干预。①

英国的镇压也使印度的民族主义者处于一种极度的愤懑中。英国驻印度总督林利思戈(Lord Linlithgow)的单方面宣战虽然是权宜之计,却刺激了国大党(Indian National Congress)敏感的神经。在尼赫鲁(Jawaharlal Nehru)等人的领导下,印度掀起了"退出印度"的不合作运动。在克里普斯(Sir Stafford Cripps)出使失败后,林利思戈坚决镇压了国大党的抗议活动。这些事件在英国看来都是其权威的表现,不过正如罗宾逊教授所言,英国的统治离不开当地人的合作,而国大党是印度本土最有影响力的政治组织,获得其合作是至关重要的。对印度的镇压显然不可能赢得更大的支持,国大党变得极度愤懑,而英国统筹印度资源以服务战争的措施也使印度的经济与社会处于艰难境地,并最终导致了1943年孟加拉的大饥荒,300多万孟加拉人死亡。在国大党看来,这一事件正是殖民主义罪恶滔天的证据,国大党变得更为崇尚暴力,在战争结束的时候,总督韦维尔(Viscount Wavell)已经深刻感受到了国大党的这一倾向。

在巴勒斯坦,犹太极端势力也对英国的统治大为不满。在他们

---

① 雷钰、苏瑞林:《中东国家通史——埃及卷》,商务印书馆,2003年,第275页。

看来,斯特鲁玛号(Struma)事件是英国不配担任委任统治国的明证。① 一些以对付英国人为主的极端组织开始大行其道,斯特恩帮(Stern Gang)与伊尔贡组织(Irgun Zvai Leumi)就是其中的两个典型。斯特恩帮是一个以杀害英国人为目标的极端组织,他们选择单身行动的英国人一个一个杀死,而他们的一位领导人后来曾经两度成为以色列的总理。② 伊尔贡是另一个较大的极端组织,他们起初以杀害阿拉伯人为主,在斯特鲁玛号事件与英国逮捕摩西·达杨(Moshe Dayan)之后,伊尔贡开始把矛头对准了英国人。1944年3月,伊尔贡炸死了6名英国警察,1944年11月,斯特恩帮暗杀了丘吉尔的密友莫因勋爵(Lord Moyne)。

在其他的殖民地,一些更为激进的组织也开始获得影响力。在缅甸有昂山(Aung San)领导的反法西斯人民自由联盟,在马来亚有陈平(Chin Peng)领导的共产党,甚至在锡兰这个相对温和的殖民地也出现了暴力因素。殖民地表现出的暴力倾向是战后英国政府必须严肃面对的。

第七,英国对非洲殖民地的干涉加深引起了广泛不满。

由于战争需要,英国政府加大了对殖民地的开发与利用。正如历史学者雷诺兹所言,二战使英帝国的资源被动员到了"史无前例

---

① 1941年12月12日,一艘货轮"斯特鲁玛号"载有769名罗马尼亚犹太人,这些犹太人希望到巴勒斯坦移民,在这艘船到达伊斯坦布尔后,土耳其政府担心"斯特鲁玛号"会在自己领海出事从而要担负营救责任,因而要求该船返回黑海。英国基于政治考虑也拒绝在巴勒斯坦接纳他们,最后,"斯特鲁玛号"在被土耳其政府拖回黑海之后出了事故,769名乘客中除两人外全部遇难。此即斯特鲁玛号事件。
② 布莱恩·拉平:《帝国斜阳》,钱乘旦译,上海人民出版社,1996年,第144页。

的程度"。① 东亚殖民地失守后,英国对非洲殖民地的依赖加深了。1942年3月,殖民大臣克兰伯恩子爵(Viscount Cranborne)在给非洲的一位总督的密电中指出,由于马来亚失守,非洲面临的主要任务就是尽可能多地开发殖民地的资源,特别是食物与矿物,他许诺将采取各种措施来支持各殖民地总督的工作。②

一方面,开发殖民地资源的政策使殖民政府更深地介入了殖民地的管理并引起了殖民地的疑惧与不满。随着法国的投降与意大利加入战争,英国加大了对殖民地资源的攫取。1942年2月,新加坡失守后,非洲殖民地的经济被进一步管制,进口受到限制,生产被限定在那些与战略物资有关的物品上。③ 执行这一政策的主要是殖民地的官员,在殖民大臣的敦促下,他们在殖民地实行管制经济,组织生产活动,实行市场垄断,执行强制的价格政策与货币管制,以及其他一些措施。这些政策不可避免地导致了物资短缺、通货膨胀,从而增加了日常生活的成本,而当地官员强征耕牛与劳工更是导致动乱与饥荒。④ 这些措施在殖民政府看来是不得已的,但殖民地人民却担心英国要把殖民地重新纳入直接统治的状态。这一疑惧推动了非洲民族主义的发展。

另一方面,开发殖民地资源的政策使英国政府更多地依靠白人

---

① D. Reynolds, *Britannia Overruled: British Policy and World Power in the 20th Century*, London, 1991, p. 164.
② The Colonies and the Impact of War: Confidential Code Telegram to Governors of African Dependencies from the Secretory of State for the Colonies, 21 March 1942, Co822/111/46705. in A. N. Porter and A. J. Stockwell, *BIPD*, Vol. I, pp. 106 - 108.
③ L. J. Butler, *Britain and Empire: Adjusting to a Post - imperial World*, London, 2002, p. 30.
④ M. Havinden and D. Meredith, *Colonialism and Development: Britain and its Tropical Colonies, 1850 - 1960*, London, 1993, p. 207.

定居者。在东非与中非殖民地，白人定居者的势力很大，英国政府在二战前基本在推行限制白人定居者的政策，1923年的《德文希尔宣言》(*Devonshire Declaration*)与1931年的《帕斯菲尔德白皮书》都是这一政策的明证。但是战争使英国政府放弃了这项政策，因为开发资源必须依靠白人定居者的资本与技术。二战中白人定居者势力发展很快，大大刺激了当地人的不安，新兴的民族主义者有了更肥沃的成长土壤。对英国政府来说，开发殖民地与依赖白人定居者当然是无奈之举，可是在之后的岁月里，英国却要为此付出代价。

英国的战时措施是理解战后非洲殖民地反抗运动迅猛发展的切入点，更何况，战后的艾德礼政府为了避免依赖美国，甚至加大了对非洲的开发。虽然英国仍然把殖民地当成是未成年的孩子，可是当"孩子"不想听话的时候，英国又能做什么呢？英国手里的筹码已经越来越少了，面对二战的冲击波，战后英国又会面临什么样的局面呢？

二、英国在世界格局中的衰落

二战后，以欧洲均势为中心的旧世界格局让位给以美苏两极争霸为核心的新世界格局。在战争还没有结束时，美国的军事专家就预测了战后的新局面："反对当前敌人的战争一旦胜利结束，在军事力量对比方面世界将出现深刻的变化……美国和苏联将是仅有的头等军事大国，其原因在于它们的地理位置有利、疆土辽阔以及拥有巨大的军火生产能力。"[①]战后世界格局的转变是全面的，正如斯

---

① Paul Kennedy, *The Rise and Fall of the Great Powers*, New York, 1987, p.357.

塔夫里阿诺斯所言,第二次世界大战完成了对欧洲霸权的破坏①,美苏则跃升为世界事务的主宰者。

首先,二战使苏联跃进到欧洲与世界舞台的前沿,并拥有决定性的话语权。

军事上,苏联成为世界巨人,二战使苏联的军队从战前的540万人增至1945年的1 140万人。苏联的军火生产能力也大为提高,1943—1945年平均每年生产12万门火炮、19 390万发炮弹、3万辆坦克、4万架飞机,这些数字仅次于美国,但远远超过了其他国家,苏联军队的技术装备也得到了全部更新。在战争结束之际,苏联军队深入欧洲腹地,从卢卑克到的里亚斯特形成了一条与美英对峙的军事分界线,该分界线还穿过亚得里亚海延伸到希腊北部和土耳其海峡。在亚洲,苏联军队进驻中国东北和朝鲜北部,并占据了日本北方领土齿舞、色丹、国后、择捉四岛,形成了从南库页岛、千岛群岛到朝鲜的三八线,再到旅大港的另一条与美军对峙的军事分界线。②

意识形态上,共产主义具有广泛的号召力,以苏联为核心,遍及欧亚大陆的社会主义阵营已经形成。在苏联的帮助下,东欧的共产党开始控制所在的国家。在其他的欧洲地区,共产主义也获得了更大的影响力与更多的支持者。在希腊,共产主义者使国内保守派大为惊慌;甚至在意大利、法国、英国等传统的资本主义国家,共产主义也获得了更多的支持,如英国的普通民众对苏联的社会主义就大有好感。在亚洲,共产主义阵营由于中国的加入而势力大增,北朝

---

① 斯塔夫里阿诺斯:《全球通史:1500年以后的世界》,吴象婴、梁赤民译,上海社会科学出版社,1992年,第781页。
② 彭树智:《世界史·现代史》下卷,高等教育出版社,1994年,第18-19页。

鲜、越南等也纷纷加入，不少殖民地把共产主义作为其独立后的发展目标。在亚洲殖民地，英国开始把压制共产主义作为主要任务。共产主义突然成为一股可以与西方民主、自由相抗衡的意识形态力量。

政治上，以军事与意识形态为基础，苏联成为战后重要的政治大国。苏联是战胜法西斯的主力军，它的大国地位被美国与英国承认。战后，苏联在东欧与亚洲获得了众多的支持者，而苏联则支持各国的亲苏势力。1947年9月，东欧各国共产党与法国、意大利的共产党共同成立了欧洲共产党和工人党情报局。以联合国大国否决权为基础，苏联对世界事务有了决定性的影响。1946年，莫洛托夫（V. M. Molotov）宣称，"现在，苏联是世界上最强大的国家之一，没有苏联参与，任何国家都不能决定任何国际的重大问题……"①

其次，与苏联在社会主义阵营中的至尊地位相对应，美国在资本主义世界也建立了霸权。

经济上，美国成为无可争议的霸主，战争期间美国的工业规模扩大近50%，产量提高50%以上，1940—1944年，美国工业年增长率为15%，其速度超过了历史上任何一个时期。② 1945年，美国在资本主义世界工业生产总额中的比例达到60%。③ 同时，美国确立了金融霸权，1945年美国的黄金储备达到200.8亿美元，约占资本主义世界黄金储备总量的59%，1948年更是上升到74.5%。④在新成立的国际货币基金组织中，美国从该机构成立之初就拥有总投票

---

① Paul Kennedy, *The Rise and Fall of the Great Powers*, New York, 1987, p. 365.
② Ibid., pp. 357–358.
③ 彭树智：《世界史·现代史》下卷，高等教育出版社，1994年，第13页。
④ 同上。

权的27%;在世界银行中,美国掌握了总投票权的23.81%,通过这两个工具,美国掌握了国际金融的话语权,以美元为中心的资本主义货币体系开始形成。此外,美国还确立了在国际贸易方面的霸权,战后美国成为资本主义世界最大的债权国,美国在资本主义世界出口总额中所占比例由1937年的14.2%上升到1947年的32.5%。[1] 美国的商船总吨位已达5 700万吨,占世界商船总吨位的2/3,按照马汉(Alfred Thayer Mahan)的海权理论,美国已经成为无可争议的世界霸主,1947年签订的关税与贸易总协定形成了以美国为中心的国际贸易体系。[2] 二战也使美国确立了在科技方面的霸权,在二战之前,欧亚各国诸多著名的科学家不堪忍受法西斯的迫害而流入美国,科技中心从欧洲转移到了美国,战后的第三次科技革命也几乎限于美国的版图之内。

军事上,美国拥有作为世界警察的能力。第一,在陆海空方面,美国跃居为头号军事强国。美国武装力量在1939年只有33.5万人,1945年达到1 217.5万人。空军方面,1941年12月至1945年8月,美国生产作战飞机19.2万架(同期英国仅为9.3万架)。美国的超重型轰炸机由战前的零架增至战后的2 865架,重型轰炸机由战前的22架猛增至11 065架,美国还新建了5个空降兵师。海军方面,航空母舰由战前的7艘增至30艘(而昔日的海上霸主英国只有12艘)。美国有总数达1 200艘大型军舰组成的舰队,实力远远超过英国皇家海军。美国航母特混舰队和海军陆战队也充分显示了美国具有从海上向世界任何地区投送兵力的能力。第二,美国驻军遍

---

[1] 彭树智:《世界史·现代史》下卷,高等教育出版社,1994年,第15页。
[2] 刘同舜、刘星汉:《国际关系史》第七卷,世界知识出版社,1995年,第4页。

及世界各地。随着反法西斯战争的胜利,美国将其军事力量部署到了非洲、欧洲、亚洲、大洋洲等地,建立了近500个军事基地。战争结束时,美国有1 250万军事人员,其中海外驻军就达到750万。① 第三,对核武器的垄断更使美国成为最具威慑力的军事强国。

政治上,美国在国际事务中处于核心位置。第一,美国是西方世界的领导核心。在苏联迅速崛起的时候,西欧各国很快认识到单靠自己的实力乃至西欧各国的联合也无法对抗苏联,西欧开始在军事上依靠美国的庇护。在经济上,西欧各国对美国的依赖更为明显。在战后恢复经济的过程中,美国的工业品和设备都是必不可少的,马歇尔计划更是使西欧成为美国的经济殖民地。经济与军事上的依附使西欧在政治上不得不唯美国马首是瞻。在联合国五个常任理事国中,美国一般可以获得英法的支持。第二,在世界的其他地区,例如中东、东亚、美洲、非洲等地,随着传统大国的衰落,美国稳步地填补了它们消逝后的真空。第三,在意识形态上,美国成为资本主义世界对抗共产主义的领袖,美国总统杜鲁门(Harrys Truman)在1945年末的国情咨文中宣布:"胜利已使美国人民有经常而迫切的必要来领导世界了。"② 美国霸权下的"和平"时代来临了。

以美苏的实力为基础,两极争霸格局取代了昔日的欧洲均势格局,而伴随着冷战的爆发与升级,美苏两极态势日益明显,那些曾经辉煌的欧洲殖民帝国有沦为美国"走狗"的危险。

以两极格局为基础,一些崭新的国际理论形成了。在国际关系

---

① Paul Kennedy, *The Rise and Fall of the Great Powers*, New York, 1987, p.358.
② 彭树智:《世界史·现代史》下卷,高等教育出版社,1994年版,第18页。

理论中,英国学者由于重视国际社会的自在存在而形成了英国学派,他们认为,在国际政治中,一个独立于国家的国际社会是存在的,它对国家的外交政策有重要影响。[1] 新现实主义的代表华尔兹教授延续了英国学派的这一特点,在《国际政治理论》一书中,他系统论证了国际格局的存在以及它对各国外交政策的深远影响。[2]

新的时代有其自身的舆论热点,反殖民主义开始成为这个时代的突出特征。美苏为核心的两极世界与原先的殖民大国时代截然不同,如果说新的格局不是让殖民主义更艰难了,那么它也不会使殖民国家在处理殖民问题时更得心应手。伴随着美苏的竞争,殖民问题越来越成为一个焦点问题。

首先,美国对殖民主义没有好感,西欧殖民帝国对美国的依赖使它们的殖民政策更难以为继。荷兰最先尝到了美国压力的苦果,面对美国撤销马歇尔计划的威胁,荷兰不得不放弃印度尼西亚。[3] 虽然基于冷战的需要,美国转而支持英国的殖民帝国,但是既然是为了策略的需要,就有可能在某一时刻反对英国的殖民政策,1951年的英伊石油危机、1956年的苏伊士运河事件就让英国饱尝了美国态度的苦果。

其次,苏联欲瓦解西欧的殖民帝国。对苏联来说,对抗西方世界的最好工具就是从资本主义的薄弱环节入手,而他们很快就发现殖民地正是西方世界的阿喀琉斯之踵。虽然苏联的这种攻击对美

---

[1] 陈志瑞等主编:《开放的国际社会——国际关系研究中的英国学派》,北京大学出版社,2006年。

[2] 肯尼思·华尔兹:《国际政治理论》,信强译,上海人民出版社,2003年。

[3] W. R. Louis, "The Dissolution of the British Empire", in *The Oxford History of the British Empire, IV: the Twentieth Century*, Oxford, 1998, p.332.

国不能造成太大伤害,但对西欧的殖民帝国却可能是致命的。苏联输出的共产主义革命很快使殖民地的局势更加严峻。①

最后,殖民地国家充分利用了美苏之间的竞争,推动了国家的独立进程。② 以往的研究过于强调美苏冷战对不发达国家的影响,但是历史从来都是一个复杂的过程,不发达国家并不完全是冷战的受害者,相反,它们也非常善于利用美苏的竞争,竞相从两者的竞争中获得支持与资助,而殖民地正是充分利用了这样的有利条件才得以摆脱了宗主国的控制。③

在这一新的格局与国际社会中,作为最大的殖民国家,英国又面临着怎样的局面?

二战即将结束的时候,丘吉尔决定利用保守党在二战中的优势提前举行大选。但是大选的结果却让人大跌眼镜,工党以绝对优势获得大选的胜利。工党领袖艾德礼很快宣布了内阁名单并组成了工党政府,但是摆在英国政府面前的形势却异常严峻。

经济上,英国不断遭受英镑危机与经济危机的困扰。英国虽然战胜了德国,但是战争也耗尽了英国的国力。英国的国民财富减少了1/4,外债由1939年的4.76亿英镑增至1945年的33.55亿英镑。④ 到1945年,英镑的收支差额是英国黄金与美元总储备的7

---

① W. W. Kulski, "Soviet Colonialism and Anti‑Colonialism", *Russian Review*, Vol. 18, No. 2, (Apr. 1959), pp. 113 – 125.
② W. R. Louis, "The Dissolution of the British Empire", in *The Oxford History of the British Empire, IV: the Twentieth Century*, Oxford, 1998.
③ 斯塔夫里阿诺斯:《全球通史:1500年以后的世界》,吴象婴、梁赤民译,上海社会科学出版社,1992年,第781页。
④ 彭树智:《世界史·现代史》下卷,高等教育出版社,1994年,第11页。

倍。① 在战争结束之后,美国很快停止了租借法案,而英国在金融方面马上就面临"敦刻尔克"式的危险。② 艾德礼政府的主要任务是实现英国与美元地区的贸易平衡。③ 在凯恩斯(John Maynard Keynes)的努力下,美国同意继续对英国提供贷款,但是规定了苛刻的条件,其中之一就是英镑在 1947 年 7 月必须实现自由兑换。但是还没有到规定期限,对自由兑换的恐惧就使英国的经济出现问题,美国不得不放弃英镑自由兑换的要求。英镑危机的根源在于英镑结余严重不足,英国对美国、英联邦与英帝国有重大亏空。克里普斯担任财政大臣后,认为让英镑贬值可以扭转对美元地区的贸易逆差,1949 年,英镑对美元的汇率从 4.03 降到 2.80,降幅达 30%。朝鲜战争爆发使世界再次面临世界大战的危险,艾德礼政府决定大幅提升防务费用,防务开支从 1949 年的 7.4 亿英镑上升到 1951 年 1 月的 15.55 亿英镑,防务开支的剧增再次使英国的经济出现危机。从 20 世纪 50 年代开始,英国的经济虽然有所好转,但是经济基础仍然非常脆弱。1956 年,艾登政府试图绕过美国对埃及动武,入侵苏伊士运河的直接结果是英国的石油供应马上出现短缺,之后英镑的地位也岌岌可危,英镑贬值和经济危机的压力终于使英国无条件地退出了苏伊士运河。到威尔逊政府时期,英镑又一次贬值。

---

① P. J. Cain and A. G. Hopkins, *British Imperialism: Crisis and Deconstruction 1914 - 1990*, London and New York, 1993, p. 270.
② "Our Overseas Financial Prospects": Cabinet Memorandum by Lord Keynes, 13 Aug 1945, CAB 129/1, CP (45)112, Annex, in Ronald Hyam, ed., *The Labor Government and the End of Empire 1945 - 1951* (LGEE1), Vol. II, London, 1992, pp. 1 - 5.
③ [Economic Development in Africa]: Speech by Sir S Cripps to the African Governors' Conference, 12 Nov. 1947, CO 847/36/4, no 24, in Ronald Hyam, ed., *The Labor Government and the End of Empire 1945 - 1951* (LGEE1), Vol. I, London, 1992, pp. 298 - 302.

军事上,英国从强调独立自主到严重依赖美国。艾德礼政府在战后初期奉行三支柱防务政策,试图主要依靠自己的力量建立防务体系,也反对美国对英国的利用,"美国把我们看作它的前哨,但是却认为不必防守。"①但是英国的防务体系很快遭到挑战。伴随着冷战的升级,苏联的威胁突然增大,柏林危机爆发后,英国请求美国把核武器部署到英国本土,美国的战略空军指挥基地也在英国建立。1949年,在对中东局势重新评估之后,英国外交部常务次官斯特朗指出:没有美国的援助,英国在主要的战争中将不可能守住中东,英国在中东必须和美国合作。② 1950年,英国国防大臣指出英国的欧洲防务政策也必须得到美国的支持。③ 1950年的防务政策加深了英国对美国的依赖,"没有与美国的联盟,英联邦和欧洲大陆强国,不论独自还是联合,都不能抵抗苏联。"④新的防务政策指出英国在西欧、中东、亚太三个战区都必须获得美国的支持:在欧洲,英国力主英美更多介入欧洲的防务;在中东,"从任何视角来看……美国都应该参加中东的防务……";⑤在远东,新的防务政策鼓励澳大利亚和新西兰加入美国的太平洋防务体系,"……和美国在太平洋地区的防务体系结合在一起将是重要的。"⑥丘吉尔政府时期,丘吉尔给美

---

① Attlee to Bevin, 1 December 1946, in Ritchie Ovendale ed., *British Defence Policy since* 1945, Manchester, 1994, p. 33.
② Near East, 30 April 1949, in Ritchie Ovendale ed., *British Defence Policy Since* 1945, Manchester, 1994, pp. 63 – 65.
③ British commitments to send land forces to the European Continent, 23 March 1950, in Ritchie Ovendale ed., *British Defence Policy Since* 1945, Manchester, 1994, pp. 72 – 73.
④ Report by the Chiefs of Staff on Defence Policy and Global Strategy, 7 June 1950, in Ritchie Ovendale ed., *British Defence Policy Since* 1945, Manchester, 1994, pp. 73 – 79.
⑤ Ibid.
⑥ Ibid.

国总统去信清楚地表明英国对美国军事的依赖。① 苏伊士运河事件更是昭示了没有美国的支持,英国无法独自——甚至在有同盟国的情况下——胜利地完成任务。危机之后上台的麦克米伦(Harold Macmillan)承认了英国的"小伙伴"地位,也认可了英国的帝国游戏必须服从美国的冷战战略需要。威尔逊(Harold Wilson)上台后继续配合美国的战略要求,虽然英国民众反对美国进行的越战,威尔逊政府却仍然支持美国,当被问及原因时,威尔逊说,"我们不能踢我们债权人的睾丸。"②英国已经绑在了美国的战车上。

政治上,英国从追求第三极势力到唯美国马首是瞻。虽然不少学者指出从冷战开始时英国就依附于美国,但艾德礼政府时期,英国的主要目标仍然是尽可能摆脱对美国的依赖。③ 二战结束的时候,英国仍然以世界三大巨头之一的面目出现,环顾欧洲的废墟,英国更是确信自己在政治上可以与美苏一较长短,因而,维持英国在政治上的三强之一的地位是战后英国坚守的目标。但是,对英国政府来说,最大的难题是英国在经济上严重依赖美国。艾德礼政府认为,一个清楚的事实是:只有在经济上取得独立才能让美国承认英国的大国地位,因而英国政府采取了种种措施来恢复经济。同时,艾德礼政府通过加强军备与对抗苏联集团来追求自己的政治影响力,英国仍然在海外部署大量军队,英国军人的服役比例甚至超过

---

① Prime Minister Churchill to President Eisenhower, Private and Confidential, 18 February 1952, *Foreign Relations of the United States*, 1952-1954, Vol. IX, part. II, p. 1990.
② Philip Ziegler, *Wilson: the Authorised Life of Lord Wilson of Rievaulx*, London, 1993, pp. 228-229.
③ R. F. Holland, "The Imperial factor in British Strategies from Attlee to Macmillan, 1945-1963", in R. F. Holland and G. Rizvi eds., *Perspectives on Imperialism and Decolonization*, London, 1984, pp. 165-186.

美国,艾德礼政府也坚持英国发展自己的核武器。50年代,艾登政府的政策也体现着这一思维,艾登(Anthony Eden)认为,美苏的冷战虽然激烈,但是仍然有其他国家活动的空间。他的设想是联合不发达国家,形成由英国领导的亚洲、非洲新国家的第三极势力,形成对美苏的制衡。1950年后英国与印度的关系就是这一政策的典型体现。对英国来说,与印度保持密切的关系是英国在第三世界维持影响力的一个重要手段。当美国总统艾森豪威尔(D. W. Eisenhower)敦促英国加入东南亚的对抗共产主义安全体系时,艾登回答说,除非印度也被承认为这一体系的发起国,否则英国不能加入这一体系。① 艾登还希望殖民地独立后向加入英联邦方向前进,因为通过这一政策,英国能获得第三世界的好感。但苏伊士运河事件的失败终止了英国追求第三极势力的努力,麦克米伦一方面承认了英国在英美关系中的"小伙伴"地位,另一方面,通过申请加入欧共体,英国开始向欧洲靠拢,之后的英国政府继续在麦克米伦政策的道路上前行。

当英国只能唯美国马首是瞻的时候,英国怎能够统治一个庞大的殖民帝国呢?

三、大国战略与帝国支柱

不少学者认为英帝国的解体是世界格局的演变、英国的衰落、殖民地的反抗这三个因素中的某一个或三者综合作用的结果。从

---

① Sir Anthony Eden, *Full Circle*, London, 1960, pp. 97 - 99, in R. F. Holland, "The Imperial Factor in British Strategies from Attlee to Macmillan, 1945 - 1963", in R. F. Holland and G. Rizvi eds., *Perspectives on Imperialism and Decolonization*, London, 1984, p. 173.

长时段来看,世界格局的变化、英国的衰落、殖民地的反抗确实是英帝国解体的原因,但是在一个特定的情况下,这些因素不但没有让英国觉得应该顺应历史潮流立即实行非殖民化,相反,英国却千方百计地利用英帝国来维持英国的大国地位,这种大国思维与追求才是理解战后英帝国解体的重要维度。

二战以后,英国的困境并没有使艾德礼政府决定放弃英国的大国地位,相反,维持全球大国的地位仍然是艾德礼政府一以贯之的目标。二战尘烟未落,艾德礼就写信给美国总统杜鲁门说英美的合作应该继续下去,因为"世界和平最终取决于英美的广泛合作"。[①]贝文(Ernest Bevin)是新任外交大臣,与艾德礼一样,贝文对英国的大国地位也是坚信不疑的,在 1945 年 5 月党的预选大会上,他清楚地表达了英国作为全球大国必须承担义务的观点,"必须形成一个政府,它处于一个伟大的帝国和联邦的中心。这个帝国和联邦既然触及全球的所有地方,就必须处理任何的种族(问题)和任何的困难……"[②]艾德礼和贝文的观点得到三军参谋长和帝国总参谋长的坚定支持。战争结束后,英国在海外仍然维持着庞大的驻军。因而,二战结束并没有太多地减轻英国的军事负担。到 1946 年 12 月,英国需要的军队比预期的多出 40 万,英国的军事编制人员达到 150 万,1946 年,英国有 18.7% 的男性在军队中服役,这高于美国的 10%,英国的防务支出达到国民收入的 18.8%,同样高于美国的

[①] Prime Minister Attlee to President Truman, 17 August 1945, in Ritchie Ovendale ed., *British Defence Policy Since* 1945, Manchester, 1994, p.19.

[②] Report of the Annual Conference (of the Labour Party or the Independent Labour Party), 1945, p.115. Recited from Parsha Sarathi Gupta, *Imperialism and the British Labour Movement 1914-1964*, New York, 1975, p.281.

10.6%。①艾德礼不仅放慢了英国士兵复员的步伐,还在和平时期维持了军事征召的制度。1951年,在刚刚经历了英镑贬值之后,艾德礼要求议会批准高达47亿英镑的防务预算。② 艾德礼政府认识到为了维持大国地位,英国也应该拥有原子弹等核威慑力量。日本投降后,艾德礼给杜鲁门写信说希望英美在原子武器的研究上可继续合作,"我强烈建议我们应该探讨各种方式使这种坦诚的合作和交流继续下去。"③在美国通过《麦克马洪法案》从而不再与英国分享原子技术后,艾德礼政府决定独自研制原子武器。

保守党政府也没有在大国地位上有妥协的打算。50年代初,英国仍然是世界上的第三大强国。从经济上来看,其生产总量比联邦德国(西德)要多50%,比法国则要多250%。从军事上来看,它是除了美苏之外唯一拥有核能力的国家,其在海外的义务大大超过了其他的欧洲强国,英联邦、英帝国仍然遍布全球,英国仍然表现出一种狮王的姿态。④ 丘吉尔与艾登政府决定继续维持英国的世界大国角色,苏伊士运河事件不过是艾登政府追求大国政策的必然结果。麦克米伦政府虽然在大国思维上有了一定的调整,但仍然有着深刻的大国情结。就中东而言,麦克米伦也没有彻底放弃的打算。在新的战略评估中,总参谋部认为,虽然昔兰尼加军事设施的价值看起来非常有限,但是塞浦路斯与马耳他的价值应该得到了提升;在约旦、伊拉克、亚丁、肯尼亚基地,英国的军事设施、军队部署仍然各就各

---

① Ritchie Ovendale, *British Defence Policy Since* 1945, Manchester, 1994, p.18.
② Parliamentary Debates (Commons), 29 January 1951, cols.579 – 584.
③ Prime Minister Attlee to President Truman, 17 August 1945, in Ritchie Ovendale ed., *British Defence Policy Since* 1945, Manchester, 1994, p.19.
④ David Goldsworthy, "Introduction", in David Goldsworthy, *CGEE*1, Vol. I, p. xxv.

位；英国在科威特等波斯湾地区的殖民地仍然有重要的影响力，甚至申请加入欧共体也不过是为了更好地维护英国大国地位的策略而已。一直到威尔逊政府时期，仍然可以发现英国的这一大国思维。威尔逊上台之后，决定继续坚守苏伊士运河以东的防务，也一直在坚持研制耗资巨大的核武器。1965 年的英国防务白皮书决定继续控制亚丁与新加坡等战略要地，①1965 年 6 月，威尔逊还在宣称"英国的边界在喜马拉雅山"。② 虽然由于经济的困难，英国于 1967 年宣布放弃苏伊士运河以东防务，但 1982 年的马尔维纳斯（福克兰）群岛战争仍然让长久处于郁闷状态的英国人过了一把大国瘾，撒切尔夫人（Margret Thatcher）的支持率也空前高涨。

英国的大国梦固然植根于英国的强盛，但同样在于英国有一个庞大的英联邦与英帝国，这一"狮王"与"幼仔"的组合才是英国追求大国梦的雄厚根基。对英国政府来说，如何充分利用英帝国来维持英国的大国地位是他们一以贯之的政策。

二战结束之后，作为胜利者的英国面临着空前严峻的挑战。其中，恢复经济与对抗苏联是最主要的任务。③ 一方面，英国面临着国家破产，恢复经济是第一要务，恢复经济的任务因为工党政府

---

① 克罗斯曼批评威尔逊政府仍然不自量力地维持英国在苏伊士运河以东的帝国地位。Richard Crossman, *The Diaries of a Cabinet Minister*, Vol. I, London, 1965, p. 156, in Darwin, *Britain and the Decolonization: the Retreat from Empire in the Post-War World*, New York, 1988, p. 292.

② John Darwin, *Britain and the Decolonization: the Retreat from Empire in the Post-War World*, New York, 1988, pp. 290 - 292; Neville Brown, *Arms without Empire*, Harmondsworth, 1967, p. 55.

③ Ronald Hyam, *Britain's Declining Empire: the Road to Decolonization 1918 - 1968*, Cambridge, 2006, p. 95.

许诺建设福利国家而更为艰难,这就使财力严重匮乏与民众的期待出现矛盾,工党的经济与社会方针注定波澜重重。另一方面,欧洲乃至英国面临着来自苏联势力的挑战,二战结束后,欧洲大陆的均势被打破,力量对比再次失衡,苏联势力主宰了整个东欧,甚至在中欧也占据了重要地位,整个西欧似乎处于苏联的包围下,面对苏联,英国感受到了前所未有的寒意,一场新的世界大战似乎迫在眉睫。

不管是恢复经济还是对抗苏联,英国都严重依赖美国的支持。正如上文所言,英国政府决定维持英国的大国地位,为了维持大国地位,首先要尽力摆脱对美国的依赖,而英帝国似乎就是实现这一目标的最好工具。

首先,从军事战略而言,英帝国使英国的全球防务大国地位更加稳固。艾德礼政府时期,英国在海外维持着大量驻军,原德国、意大利的殖民地,远东的法国、荷兰等国的殖民地也在英国的控制之下,而英国的殖民据点则联结了英国在海外的所有殖民地及占领地区,直布罗陀、苏伊士运河区、好望角、塞舌尔、亚丁、科伦坡港、新加坡等地构成的链条使英国仍然拥有世界上最强大的防务体系。虽然有殖民地民族主义者的压力,英国还是千方百计地维持着对这些地区的控制,在某些国家对直布罗陀、香港等地区的主权要求中,英国也基本予以拒绝;在锡兰,英国授予其独立的同时,继续保留了在科伦坡港的军事基地;为了更好地控制好望角,英国尽力与南非保持友好关系。

但是毫无疑问,对英国政府来说,以苏伊士运河区为核心的中东殖民地才是英国的防务重点。战争结束后,苏联在中东的势力逐步上升,希腊、土耳其、伊拉克、伊朗在苏联的压力下都显得非常脆弱。斯大林（Joseph V. Stalin）拒绝按照约定的时间离开伊朗，以及对希腊共产党的暧昧态度都引起了英国政府的高度警惕。贝文在备忘录中写道："苏联对整个中东地区的政治与经济的渗透出现了增长的苗头。"①艾德礼认为，为了避免与苏联发生正面冲突，英国应该从中东撤退，使中东成为英苏之间的缓冲带，同时建立一个新的非洲防线，即从拉各斯到肯尼亚，并把大部分军事力量部署在肯尼亚。②

三军参谋长反对艾德礼的建议。他们指出，如果英国退出中东，苏联将会乘虚而入，因为"熊从来不会拒绝把脚掌伸到柔软的地方"。中东在战略上的重要地位也使军方不愿放弃它，"它在陆、海、空的交通体系中处于连接点，而这一通路连接了英国、印度、澳大利亚和远东；它也是帝国石油的主要储存库；它包含了苏伊士运河区和其终点港，即我们在东地中海的海军基地亚历山大港，在伊拉克和波斯湾南部的油田，在阿巴丹的港口和设施，从伊拉克北部到海法的输油管道，从地中海经过巴勒斯坦、外约旦、伊拉克到波斯湾的陆地和空中的整个交通线。"③同时，军方认为艾德礼的替代方案是不可行的，"虽然蒙巴萨在许多方面适合作为一个海军基地，但是在公路和铁路以及港口设施方面还存在许多困难。"④贝文与三军参谋长的观点不谋而合，对中东更是情有独钟。为了防止美国染指中

---

① "Middle East Policy": Cabinet Memorandum by Mr. Bevin, 17 September 1945, CAB129/2, CP (45)174. in Ponald Hyam, *LGEE*1, Vol. III, p. 212.
② Hugh Dalton, *High Tide and After: Memoirs 1945－1960*, London, 1962, p. 105.
③ Great Britain's position in the Middle East, 8 September 1945, in Ritchie Ovendale ed., *British Defence Policy Since* 1945, Manchester, 1994, pp. 20－21.
④ Cabinet conclusions about the strategic significance of the Middle East, 4 October 1945, in Ritchie Ovendale ed., *British Defence Policy Since* 1945, Manchester, 1994, p. 22.

东,他与美国就中东问题达成了重要谅解,巩固了英国在中东的地位。① 最后,贝文与军方的观点占了上风,艾德礼政府决定维持在中东的防务力量。

英国在东亚、南亚、中东、非洲等地区的防务体系俨然使英国成为一个全球防务大国。

其次,就经济上而言,英帝国、特别是非洲的殖民地是维护英国经济独立,乃至让美国依附英国的重要工具。

英帝国似乎也为英国的经济独立指明了方向。战后的英国欠下大量债务,美国是英国最大的债权国,但是英国同样欠下英联邦与英帝国的大量债务,如果这些债务可以得到妥善解决的话,英国的经济困境则会缓解不少。英联邦总算体谅英国的难处,一些国家答应免掉英国的部分债务,也基本同意支持英镑的坚挺。但是对英国的殖民地而言,情况似乎并不乐观,印度与埃及是英国欠债最多的国家。可是免掉这些债务是不现实的,如果不能做到这一点,剩下的就是让它们仿效加拿大,暂缓使用其英镑外汇储备,否则,它们争相提取英镑必然破坏英镑的世界货币地位。英国最后强行推行这一政策,印度与埃及的大量英镑不能随意使用。

对艾德礼政府来说,另外一个问题是美元饥荒。一些富庶的、可以赚取美元外汇的殖民地很快成为英国政府注意的焦点。马来亚是一个典型的例子。随着马来亚锡矿与橡胶产业的发展与繁荣,马来亚经济迅速发展,到二战之后,锡矿与橡胶已经成为马来亚赚取外汇的重要资源,这对渴求美元的英国政府来说无疑是雪中送

---

① Record of Informal Political and Strategic Talks in Washington on Middle East Held from 16 October to 7 November 1947, in Ritchie Ovendale ed., *British Defence Policy Since 1945*, Manchester, 1994, pp. 40 – 41.

炭。因而，英国政府决定按照自己的设想来改造马来亚，当马来亚共产党的抗议活动有引起经济与社会生活失序的危险时，英国毫不犹豫地宣布紧急状态，对马来亚共产党采取了镇压措施。

不过，对英国政府来说，非洲才是经济开发的重点，是殖民地的"核心"。[1] 由于英国在非洲开发经济的密集性，不少历史学家把这一现象称之为第二次殖民[2]，也有一些历史学家指出，在印度独立后，非洲取代印度成为第三帝国的核心。[3] 在二战后，整个世界出现了全球性的食物与初级产品的短缺，以粮食为主的初级产品价格大幅上扬。非洲殖民地成为获取美元的主要地区，这对于缓解英国的美元逆差是非常重要的。因而，为了摆脱对美国的绝对依赖，利用殖民地的出口优势实现英镑与美元的平衡就成为英国政府的一个主要考虑。对英国来说，不仅要利用这些殖民地的出口优势，还要开发这些殖民地的经济潜力，使它们获得更多的美元。国防大臣亚历山大（A. V. Alexander）将英国政府三个主要目标的其中之一设定为：促进适合于我们海外属地的最迅速的发展，因为没有这些殖民

---

[1] Ronald Hyam, "Introduction', in Ronald Hyam, *LGEE*1, Vol. I, p. xxx.

[2] 安东尼·洛等人称其为第二次占领（Second Colonial Occupation），D. A. Low and J. Lonsdale, "Introduction: Towards the New Order, 1945 – 1963", in D. A. Low and Alison Smith eds., *History of East Africa*, Vol. II, Oxford, 1976, pp. 12 – 16. 哈格里夫斯称其为第二次殖民征服（Second Colonial Invasion），John D. Hargreaves, *Decolonization in Africa*, London, 1988, pp. 107 – 109. 菲尔德豪斯则把这一政策称为"新重商主义"，D. K. Fieldhouse, "The Labour Government and the Empire – Commonwealth, 1945 – 1951", in R. Ovendale ed., *The Foreign Policy of the British Labour Governments 1945 – 1951*, Leicester, 1984, pp. 83 – 120.

[3] John Gallagher, *The Decline, Revival and Fall of the British Empire*, Cambridge, 1982, pp. 143 – 153; John Darwin, "A Third British Empire? The Dominion Idea in Imperial Politics", in *The Oxford History of the British Empire, IV: the Twentieth Century*, Oxford, 1998, pp. 64 – 87.

地的发展,我们国内人民生活的水平不可能有重大改善。① 对贝文来说,充分利用非洲的原材料不但可以使英国在经济上摆脱对美国的依赖,而且反而会使美国依赖于英国。② 陆军元帅蒙哥马利(Viscount Montgomery)在游历非洲殖民地后得出结论,非洲有英国需要的所有东西:原材料、劳动力、食物与权力,因而英国应该施展大手笔来发展非洲。③ 财政部对开发非洲殖民地的计划也非常感兴趣。1947 年英镑危机发生后,克里普斯出任财政大臣,他很快召开了开发殖民地的会议,要求各殖民地行政当局加紧开发殖民地的经济资源。④ 虽然殖民部怀疑财政部的这些计划,但最终还是屈服于财政部为代表的高层决策。伴随着英国政府大规模开发殖民地计划的实施,英国的殖民部也得以扩大,特别是新设立了非洲司与经济司。

经济开发计划的最典型例子是坦桑尼亚的花生种植计划。二战结束后,油料与油脂出现了世界性的短缺,交易量比战前缩减了40%。⑤ 食品部提出在殖民地种植花生,这一计划得到内阁支持。⑥

---

① CAB 129/37/3, CP (49)245, Annex A, "the Requirement of National Defence", Memo by A. V. Alexander, 18 Oct. 1949. in Ronald Hyam, *LGEE*1, Vol. I, p. xxiii.

② Ronald Hyam, "Introduction", in Ronald Hyam, *LGEE*1, Vol. I, p. l; Frank Heinlein, *British Government Policy and Decolonization* 1945 - 1963: *Scrutinizing the Official Mind*, London, 2002, p. 29.

③ [Development of Africa]: Memorandum by Field - Marshal Lord Montgomery, "Tour in Africa, Nov. - Dec. 1947", 19 Dec. 1947, DO 35/2380, no 1, in Ronald Hyam, *LGEE*1, Vol. II, pp. 188 - 193.

④ "Speeche by the Rt. Hon. Sir Stafford Cripps, K. C., MP, Minister for Economic Affairs, to the African Governors Conference on 12th November, 1947", CO 852/989/3. in A. H. Porter and A. J. Stockwell, *BIPD*, Vol. I, pp. 278 - 283.

⑤ Ronald Hyam, "Introduction", in Ronald Hyam, *LGEE*1, Vol. I, p. xlvi.

⑥ [Tanganyika Groundnuts Scheme]: Minutes by S. Caine, A. B. Cohen, G. M. Roddan, Sir H. Tempany, Mr. Hall and Mr. Creech Jones, 28 Mar. - 7 May. 1946, CO 852/603/6, in Ronald Hyam, *LGEE*1, Vol. I, pp. 227 - 232.

殖民部副次官凯恩(Sir Sydney Caine)认为这一计划是提高殖民地生产效率的新方法,对提高非洲人的生活水平有重要意义,殖民部非洲司司长科恩(A. B. Cohen)更是把这一计划称为"英国政府在热带非洲的最重要的法案"。① 这一计划的负责人、食品部大臣斯特雷奇(John Strachey)认为这种有着良好社会效应的政策会促进非洲殖民地的迅速发展,殖民地将从负担变成财产。② 在英国官员的大力支持下,花生种植计划开始实施。

最后,就政治上而言,英帝国是对抗苏联集团的重要地区,英国可以通过对抗苏联集团赢得美国的尊重,维持世界大国地位。

殖民地是抗击苏联集团渗透的一个重要工具,对待共产主义活跃的殖民地,英国都采取了强硬政策。塞浦路斯民族主义者的要求被否决,其中一个理由就是希腊共产党势力很大,英国不能把塞浦路斯推入苏联集团。镇压共产主义势力的重点地区在马来亚。在英国政府看来,马来亚共产党要求民族独立就是叛乱,苏联集团有在东南亚蔓延的危险。因而,英国马上宣布马来亚处于紧急状态之中,对马来亚共产党采取严厉的镇压措施。虽然不少大臣怀疑马来亚会演变为"一个无底洞,消耗掉我们所有的资源,而且最终落入苏联的掌控之中"③,但英国还是把大量的资金与人力投入到这一地

---

① [Development of Africa]: Address by Mr. Marquand (Paymaster – General) to a Press Conference, 18 Mar. 1948, CAB 124/1089; [Development of Africa]: Report by Mr. Marquand on his Visit to Africa, 11 Jan. – 9 Mar. 1948, Section A – General Conclusions, 2 Apr. 1948, CAB 124/1089, EPC (48)35, in Ronald Hyam, *LGEE*1, Vol. I, pp. 206 – 217.

② "East African Groundnut Project": Cabinet Memorandum by Mr. Strachey (Minister of Food), 4 Jan. 1947, CAB 129/16, CP (47)10, in Ronald Hyam, *LGEE*1, Vol. I, pp. 243 – 244.

③ PREM 8/1486/2, mal (c) (50)6, 21 Apr. 1950; FO 800/461 and 462 for Bevin's interest in South – East Asia, in Ronald Hyam, *LGEE*1, Vol. I, p. xxiv.

区。为了协调压制共产主义的斗争,英国最后任命高级专员麦克唐纳(Malcolm MacDonald)总揽马来亚的事务,高级专员同时对外交部与殖民部负责。① 在冷战加剧的时候,英国认识到为了加强在世界各地对抗苏联集团,尽力动员英联邦与殖民地的资源是非常重要的。② 1949 年 12 月,艾德礼发出指示要求详细调查殖民地在冷战中提供人力资源的准确情报。③ 这样,通过阻止苏联势力的扩大,发动殖民地为遏制共产主义做出贡献,英国可以在保卫"自由世界"的斗争中提高地位,使美国更愿意把英国作为一个平等的合作伙伴来对待。

50 年代保守党上台执政后,英国的经济得到一定程度的复苏,在经济方面面临的紧急状况基本好转。但是,与艾德礼政府一样,保守党政府也把帝国作为维持英国大国地位的重要工具。他们的这一政策主要体现在军事与政治上。

首先,英国政府继续利用帝国来巩固英国的全球防务大国地位。其一,表现在保守党政府拒绝在直布罗陀、香港等战略据点做出让步。其二,英国牵头建立了巴格达条约组织,试图巩固英国在中东的地位。虽然迫于局势的发展,英国不得不一步步撤出中东,但还是在全力寻找替代据点。塞浦路斯、亚丁成为英国在中东的替代据点。虽然在民族主义者的压力下英国不得不逐步退却,但这种

---

① "Notes on International Colonial co-operation": CO information Dept Memorandum no. 20. Annex: Programme of Conference, June 1948, FO 371/73038, no 5159, in Ronald Hyam, *LGEE*1, Vol. II, p. 430.
② "Strategic position of the British Commonwealth; location of Middle East Forces; Organization of Zones of Strategic Responsibility": Cabinet Defence Committee Minutes, 5 Apr. 1946, CAB 131/1, DO 10(46)2,3 and 4, in Ronald Hyam, *LGEE*1, Vol. III, pp. 340–345.
③ CO 537/5324, no 2, 23 December 1949, Minute m 292, 23 December 1949. in Ronald Hyam, *LGEE*1, Vol. I, p. lx.

撤退也进行得非常勉强。

其次,英国通过压制共产主义与推动殖民地按照自己的方式寻求独立从而获得政治影响力。在发生共产主义活动的殖民地,保守党政府仍然一如既往地采取强硬政策。英国继续在马来亚镇压共产党的叛乱,基于战争的需要,丘吉尔政府派出极端强硬派坦普尔将军(Sir Gerald Templer)来主政马来亚,全力剿杀马来亚共产党。同时,艾登觉得为了更好地维持英国的大国地位,英国可以通过推动殖民地以加入英联邦的方式逐步走向独立,通过获得这些国家的好感,争取做第三世界的领头羊,从而与美苏一较短长。

苏伊士运河事件使英国的大国诉求遭受了严重的挫折。这一失败昭示了下述事实,英国的所谓大国地位长期以来就是建立在美国支持上。麦克米伦上台后,英国维持大国地位的政策开始发生转折,但是这样的政策绝非截然中断,对麦克米伦政府来说,只要把英国争取利益的范围限制在冷战的大框架中,英国仍然可以为所欲为,除非美国坚决反对,否则,麦克米伦仍然会一往无前。在1958年的演讲中,他宣称"无意于主持英帝国的瓦解"。[1] 麦克米伦政府也继续利用英帝国为英国的大国地位服务,这主要表现在麦克米伦政府根据冷战的需要适时调整英国的殖民政策。为了使殖民地站在西方阵营一边,麦克米伦决定通过非殖民化政策来赢取民族主义者的好感,在采取非殖民化政策的同时,努力劝说新独立国家继续留在英联邦。因此,非殖民化政策并不是英国衰落的必然结果,而是来自于英国政府的战略调整。路易斯与罗宾逊两位教授所言的"非

---

[1] A speech in Singapore on 19 January 1958, in Peter Clarke and Clive Trebilcock eds., *Understanding Decline: Perceptions and Realities of British Economic Performance*, Cambridge, 1997, p. 238.

殖民化的帝国主义"时代来临了。① 但英国殖民政策的调整也引起了保守派的强烈反对，以索尔兹伯里勋爵（5th Marguess of Salibury）为首的保守派激烈反对麦克劳德（Iain Macleod）的非殖民化政策，麦克劳德加速殖民地独立的政策最终断送了他的政治前途。

到威尔逊政府时期，把英帝国与英国的大国地位联结起来的"帝国神话"已是一个很难突破的罗网。威尔逊上台之后，仍然决定维持英国在苏伊士运河以东的防务。通过承担防务责任、配合美国的冷战战略大局，为西方世界对抗共产主义出一份力，威尔逊政府仍然相信承担这样的防务责任可以成就英国的大国梦想。

四、英帝国的解体

虽然英国对英帝国与英联邦寄予厚望，但是实践的结果却让英国政府颇为失望。首先是经济开发计划的失败。每当英国经济出现问题时，一些英国政治家就会跳出来呼吁通过发展殖民地来促进英国的经济发展。20世纪初，殖民大臣张伯伦（Joseph Chamberlain）就为这一理想而奔忙，20年代末的经济萧条与严重失业又使埃默里（Leo S. Amery）提出发展殖民地的计划，1929年的《殖民地发展法案》正是其表现。两次努力均以失败告终，张伯伦始终无法得到英国政府的支持，财政部对他尤为不满，认为张伯伦拿英国纳税人的钱发展殖民地是离经叛道，张伯伦在失望之余退出政府

---

① W. R. Louis and R. Robinson, "The Imperialism of Decolonization", *Journal of Imperial and Commonwealth History*, Vol. 22, No. 3, (Sept. 1994), pp. 462 – 511.

来追求这一目标,但仍然难有效果。埃默里的发展计划提出后不久,英国财政部就决定紧缩财政,连防务开支都大大缩减,当然也应该搁置发展殖民地的计划。二战之后,英国财政破产的危险又使英国决定通过开发殖民地的资源来解决英国的问题,而这一计划的命运又将如何呢?会不会摆脱前两次失败的命运呢?

贝文是这次计划的主要倡议者,他是从战略的高度来考虑该问题的。战后的英国在经济上、防务上都严重依赖美国的支持,贝文认为这种严重的依赖影响英国的大国地位。为此,一方面,他坚持留守中东来维持英国的防务地位,另一方面,他提倡英国通过发展殖民地来摆脱对美国的依赖,"如果我们推动并发展非洲,我们将让美国依赖于我们并完全受我们控制。"① 与前两次不同的是,贝文的计划得到了首相与财政部的支持。艾德礼认为非洲的政治与社会发展程度都很低,在相当长的时间内并不适宜走向自治或者独立。② 而发展非洲殖民地的经济有利于推动殖民地经济与社会的发展,因而,他支持发展殖民地的计划。为了推动殖民地经济的发展,他甚至在一定程度上放弃了土著人利益至上的原则,重点依赖白人定居者来推动非洲的经济发展。为了争取白人定居者的合作,艾德礼政府在东非与中非都推行了联邦计划,提倡建立一个由白人主导的多元种族社会。③ 贝文的计划也得到了财政部的支持,财政部的热情甚至很快就超过了贝文,克里普斯升任财政大臣后,大力推动殖民

---

① Ronald Hyam, "Introduction", in Ronald Hyam, *LGEE*1, Vol. I, p.1.
② Ronald Hyam, *Britain's Declining Empire: the Road to Decolonization 1918 – 1968*, Cambridge, 2006, p.94.
③ Ronald Hyam, "Introduction", in Ronald Hyam, *LGEE*1, Vol. I, p. xxxv.

地的经济发展,财政部开始成为殖民地经济开发计划的主力。①

但与以往不同,殖民部对这次的开发计划却持非常谨慎的态度,其反对的理由主要有两点。第一,开发计划的自利性必然削弱英国与殖民地的合作关系,导致民族主义者的反感,因为为了母国的利益而开发殖民地只能迫使殖民地人民追求完全的独立以寻求获得公正的对待。② 第二,开发计划有其无法克服的内在障碍。如果实施开发计划,英国必须提供大量的资本与消费品,而这可能是英国无力提供的。同时,为了开发非洲,有许多配套的工作要做,例如基础设施建设、人力资源供给,以及提供关于非洲殖民地的基本知识,而英国并不具备这些条件。③ 虽然殖民部有这些顾虑,但终究不能浇灭财政部的热情,开发经济的计划最后确定了,开发经济的大量项目也付诸实施。

殖民部的担心最终证明是有道理的。开发经济的计划到处碰壁,如花生种植计划就是一场灾难,英国政府发现最大的障碍是清除丛林,为了清除丛林,英国不得不从加拿大、菲律宾等地征调拖拉机与其他机械,非洲的工人也不喜欢这一工作,不断举行罢工。因而,清除丛林的工作进展缓慢,财政预算使用了 7/8 仅清理出 4.6 万英亩土地,而计划的面积是 321 万英亩。到 1950 年末,花费的代价

---

① "Speech by the Rt. Hon. Sir Stafford Cripps, Minister for Economic Affairs, to the African Governors' Conference on 12th November, 1947", CO 852/989/3, in A. H. Porter and A. J. Stockwell, *BIPD*, Vol. I, pp. 278 - 283.

② "Prices of Colonial Export Products", Draft of a Memorandum by the Secretary of State for the Colonies for Presentation to the Cabinet, March 1947, CO 852/989/3, in A. H. Porter and A. J. Stockwell, *BIPD*, Vol. I, pp. 274 - 275.

③ [Development of Africa]: Memorandum by Mr. Creech Jones, Commenting on Field - Marshal Montgomery's Memorandum, 6 Jan. 1948, DO 35/2380, no 3, in Ronald Hyam, *LGEE*1, Vol. II, pp. 196 - 204.

已经达到 3 887 万英镑，这样的计划已经无利可图。① 花生种植计划给英国的开发计划浇了一盆冷水，英国的开发热情快速降温。1951年3月，经济政策委员会宣称殖民地并没有大量增产的希望。② 当保守党政府殖民大臣利特尔顿（Oliver Lyttelton）再次询问殖民地对英国经济的意义时，专家的回答仍然是否定的。③ 从 50 年代中期开始，经济开发的计划基本上被放弃了。④

通过殖民地维持大国防务的计划也面临着严重的挫折。二战结束后不久，在外交部与军方的坚持下，英国政府最后决定留守中东并建立中东的防务体系。但是一些明智的官员也警告说，如果不顾埃及人的感情继续留在埃及，英国会恶化与阿拉伯人的关系，从而危及英国的大国地位。⑤ 贝文也认为中东的民族主义者是必须要认真对待的，但是他同时也认为这些民族主义者大都是不负责任的煽动分子，而中东的广大民众并不反对英国的统治。同时，英国通过提供资本与技术可以帮助推动中东的经济与社会发展，促进民众的福祉。⑥ 如果英国政府与中东的民众是一种双赢的关系，又何必理会那些煽动分子的叫嚣呢？不管怎样，贝文还是决定对那些民族

---

① Ronald Hyam, "Introduction", in Ronald Hyam, *LGEE*1, Vol. I, pp. xlvi – xlvii.

② "Production of Raw Materials in the Colonial Empire": Cabinet Economic Policy Committee Minutes, 9 Mar. 1951, CAB 134/228, EPC 5 (51)3, in Ronald Hyam, *LGEE*1, Vol. II, pp. 187 – 188.

③ "Colonial development": CO brief for Mr. Churchill, Dec 1951, CO 537/7597, no 3, in W. R. Goldsworthy, *CGEE*1, Vol. III, pp. 157 – 160.

④ Louis, "Introduction", in *The Oxford History of the British Empire, IV: the Twentieth Century*, Oxford, 1998, p. 12.

⑤ "Anglo-Egyptian Negotiations": Cabinet Conclusions on treaty revision, 7 June 1946, CAB 128/5, cm 58 (46), in Ronald Hyam, *LGEE*1, Vol. I, p. 17.

⑥ "Middle East: Future Policy": Cabinet Conclusions, 4 Oct. 1945, CAB 128/1, cm 38/(45)6, in Ronald Hyam, *LGEE*1, Vol. I, pp. 2 – 4.

主义者做出一定的政治让步,哪怕仅仅是为了让他们安分一点也好。但是贝文抚慰民族主义者的努力困难重重,结果是英国与民族主义者处于严重的对抗之中。

在巴勒斯坦,贝文很快改变了早期亲犹太人的立场,开始更多地照顾阿拉伯人的利益,因为英国除了获得阿拉伯人的支持外,没有任何办法可以维持对中东的控制。犹太人在从英国获取支持的希望破灭后,很快把求助的目光转向美国。犹太人在美国的势力很大,华尔街的很多商业巨子都是犹太人,他们向美国总统施加压力,要求美国支持犹太复国主义运动,要求美国压迫英国对犹太人做出更大的让步。虽然罗斯福也受到犹太人的巨大压力,但是罗斯福更愿意以大局为重,他并不想给丘吉尔以太大压力,[1]而丘吉尔也向罗斯福说明英美在战争中获得阿拉伯人的支持对同盟赢得战争胜利是非常必要的。战后的杜鲁门总统也同样受到犹太人的压力,但是他比罗斯福走得远。艾德礼与贝文都向杜鲁门强调西方必须在中东获得阿拉伯人的支持,因为只有得到阿拉伯人的支持才能控制中东,从而能够维护英美同盟对苏联的优势;对英美同盟来说,不能感情用事,应暂时搁置对犹太人的同情。[2] 美国的军事战略专家也向杜鲁门建议说不应该支持犹太人,否则,中东在未来将出现爆炸性局面,而这将严重影响美国的全球战略。[3] 尽管有英国政府与美国战略专家的双重规劝,杜鲁门却没有听他们的,对他来说,投他选票

---

[1] W.R. Louis, "American Anti-Colonialism and the Dissolution of the British Empire", *International Affairs*, Vol.61, No.3, (Summer 1985), pp.395 - 420.
[2] 布莱恩·拉平:《帝国斜阳》,钱乘旦等译,上海人民出版社,1996年,第151 - 153页。
[3] 同上书,第151 - 152页。

的是犹太人,他的选民中并没有阿拉伯人。① 因而,他坚决支持犹太复国主义运动。美国政府的支持使犹太人的势力大增,犹太人的暴力活动成为英国士兵的梦魇。对英国来说,通过支持阿拉伯人而获得一个稳定的巴勒斯坦基地的梦想破灭,阿拉伯人与犹太人的冲突使巴勒斯坦对英国的军事价值从正面转变为负面,英国最终无奈地撤出了巴勒斯坦。

英国在塞浦路斯的局面相对较好,因为杜鲁门的选民中可能并没有太多的塞浦路斯人。塞浦路斯是英国防务战略一个重要的替代据点,但是英国控制塞浦路斯的目标与当地民族主义者回归希腊的目标相冲突。为了防务的利益,英国拒绝了民族主义者的要求,塞浦路斯的民族主义者很快决定采取暴力活动,英国不得不派出大量的军队到塞浦路斯进行镇压。民族主义者的反抗削弱了塞浦路斯的防务价值。

英国遭受的最大挫折在埃及。二战结束之际,英国在苏伊士运河区的势力达到鼎盛。苏伊士运河区成为世界上最大的防务基地,也很快成为英国遏制苏联的得力工具,因而英国政府不情愿在苏伊士运河问题上做出让步。但埃及的民族主义者要求获得完全独立,埃及必须收回苏伊士运河,同时民族主义者也对埃及的传统属地苏丹提出了主权要求。埃及的不妥协态度使英国的中东战略变得微妙起来,而放弃中东防务体系使其落入苏联怀抱是英国政府所不能接受的。正是双方目标的冲突使艾德礼政府的埃及政策难以成功,埃及最终单方面宣布废除1936年《英埃同盟条约》。50年代保守党

---

① Evan M. Wilson, *Decision on Palestine: How the U. S. Came to Recognize Israel*, Stanford, 1979, p.58.

上台后,英国也不肯在埃及问题上做出太多让步。1952年埃及革命使英埃关系进入一个新时代,英国政府起初争取与新统治者合作,但其前提是埃及必须服从英国在中东的防务体系而不投入苏联怀抱。但是对埃及新政府来说,与英国合作会削弱自己民族主义旗手的地位,收回苏伊士运河与苏丹则是巩固自己政权的工具,与英国保持距离甚至处于敌对状态更有利于获取埃及人民的支持,而与其他国家包括苏联建立友好关系也比与英国维持合作关系更得人心。同时,亲历过1942年二月四日事件的纳赛尔对英国怀有更多的仇恨,因而,纳赛尔不接受英国的中东防务体系。由于《巴格达条约》可能限制埃及对中东阿拉伯民族主义的领导权,纳赛尔千方百计地去打击英国在中东的防务体系。[①] 双方目标的分歧使1954年的英埃条约成为废纸,而1956年的苏伊士运河事件却是英埃矛盾的自然结果。艾登希望通过苏伊士运河事件颠覆纳赛尔的领导地位,但事件的结果不仅没有颠覆纳赛尔的统治,反而使纳赛尔的地位大大上升,最后丢失领导地位的不是纳赛尔而是艾登。

苏伊士运河事件严重削弱了英国的国际地位。纳赛尔宣称英国已经从一流国家沦落为三流国家。当然,并不能把政治家的宣传当作真正的历史,英国仍然是美苏之后的第三大强国,英国也仍然是中东地区的主要大国,英国对海湾地区的保护依然在持续。[②] 但这一事件却表明:英国希望通过殖民地来巩固其大国地位,结果不仅没有达到目标,相反,英国的殖民政策却削弱了它的大国地位。

麦克米伦升任首相后,开始认真思考英国与帝国的关系:帝国

[①] W. R. Louis, *British Empire in the Middle East, 1945 — 1951: Arab Nationalism, the United States, and Postwar Imperialism*, Oxford, 1984, pp. 226 - 264.

[②] 参阅第三章的相关内容。

对维持英国的大国地位到底有多大裨益？为了准确回答这一问题，麦克米伦组建了专门的委员会来审核英帝国的价值。审核的结果表明帝国对英国的经济发展并无太大作用，帝国的价值实际上被夸大了，英国不能依靠帝国来解决英国的问题，例如经济效率与失业问题等等。①

审核还提到了欧洲对英国的意义。实际上，从50年代开始，伴随着欧洲经济的恢复，欧共体很快成为一股强大的力量。对英国来说，欧洲的价值更为明显，这可以从经济、战略、政治上得以说明。

从经济上讲，欧洲逐渐取代英帝国与英联邦成为英国经济发展的发动机。二战后很长的时间里，英国并不认为西欧是自己经济上的合作伙伴，因为英国政府一直认为欧洲经济恢复的前景不妙，担心英国过多介入欧洲会给英国增加额外的负担。② 因此，英国主要靠英帝国与英联邦来维持自己的经济增长，但是这种方案很快就失败了，英国依靠英帝国恢复经济的任务无疾而终，而英国与英帝国、英联邦的经济互补格局也在逐渐削弱（参阅下表）。与此同时，欧洲成为世界上经济增长最快的地区之一，英国逐渐把目光转向了欧洲。1961年英国申请加入欧共体标志着英国由帝国经济圈转向欧洲经济圈，1971年保守党政府的白皮书倡导加入欧洲时更是宣称，与欧共体相比英联邦在政治与经济方面对英国的贡献是远远不及的。③

---

① Tony Hopkins, "Macmillan's Audit of Empire, 1957", in Peter Clarke and Clive Trebilcock eds., *Understanding Decline: Perceptions and Realities of British Economic Performance*, Cambridge, 1997, pp. 234–260.
② John Darwin, *The End of British Empire: the Historical Debate*, Oxford, 1991, p. 48.
③ John Darwin, *The End of British Empire: the Historical Debate*, Oxford, 1991, p. 48.

英国与英联邦与南非之间的进出口情况表①

	1950年	1960年	1970年
英国对英联邦与南非的出口(总出口的百分比)	47.7%	40.2%	24.4%
英国从英联邦与南非的进口(总进口的百分比)	41.9%	34.6%	25.9%

从战略上讲,艾德礼政府后期,中东的防务地位开始下降,而欧洲自身的防务地位日益上升,1949年北约的建立确立了英国对欧洲的防务义务,英国开始更多卷入欧洲的防务。1949年苏联试爆原子弹成功,表明苏联已经拥有核武器,中东防务的脆弱性更为明显,英国继续在中东屯以重兵只能使其成为苏联核武器攻击的靶子。英国的战略家们也注意到,随着苏联军事力量的上升,欧洲似乎变得更加没有信心,他们要求英国向欧洲派驻更多的军队,承担更多的义务。② 欧洲的防务地位逐渐超越了中东地区。

从政治上讲,伴随着欧洲在经济上的崛起与防务重要性的提升,欧共体在政治上的地位也随之上升。戴高乐(Charles de Gaulle)、阿登纳(Konrad Adenauer)为首的政治家开始频繁出现在世界政治舞台的中心,欧共体逐渐成为世界政治新星。对英国来说,继续游离于欧洲之外只能使自己被甩出这一高速运行的政治列车,最明智的做法就是顺应潮流向欧洲靠拢。③

正如一位历史学家所言,英国逐渐放弃了英帝国这艘破船,而

---

① M. Lipton and J. Firn, *The Erosion of a Relationship: Britain and India since 1960*, London, 1975, appendix, Recited in John Darwin, *The End of British Empire: the Historical Debate*, Oxford, 1991, p. 50.
② British commitment to send land forces to the European Continent, 23 March 1950, in Ritchie Ovendale ed., *British Defence Policy Since 1945*, Manchester, 1994, pp. 71 - 73.
③ Harold Macmillan, *Pointing the Way 1959 - 1961*, London, 1972, pp. 44 - 60.

开始向欧洲之舟靠拢。① 1959 年麦克米伦首相申请英国加入欧共体,这是英国大国思维的重要调整。虽然在二战时丘吉尔就倡导建立欧洲联盟,但却反对英国加入这一联盟。一方面,丘吉尔不相信欧洲联合能有太大的成就,另一方面,丘吉尔是一位坚定的帝国主义者,他并不认为作为一个帝国的领袖可以同时又是一个欧洲地区强国领导人,成为欧洲一员是与帝国领袖的身份相互冲突的。② 艾德礼政府时期,虽然贝文曾于 1948 年提倡西欧联盟,但他主要是基于战略考虑,英国政府最终没有对欧洲联盟给予足够的重视,向欧洲靠拢的英国工党比万派最终失败。1951 年丘吉尔重新上台后,英国仍然没有对欧洲给予足够重视,在三环外交中,欧洲处于最后的一环。丘吉尔重视的首先是与美国的联盟,其次是英帝国与英联邦的联合,丘吉尔认为向欧洲靠拢不可能对英国的国际地位有更大裨益。艾登基本延续了丘吉尔的思想。这样,英国在最好的时机错过了最好的机会。苏伊士运河事件改变了英国政府的思维。麦克米伦的审核调查否认了英帝国的价值而确认了欧洲的价值,但此时,欧洲已经恢复自信,法德的领导核心地位已经牢固确立,英国不得不向欧共体提出申请,而戴高乐是否愿让英国加入欧共体从而削弱法国的领导地位呢?

伴随着英国从帝国之船转移到欧洲之舟,英国政府开始萌生放弃英帝国的打算。这一打算之所以没有马上实施,主要是因为麦克

---

① D. K. Fieldhouse, "The Metropolitan Economics of Empire", in *The Oxford History of the British Empire, IV: the Twentieth Century*, Oxford, 1998, p. 112.
② John Kent, *British Imperial Strategy and the Origins of the Cold War 1944 - 1949*, Leicester, 1993, p. 37. 关于英国与欧洲联合的内容,参阅,洪邮生:《英国对西欧一体化的起源与演变(1945 — 1960)》,南京大学出版社,2001 年。

米伦政府中仍然有大量的保守派，其中殖民大臣博伊德（Alan T. Lennox‐Boyd）就是典型的鹰派代表，他强烈反对麦克米伦的撤退计划，并且他在殖民部、外交部、军方等领域还有大量的支持者。① 历史学不喜欢断裂，历史学家的天然倾向是抓住历史的延续性，笔者也不认为英国从帝国到欧洲的转变是一蹴而就的，更不能得出结论说英国准备不顾后果地完全放弃英帝国。

苏伊士运河事件的一个结果是麦克米伦承认了美国的冷战战略优先于英国的帝国游戏。但是这一思维与其说是一个成熟的结论不如说是刚刚开始的段落，英国还没有把英帝国完全放在冷战的格局中来考虑，帝国游戏也还没有结束。特别是在帝国游戏与冷战格局并无大的冲突时，英国政府还是希图维持帝国的。一方面，英国没有完全放弃中东的殖民地，苏伊士运河事件后，英国在中东仍然维持着庞大的军事力量；英国还在塞浦路斯与埃奥卡（塞浦路斯战斗者全国组织，Ethniki Orgarosis Kyprion Agoniston，简称 EOKA）进行激烈的对抗；英国拒绝了亚丁民族主义温和派要求自治的要求；英国还在维持对海湾地区酋长国的保护义务。另一方面，英国仍然控制着非洲，决定按照自己的计划引导殖民地循序渐进地走政治进步的道路。虽然加纳和苏丹已经独立，但是英国仍然维持着庞大的非洲殖民地，在东非英国压制民族主义的激进派，在中非，英国试图维持中非联邦。与此相应的是，英国还在维持苏伊士运河以东的防务。② 麦克米伦政府不仅在中东驻有重兵，而且很快决定把亚丁建设成为新的中东基地，并继续承担对以新加坡为核心的远

---

① Ronald Hyam, "Introduction", in Ronald Hyam, *LGEE*1, Vol. I, p. xxviii.
② 关于这一内容，最好的著作是：P. Darby, *British Defence Policy East of Suez 1947 - 1968*, London, 1973.

东地区的防务责任。

在中东,由埃及支持的反帝运动风起云涌,亚丁也不能例外。从 50 年代后期开始,以亚丁工会大会(Aden Trade Union Congress)为代表的下层民众对英国的统治进行激烈斗争,并因邻国也门发生革命而获得了稳固的后方基地,全国解放阵线(National Liberation Front of Aden)的暴力活动则使亚丁不可能成为英国稳固的军事基地。在远东,为了压制共产主义力量,英国努力把马来亚、新加坡、沙捞越、北婆罗洲拼凑成一个马来西亚联邦。这一联邦激起印度尼西亚的激烈反对,苏加诺(Sukarno)在掌握了印尼的领导权后,很快提出对沙捞越与北婆罗洲的主权,而在苏加诺看来马来西亚联邦不过是殖民主义者对付印尼的策略,同时这一联邦也可能威胁印尼在本地区的领导地位。① 印尼与马来亚很快爆发了边界冲突,由于英国承担着马来西亚联邦的防务责任,英国不得不派出大量军队来抗击印尼的"入侵",从而为麦克米伦政府招惹重大麻烦。② 在非洲,英国在东非推行的多元种族计划受到黑人民族主义者的激烈反对,英国在中非设计的中非联邦计划也招致了非洲人的抵制,以班达(Hastings K. Banda)和卡翁达(Kenneth Kaunda)为首的民族主义领袖将解散"愚蠢的联邦"作为自己的奋斗目标。

从 50 年代末期开始,英国大幅度调整了殖民政策与防务计划。麦克劳德在 1959 年担任殖民大臣后,有意识地加速了殖民地的独立进程,其后的英国政府也沿着麦克劳德指明的方向继续前进。1961

---

① 布莱恩·拉平:《帝国斜阳》,钱乘旦等译,上海人民出版社,1996 年,第 226—227 页。
② Harold Macmillan, *At the End of the Day 1961 - 1963*, London, 1973, pp. 252 - 262;麦克米伦:《从政末期》,陈体芳译,商务印书馆,1980 年,第 242—252 页。

年,塞拉利昂与坦噶尼喀宣告独立;1962年,乌干达宣告独立;1963年,桑给巴尔与肯尼亚宣告独立;1964年,马拉维、赞比亚宣告独立。英国庞大的非洲殖民地相继独立了,与此同时,英国也推动了塞浦路斯、牙买加、特立尼达和多巴哥、马耳他等殖民地的独立进程。

此外,英国政府也逐渐放弃了苏伊士运河以东的防务。英国1966年的防务计划宣布了三项防务原则:(1)在没有同盟的情况下英国不会采取大规模的军事行动;(2)除非当事国提供必要的设备,否则英国不会提供军事援助;(3)除非当事国要求,英国不再在任何独立国家继续维持防务设施。与三项原则相对应的是,英国决定放弃对亚丁的防守。① 1967年,威尔逊政府决定放弃冷战义务,撤出苏伊士运河以东防务。这一决定是在美国陷入越南战争泥潭之时发生的,对此,美国国务卿腊斯克(Dean Rusk)悲叹地说,"这是英国从世界事务中退却的标志,它对人类社会都是灾难性的损失……当我们在世界上处于困难的时候,英国说他们不干了。"②美国总统约翰逊(Lyndon B. Johnson)也敦促威尔逊首相重新考虑英国的决定。③但这一次,威尔逊首相没有改变计划,他决定把解决英国国内问题作为政府主要甚至是唯一的任务,为此,别的义务都可以放弃。

放弃苏伊士运河以东防务标志着英国一个时代的彻底终结,也意味着大英帝国的正式结束。此后,英国基本放弃了先前那种帝国信托人的道德责任感,英国效法之前在西印度群岛殖民地的策略,

---

① Darwin, *Britain and the Decolonization: the Retreat from Empire in the Post-War World*, New York, 1988, pp. 291-292.
② Memorandum of Conversation, 11 January 1968, *Foreign Relations of the United States, 1964-1968*, Vol. XII, p. 608.
③ Message from President Johnson to Prime Minister Wilson, 11 January 1968, *Foreign Relations of the United States*, Vol. XII, p. 609.

推动了英国其他殖民地的独立。

50年代末,英国政策急剧调整的直接原因来自保守党内部的人事变动。① 在1959年10月的大选中,以索尔兹伯里勋爵、博伊德、利特尔顿等为代表的老保守党人退出了内阁和下院,而以麦克劳德等为代表的主张改革的年轻保守党人取代了老保守党人的地位。麦克劳德认为英国不能再靠武力统治英帝国,英国应该尽快让殖民地独立,"行动快了当然有危险,但是行动慢了危险性要更大。"②在他担任殖民大臣后,英国有意识地加速了殖民地的独立进程。而独立进程一旦被启动,就很难再阻止了。

按照布罗代尔的看法,那些似乎唐突的政治事件不过是飞溅的浪花而已,浪花下面的潜流才是理解这些事件的关键。拨开英国政府人事变动这一表层的浪花,我们终于发现下面涌动的暗流,这些暗流汹涌澎湃,势不可挡,英帝国的解体正是这些潜流作用的结果。

首先,英帝国的解体是殖民地民族主义者反抗的结果。没有印度民族主义者追求独立的斗争,印度的独立是不可想象的。在中东,英国置民族主义者的反抗于不顾,试图继续控制中东,但埃及、亚丁的民族主义者打醒了英国人,使英国人认识到民族主义者的反抗是不可遏制的,一意孤行的后果就是失败。在非洲,英国政治家也逐渐认识到了这一点,麦克劳德认为英国不再能够用武力控制殖民地,麦克米伦在"变革之风"的演讲中也承认了这一点,他与某位总督关于非洲独立的谈话也是这种趋势的体现。当麦克米伦询问殖民地是否已经为独立做好了准备时,总督回复说"他们当然还没

---

① 吴秉真、高晋元主编:《非洲民族独立简史》,世界知识出版社,1993年,第365页。
② David Goldsworthy, *Colonial Issues in British Politics 1945 – 1961*, Oxford, 1971, p. 363.

有准备好",可是总督又坚持说道,"立刻就让他们独立——越快越好",因为,如果英国继续保留这些殖民地,"他们中间最聪明的、有行政能力的人都一定会起来反抗。我得把他们关进监狱。他们在监牢里学不到治理国家的方法,只能学到仇恨和报复,那样就只会浪费时日,不会有什么成果。因此我说,现在就让他们独立吧。"[1]

其次,英帝国的解体也是英国经济衰落的结果。二战之后,英国虽然勉强列于世界第三强,但是这一地位是非常脆弱的,英国在经济上严重依赖美国。艾德礼政府的财政大臣同意放弃印度殖民地,是因为他认为英国不再具备镇压印度的财力;苏伊士运河事件的失败是因为在关键时刻英国的石油供应不足,英国的经济难以支撑;在非洲殖民地,镇压肯尼亚茅茅运动花费了5 500万英镑,这又刺激了英国政治家对类似事件的担忧;而英国撤出苏伊士运河以东防务也同样与经济困难有关。威尔逊政府上台时,工党政府中的贝文派仍然希望维持苏伊士运河以东防务,他们在威尔逊政府执政初期仍然有巨大的影响力。[2] 但是反贝文派逐渐在新任财政大臣詹金斯(R. H. Jenkins)周围聚集起来。威尔逊政府面临巨大的经济压力,生产效率低、失业率高的难题困扰着政府。詹金斯坚决要求缩减防务开支,要求把解决经济问题作为英国的首要问题,一些现实的工党政治家支持詹金斯。[3] 两派的矛盾终于在1966年讨论新的防务计划时爆发了。贝文派要求维持苏伊士运河以东防务,为此要

---

[1] Harold Macmillan, *Pointing the Way 1959 - 1961*, London, 1972, pp. 118 - 119.

[2] John Darwin, *Britain and the Decolonization: the Retreat from Empire in the Post - War World*, New York, 1988, pp. 290 - 292.

[3] John Darwin, *Britain and the Decolonization: the Retreat from Empire in the Post - War World*, New York, 1988, pp. 291 - 293.

求建设新的航空母舰并进行其他配套设施的建设。如果要实现贝文派的主张,英国将不得不支付大量资金。詹金斯派坚决反对贝文派的方案,要求缩减防务开支。两派的斗争达到白热化程度,最后海军大臣与国防大臣双双辞职,贝文派铩羽而归。1967年,英国再次爆发英镑危机,英国政府终于决定放弃苏伊士运河以东防务。

再次,世界格局的演变与国际社会的压力也推动了英帝国的解体。二战最重要的一个结果是雅尔塔体系的形成,在这一体系中起主导作用的是美国与苏联,这使英国维持帝国出现了结构性困难,"作为主要殖民强国的英法不再主导国际事务。由于互相怀有敌意的超级大国美苏的出现,一个完全不同的国际格局形成了,美苏在各自的阵营中处于核心位置。在二战之前,国际竞争是殖民强国之间的竞争,现在,两个主要的挑战者在不同程度上都对殖民体系的延续怀有敌意。"[1]苏联在战后很快发展了其霸权思想,除了在东欧建立自己的势力范围,它还试图从资本主义最薄弱的环节展开攻势,而这个最薄弱的环节无疑就是老牌资本主义国家的殖民帝国。苏联抓住任何一个殖民问题大做文章,试图搞垮那些传统的欧洲强国。在苏伊士运河事件中,赫鲁晓夫(Nikita Khrushchev)更是要威胁使用核武器来制止入侵者。美国的压力也沉重打击了英帝国,由于美国支持犹太人,英国最终不得不退出巴勒斯坦。在苏伊士运河事件中,美国更是站在英国的对立面。随着冷战的加剧,美国敦促英国让殖民地尽快独立,来增加对付苏联的筹码。第三世界国家也坚决反对殖民主义。由于第三世界国家大都有殖民地或者半殖民

---

[1] Crawford Young, "Decolonization in Africa", in L. H. Gann and Peter Duignan eds., *The History and Politics of Colonialism 1914-1960*, London, 1970, p.453.

地的经历,因而均强烈反对殖民主义。1949年,中华人民共和国成立后,坚定地站在民族解放运动这一边。1955年4月,在29个亚非国家参加的亚非会议上,反帝,反殖,争取民族独立,建立友好、团结和合作关系,共同维护世界和平的万隆精神对亚非的民族解放运动产生了不可估量的影响。联合国在反殖民主义的斗争中也发挥了重要作用,随着亚非成员国的增加和反殖民主义力量的壮大,联合国加强了国际托管制度的监督功能,每3年向托管地派出代表团进行实地调查并听取当地人的意见。1960年,联合国大会通过了《给予殖民地国家和人民独立宣言》(通称"非殖民化宣言"),在政治上打击了殖民主义和种族主义,支持了民族解放斗争。① 这些压力对殖民主义产生了重大影响。从1958年开始,比利时与法国开始推行非殖民化政策,比、法所属非洲殖民地的独立让英国产生很大的紧迫感。

最后,英帝国的解体也与英国的经济与战略考虑紧密相连。英国的发展已经使英国可以在殖民地独立后继续维持自己的利益。② 一份对帝国价值评价的报告证实了这一点。麦克米伦上台后不久提议审核英帝国的价值,该审核报告认为殖民地"越早而不是越迟的独立会更好地维护英国的外贸利益",英国的金融与经济利益不会因为殖民地的独立而受到影响。③ 同时,英帝国的解体使英联邦成为新的理想,利用英联邦维持英国的大国地位一直是英国政府的

---

① 郑家馨主编:《殖民主义史(非洲卷)》,北京大学出版社,2000年,第640页。
② 郑家馨主编:《殖民主义史(非洲卷)》,北京大学出版社,2000年,第641页;吴秉真、高晋元主编:《非洲民族独立简史》,世界知识出版社,1993年,第365页。
③ Tony Hopkins, "Macmillan's Audit of Empire, 1957", in iPeter Clarke and Clive Trebilcock eds., *Understanding Decline: Perceptions and Realities of British Economic Performance*, Cambridge, 1997, pp. 234-260.

梦想。1931年的《威斯敏斯特法案》虽然让白人自治领实现了独立，但英国的利益也得到了保护。二战后英国从南亚的撤退也与英联邦的理想紧密相关。艾德礼政府认为，在新时代，将英帝国转变为英联邦才是维护英国利益的最好政策。① 在维持非洲殖民地的成本急剧上升的时候，英国再次准备以英联邦取代英帝国。英联邦的制度设计把内容放在形式之上，在加纳等非洲国家走向独立时，英国政府内部对英联邦的未来展开讨论，斯温顿（Lord Swinton）与索尔兹伯里坚持把英联邦改造为双层体制，那些经济与政治势力强大的国家为上层，其余国家为下层。② 但是内阁秘书布鲁克（Sir Norman Brook）坚决反对，认为英国区别对待联邦成员只能引起一些成员的敌意并会使其出走英联邦。③ 英国最终决定实行单一的英联邦制度。麦克米伦与其后的政府在推动殖民地独立时，也努力争取把新独立的国家留在英联邦。通过英帝国向英联邦的转变，英国获得了一些实质的利益，从而使独立后的新国家大都为英国保留了一些经济与军事利益，英国在这些国家也都享有政治、外交等方面的好处。这样一种政策调整展示了英国人的智慧，英国人开始认识到：在压力之下，从帝国撤退是一个明智之举，不从帝国撤退会对英国有更

---

① Louis, "The Dissolution of the British Empire", in *The Oxford History of the British Empire, IV: the Twentieth Century*, Oxford, 1998, p. 333.
② [The Colonies and Commonwealth Membership]: Minutes by Lord Swinton and Lord Salisbury, 16 Feb. 1953, DO 35/5056, no 6, in David Goldsworthy, *CGEE*1, Vol. II, pp. 5 - 6.
③ "Commonwealth Membership": Official Committee on Commonwealth Membership Minutes (item 5) on a two - tier system, 20 July 1953, CAB130/87, gen 435/2, in David Goldsworthy, *CGEE*1, Vol. II, pp. 21 - 23.

大的危害。①

这种务实的政策使英国与其他殖民帝国区分开来,当世界上其他帝国在20世纪都逐一瓦解时,英帝国却逐渐演变成英联邦,大部分新独立的国家都选择留在英联邦。

促成英帝国解体的因素很多,但是从根本上可以归结为三个因素:殖民地因素、国际因素、英国自身因素。在英帝国解体的过程中,就特定的殖民地而言,这三个因素的作用并不是等量齐观的。在有些殖民地,民族主义者的斗争可能起主导作用;在另外一些殖民地,国际层面的因素也许更为重要。最后,笔者也不能抹杀另外一个因素,那就是,在一些特定的地区,英国推动了殖民地的独立进程。基于这三种因素在不同殖民地的不同作用,或者说这三种因素的相互博弈,英帝国在解体的过程中呈现出不同的类型特征。

后面几章将基于这些类型特征对英帝国的解体加以具体阐述。

---

① W. R. Louis and R. Robinson, "The Imperialism of Decolonization", *Journal of Imperial and Commonwealth History*, Vol. 22, No. 3, (Sept. 1994), pp. 462 – 511. 中国的一些学者如钱乘旦教授、高晋元先生也都指出了这一点,参见钱乘旦、陈晓律、陈祖洲、潘兴明:《日落斜阳:20世纪英国》,华东师范大学出版社,1999年,第498 – 499页;吴秉真、高晋元主编:《非洲民族独立简史》,世界知识出版社,1993年,第367 – 368页。

第二章 战略转移与亚洲殖民地的独立

一、对亚洲殖民地的政治规划

英国从印度撤退是最容易让人误解的。不少学者认为战后的工党政府对帝国的态度更加开明,这是英国从印度撤退的主要原因。撰写艾德礼传记的作者更是把英国从印度的撤退归功于艾德礼本人。① 还有一些学者认为英国在印度的政策是工党更多关注国内民生问题、对帝国问题不感兴趣所导致的结果。②

在对艾德礼政府赞扬的另一端,是以英国著名的左翼历史学家杜德(Rajani Palme Dutt)为首的一些学者,他们指责印巴分裂是英国包藏祸心的结果。为了防止出现一个强大的印度国家,英国人为

---

① 艾德礼的传记作者哈里斯认为艾德礼是非殖民化的主要推动者(Kenneth Harris, *Attlee*, London, 1982, p.355.)。倪学德先生也认为艾德礼的主观态度是英国非殖民化的重要原因,参见倪学德:《战后初期英国工党政府的非殖民化政策》,《历史教学》,2005年第8期,第24-28页。
② P.S. Gupta, *Imperialism and the British Labour Movement, 1914 – 1964*, New York, 1975, p.283.

地分裂了印度,削弱了印度的实力。①

前一种观点不能回答艾德礼政府在中东推行的顽固政策与在非洲殖民地采取的经济开发计划,而后一种观点不能解释独立后的印度仍然与英国维持了友好关系的事实。实际上,所有这些观点均失之于偏颇,而偏颇的根源在于他们就事论事,没有从宏观背景去观察问题。笔者认为,印度殖民地的解体既是英国在新形势下的无奈之举,又充分体现了英国统治者应时而变的睿智。

一方面,英国从印度的撤离是无奈之举。首先,殖民地的斗争与复杂局面使英国很难继续统治印度。二战后,印度民族主义者要求独立的斗争更加激烈,如果进行镇压,英国势必与印度全面对抗,镇压所需要的巨大资源也是对英国虚弱经济的严峻挑战。② 与此同时,英国有卷入印度内战的危险,印度教徒与穆斯林的矛盾变得非常尖锐,暴力冲突时有发生,流血事件变成常态。如果继续统治印度,英国将不得不承担维持秩序的重任,这一任务可能使英国卷入印度内战的漩涡。同时,世界格局的变化使英国继续统治印度变得更加艰难,二战瓦解了西欧殖民帝国主宰国际政治的局面,新霸主美国、苏联都试图扩大自己的势力与影响,而西欧殖民帝国遍布全球的殖民地就成为被美苏觊觎的肥羊。英国虽然仍以大国自居,但是却不得不在美苏争霸的夹缝之中求取生存。作为高明的政治家,甘地(Mahandas Karamchand Gandi)与尼赫鲁均能利用国际因素来为印度的独立服务,在他们的努力下,印度成为国际社会关注的焦

---

① R. Palme Dutt, *The Crisis of Britain and the British Empire*, New York, 1953, p. 157; Ioan Davies, "The Labour Commonwealth", *New Left Review*, No. 22, (Dec. 1963), http://www.newleftreview.org/?issue=21.
② 陈启能主编:《大英帝国从殖民地撤退前后》,方志出版社,2007 年,第 14 页。

点,英国对印度的殖民统治暴露在众目睽睽之下,即使英国有镇压印度民族主义者的能力,这一政策也必将遭到国际社会的强烈谴责。

另一方面,英国从印度撤离又是英国经济与战略转移的结果。按照历史学者哈耶姆的看法,艾德礼政府主要面临着两大任务:恢复经济与遏制苏联。[①] 可是在这两方面,印度的作用都已经急剧下降。经济方面,在18世纪美洲13个殖民地丧失后,印度就已变成英帝国的核心,印度的市场是英国经济的巨大引擎。可是在一战结束后,在印度民族主义者的压力下,印度政府实行贸易保护政策,这就使英国对印度的出口优势慢慢丧失了,印度对英国的经济贡献已经大为缩水。[②] 在战略方面,印度本是英帝国的"撞锤",英国利用印度的军事力量来维持英帝国。二战结束后,英国把战略的重点转向对付苏联,在英国遏制苏联的任务中,印度只是一个边缘地区,其作用大为减小。

而非洲与中东的殖民地取代了印度的地位,在英国政治家的头脑中,它们在这两项紧迫的任务中变得更重要。首先,开发非洲成为英国政治家的共识,越来越多的政治家把非洲殖民地当作英国恢复经济的工具,非洲成为英帝国的核心,庞大的开发计划使许多历史学家将二战后英国在非洲的政策称为"第二次殖民"。其次,巩固中东的防务也成为英国政府的主要考虑。在英国政治家看来,如果要有效遏制苏联,英国必须占据中东,然后就可以把中东作为据点对苏联进行威慑。对英国政府来说,与其继续把大量资源与精力花

[①] Ronald Hyam, "Introduction", in Ronald Hyam, *LGEE*1, Vol. I, p. xxiii.
[②] John Gallagher, *The Decline, Revival and Fall of the British Empire*, Cambridge, 1982, pp. 121-122.

费在价值缩水的印度之上,不如让印度独立,以获取民族主义者尽可能多的好感,尽可能维持英国的势力范围与影响力,这才是最大限度地维护英国利益的明智之举。

除了在印度,英国在缅甸、锡兰、马来亚等地也同样面临国际社会的压力,英国政府也根据自己的战略或者经济考虑而承认了这些地区自治或者独立的愿望。同时,英国试图按照自己的战略需要主导殖民地的独立进程,尽量把这些新独立的国家保留在英联邦之内,因为在英国政治家看来,英联邦是维护英国大国地位的重要工具。这样,出于更好地保存英帝国的动机,英国在内容与形式上都表现出极大的灵活性,从而加速了英帝国的解体。反观荷兰在印度尼西亚、法国在印度支那等地的糟糕表现,英国殖民政策的灵活性还是比较明显的。

二、印度的独立与分裂

殖民体系解体是 20 世纪最重要的历史进程之一,印度的独立由于开启英帝国解体的先河对世界历史影响深远。英国主持印度独立的总督蒙巴顿勋爵(Lord Louis Mountbatten)曾经夸口说:"1947 年我在印度的成就是本世纪世界历史上三个最重要的事件之一,它与 1917 年的俄国革命和 1949 年中国共产党上台执政一样重要。"[①] 但是围绕印度殖民地的独立,学界向来存在颇多争议,其中艾德礼

---

① Earl Mountbatten of Burma, *Reflections on the Transfer of Power and Jawaharlal Nehru*, 2nd Nehru Memorial Lecture, Cambridge, 1968, p. 1.

政府对帝国的态度和印度、巴基斯坦的分裂直至现在仍然是历史学家、政治学家等争论不休的问题。随着档案材料的公布,历史学家有必要重新思考甚至推翻原先的结论。正如历史学者布朗所言,历史学家知道得越多,旧的历史解释的确定性就越虚弱。① 因而,以最新的档案资料为基础,并积极吸收国际学界的最新研究成果来重新探讨印巴的独立进程就是很有必要的。②

二战临近结束,艾德礼领导的工党以绝对优势赢得了大选,此时,工党可以根据自己的意愿来处理帝国问题了。作为主宰全局者,首相艾德礼是卷入印度独立的关键人物之一,艾德礼的传记作者说"他是他自己的印度事务大臣。"③蒙巴顿在后来给艾德礼的信中承认自己能够完成这个不可能完成的任务也正是因为首相的大力支持。④ 艾德礼的关键作用是与他对印度的深刻了解密不可分的,他可能是内阁中仅次于克里普斯的印度通。早在1927—1930年,艾德礼就作为西蒙调查团的成员深入了解印度,在战时内阁初期,他曾担任印度事务委员会的主席,不久又担任了自治领事务大臣。艾德礼是一位开明的政治家,他曾经批评战时的印度总督林利思戈是位失败主义者,说林利思戈只想维持现状而不愿谋求政治进展,英国在印度需要类似于加拿大的达勒姆(Lord Durham)那样的

---

① Judith M. Brown, "India", in *The Oxford History of the British Empire*, IV: the Twentieth Century, Oxford, 1998, p. 445.
② 本章的主要资料是英国政府的文件集,The Transfer of Power, 1942 - 1947, 12 Vols. (以下简称 TOP)和其他一些著作。TOP 和这些著作在先前的研究中由于各种原因而没有被用到,本章希望通过利用这些资料来深化英国放弃印度殖民地的研究。
③ Kenneth Harris, *Attlee*, London, 1982, p. 362.
④ Philip Ziegler, *Mountbatten*, New York, 1985, p. 385.

人物。① 当他升任首相后，他认识到，在新的时代，为了更好地为英国利益服务，为了更好地控制英帝国，英国有必要用善意和影响力来取代武力和压迫，向英联邦的转变势在必行，他决定在印度推行他的计划。② 克里普斯与艾德礼意见一致，克里普斯本是一位律师，他认为保持英国和四亿印度人的友谊是至关重要的，主张通过授予印度自治领的形式来换取他们的合作，也正是这一认识使他与印度国大党维持着良好的关系。财政大臣多尔顿（Hugh Dalton）也支持首相的意见。但是反对的声音也非常强大，外交大臣贝文与军方的部分代表强烈反对放弃印度。由于内阁没有达成一致意见，新上台的工党政府发表了一份含糊其辞的声明，宣布支持印度的独立事业，但是对什么时候实现独立的关键问题，却又大搞文字游戏。

在英国内阁仍然犹豫不决的时候，印度民族主义呈星火燎原之势迅速发展。

首先，战后掀起了罢工高潮，其中不少带有政治色彩。据统计，1945年印度共发生罢工848次，参加者782 192人，到1946年，第一季度发生的罢工已达426次，参加者4.26万人。罢工工人不仅提出了增加工资、安排失业人员就业、惩治投机倒把这些经济要求，而且提出了一些反英的政治口号，"英国人滚出印度""印度独立万岁"是工人集会或游行示威中经常可以听到的口号。罢工常常发展为反

---

① War Cabinet Paper W.P.(42)59, 2 February 1942, TOP, Vol.I, p.112. 达勒姆勋爵是推动加拿大自治的关键人物。19世纪初期，加拿大的民族主义者要求获得自治地位，达勒姆提出为了更好地维护英国的利益，英国必须抚慰民族主义者，只有授予加拿大自治领的地位，英国才能获得加拿大更愿的效忠。在他的推动下，加拿大获得了内部自治权。

② W. R. Louis, "The Dissolution of the British Empire", in *The Oxford History of the British Empire, IV: the Twentieth Century*, Oxford, 1998, p.333.

英示威游行,一个工厂、一个部门的斗争常常转变为整个城市的行动。如 1945 年 8 月贝拿勒斯的工人罢工发展为工人和其他下层人民的联合示威游行,在与警察发生暴力冲突后,有 17 人被打死,2 000 多人被捕。印度全国工人和各界人士同声谴责警察的暴行,罢工斗争在全国范围更广泛地开展起来。①

其次,印度的民族主义者自觉地把印度的民族主义斗争与更大范围的民族主义斗争结合在一起,典型的表现是印度反对英印军队镇压东南亚的民族主义运动。日本投降后,英国政府调派英印军队到印度支那与印度尼西亚控制局势,镇压当地的民族主义运动。国大党、穆斯林联盟(Muslim League)、印度共产党都号召人民不服从殖民政府的命令,国大党把 1945 年 10 月 25 日定为"保卫东南亚日",在这一天,印度各地纷纷举行抗议集会,要求立即撤回英印军队,穆斯林联盟与印度共产党成员也踊跃参加活动,孟买和加尔各答的码头工人则拒绝给开往印尼的船只装载粮食和弹药,这使轮船迟迟不能起航。②

面对印度民族主义者的压力,此时英国的统治却显得非常脆弱。一方面,印度文官逐渐失去了控制局势的能力。印度文官被称为英国统治印度的支撑钢架,但是他们已经不再可靠。印度总督韦维尔(Lord Wavell)向英国政府报告,印度文官的数量在二战开始时就已经不足,而二战又阻碍了文官的征召,到战争结束时已经严重缺乏,而重新征召则需要一段时间。另一方面,更糟的是,许多文官

---

① 林承节主编:《殖民主义史(南亚卷)》,北京大学出版社,1999 年,第 366 页。
② 同上书,第 368 页。

都想早点退休。① 同时，英国在东亚的失败也削弱了印度文官的威望，"钢架现在更像是板条和灰泥，但是灰泥太多而板条很少。"②警察是英国维持印度秩序的主要工具，此时也不堪重用。1946年，在马尔巴尔和比哈尔地区，警察发动罢工，韦维尔报告说比哈尔等地的警察力量已经严重失效，以致比哈尔总督"对自己的警察失去了信心"。③

最后，军队被认为是英国统治印度的最后防线，但1946年初发生在孟买等地的士兵起义证明这道防线也已经守不住了。1946年2月，一个水兵由于在墙上写下"退出印度"而被捕。第二天停泊在孟买港口的20艘船舰的全体水兵都参加了罢工，英国国旗被从桅杆上降了下来，取代它的是国大党和穆斯林联盟的旗帜。20万水兵在孟买游行，在游行中高呼"打倒英帝国主义""印度必胜""革命万岁"等口号。对水兵罢工的这种行为，英国认为必须采取强硬措施，2月21日，英国炮兵向舰船开炮，而罢工的船舰也都开炮还击，罢工演变为武装起义。之后，卡拉奇、加尔各答、马德拉斯等港口的印度海军，以及德里、浦那、坦纳基地的士兵、雇员都宣布支持孟买起义者，英国在印度的75艘船舰和20个炮台几乎都受到了影响。印度军队的这些行为使英国得出结论，"我们认为作为整体的印度军队的可靠

---

① Note by Field Marshal Viscount Wavell, 29 June 1946, TOP, Vol. VII, p. 1087.
② Minutes of Conference with the Governors of Bengal, United Provinces, Punjab, Sind and North‑West Frontier Province, 8 August 1946, TOP, Vol. VIII, p. 205.
③ Field Marshal Viscount Wavell to Lord Pethick‑Lawrence, 12 July 1946, TOP, Vol. VIII, p. 47; 关于英国的警察在印度的困境，参阅 David Arnold, "Police Power and the Demise of British Rule in India, 1930 - 1947" in David M. Anderson and David Killingray eds., *Policing and Decolonization: Politics, Nationalism and the Police, 1917 - 1965*, Manchester, 1992, pp. 42 - 61.

性是值得怀疑的","印度皇家海军和空军不可靠了"。①

审判国民军事件是战后英国政府与印度民族主义者的一场激烈较量,而结局表明英国只能对印度的民族主义者让步。日本投降后,参加日本一方对同盟国参战的印度国民军官兵2万多人(其中穆斯林有数千人)被遣返印度,英国决定以叛逆罪对国民军的军官进行审判。印度的民族主义者虽然也不赞成国民军的行为,但认为国民军的目的是争取印度独立,他们的爱国精神应该肯定,而公审国民军就是对印度民族主义的挑战。国大党全印委员会在1945年9月通过决议,抗议当局的行为,还专门成立了辩护委员会为这些军官辩护,尼赫鲁也以律师的身份参与辩护。甘地在给印度总督的信中谴责了这次审讯。甘地说尽管他不主张武装斗争,但钦佩国民军的"勇敢与爱国主义精神"。② 各党派团体纷纷举行抗议集会,中央邦在1945年10月的前半个月就举行了160次抗议集会,各地于11月5日至11日举行"印度国民军周",11月12日又举行"印度国民军日"。最大一次群众性集会在加尔各答德夏普里亚公园举行,估计有20万—30万人参加。各界人士还为受迫害者捐款,工会、农协、妇女协会、印度教大会都对当局提出谴责。然而,殖民当局仍不顾民族主义者的反对,对被指控军官判处重刑。为抗议殖民当局的措施,加尔各答的大学生、工人、手工业者、小商人等在1945年11月21日、1946年2月11日两次举行示威游行,罢工罢课,而两次活动都发展为与警察的暴力冲突。第一次示威有30多人被打死,200多人受伤,第二次示威有84人死亡,300多人受伤。群众性的抗议示

---

① Cabinet: Defense Committee, "India - Military Implications of Proposed Courses of Action", 12 June 1946, TOP, Vol. VII, p. 892.
② 林承节主编:《殖民主义史(南亚卷)》,北京大学出版社,1999年,第367页。

威由加尔各答迅速扩大到孟买、德里、米鲁特、白沙瓦等城市,在抗议活动中,穆斯林与印度教徒一起斗争。官方承认,中央邦和旁遮普地区的一些印度官员也反对国民军的审判,英印军队的一些士兵也参加了群众集会。最后,总督以行使特权的方法,赦免并释放了被判刑的军官,波澜才平息了下去。尼赫鲁就此发表评论说,"这是印度人民的意志和那些印度当权者的意志之间的较量,人民的意志终于获得了胜利。"①

面对印度民族主义者的强大压力,印度总督韦维尔认为战后的英国不但不能再获得印度国大党的合作,而且还将面对国大党为了攫取权力将不惜使用的暴力手段。国大党领导人"对我们的最大支持不过是在政府和国大党冲突时保持中立";印度王公虽然支持政府,但是他们能量太小。韦维尔也排除了使用军队的可能性,他认为"使用印度的军队来镇压它自己的人民将是极不明智的。"②韦维尔提出英国在印度只有两种选择:或者重新占领,或者马上撤出,在大规模的反抗面前,除此无他。③ 在这两个选项中,韦维尔倾向于后者,因为他注意到印度教徒与穆斯林的矛盾开始急剧升温,印度有发生内战的危险,而英国可以依靠的力量却非常有限,韦维尔认为英国在只有责任而没有权力的时候只有加速撤退这一条途径。

财政部为代表的一方支持韦维尔撤退的主张,坚决反对他提出的第二种选择。艾德礼政府初期,英国处于破产的边缘,财政顾问凯恩斯警告英国会在财政上出现敦刻尔克式的大危机,"当我们变

---

① 林承节主编:《殖民主义史(南亚卷)》,北京大学出版社,1999年,第368页。
② Field Marshal Viscount Wavell to Lord Pethick-Lawrence, 27 December 1945, TOP, Vol. VI, pp. 686-689.
③ Ibid.

成另外半个世界的爪牙的时候,我们不能以自己的财力管理半个世界"。① 严峻的财政匮乏使财政大臣多尔顿要求削减政府开支,为此不惜以辞职相要挟。克里普斯在艾德礼政府初期任贸易委员会主席,1947年11月后出任财政大臣,在资源不足的情况下,他也支持从印度撤退。②

以外交大臣贝文为首的强硬派反对从印度撤退。贝文认为从印度撤退将变成一个庞大进程的开始,马来亚、锡兰、中东等地都将随印度的独立而脱离英帝国,对英国在非洲的统治也将造成深远的影响。贝文对韦维尔大为不满,认为韦维尔是一个悲观主义者,建议艾德礼撤掉韦维尔并选择一个勇敢的人,"我们需要的不是另外一个敦刻尔克,而是一个戈登(Charles Geoge Gordon)式的将军……"③总参谋部的大部分军官站在贝文一边。

这一次艾德礼坚决站在财政部一边。对艾德礼来说,一方面,重新占领印度严重挑战英国的资源,另一方面,重新占领印度在战后将极为艰难。印度在二战时就已经成为国际社会的焦点,苏联无疑会抓住每一个可以利用的手段来攻击英国过时的殖民政策。罗斯福政府在战时为了维护英美的联盟才没有在印度问题上太过激进,而新上台的杜鲁门政府对英国的殖民帝国并无好感,为了笼络人心,美国极可能站在英国的对立面。这一次,温和的艾德礼决定

---

① Memorandum by Keynes, Top Secret, 28 September 1944, in W. R. Louis, "The Dissolution of the British Empire", in *The Oxford History of the British Empire, IV: the Twentieth Century*, Oxford, 1998, p.331.
② Cabinet C. M. (46) 55th, Conclusions, Confidential Annex, 5 June 1946, TOP, Vol. VII, p.814.
③ Frank Heinlein, *British Government Policy and Decolonization 1945 – 1963: Scrutinizing the Official Mind*, London, 2002, p.38.

以克里普斯等人为后盾乾纲独断,当贝文对艾德礼的决定大加指责时,艾德礼强硬地回复说请贝文拿出一个可以实现的替代方案。在艾德礼的盛怒之下,贝文退却了。

但是由此认为以下观点"英国从印度的撤退是民族主义压力结果"却又不尽全面。不管怎么说,战后的英国仍然是世界第三强国,英国不仅在第三世界有很重要的影响力,就是对欧洲,英国在战后也有重要的发言权。在许多方面,美国都需要英国的配合来解决问题,而艾德礼政府也要努力维护英国的大国地位。实际上,可以很快发现,英国从印度的撤退既有印度在帝国内价值缩水的因素,又在很大程度上是英国战略考虑的结果,英国从印度撤退,是为了更好地巩固英帝国,更好地巩固英国的大国地位。

印度价值不再是英国放弃印度的一个重要因素,正如汤姆林森所言,要理解英帝国的解体就应该深究英帝国的兴起,第一个需要了解的问题是:英国为什么要攫取印度?或者通俗地说,通过控制印度英国可以获得什么?[1] 对这一问题的回答可能各不相同,有人认为是经济利益,有人认为是战略因素,也有人认为是满足英国贵族的统治欲,还有人认为是基督教传播西方文明的狂热,等等。对这些答案一概否认是不恰当的,每一种解释都有自己的依据。但是从历史的角度出发,笔者发现军事与经济是两个最重要的因素。英国获取印度,首先是为了扩大市场与获取原料,虽然最新的经济史研究认为英国工业革命主要的推动力是英国国内需求,但是广大的

---

[1] B. R. Tomlinson, *The Political Economy of the Raj 1914 – 1947: the Economics of Decolonization in India*, London, 1979, p. x.

殖民地市场还是有很重要的贡献,一个最明显的例子是兰开郡的棉纺织品长期以印度为原料产地与市场,而且,随着国际竞争加剧,印度对兰开郡等地棉纺织业的繁荣变得更加重要。其次,英国从统治印度中获得了巨大的军事利益。正如加拉格尔所言,印度是英帝国的撞锤,印度军队被广泛散布在英帝国的各个地区,而且其驻防费用由印度政府负担,在某种程度上可以说,英国通过印度殖民地维持着整个英帝国。印度军队也为英国参加一战与二战做出了巨大贡献,印度在一战中为英国提供了100万人的兵力,二战中为英国提供了200万人的兵力。

但是,随着时间的流逝,印度殖民地对英国与英帝国的意义逐渐丧失。首先,印度对英国经济的贡献逐渐缩小。在印度政府通过贸易保护政策后,印度作为英国出口市场的地位大为改观(见下表)。战时任印度事务大臣的埃默里认为就经济角度而言,继续控制印度已经没有太大的价值,"印度如今的权力已经比我们能够承认的还要大了,我们把控制权交给他们并不会牺牲任何有价值的东西。"①

1913—1938年英国产品占印度进口的比重②

单位:%

	1913—1914	1928—1929	1938—1939
棉纺织品	94	79	32
钢铁	78	56	50

---

① War Cabinet: India Committee, 28 February 1945, TOP, Vol. V, p. 620. 关于印度对英帝国逐渐失去价值,可以参阅 Judith M. Brown, "India"; John Gallagher, *The Decline, Revival and Fall of the British Empire*, Cambridge, 1982, pp. 73 - 154.

② B. R. Tomlinson, *The Political Economy of the Raj 1914 - 1947: the Economics of Decolonization in India*, London, 1979, p. 47.

续表

	1913—1914	1928—1929	1938—1939
其他的金属制品	46	34	34
五金与餐具	56	26	29
电子器械	79	66	57
常用机械	92	76	57
铁路机车与客车	95	88	61
汽车	66	15	30
化学物品	75	59	57

其次,印度的军事价值也在缩水。在民族主义者的压力下,殖民政府不得不缩减军队、降低防务开支,民族主义者也反对由印度出资维持印度军队在海外的驻防,英国政府最终与印度殖民政府达成妥协:印度以外的驻军费用由所在地或者英国承担。[1] 这项协定使英国在二战中不得不支付巨大的费用(见下表)。同时,英国继续使用印度军队受到越来越多的限制,除非得到印度政府的同意,英国不再能够随意征调印度军队。

最后,印度本身的防务价值在战后下降,在英国的主要防务任务中,战略家虽然也承认印度的价值,但是印度并不是英国防务的重点,而只是战略辅助地区。[2]

---

[1] John Gallagher, *The Decline, Revival and Fall of the British Empire*, Cambridge, 1982, p. 99.

[2] Cabinet: Defence Committee, "India – Military Implications of Proposed Courses of Action", 12 June 1946, TOP, Vol. VII, pp. 889 - 900.

1939—1945年印度的防务开支[1]

单位:千万卢比

	1939—1940	1940—1941	1941—1942	1942—1943	1943—1944	1944—1945	1945—1946
印度支付	49.54	73.61	103.93	267.14	395.86	458.32	395.32
英国支付	——	53.00	194.00	325.48	377.87	410.84	374.54
总额	49.54	126.61	297.93	592.62	773.73	869.16	769.86

因此,英国战略重点的转移促成了英国从南亚的撤退。正如哈耶姆所言,战后的艾德礼政府主要面临两大任务:恢复经济与遏制苏联。[2] 这两个目标都削弱了印度的价值。第一,英国恢复经济的任务使英国的重点从印度转移到非洲。在恢复经济的过程中,非洲成为英国开发的重点,印度的价值大为下降,所以从经济角度而言,英国继续控制印度已无多大裨益。财政部以非洲为支点制定了宏伟的经济开发计划,印度失去了往昔的荣耀。第二,英国的全球防务战略转向使中东成为重点地区。在一战与二战中,利用印度对付中欧大国是英国的基本策略,但是二战之后,印度不但不再是利器,反而成为一种拖累。正如韦维尔所言,随着印度教徒与穆斯林的冲突,印度有陷入内战的危险,如果继续统治印度,英国将不得不承担维持秩序的重任,这将消耗大量的资源,对战后虚弱的艾德礼政府来说,这一耗费尤其难以承受。作为统管全局者,艾德礼认为英国如果试图继续统治印度,将不得不对付印度人的游击战争,英国的

---

[1] B. R. Tomlinson, *The Political Economy of the Raj 1914 – 1947: the Economics of Decolonization in India*, London, 1979, p. 93.

[2] Ronald Hyam, *Britain's Declining Empire: the Road to Decolonization 1918 – 1968*, Cambridge, 2006, p. 95.

全球防务战略将受到严重影响。① 在艾德礼政府期间,军界影响力之大在英国历史上是很少见的,虽然起初一些军官也附和贝文反对从印度撤退,但是军方很快就做出了新的决定,他们支持从印度撤退,因为在他们拟定的防务政策中,防务的主要敌人是苏联,而中东才是防务的重点,印度在防务上的重要性下降,它只是防务的辅助地区。② 对英国政府而言,与其把精力放在价值大为缩水的印度,不如从印度尽快撤退,集中精力来经营中东与非洲殖民地,尽力为英国的大国战略服务。同时,英国也希望用撤退来换取印度民族主义者的好感,实现英帝国向英联邦的转变。因此,英国决定把印度独立作为筹码来换取实实在在的利益。

英国希望按照自己的战略来塑造印度。首先,为了军事的需要维护一个统一的印度。英国内阁认为英国应该把权力移交给一个稳重的、统一的印度政府,而且权力移交应该有补充性的"安全防务安排"。③ 军方报告,统一的印度才不会给苏联以可乘之机④,在其后的时间内,英国内阁也认为统一的印度才能让人相信英国仍然可以主导印度的独立进程,穆斯林联盟提出的分裂方案当然就被否决。其次,艾德礼希望把独立后的印度羁留在英联邦之内,这样才能巩固英联邦的地位,才能更好地为英国的大国战略服务。这两大目标

---

① Ronald Hyam, *Britain's Declining Empire: the Road to Decolonization 1918 – 1968*, Cambridge, 2006, p. 108.

② Strategic Position of the British Commonwealth, 2 April 1946, in Ritchie Ovendale ed., *British Defence Policy Since* 1945, Manchester, 1994, pp. 24 – 27.

③ Frank Heinlein, *British Government Policy and Decolonization 1945 – 1963: Scrutinizing the Official Mind*, London, 2002, p. 34.

④ Appreciation on the Strategic Value of India to the British Commonwealth of Nations (Final Paper), 13 July 1946, TOP, Vol. VIII, pp. 53 – 57.

的出发点是，艾德礼政府认为英国仍然有能力控制印度局势。正是这一思维使内阁胸有成竹地设计了一套印度独立的计划，首先通过选举成立一个立法会，然后由立法会制定独立宪法，在此之后，英国再移交权力。也正是这一思维使艾德礼政府斥责韦维尔的方案，称其是逃跑计划，认为撤换韦维尔就可以解决印度问题。但印度的局势很快证明英国的想法太天真了。

韦维尔意识到内阁并不知道印度局面的复杂性、紧迫性，他提醒内阁，印度的局势可能比想象的更糟糕。印度的局势印证了韦维尔的判断。在孟加拉和海得拉巴都爆发了大规模的农民暴动，孟加拉的农民运动更是有 500 万人卷入其中。在运动中，农民攻击地主、高利贷者的宅院，开仓取粮。在收到韦维尔的警告后，艾德礼决定派出时任贸易委员会主席克里普斯、印度事务大臣劳伦斯（Lord Frederick Pethick‐Lawrence）和国防大臣亚历山大组成的内阁使团出访印度并寻求解决方案，劳伦斯明确宣称：内阁使团的主要任务是"光荣与名誉地移交权力"。[①] 虽然内阁对局势仍然抱着乐观的态度，认为权力的移交可以"平稳而有效地进行"，但是内阁使团对印度是否会留在英联邦还是有一定的怀疑，"我们认为印度留在英联邦是有利的，但是它是自由的实体，我们不会违背你们的意愿强迫你们留在里面"。[②]

内阁使团抵达印度后，在三个多月的时间内会见了 472 个大大

[①] Statements by Lord Pethick‐Lawrence and Sir S. Cripps on their Arrival in India, 23 March 1946, TOP, Vol.Ⅶ, p.1.

[②] Statement Made by Lord Pethick‐Lawrence at a Press Conference at New Delhi, 25 March 1946, TOP, Vol.Ⅶ, p.3.

小小的政界要人(主要是国大党与穆斯林联盟的政治家)。其后内阁使团提出五个选择方案:英国尽速撤离;在1947年1月撤离,使印度人有时间做准备;把印度提交给联合国;用武力维持对印度的统治;在印度南部与中部移交权力,然后在穆斯林占多数的东北与西北地区继续统治。① 英国政府很快排除了继续统治的方案,因为继续统治印度会要求英国增派军队,这就要从帝国其他更重要的地区缩减军队部署,并且会激起国内与国际社会声讨的浪潮。但是艾德礼政府也反对无条件撤离的想法,因为无条件撤离将使印度出现混乱甚至是内战,国内与国际社会会把它看作是"与大国地位不符的逃之夭夭的政策",是英国权力衰落的证明,而英国声望的下降,又会严重影响英国在中东与其他地区的殖民统治,也会危及对抗苏联的战略安排。因而,英国应该全力避免溜之大吉的耻辱政策。② 英国政府要求内阁使团努力维护印度的统一,③因为分裂的后果是严重的,一方面它会撕破英国有计划撤退的面纱,另一方面,从防务的观点来看,这样不利于稳定印度并防止苏联渗透。④ 这些考虑说明,

---

① Cabinet delegation to Cabinet office, 3 June 1946, l/p and J/5/337, TOP, Vol. VII, p. 442.
② Frank Heinlein, *British Government Policy and Decolonization 1945 – 1963: Scrutinizing the Official Mind*, London, 2002, p. 35.
③ Cabinet Delegation and Field Marshal Viscount Wavell to Mr. Attlee, 11 April 1946, TOP, Vol. VII, p. 221; Statement by the Cabinet Delegation and His Excellency the Viceroy, 16 May 1946, TOP, Vol. VII, pp. 582 – 591.
④ Cabinet: Defense Committee, "India – Military Implications of Proposed Courses of Action", 12 June 1946, TOP, Vol. VII, p. 890. 布朗的研究显示英国稳定印度的一个重要原因是为了防止苏联的渗透, Judith M. Brown, "India", in *The Oxford History of the British Empire, IV: the Twentieth Century*, Oxford, 1998, p. 440.

英国仍然认为自己可以主导印度独立的进程。①

为了维护统一,内阁使团设计出一个"三层饼"式的政治结构:印度的11个省作为基层;由其自由组合,成为中层;中层再让渡一部分权力形成中央政府。② 根据内阁使团的方案,中层将成为印度政治的中心,而中央政府只是一个松散的联邦,它既没有财权,其军权也受到很大限制。在内阁使团的劝说下,穆斯林联盟领袖真纳(Mohammad Ali Jinnah)放弃了独立要求而接受这一方案,但是国大党坚决反对,他们认为在这一方案中,穆斯林获得了太大的权力。于是,内阁使团的方案失败了。使团的失败反映了印度的主要矛盾发生转变,此前,印度的主要矛盾是印度民族主义者和英国殖民统治者之间的矛盾;现在,国大党和穆斯林联盟之间的矛盾却成为主要矛盾。③

---

① 正是基于这样的考虑,才出现英国有计划的非殖民化的观点。但是这一观点实际上高估了英国的实力,正如罗宾逊教授所言,英帝国统治的基础在于合作者(Ronald Robinson, "Non-European Foundations of European Imperialism: Sketch for a Theory of Collaboration", in R. Owen and B. Sutcliffe, eds., *Studies in the Theory of Imperialism*, London, 1972, pp.118 - 140)。因而主动权实际上并不在英国手里,英国政府统一印度计划的破产就是明证。弗林特教授和皮尔斯教授都提出了英国有计划撤退的观点(John Flint, "Planned Decolonization and its Failure in British Africa", *African Affairs*, Vol. 82, No. 328, (July 1983), pp. 389 - 411; Robert Pearce, "The Colonial Office and Planned Decolonization in Africa", *African Affairs*, Vol. 83, No. 330, (January 1984), pp.77 - 93。李安山教授和张顺洪研究员都批判了英国有计划的非殖民化观点(李安山,《日不落帝国的崩溃》,《历史研究》,1995年第1期,第169 - 186页;张顺洪,《论英国的非殖民化》,《世界历史》,1996年第6期,第2 - 10页;张顺洪等:《大英帝国的瓦解:英国的非殖民化与香港问题》,社会科学文献出版社,1997年)。

② Record of Interview between Cabinet Delegation, Field Marshal Viscount Wavell and Mr. Jinnah, 4 April 1946, TOP, Vol. VII, pp. 118 - 124.

③ R. F. Holland, *European Decolonization 1918 - 1981: An Introductory Survey*, New York, 1985, pp. 75 - 76.

在1945年11月的中央立法会议与1946年春的省立法会议大选中,虽然国大党获胜,但对穆斯林联盟而言也是重大的胜利。在中央立法会议选举中,它获得了穆斯林选区选票的86.6%,在省立法会议的选举中,它获得的票数占穆斯林选区总票数的74%,①这使它成为穆斯林利益的代表,是在印度仅次于国大党的第二大政党。真纳认为维护穆斯林利益的最好手段是建立巴基斯坦国,但是既然英国不赞成,取代的办法就是给穆斯林以足够的自治权,让穆斯林联盟与国大党平起平坐。② 按照穆斯林联盟的要求,只有建立松散的联邦制,才能维护印度的统一。国大党则持相反的立场,强大的中央政府是它孜孜以求的理想,为此它甚至虚构了一个"印度母亲"的形象来整合印度人的归属感。③ 强大的中央政府能加快印度的工业化,能恢复印度昔日的荣耀。而实际上,国大党是想确立它在中央政府的独大地位,成为新独立的印度的天然主人。当然,这正是真纳所深为恐惧的。

内阁使团的失败使艾德礼心急如焚。多尔顿提议加紧撤退,"我很清楚我们不能依靠武力统治印度,这意味着我们必须给他们管理自己事务的自由,即使这样做的代价是不幸的印度内战"。④ 劳伦斯也支持加速撤退,"从军事的观点上说,我们不再有足够的资源

---

① 林承节主编:《殖民主义史(南亚卷)》,北京大学出版社,1999年,第370页。
② Note by Field Marshal Viscount Wavell, 7 June 1946, TOP, Vol. VII, p. 839; Mr. Jinnah to Field Marshal Viscount Wavell, 8 June 1946, TOP, Vol. VII, pp. 841–842.
③ Judith M. Brown, "India", pp. 440–441.
④ Hugh Dalton, *High Tide and After: Memoirs 1945–1960*, London, 1962, p. 172.

来反对这些受挫的民族主义者,而他们将会控制更多的人"。① 1946年秋,印度的情况持续恶化,民族矛盾变得更加难以调和,10月,东孟加拉爆发大规模的民族屠杀,11月,比哈尔地区暴乱导致5 000人丧生。英国在民族冲突面前无能为力,"那些犯有暴力罪的人被释放、并被当作公众英雄,执行公务的官员则被公众所唾弃。"②韦维尔要求加速撤退,他说行政机构已经崩溃了,尼赫鲁准备反抗英国,"我们必须有破产计划"。③ 内阁也逐渐认识到,只承担责任而没有相应的权力只能恶化英国的处境,英国必须尽快做出决定。1946年12月,内阁准备了一份声明,称英国到1948年3月31日将完成权力移交,如果立法会议不能代表整个印度,英国将把权力移交给各个地方的代表。④ 内阁觉得只有这样才能顺利从印度脱身,英国政府的乐观情绪开始转变为焦虑。

对工党艾德礼政府在印度的撤退计划,丘吉尔称之为"逃之夭夭"。⑤ 贝文也承认政府在印度的政策是不名誉的行为,"看起来除了逃之夭夭外无可形容,既无尊严,也无计划"⑥。艾德礼显然被这样的指责激怒了,他对贝文说,如果他反对,请拿出一个可行的方案

---

① Lord Pethick‐Lawrence to Field Marshal Viscount Wavell, 25 November 1946, TOP, Vol. IX, p. 174; Cabinet C. M. (46)55th Conclusions, Confidential Annex, 5 June 1946, TOP, Vol. VII, pp. 812–819.

② Cabinet: India and Burma Committee, 5 December, 1946, TOP, Vol. IX, p. 269.

③ Note by Field Marshal Viscount Wavell, 29 June 1946, TOP, Vol. VII, p. 1087.

④ Frank Heinlein, *British Government Policy and Decolonization 1945 – 1963: Scrutinizing the Official Mind*, London, 2002, p. 37.

⑤ Parliamentary Debates (Commons), 6 March 1947, Cols. 663–678.

⑥ Frank Heinlein, *British Government Policy and Decolonization 1945 – 1963: Scrutinizing the Official Mind*, London, 2002, p. 38.

来。① 从现实的角度出发，艾德礼觉得英国最好的选择就是从印度撤退，因为英国的统治依赖于印度的合作者，但是印度合作者的忠诚度开始下降，而且英国也不可能再派出大量军队来增援印度，除了撤退没有其他办法。艾德礼进退两难，他虽然准备撤出印度，却不想留下一个被赶走的印象，也不准备让帝国瓦解，"从印度撤退，不要显得是我们虚弱而被迫如此，也不能是帝国瓦解的第一步"。②他对贝文的不理解深感烦恼，不过贝文对艾德礼还是敬重的，在艾德礼发怒之后，贝文保持了沉默。

但是，艾德礼还是同意了贝文撤换韦维尔的建议。艾德礼一方面感觉韦维尔缺乏必要的政治手腕，另一方面感觉韦维尔是一个"失败主义者"。③ 他认为无序撤退将导致混乱，并"在英联邦中引发恐慌"，"在我国和自治领引起非常强烈的反应，对我们的国际地位产生严重后果"。④ 艾德礼决定以蒙巴顿将军代替韦维尔，这样，蒙巴顿成为英国在印度的最后一任总督。

蒙巴顿具有皇室血统，是二战后期盟军在东南亚战区的最高负责人，许多人认为他在印度完成了一项"不可能完成的任务"。蒙巴顿虽然宣称自己在印度执行的是不偏不倚的公正角色，但实际上并非如此，他与国大党领袖的关系不同寻常。他自己后来解释说，如

---

① Mr. Attlee to Mr. Bevin, 2 January 1947, TOP, Vol. IX, pp. 445–446.
② Cabinet Minutes (46) 108 Confidential Annex, 31 December 1946, in W. R. Louis, "The Dissolution of the British Empire", in *The Oxford History of the British Empire, IV: the Twentieth Century*, Oxford, 1998, p. 329.
③ Note by Mr. Attlee, Undated, TOP, Vol. IX, pp. 68–69.
④ Cabinet C. M. (46) 55th Conclusions, Confidential Annex, 5 June 1946, TOP, Vol. VII, p. 814.

果得罪国大党,他就无法控制印度的局势而保证权力顺利交接。①不管什么原因,他与尼赫鲁私交很好,而不喜欢真纳。② 受到艾德礼邀请时,他一度表现得非常谨慎。他清楚赴印度的使命不仅要面对印度民族主义者的抵制,而且也会受到英国内阁的掣肘。但最终他被艾德礼说服,决定接受这一任务,不过也提出了两个条件:第一,在印度执行任务时不能受到内阁的无端干预;第二,英国政府应该就印度的独立确定一个时间表。艾德礼答应了蒙巴顿的条件,实际上,确定时间表的政策与艾德礼的计划是一致的。英国在1946年底就已经有意要确定时间表,政府很快就宣布1948年6月为英国移交权力的最后时间。艾德礼政府认为确定时间表可以向印度各方表明英国是真心准备离开的,这样可以迫使国大党与穆斯林联盟搁置争吵,从而有利于英国从印度撤退。③ 但同时,时间表政策也表明英国手上的筹码并不多④,这个筹码能够起作用吗?

1947年3月22日,蒙巴顿抵达印度。印度的局面比他想象的更糟糕,而英国能做的事情并不多,正如他的助手伊斯梅勋爵(Lord Ismay)所言,"我们已经失去了主动权,我们也丧失了所有的权威,玩偶中的木屑一点点地用完……如果你手里没有什么东西可以恐

---

① Minutes of Viceroy's Ninth Miscellaneous Meeting, 1 May 1947, TOP, Vol. X, p. 511.
② 关于蒙巴顿与尼赫鲁、真纳的关系,参见:Philip Ziegler, *Mountbatten*, New York, 1985, p. 385; Brian Lapping, *End of Empire*, New York, 1985, pp. 72 – 73. 该书引用了不少亲历者的回忆和谈话等第一手资料。在钱乘旦教授的主持下,中国学者已经翻译了该书,见布莱恩·拉平:《帝国斜阳》,钱乘旦等译,上海人民出版社,1996年。
③ Cabinet C. M. (46) 55th Conclusions, Confidential Annex, 5 June 1946, TOP, Vol. VII, p. 814.
④ 罗宾逊教授提出英国统治殖民地的基础在于当地合作者的配合,不能夸大英国的权力。关于对合作者理论的批评,参阅 D. A. Low, *Eclipse of Empire*, Cambridge, 1991.

吓别人,你也就不能虚张声势了。"①不过也不能忽视英国的有利条件,国大党和穆斯林联盟争吵,使英国可以在两者之间巧妙周旋,而大规模的农民暴动刺激了印度的政治精英,他们决定争取一个现实的、也是妥协的方案,这对英国的权力移交就有帮助。②

起初,蒙巴顿仍然希望维护印度统一,因而敦促印巴领导人"接受内阁使团的计划"。③ 但是国大党对这一方案并不满意,强烈要求组建强大的中央政府。国大党的态度刺激了真纳,真纳更坚定地要求独立的巴基斯坦。真纳明白在英国人的战略中,国大党的印度而非穆斯林联盟的巴基斯坦更有重要的意义,因此自己并没有优势。可是如果没有英国的支持,或者如果英国和国大党合作,穆斯林联盟就会处在一个非常不利的位置上,所以他不得不向英国保证:即使巴基斯坦建国,也会留在英联邦。但是他又必须为穆斯林争取尽可能多的利益,因此,他一方面尽力为穆斯林争取权益,另一方面又谨慎行事,避免惹恼英国。因为万一英国甩手不管了,印度必然落入以国大党为代表的印度教徒之手,所以,他一直表示愿意继续谈判。

国大党逐渐明白如果要把穆斯林联盟留在印度,强大中央政府的主张就不能实现,而与穆斯林联盟无休止的争吵也会使自己党内出现更激进的势力,而如果国大党出现分歧,印度势必分裂。在国大党中地位仅次于尼赫鲁的帕特尔(Sardar Vallabhbhai Patel)开始接受分治主张,后来连甘地也接受了这个方案。正如国大党后来所

---

① H. V. Hodson, *The Great Divide: Britain – India – Pakistan*, New York, 1985, p.534.
② H. V. Brasted and Carl Bridge, "The Transfer of Power in South Asia: A Historiographical Review", *South Asia*, Vol.17, No.1, (1994), pp.93 – 114.
③ Viceroy's Personal Report, 1 May 1947, TOP, Vol.X, p.545.

解释的,"你必须把它切掉,如果你保留它,整个身体都会坏掉"。①不过国大党希望把巴基斯坦缩小到不能再缩小的地步②,如果最终无法生存,那就最好,也许在不久的将来,小小的巴基斯坦会重新回到印度的怀抱。

由于国大党与穆斯林联盟都不支持内阁使团的方案,统一印度的计划陷入僵局,民族冲突则逐渐加剧。③ 对英国人来说,统一的印度当然不错,可是国大党坚持建立强大的中央政府,支持国大党就必然遭到穆斯林的反对,甚至要引发内战。④ 但同时,英国也承受不起得罪穆斯林的后果,因为一旦得罪印度的穆斯林,就必然会激怒中东的穆斯林,这将严重危及英国在中东的统治。⑤ 蒙巴顿认识到国大党与穆斯林联盟之间的冲突是无法调和的,为了体面地撤出印度,"唯一的选择就是分治"。⑥ 为了防止内战,蒙巴顿把独立的时间提前到1947年8月15日。

一旦各方同意分治,独立就变得相对容易了。剩下的任务是分割政府、军队、领土和财产。蒙巴顿并没有做到不偏不倚,他干预了拉德克里夫(Sir Cyril Radcliffe)划分印巴边界引起的争议,并采取了

---

① Brian Lapping, *End of Empire*, New York, 1985, p. 71.
② R. F. Holland, *European Decolonization 1918 – 1981: An Introductory Survey*, New York, 1985, pp. 76 – 77.
③ 霍兰和布朗都指出印、巴的领导者为了各自的政治理想,甚至煽动民族冲突来达到自己的目的。R. F. Holland, *European Decolonization 1918 – 1981: An Introductory Survey*, New York, 1985, pp. 78 – 79; Judith M. Brown, "India", pp. 436 – 437.
④ R. J. Moore, *Escape from Empire: the Attlee Government and the India Problem*, Oxford, 1983, p. 62.
⑤ Cabinet Delegation to India, Paper C. D. I (3), Note by Lord Pethick – Lawrence, 14 February 1946, TOP, Vol. VI, p. 981.
⑥ Viceroy's Personal Report, 1 May 1947, TOP, Vol. X, p. 546.

有利于印度的解决办法。结果是,独立后的巴基斯坦远不是真纳所设想的包括六大省的大巴基斯坦,而仅包括穆斯林占多数的几个区,在人口数量上包含印度穆斯林人口的五分之三。①

为了稳定印度,避免巴尔干化,蒙巴顿抛弃了其他政治势力,各土邦必须在印度与巴基斯坦之间做出选择,锡克人的努力徒劳无功,"贱民"也被丢在一边。正如戴高乐眼中的英国人——"忘恩负义的阿尔比恩人"把旧日的朋友出卖了。②

最初,军方希望在印度独立后继续控制印度的军队,为此英国应该留下来帮助重建印度的军队。③ 但是正如蒙巴顿所指出的,"虽然真纳希望我们留下来,但不过是为了利用我们","而尼赫鲁是希望我们走得越快越好",并且留下来有卷入民族冲突的危险,几步之内就是戕害妇女儿童生命的行为,英国军队如何能够坐视不理? 因此,"英国军队离开这个国家越快越好"④。在蒙巴顿的建议下,英国撤出了所有的军队,也放弃了对印度军队的控制。

英国维护印度统一的目标是彻底失败了,但是把印度留在英联邦的目标似乎是成功了,独立后的两个国家都决定留在英联邦内,蒙巴顿更是认为印度加入英联邦是上天"提供给英帝国的最大机会"。⑤ 英国政府对这样的情形还是满意的,内阁对蒙巴顿取得的进

---

① Ayesha Jahal, *The Sole Spokesman: Jinnah, the Muslim League and the Demand for Pakistan*, Cambridge, 1985, pp. 250 – 251. 关于蒙巴顿处理这些问题的无奈,参阅, Philip Ziegler, *Mountbatten*, New York, 1985, pp. 416 – 447.

② 阿尔比恩是古代不列颠岛的名称。

③ Field Marshal Sir C. Auchinleck to Rear - Admiral Viscount Mountbatten of Burma, 12 June 1947, TOP, Vol. XI, p. 294.

④ Rear - Admiral Viscount Mountbatten of Burma to the Earl of Listowel, 4 July 1947, TOP, Vol. XI, pp. 904 – 905.

⑤ Mountbatten to Ismay, 8 May 1947, TOP, Vol. X, p. 699.

展表示祝贺。① 艾德礼觉得"虽然我很怀疑事情是否会很顺利,因为印度领导者对行政管理并无多少了解。但是至少我们体面地退出了,而不是如一段时间以来看起来那样,要被不名誉地赶出来"②。

但是印巴留在英联邦也并非如蒙巴顿所言那样成功,印巴加入英联邦更多的是利益考虑的结果。巴基斯坦独立后,真纳拒绝了由蒙巴顿担任巴基斯坦总督的主张。不过,真纳非常清楚巴基斯坦必须得到英国的支持,最起码英国不能站在印度一边,所以真纳遵守诺言,仍然使巴基斯坦留在了英联邦,并许诺在巴基斯坦给英国提供军事基地,随后也参加了由英国牵头创建的巴格达条约组织。印度独立后,尼赫鲁出任总理。尼赫鲁的本意是彻底消除印度的殖民地性质,因而印度没有必要留在英联邦。印度独立后将大力推动工业化,在国际事务中将超脱于美苏的冷战格局,努力成为新兴国家,甚至是第三世界的领导人。可是巴基斯坦留在英联邦,谁能保证在印巴冲突发生时,英国不会站在英联邦盟友一边反对印度呢？独立后的印度也需要英国的经济、特别是资金的援助,因此尼赫鲁觉得印度最好暂时留在英联邦。但是,正如尼赫鲁在 1947 年 8 月题为"命运的约会"演讲中所说到的：新国家意味着新开始。③ 其后不久,印度宣布成为共和国。基于上述考虑,印度以共和国的身份加入英联邦。④

---

① Cabinet C. M. (47)51ˢᵗ Conclusions, Minute I, 3 June 1947, TOP, Vol. XI, p. 80.
② Kenneth Harris, *Attlee*, London, 1982, p. 385.
③ Jawaharlal Nehru, *Independence and After: a Collection of Speeches, 1946 – 1949*, New York, 1950, pp. 3 – 4.
④ 关于尼赫鲁加入印度的考虑,参阅 Jawaharlal Nehru, *Independence and After: a Collection of Speeches, 1946 – 1949*, New York, 1950, pp. 265 – 267.

不过，一个共和国留在以英王为首脑的英联邦内岂不是很奇怪？英国外交部反对印度加入英联邦。外交部认为，尼赫鲁的不结盟和反殖民主义立场都表明他试图获得亚洲领导权并要排除西方影响，这些都影响了英国的对抗共产主义的原则，也危害英联邦的团结。① 军方对印度加入英联邦也不感兴趣，但认为英印友好对遏制苏联十分重要。② 艾德礼与克里普斯有着不同看法：与占世界几乎五分之一人口的印度维持友好关系至关重要。在律师沃克的帮助下，艾德礼顶住了各种压力，让印度共和国留在英联邦。③ 英国的态度赢得了印度与巴基斯坦民族主义者的好感，在印度独立后，印度仍然与英国维持着比较友好的关系，而巴基斯坦在很长的时间内都是英国的战略伙伴。

围绕英国从印度撤退这一历史事件，西方学术界得出许多似是而非的结论。例如，许多人以印度为例，认为艾德礼政府是英国非殖民化的推动者。这一结论是站不住脚的。在与贝文的争论中，艾德礼清楚地表明自己"不是失败主义者而是一个现实主义者"④，从印度退却主要是不得已，"环境逼迫我在印度问题上采取积极措施"⑤。为了恢复英国经济，他支持财政部开发非洲的计划，支持非

---

① Anita I. Singh, "Keeping India in the Commonwealth: British Political and Military Aims, 1947 – 1949", *Journal of Contemporary History*, Vol. 20, (1985), pp. 469 – 481.
② COS(49) 53rd Meeting, 8 April 1949, DEFE 4/21, Recited in Anita I. Singh, "Keeping India in the Commonwealth: British Political and Military Aims, 1947 – 1949", *Journal of Contemporary History*, Vol. 20, (1985), pp. 469 – 481.
③ R. J. Moore, *Making the New Commonwealth*, Oxford, 1987, pp. 132 – 133.
④ Mr. Attlee to Mr. Bevin, 2 January 1947, TOP, Vol. IX, pp. 445 – 446.
⑤ R. J. Moore, *Escaping from Empire: the Attlee Government and the Indian Problem*, Oxford, 1983, p. 1.

洲取代印度成为英帝国中心。如内阁报告所言,印度独立并不会是英帝国解体的第一步。

自从杜德提出印巴分治是英国有意削弱印度的观点后,一时应者如云。但这一观点的最大问题是,他认为印度独立的主导权在英国而不是印度手中。实际上,正如本书所言,印巴分治不是英国政策的结果,而是国大党和穆斯林联盟矛盾的产物。相反,印巴分治对英国人而言是一种失败,它破坏了维持一支统一的印度军队的计划,也削弱了英国的防务力量。印巴之间的战争把英国的无奈展现无遗,克什米尔问题也成为英帝国解体中的永久伤痕。事实是,印巴分治没有受益者。巴基斯坦的出现对印度来说是巨大的失败,它不仅分裂了印度,而且使印度不得不长期面对印巴冲突。国大党在同意巴基斯坦建国的时候仍然抱有幻想,希望巴基斯坦在不久的将来可以与印度合并。克什米尔成为消耗资源的无底洞,也成为尼赫鲁充当第三世界领导人的一大障碍。表面看来,真纳和穆斯林联盟是分治的受益者,可是一方面,新诞生的巴基斯坦远不是真纳所设想的那个大巴基斯坦,为了大巴基斯坦的梦想,巴基斯坦卷入了和印度长期的边界冲突;另一方面,独立后不久真纳去世,军人集团很快掌握政权,此后文官集团和军人集团的轮番执政成为巴基斯坦政局不稳的特点。①

但无论如何,印巴独立有非常重要的意义,它对亚洲其他殖民地的独立有重要的推动作用,在很大程度上,缅甸、锡兰、马来亚的独立是印巴独立的延伸物。

---

① D. A. Low, *Eclipse of Empire*, Cambridge, 1991, p. 15.

三、缅甸的独立

在印巴独立后,英国从缅甸、锡兰撤退只是一个时间问题。但是缅甸与锡兰的独立却出现了不同的结果,锡兰留在了英联邦,而缅甸却突破英联邦的束缚,成为独立于英联邦之外的一个国家。①

二战结束后,艾德礼政府在缅甸问题上基本沿用了战时内阁的政策。由于战争期间日本直接占领,缅甸的一些基础设施和行政机构遭到破坏,其重建是必需的。艾德礼政府认为在这一重建期间,英国的直接统治是必要的。但是工党把这一直接统治的时限从原定的 6 年缩短为 3 年。按照规划,缅甸在这一过渡期内由总督直接统治,山区少数民族也由总督直接管辖,3 年后,缅甸恢复议会统治,"在一个更早也是更实际的时间使(缅甸)在帝国内自治②。"英国内阁不喜欢缅甸的主要政治力量,即反法西斯人民自由联盟(Anti-Fascist People's Freedom League)及其领袖昂山(Aung San)。在英国内阁眼中,昂山曾与日本人合作过,具有共产主义倾向,并且不顾后果地要求缅甸实现独立。

---

① W. R. Louis, "The Dissolution of the British Empire", in *The Oxford History of the British Empire, IV: the Twentieth Century*, Oxford, 1998, p. 337; 研究英帝国的专家达尔文认为缅甸对英国的影响拒绝得如此彻底,在原英帝国的殖民地中算是唯一的一个,参见:John Darwin, *Britain and the Decolonization: the Retreat from Empire in the Post-War World*, New York, 1988, p. 98.
② Cabinet: India and Burma Committee, Memorandum by the Secretary of State for Burma, 29 August 1946, in Hugh Tinker ed., *Burma, the Struggle for Independence, 1944 - 1948: Document from Official and Private Sources*, 2 Vols, London, 1983 — 1984. (之后在注释中简称为 *BSI*), Vol. I, p. 972.

英国在东南亚战区的最高军事统帅蒙巴顿认为工党的新政策是不现实的。蒙巴顿是一位具有浓厚自由主义思想的官员,曾被丘吉尔批评在处理缅甸问题时"讲的大都是废话"。① 蒙巴顿认为,直接统治的政策是不需要的。在战争期间,日本为了争取缅甸人的支持,曾于1943年承认了缅甸的独立。虽然这是日本人的权宜之计,但是它在缅甸民族主义者脑海中留下了深刻印象。不管英国多么不情愿,英国不能开历史倒车。为了恢复英国在亚洲的影响力,英国必须在此基础之上采取新的方针。因而,英国的新政策不应该是直接统治,而是要让缅甸迅速独立。② 缅甸在二战期间出现了一些新的政治力量,虽然这些人曾经反对过英国,也许曾经站在日本一边,但是英国必须承认现实,和这些人妥协。实际上,蒙巴顿与昂山就确立了良好的合作关系,他也建议缅甸总督把昂山吸收到新的顾问委员会中,认为殖民政府如果友好地对待昂山,昂山就会成为"缅甸的史末资"。③

正是在这一点上,蒙巴顿与缅甸总督史密斯(Sir Reginald Dorman-Smith)出现了分歧。史密斯在缅甸的行动证明了一个具有强烈感情色彩的英国总督可以把帝国搞得有多么糟糕。史密斯曾是保守党政府时期的农业和渔业部部长,1941年,在没有任何相关经验的情况下,他被任命为缅甸总督,不久缅甸陷落,他对缅甸的统治也宣告结束。二战结束后,他回到缅甸继续担任总督。从历史

---

① Philip Ziegler, *Mountbatten*, New York, 1985, p.317.
② Meeting between the Supreme Allied Commander, South East Asia and the Governor of Burma, 26 October 1944, *BSI*, Vol.I, p.103.
③ Philip Ziegler, *Mountbatten*, New York, 1985, p.319. 史末资是南非的政治家,对英国非常友好,一战和二战中都坚定支持英国。

上看,他并不是极端顽固派,在缅甸沦陷期间,他向战时内阁建议由英国出资来重建缅甸,在一定时间内让缅甸实现自治,虽然这些主张基本上都被丘吉尔否决了。① 二战结束后,在工党的支持下,史密斯准备先在缅甸实行直接统治,在相关准备工作完成后,缅甸将在英联邦内实现自治。史密斯是一位理想主义者,他认为蒙巴顿的看法"从任何角度看都是错误的","如果你们(英国政府)同意他的主张,那请你们解除我的职务,对我而言,别无选择。"②对史密斯来说,昂山在二战期间曾站在日本一边反对英国,是叛国者,对背叛者,他本能地拒绝与其合作。而且在他看来,这个由昂山领导的反法西斯人民自由联盟不过是压制缅甸少数派的工具而已。③ 因而他执行的是镇压昂山及其领导的反法西斯人民自由联盟的政策。

问题在于,英国有能力做到压制这些在蒙巴顿看来英国必须与之妥协的力量吗?事实证明史密斯错了,虽然他在刚回到缅甸的时候就清醒地认识到缅甸"政治情况注定要恶化","很快就会成为一座政治火山"。④ 但是他却引爆了这座火山,准确地说,是在火上浇油。1946年春,缅甸爆发了全国总罢工和农民斗争。顺应民众的要求,反法西斯人民自由联盟代表大会通过了争取完全独立的决议。

除了来自缅甸民族主义者的反抗,英国在缅甸的统治也受到国

---

① 何跃:《论战后英国在缅甸独立态度上的转变》,《西南师范大学学报(社会科学版)》,2004年第3期,第129—133页;《战后缅甸脱离英联邦原因探析》,《东南亚研究》,2005年第4期,第8—13页。

② Sir Reginald Dorman‐Smith to Lord Pethick‐Lawrence, 27 August 1945, *BSI*, Vol. I, p.148.

③ Sir Reginald Dorman‐Smith to Lord Pethick‐Lawrence, 10 September 1945, *BSI*, Vol. I, p.466.

④ Ibid., pp.465‐466.

际社会的压力。在以尼赫鲁为首的反殖民主义者的努力下,英国在南亚的殖民统治即将终结,暴露在众目睽睽之下。同时,英国的殖民统治由于印度尼西亚问题而变得尴尬。一方面,英国劝说荷兰承认印度尼西亚的政治现实,另一方面,英国又在缅甸实行镇压民族主义者的政策,这不是两面三刀吗? 英国如何向荷兰交代? 英国如何面对国际上疑惑的目光?①

与这种统治的困局相比,缅甸在英帝国中的地位远没有那么重要。军方认为缅甸对英国的战略并无太大价值,"缅甸资源与设施上的无关紧要使它在战略上也不够重要","失去它也无关宏旨"。②实际上,英国不少人认为统治缅甸在许多时候都可能是英国的一种负担,正如缅甸事务大臣所言,"缅甸是一个弱而穷的国家,防务和社会服务的负担都很重"③。

英国越来越发现继续统治缅甸会严重损害自己的战略利益。首先,继续统治缅甸可能会影响英国的稻米需求。到二战结束时,缅甸是英国稻米的重要来源,但英国政治家很快发现继续殖民统治则会损害这一经济联系。食品大臣斯特雷奇(John Strachey)向内阁报告,英国希望从缅甸进口1.5亿吨稻米,但如果缅甸发生广泛的动荡,这一诉求将不可能实现。④ 其次,继续统治缅甸会损害英国的防

---

① Cabinet: India and Burma Committee, "Policy in Burma", Memorandum by the Secretary of State for Burma, 22 November 1946, *BSI*, Vol. II, pp. 153–157.
② Chiefs of Staff Committee, C. O. S. (47)12th Meeting, Minute 4, 17 January 1947, *BSI*, Vol. II, p. 284.
③ Note on Arrangements in Connection with a Possible Visit by a Delegation from the Executive Council, 9 December 1946, recited in Nicholas Tarling, *Britain, South Asia and the Onset of the Cold War, 1945–1950*, Cambridge, 1998, p. 194.
④ "Burma: constitutional position": Cabinet conclusions, 19 Dec 1946, CAB 128/6, CM 107 (46) 2, in Ronald Hyam, *LGEE*1, Vol. I, p. 33.

务利益。英国在缅甸的军警力量严重不足,大部分警察都在反法西斯人民自由联盟控制之下,英国也无法使用在缅甸驻防的印度军队镇压这些要求"自由和解放"的民族主义者;同时,这些驻防的印度军队还将撤出缅甸。如果从英国派出增援部队,英国在其他关键地区的防务力量将受到影响。最后,继续统治缅甸会加剧当地的反英倾向,"它唯一可能的后果是巩固缅甸的民族感情,提高那些主张尽早从英联邦分离出去的领袖的地位"[1]。

正如上文所言,艾德礼政府的战略重点已经发生转移,南亚的地位下降,在英国准备从印度撤退的大背景下,英国不可能在缅甸有太多保留。实际上,艾德礼政府很快就把从缅甸撤退的政策变成实现英国战略目标的工具。

首先,艾德礼政府希望通过形式上的让步在缅甸获得其他方面的利益。斯特雷奇认为,为了方便缅甸的稻米出口,英国应该支持那些相对友好的民族主义者,以控制缅甸独立的主动权。[2] 艾德礼也希望通过英联邦的框架继续维持英国与缅甸的联系。艾德礼认为,在新的形势下,巩固英帝国的最好方式就是实现英帝国向英联邦的转变,英国必须在一些形式方面做出让步以换取民族主义者的善意与支持。[3] 艾德礼认识到,如果马上授予缅甸独立,缅甸可能会更为温和并会留在英联邦,从而维持英缅的联系并提升英国的影响力,而英国的强硬政策却会使缅甸更具敌意,从而不愿意留在

---

[1] "Burma: constitutional position": Cabinet conclusions, 19 Dec 1946, CAB 128/6, CM 107 (46) 2, in Ronald Hyam, *LGEE*1, Vol. I, p. 33.

[2] Ibid.

[3] W. R. Louis, "The Dissolution of the British Empire", in *The Oxford History of the British Empire, IV: the Twentieth Century*, Oxford, 1998, p. 329.

英联邦。①

其次,英国从缅甸的撤退也是英国遏制东南亚地区共产主义发展的策略。在英国政治家看来,昂山虽然曾经有过共产主义的倾向,但二战之后,其领导的反法西斯人民自由联盟已经开始与缅甸共产党形成了竞争之势。不管怎么说,昂山相对而言还是温和的,他是"真诚的民族主义者,但是不能控制反法西斯人民自由联盟中的左翼,非常年轻、缺乏经验又明显的犹豫不决"②。而且昂山也愿意在宪政的体制内解决问题,如果不支持昂山,英国就只能把他推到共产主义的阵营中。③ 一些政治家认为昂山会满足于英国的妥协,之后就会站在共产主义的对立面。④ 随着缅甸局势的发展,比昂山更极端的领导者正在涌现,拖延缅甸独立的进程只会恶化缅甸的局势,这将为共产主义的成长提供条件。⑤ 军方也认为一个强大政府领导的缅甸才能遏制共产主义的发展,为此他们也支持以独立为筹码来换取昂山在限制共产主义方面的合作。⑥

没有多少材料显示艾德礼撤掉史密斯的职务是党同伐异的结果,但是艾德礼显然并不喜欢缅甸越来越糟糕的局面。艾德礼逐渐

---

① "Burma: constitutional position": Cabinet conclusions, 19 Dec 1946, CAB 128/6, CM 107 (46) 2, in Ronald Hyam, *LGEE*1, Vol. I, p. 33.
② Appreciation of the Situation as at 2359 Hours, 15 September 1946, *BSI*, Vol. II, p. 22.
③ Sir Hubert Rance to Lord Pethick-Lawrence, 7 December 1946, *BSI*, Vol. II, p. 177.
④ John Darwin, *Britain and the Decolonization: the Retreat from Empire in the Post-War World*, New York, 1988, p. 100. 事实似乎证明英国政治家的想法是有道理的,昂山在领导反法西斯人民自由联盟掌握权力后的第一件事情就是从其队伍中清除共产党人。
⑤ Sir Hubert Rance to Lord Pethick-Lawrence, 7 December 1946, *BSI*, Vol. II, pp. 176-177.
⑥ Chiefs of Staff Committee, C. O. S. (47)12th Meeting, Minute 4, 17 January 1947, *BSI*, Vol. II, p. 284.

认识到,像韦维尔在印度一样,史密斯也缺乏处理缅甸复杂情况的政治技巧。既然史密斯不能很好地理解缅甸,"我确信他必须被换掉"。① 同时,在印度事务大臣②劳伦斯(Lord Pethick-Lawrence)作为内阁使团成员之一到印度访问期间,艾德礼临时接手了缅甸问题,艾德礼对缅甸的情况逐渐熟悉,也认识到英国应该改变方针。③ 任命休伯特·兰斯(Sir Hubert Rance)为新的总督揭开了英国从缅甸撤退的序幕,在蒙巴顿的推荐下,艾德礼任命兰斯继承史密斯的任务。

兰斯是一名军官,曾任蒙巴顿处理缅甸问题的军事顾问。他在缅甸的经历显示他把准了缅甸的脉搏并推行了现实主义的政策。与史密斯不同的是,他能够克制自己的感情。资料显示他起初对反法西斯人民自由联盟没有多少好感,认为该组织具有共产主义倾向。④ 但是他很快认识到,为了稳定缅甸的局面,为了避免英国和缅甸的公开冲突,英国必须与昂山打交道。他上台伊始,就面临着缅甸警察罢工的威胁。他很快宣布组建一个新的执行委员会,在委员会的 9 名成员中,反法西斯人民自由联盟成员有 6 位,昂山则是委员会的主要顾问(而这个职位其实一直都是保留给英国人的)。正如缅甸史专家指出的,"这一改变解决了罢工问题,并标志着缅甸与英

---

① Clement Attlee to Lord Pethick-Lawrence, 7 May 1946, *BSI*, Vol. I, p.773.
② 英国统治的印度是大印度,它包括独立后的印度、巴基斯坦、缅甸,以及后来从巴基斯坦独立出来的孟加拉等,1935 年缅甸虽然脱离了印度,但是仍然在印度事务大臣的管辖之下。
③ Kenneth Harris, *Attlee*, London, 1982, pp.359-360.
④ Appreciation of the Situation as at 2359 Hours, 15 September 1946, *BSI*, Vol. II, pp.21-25.

国合作的开始"。① 在与昂山打交道的过程中,兰斯逐渐认识到,昂山要求的是"不比印度少一丝一毫的权力",拒绝或者延误昂山的要求只能使局面更糟。② 兰斯建议英国内阁答应昂山的独立要求。

但是,英国政府因为印度问题与其他原因而延误了妥协的最佳时机。首先,对内阁而言,英国与印度民族主义者的谈判正处在关键时期,英国不能因为缅甸的情况而影响与印度的谈判,内阁要求兰斯赶紧刹车。③ 其次,英国政府的一些其他原因也延误了缅甸独立的时机。殖民大臣克里奇·琼斯(Arthur Creech Jones)反对向缅甸让步,认为如果对缅甸让步,锡兰、马来亚怎么办?特别是锡兰,其民族主义者将会更坚决地要求独立。④ 亚历山大(A. V. Alexander)(不管部大臣,很快升任国防大臣)也反对让步,他指出,相对别的地区而言,战争造成的极大破坏使缅甸自治更不现实,现在撤出是不负责任的行为,英国将会被永远地封在历史的耻辱柱上。因而英国不但不应该撤出,而是应该实行直接统治并承担重建缅甸的任务。⑤ 英国内阁则认为英国应该保护缅甸其他少数民族(特别是山区少数民族)的利益,在没有选举之前不能给昂山以巨大的权力。⑥

实际上,英国政府的这些想法远不是从缅甸本身的角度来考虑

---

① Josef Silverstein, *Burma: Military Rule and the Politics of Stagnation*, New York, 1977, p. 19.

② Sir Hubert Rance to Lord Pethick‑Lawrence, 18 December 1946, *BSI*, Vol. II, pp. 201 - 203.

③ Lord Pethick‑Lawrence to Sir Hubert Rance, 9 November 1946, *BSI*, Vol. II, p. 131.

④ Cabinet C. M. (46) 104th Conclusions, Minute 4, 10 December 1946, *BSI*, Vol. II, p. 183.

⑤ Cabinet: India and Burma Committee I. B. (46) 10th Meeting, 19 December 1946, *BSI*, Vol. II, p. 205.

⑥ Lord Pethick‑Lawrence to Sir Hubert Rance, 9 November 1946, *BSI*, Vol. II, p. 131.

的。克里奇·琼斯是从缅甸独立对英帝国的影响这一点思考的,而亚历山大与内阁想的则是英国的道义与责任。从这些认识来看,他们不了解缅甸,也不清楚昂山到底在想什么,正如历史学者廷克所言,"伦敦的领导者缺乏对这个国家及其领导人的第一手知识","他们对缅甸而言都是陌生人"。① 问题在于,英国能够从自己的角度出发来控制这个已经要喷发的政治火山吗?

兰斯认为内阁的想法是不切实际的。正像韦维尔认识到英国在印度面临的两难局面,或者占领或者撤退;兰斯认为英国在缅甸的情况同样如此。鉴于资源不足,英国的重新占领是不现实的。既然无法重新占领,剩下的选项就只有让缅甸独立。既然只有此选项,为什么不早些授予缅甸独立呢?拖延只会使缅甸的情况越来越糟。

不过内阁对兰斯的建议还是迟疑不决,不情愿做出进一步的让步。② 正如兰斯所预测的,昂山与英国的合作使他受到反对派的指责,称他屈服于"英国人的奸诈手段"。③ 更极端派别的压力,促使昂山提出了进一步要求:英国必须在1947年1月31日宣布让缅甸在一年之内独立,由反法西斯人民自由联盟主导的执行委员会必须被承认为独立后的国民政府的主体。

印度事务大臣劳伦斯看到缅甸的局势变得越来越不可控制,逐渐支持兰斯的主张,在其努力下,内阁答应邀请以昂山为首的代表

---

① Hugh Tinker, "Introduction", *BSI*, Vol. II, p. xiii.
② Lord Pethick-Lawrence to Sir Hubert Rance, 13 December 1946, *BSI*, Vol. II, p. 188.
③ New Times of Burma, 30 October 1945, recited in Martin Smith, *Burma: Insurgency and the Politics of Ethnicity*, London, 1991, p. 69.

团到伦敦来商谈独立事宜。① 昂山的答复是,反法西斯人民自由联盟可以接受邀请,但是英国政府必须公开宣布代表团访问的目标是建立一个拥有全权的过渡政府,大选产生的制宪会议必须代表整个缅甸,少数派问题的决定权在仰光而不在伦敦,缅甸有选择留在英联邦或者离开英联邦的权利。② 劳伦斯建议内阁接受昂山的条件,他认为英国在缅甸的军事资源无法应对缅甸的叛乱,而尽早让步却可能赢得缅甸的善意,也可维持英缅之间的经贸联系与保持英国的影响力。既然昂山看齐的坐标是印度,那么把英国在印度的承诺施行于缅甸也是明智的,不接受则会冒极大的风险。③

在劳伦斯等人的努力下,英国内阁最后接受了昂山的条件。

1947年1月在伦敦召开会议,英国同意由昂山主持过渡政府。根据协议,缅甸于1947年4月举行了大选。在91个议会席位中,反法西斯人民自由联盟获得88席。英国宣称根据民主选举的原则把权力移交给反法西斯人民自由联盟。像在印度一样,为了压制共产主义,英国认可了昂山希望的建立强大中央政府的要求,"忘恩负义的阿尔比恩人"又把缅甸少数派的利益出卖了。④

但是变数很快发生。在缅甸争取独立的进程中,昂山有许多竞争者,而昂山要建立强大中央政府的主张招致了反对派的强烈不

---

① Cabinet: India and Burma Committee, "Policy in Burma", Memorandum by the Secretary of State for Burma, 22 November 1946, *BSI*, Vol. II, pp. 153–57.
② Sir Hubert Rance to Lord Pethick‑Lawrence, 5 December 1946, *BSI*, Vol. II, p. 174.
③ Cabinet Paper CP (46) 448, "Burma: Constitutional Position", Memorandum by the Secretary of State for Burma to Cabinet, 9 December 1946, *BSI*, Vol. II, pp. 178–81.
④ "忘恩负义的阿尔比恩人"是戴高乐将军对英国的认识,但是英国在缅甸放弃少数派的利益实际上也是不得已的结果,缅甸独立的主导权并不在英国,英国是欲保护而无力。

满。1947年7月,昂山与其他6位过渡政府的官员被刺杀,昂山选择的继承人也在事变中遇难。缅甸的局势发生动荡。①

昂山遇害后,缅甸的局势有向左倾发展的苗头,工农运动进一步高涨,"处在比战后任何时期都临近总起义的局面"。② 艾德礼认为,为了维持稳定,英国必须按照原定的计划移交权力,否则,缅甸会出现更多的夺权者,而这将会削弱反法西斯人民自由联盟的地位,也会影响缅甸的统一与英国的利益。③ 在内阁的支持下,兰斯果断地将昂山的助手德钦努(Thakin Nu)作为昂山的继任者,并向之移交了权力。④

正是英国的这一态度使其获得了许多实际利益。首先,英国获得了重要的战略利益,独立后的缅甸允许英国使用其空军基地、港口和空军的过境权。⑤ 其次,在缅甸独立后,英国与缅甸继续维持着重要的经济联系,缅甸出口的稻米对英国的经济恢复起到了一定作用。最后,英国在独立后的缅甸仍然保持着重要的影响力。

虽说英国的撤退计划获得了一定的成功,但英国政府也遭受了重大挫折,这主要表现在缅甸对英联邦的态度上。

艾德礼起初希望缅甸留在英联邦,但是昂山坚持缅甸应该拥有

---

① 实际上,竞争领导权的人如此之多,斗争如此残酷,以致哈里斯认为,"鲜血和背叛是缅甸政治的佐料"(Keuneth Harris, *Attlee*, London, 1982, p.361.)。
② 梁志明主编:《殖民主义史(东南亚卷)》,北京大学出版社,1999年,第522页。
③ Harris, *Attlee*, London, 1982, p.361.
④ Sir Hubert Rance to the Earl of Listowel, 19 July 1947, *BSI*, Vol.II, p.674.
⑤ "Britain - Burma Defence Agreement", 29 August 1947, *BSI*, Vol.II, pp.734 – 736; Richard J. Aldrich, "British Strategy and the End of Empire: South Asia, 1945 – 1951", in Richard J. Aldrich, ed., *British Intelligence, Strategy and the Cold War, 1945 – 1951*, London, 1992, p.288.

和印度一样的权利,即自由选择加入或者退出的权利。① 昂山被刺杀后,德钦努威望不足,只能以坚持昂山的共和国理想来缓和反对派的压力。② 由于印度以共和国身份加入英联邦还要在两年之后才真正实现,而缅甸对英帝国远没有那么重要,既然缅甸要走共和国的道路,英国不愿意为了缅甸开这样的先例。在缅甸建立共和国的态度越来越明显后,艾德礼逐渐丧失了热情。劳伦斯起初也希望缅甸留在英联邦,不过他像艾德礼一样逐渐改变了态度。劳伦斯认为,缅甸是一个小而弱的国家,如果勉强把缅甸留在英联邦,英国得到的可能比失去的更多,而且即使缅甸留在了英联邦,也不能保证缅甸的政策和英国及其他白人自治领的政策协调一致。③ 自治领大臣也不支持缅甸加入英联邦,缅甸加入英联邦意味着缅甸可以享受其他白人自治领的权利,但是缅甸却不可能尽到同样的义务,英国将无法向其他白人自治领交代,这将是"非常尴尬的"。④

同时,对英国政府来说,即使缅甸在英联邦之外独立,缅甸基于自己的利益也会希望与英国维持某种友好关系。⑤ 英国可以通过其他形式来维持英国和缅甸的联系并提升英国的影响力。艾德礼最

---

① Cabinet CM (46) 104th Conclusions, Minute 4, 10 December 1946, *BSI*, Vol. II, pp. 182 – 83. 昂山也坦言自己特别关注印度的发展,他与尼赫鲁保持着经常的联系, Reuter Interview with Bogyoke Aung San, 16 December 1946, *BSI*, Vol. II, p. 194.
② Speech by Thakin Nu at the Jubilee Hall, 27 July 1947, *BSI*, Vol. II, pp. 688 – 691.
③ Burma Conservation: United Kingdom Papers, B. U. K (47) 13, Burma and Commonwealth, Memorandum by Secretary of State for Burma, 9 January 1947, *BSI*, Vol. II, p. 246; R. J. Moore, *Making the New Commonwealth*, Oxford, 1987, p. 99.
④ Note by Sir Gilbert Laithwaite for Sir David Monteath, Arthur Henderson and Secretary of State, 29 April 1947, *BSI*, Vol. II, p. 496.
⑤ Ibid.

终宣布缅甸有选择是否加入英联邦的自由,英国不会勉强挽留那些不愿留在英联邦的国家和民族。① 1948年1月4日,英国按照预定计划把权力移交给了昂山的助手德钦努,缅甸也很快宣布成为共和国并离开了英联邦。这样,缅甸成为英帝国解体初期在英联邦外最早实现独立的国家。

艾德礼政府对缅甸局势的发展还是满意的,因为英国避免了一场军事对抗,也没有消耗重要的资源。虽然缅甸突破了英联邦的束缚,但是英国还是保留了一些利益。在1947年10月17日签订的英缅条约中,缅甸答应保留英国在缅甸的某些军事与经济特权。不过事情并没有结束,缅甸独立后,新国家的政治、经济进一步左倾。1953年1月,缅甸政府宣布废除《英缅防御协定》,10月,又宣布取消英国进口货物的关税特惠待遇,1963年以后,缅甸开始实行国有化,把外资企业收归国有,英国在缅甸的经济特权完全丧失。

缅甸最终在英联邦外独立,一方面与缅甸在英帝国的重要性,或者说不重要性有关;另一方面,也与英国政府的迟疑不决有关。对缅甸政治发展形势认识迟钝,使缅甸局势日益糟糕并最终冲破了英联邦的框架。用一位研究缅甸的历史学家史密斯的话来说,"英国政府对缅甸的新现实理解得太迟了"。② 艾德礼后来也悲叹地说,如果早些和昂山合作的话,缅甸的结局就不会如此糟糕。③

---

① Statement by the Prime Minister to the House of Commons, 20 December 1946, *BSI*, Vol. II, pp. 209 – 210.
② Martin Smith, *Burma: Insurgency and the Politics of Ethnicity*, London, 1991, p. 65.
③ Kenneth Harris, *Attlee,* London, 1982, pp. 361 – 362.

四、锡兰的权力交接

依靠橡胶、茶叶、椰子等农产品的出口,锡兰在经济发展方面非常繁荣。就政治而言,锡兰是一个非常奇怪的殖民地,与印度、缅甸不同,同处于南亚的锡兰属于英国殖民部管辖,但其政治发展水平非常高,还在1931年的时候,锡兰就实行了普选权,而印度则在20年后才实现了这一目标。但是,与这一较高的政治进程相反的是,以锡兰国大党(Ceylon National Congress)为代表的民族主义者在政治上又表现得相对保守。

与二战中印度、缅甸的局面相比,锡兰让英国人感到非常欣慰。锡兰的主要政治家在战时尽力与英国合作,表现得非常忠诚。锡兰的战略物资与战略位置为二战中的英国提供了不少便利。在马来亚失陷后,盟国需要的天然橡胶的60%是由锡兰提供的,1944年,英国在东南亚战区的统帅蒙巴顿更是把司令部从德里转移到了锡兰的康提。

但是不管怎样,锡兰国大党还是有政治自主的诉求。在二战期间,锡兰国大党的领袖森纳那亚克(Don Stephen Senanayake)要求英国尽快给予锡兰自治领地位。英国在锡兰的总督考尔迪科特(Sir Andrew Caldecott)等人都支持森纳那亚克的要求,敦促英国政府认真考虑锡兰民族主义者的要求,推动锡兰的政治发展。在他们的坚持下,丘吉尔政府最终派出了以索尔伯里勋爵(Lord Soulbury)为首的委员会考察锡兰的宪政改革方案。二战结束时,森纳那亚克要求英国立即给锡兰以自治领地位,新的锡兰总督摩尔(Sir Henry

Moore)建议内阁接受民族主义者的要求,"现在是拿出勇气对锡兰人做出一个大度而自然姿态的黄金时期,从长远来看,它将获得丰厚的红利"①。

但是印度与缅甸的局势使锡兰问题被束之高阁,由于英国与印度、缅甸的谈判正处在关键时期,内阁不愿意由于锡兰问题而多生枝节。此外,索尔伯里勋爵的报告也给英国政府提供了借口。1945年10月,索尔伯里委员会报告出台,报告认为授予锡兰自治领的时机并不成熟,只是建议内阁给予锡兰以更大的内部自治权,而在防务与外交事务上,报告建议英国政府应该继续控制。② 内阁最终决定在6年之后给予锡兰完全的内部自治权力和自治领地位。

由于泰米尔人坚决要求获得与锡兰国大党相同的权力,森纳那亚克认为在当时的情况下争取自治的要求可能会削弱国大党与自己的地位。因此,在艾德礼政府委婉地拒绝了民族主义者的要求后,保守的国大党也暂时接受了英国的安排。

随着印度与缅甸走向独立,森纳那亚克认为锡兰获得自治领的时机已经成熟,于是向英国抱怨说,让锡兰接受一个比印度与缅甸低劣的政治地位对锡兰来说是一种耻辱。

对内阁来说,在已经授予印度与缅甸独立的时候,英国没有借口来拒绝锡兰的要求。在战争中,锡兰人表现得很忠诚,在战后,锡兰政治变革的要求也非常温和。如果锡兰获得的政治承诺比印度

---

① [Soulbury Report]: inward unnumbered telegram from Sir H. Moore to Mr. Hall on Mr. Senanayake's return and the need for HMG to make a "generous and spontaneous gesture" to Ceylon, 25 September 1945, CO 54/986/6/3, no 131, in K. M. De. Silva ed, *Sri Lanka*, Vol. II, London, 1997, p. 96.

② S.R. Ashton, "Ceylon", in *The Oxford History of the British Empire, IV: the Twentieth Century*, Oxford, 1998, p. 461.

与缅甸还少很多,这岂不是对忠诚的讽刺?殖民大臣克里奇·琼斯认为内阁应该答应森纳那亚克的要求,"如果正确处理这一要求,我们不仅可以获得把锡兰留在英联邦的极好机会,我们也可以保留在该地重要的防务利益。同时,(这一让步)也可以向世界展示我们对殖民地的许诺并不是空口白话。它将用实践证明英联邦之内的独立地位并不是仅仅保留给那些欧洲人的后裔的"[1]。

贝文反对克里奇·琼斯的主张,认为克里奇·琼斯走得太远了,锡兰的独立意味着整个印度洋的失守,英国在中东的地位、甚至整个英帝国的地位都会受到严重损害,"我不喜欢在所有的时候都重复'独立'这个词,与我们不同,东方人对该词有完全不同的理解……在所有这些事件中,中东与远东都密切注视着我们采取的每一项行动,如果我们沿着这个政策走得比原先更远,那么大英帝国在这些地区的道德权威将会丧失……我认为,如果我们采取一种更为强硬的立场,我们受到的压力将会变得更少……"[2]首相艾德礼站在贝文一边,军方也支持贝文的态度,他们认为,保留在锡兰的设施对英国未来的战争是极为重要的,而失去这些设施将严重削弱英国对印度洋的控制。因而,锡兰无条件而迅速地走向独立是一场赌博,为了确保锡兰的基地处于英国的绝对掌控之中,军方认为英国

---

[1] "Ceylon Constitution": Memorandum by Creech Jones from Cabinet Colonial Affairs Committee Recommending that HMG should support Mr. Senanayake over dominion status, 29 Apr. 1947, CAB 129/18, c (47)4, in K. M. De Silva, *Sri Lanka*, Vol. II, pp. 283 - 286.

[2] [Ceylon]: Letter from Mr. Bevin to Mr. Creech Jones about Independence Policy, 20 May 1947, CAB 118/29, in Ronald Hyam, *LGEE*1, Vol. I, p. 72.

应该保留对锡兰内部事务进行干涉的权力。①

这样,英国政府似乎准备再次拒绝森纳那亚克的自治要求。

可是英国很快发现拒绝的代价将是非常高昂的。如果森纳那亚克不能争取到自治领的目标,获得政治好处的就只能是森纳那亚克的对手班达拉奈克(Solomon West Ridgeway Dias Bandaranaike)。在英国政府看来,班达拉奈克与英国的关系并不融洽,完全靠不住。英国政府也惊恐地发现锡兰共产主义者的势力在逐步壮大,锡兰在政治上向左转的势头已经出现,1946年与1947年爆发了由共产主义者组织的罢工活动。这样,英国政府发现,拒绝森纳那亚克的要求实际上只能为极端主义者提供土壤,而如果这些人得势,锡兰将会要求立即的、完全的独立,也极可能打破英联邦的框架,而这一结果将严重危害英国的防务和商业利益。② 而且,既然印度与缅甸已经独立,英国又少了拒绝森纳那亚克要求的一条理由。

正如索尔伯里委员会指出的,"从长远来看,多给一些、早给一些要比给的又少又迟明智得多"③。不管是出于压制共产主义势力的策略,还是维护英国与锡兰之间的经贸与战略联系的需要,向森纳那亚克让步都是一个明智的选择,艾德礼政府逐渐倾向于对森纳那亚克做出政治让步。森纳那亚克的保守态度更便利了英国妥协

---

① Frank Heinlein, *British Government Policy and Decolonization 1945 – 1963: Scrutinizing the Official Mind*, London, 2002, p. 49.

② "Ceylon: Constitutional Development": Cabinet Conclusions to the effect that a decision on dominion status should not be rushed, 6 May 1947, PREM 8/726, cm 44 (47)2, In K. M. De Silva, *Sri Lanka*, Vol. II, pp. 288 – 290.

③ [Ceylon]: Letter from Lord Soulbury to Mr. Hall, giving his present views on Self - Government, 5 October 1945, CO 54/986/6, no 174, in Ronald Hyam, *LGEE*1, Vol. I, pp. 4 – 5.

的想法。森纳那亚克是一个保守派,也是一位非常聪明的政治家,他深知自己与印度国大党的关系并不融洽,独立后的锡兰有被印度挤压的危险。因而他很快告诉英国政府说如果锡兰获得独立,他将会满足英国的防务需求,允许英国使用锡兰的空军与海军基地。但是,为了避免给国内竞争对手以攻击的借口,森纳那亚克建议在这些防务条款上模糊行事。① 殖民部支持森纳那亚克的要求,认为英国强硬派提出的在发生紧急状态时英国在锡兰拥有保留权力的主张是不明智的,认为这样只会给锡兰的反对派留下攻击的靶子,从而削弱英国在锡兰的影响。②

英国内阁本来对森纳那亚克处理少数民族问题有不少疑虑,主张在宪政谈判的时候压迫森纳那亚克在这些问题上做出让步。但是,英国很快认识到,在宪政上采取的这种态度不但不能保护少数民族的权利,反而会恶化英国与森纳那亚克的关系,使锡兰的权力交接更为复杂。③ 英国最终放弃了对锡兰少数民族的保护政策。

与以往的例子一样,英国提出在锡兰举行大选,森纳那亚克必须通过大选来确认自己对锡兰的领导权,但是这一形式要求并没有多少意义。1947 年 11 月,森纳那亚克在锡兰的大选中获得压倒性胜利,英国则决定根据大选的结果授予森纳那亚克行政大权。1947

---

① M. A. W. to C. Jeffries, 19 May 1947, in recited Frank Heinlein, *British Government Policy and Decolonization 1945 – 1963: Scrutinizing the Official Mind*, London, 2002, p. 50.
② [Strikes]: Inward unnumbered telegram for Sir H. Moore to Sir C. Jeffries on the attitude of the Board of Ministers to the possible introduction of emergency powers, 4 June 1947, CO 537/1940, no 6, in K. M. De Silva, *Sri Lanka*, Vol. II, p. 306.
③ S. R. Ashton, "Ceylon", in *The Oxford History of the British Empire, IV: the Twentieth Century*, Oxford, 1998, pp. 447 – 464.

年底,英国议会通过了锡兰的自治议案。1948年2月4日,国大党执政下的锡兰成为英国的自治领。

锡兰成为自治领后,英国与锡兰仍然保持着友好关系,锡兰的政治家大都支持加强锡兰与英国的联系。锡兰首任总理森纳那亚克更是与英国政治家们维持着极为友好的关系,当1952年他不幸坠马而受到致命伤害时,英国首相丘吉尔马上派出英国最权威的神经外科专家到锡兰为其治疗。① 英联邦事务部政务次官也向议会报告,锡兰是英国真正的自治领。②

锡兰独立表明,殖民地并不一定要诉诸暴力或者非暴力的民众运动才能获得独立,英国对锡兰民族主义者的让步也向其他殖民地宣示:忠诚与合作同样可以获得政治让步。③ 当然,让步必须符合英国的整体战略需要,英国通过权力交接是为了更好地维护自己的利益。

五、马来亚的独立

如果说英国制定的直接统治政策在战后的缅甸难以获得成功,在马来亚,这一政策同样难以奏效。

---

① "The British legacy: the 'ntangible' links of the Commonwealth association": CRO confidential print (part of "survey of the commonwealth, 1960 – 1970"), 9 Aug. 1960, PREM 11/4640, in Ronald Hyam and W. R. Louis, *CGEE*2, Vol. II, pp. 647 – 648.
② Frank Heinlein, *British Government Policy and Decolonization 1945 – 1963: Scrutinizing the Official Mind*, London, 2002, p. 50.
③ S. R. Ashton, "Ceylon", in *The Oxford History of the British Empire, IV: the Twentieth Century*, Oxford, 1998, p. 448.

马来亚锡矿与橡胶产业的发展与繁荣,促使马来亚经济迅速发展。随着经济的发展,大量的华人移民与印度移民来到马来亚,马来亚很快发展成为一个多元族群社会,华人与印度人成为马来亚社会的重要组成部分。但是,马来亚的政治格局却没有根据经济形势的发展而得以调整,马来人仍然以绝对优势占据着马来亚的政府机构。这一倾向因为英国的殖民政策而根深蒂固。1927年,马来亚的高级特派员克利福德(Sir Hugh Clifford)宣称:"马来亚过去是,现在也是,也必须在未来维持为……马来人的国家。"①但是外来移民特别是华人在经济领域却是独领风骚,很快成为马来亚经济发展的中坚。政治与经济的不协调使马来亚成为现代意义上的分裂国家,族群关系成为马来亚向现代社会转变的绊脚石。

不久殖民政府注意到了这一问题。二战期间,英国官员认为英国传统政策的缺陷已经严重影响了英国对马来亚的许诺,改善那些已经定居下来的非马来人的生活状况成为迫切任务。20世纪二三十年代的两任总督与特派员盖勒玛(Sir Lawrence Guilemard)与克莱门蒂(Sir Cecil Clementi)都试图削弱传统统治者的权力,殖民部东方司司长根特(Gerald Gent)对马来亚的传统领袖也日益不满,认为支持苏丹统治者的传统政策忽视了其他族群的利益,也阻碍了帝国东部不同地区公正而有序的关系的确立。② 但是以苏丹为代表的传统势力坚决反对英国的新思维。

---

① Speeches to the Federal Council, 16 Nov. 1927, in J. DE. V. Allan, A. J. Stockwell and L. R. Wright, eds., *A Collection of Treaties and other Documents Affecting the States of Malaysia 1761–1963*, Vol. II, London, 1981, p. 79.
② CO 273/667/1, G. E. J. Gent, 23 Sept. 1941, in A. J. Stockwell ed., *Malaya*, Vol. I, London, 1995, p. liii.

二战阻碍了英国政府的新思维及其实践。1941年12月,日本攻击美国珍珠港,也很快发动了对马来亚的进攻。英国派出"威尔士亲王号"与"反击号"两艘主力舰帮助守卫远东,但是噩耗很快传来,在这一年的12月10日两艘军舰被日军击沉。1942年1月11日,马来亚陷落。新加坡要塞也不堪一击,1942年2月15日,珀西瓦尔(Arthur Ernest Percival)将军率领的13万英国军队向日军投降。英国在远东的殖民地全线告急。

虽然遭此惨祸,英国却不打算放弃远东殖民地,特别是马来亚。相反,在刚刚失去东南亚后,殖民部就制定了战后恢复统治的新计划。① 由于在马来亚的大部分官员都被日本俘虏,殖民部不得不在缺乏当地知识的情况下亲自制定马来亚计划。1943年6月,马来亚计划局成立,它主要由军事人员组成,计划局提出一个马来亚联盟计划。这一计划与英国战前的一些想法是一脉相承的,其核心是在战后首先进行直接统治,一方面巩固英国的行政体制,另一方面促进马来亚的经济发展,最终使一个多元族群的马来亚社会演变成自治国家。

这一计划有三个新的特征。第一,作为中央政府的马来亚联盟拥有极大权力。第二,马来亚的所有臣民都有公民权。第三,与马来亚统治者签订条约确保英国的权益。② 这些内容标志着英国放弃了与传统精英结盟的旧殖民政策,或如根特所言:"根据效率、安全以及我们宣称加快殖民地自治的目的,恢复战前的宪法与行政体制

---

① "Question of the Restoration of Government in Malaya, Hong Kong, etc": Minutes of the CO Committee on Post-War Problems (CPWP 35(42)2), 2 Apr. 1942, CO 825/35/4, in A. J. Stockwell, *Malaya*, Vol. I, p. 7.

② A. J. Stockwell, "Introduction", in A. J. Stockwell, *Malaya*, Vol. I, p. lv.

是毫无价值的。"①

1945年8月15日,日本投降。英国为了经济与战略的原因毫不犹豫地决定重新占领东南亚殖民地。② 但是摆在英国面前的形势非常严峻:食物短缺、通货膨胀、政府崩溃,以及由此引起的社会失序,奸商投机倒把、匪徒偷窃盛行、权势集团私设法庭、族群冲突频频等等。同时,由于英国对其他地方的军事占领,英国在马来亚的军事与警备资源严重不足,这就使英国在处理马来亚社会不满与动乱时捉襟见肘。

不幸的是,英国并没有深刻理解马来亚的局势。英国设立军政府对马来亚进行日常管理,其笨拙的管理技能很快使自己"不受欢迎"。③ 不久,麦克迈克尔(Sir Harold MacMachael)被授权与马来亚统治者进行谈判。麦克迈克尔缺乏娴熟的政治技巧,他怀抱着英国早已拟好的计划,决定把马来亚联盟计划付诸实施。他生硬地告诉马来亚的苏丹,马来亚除了签订新的条约外没有别的选择。④ 麦克迈克尔的专制作风很快激起了马来人的不满,但是真正引起麻烦的是马来亚联盟计划。马来人对这一计划很不信任,因为这份计划可能让非马来人主宰马来亚的政治局面。马来亚的苏丹们要证明自

---

① "Constitutional Reconstruction in the Far East: Malaya, North Borneo and Sarawak": Revised Memorandum by G. E. J. Gent, 18 May 1943, CO 825/35/6, in A. J. Stockwell, *Malaya*, Vol. I, p. 51.

② A. J. Stockwell, "Imperialism and Nationalism in South-East Asia", in *The Oxford History of the British Empire, IV: the Twentieth Century*, Oxford, 1998, p. 480.

③ "Malaya's Political Climate": IV for 10 – 30 Nov.: Report by V. W. W. Purcell from Singapore, 3 Dec. 1945, wo 203/5302, in A. J. Stockwell, *Malaya*, Vol. I, pp. 186 – 187.

④ [MacMachael Mission]: Letter from Sir H. MacMachael to Sir G. Gater. Enclosures: Notes of Interviews with His Highness the Sultan of Johore, 22 Oct. 1945, CO 273/675/19, no I, in A. J. Stockwell, *Malaya*, Vol. I, pp. 171 – 175.

己并不是英国的傀儡,马来人很快聚集在苏丹的周围,形成了对抗英国计划的同盟。1946年3月,泛马来亚大会成立,奥恩·贾法尔(Dato Onn Bin Ja'afar)任大会主席,5月,大会改名为马来亚民族统一机构(United Malays National Organization)(简称巫统)。他们提出建立马来亚联邦的反建议,其核心是反对共同公民权,反对给华人、印度人等非马来人以平等的权利。

英国对这种情况感到震惊。殖民部坚持己见,主张继续执行原先的计划,但马来亚的总督根特却希望对马来人妥协,东南亚地区的总督马尔科姆·麦克唐纳(Malcolm MacDonald)也支持根特的主张。在根特与麦克唐纳的压力下,克里奇·琼斯宣布,英国在咨询马来人之前将不会执行马来亚联盟关于公民权问题的条款。[1] 同时,对马来亚共产党(Malayan Communist Party)的担忧也促成了英国与马来人的和解。根特认为,马来亚共产党是马来亚的主要问题。为了实现共产主义革命并推翻英国在马来亚的统治,马来亚共产党总是要利用任何一个机会来破坏和平。[2]

根据这些新的情况,英国于1946年底公布了新的宪政草案,照顾非马来人利益的条款被弃之一旁。但是,英国与马来人的妥协很快激化了马来亚的社会矛盾,非马来人的不满日益增强。在愤懑不平的情绪中,马来亚共产党加强了反对英国的斗争。1948年6月16日,3名欧洲种植园主与其华人助手被暗杀。总督根特很快宣布马

---

[1] [Postponement of Citizenship]: Minutes by Creech Jones to Mr. Attlee, 15 Mar. 1946, PREM 8/459, in A. J. Stockwell, *Malaya*, Vol. I, pp. 209-210.
[2] [Sultans' Constitutional Proposals]: inward Telegram (reply) no 268 from Sir G. E. Gent to Mr. Hall Advocating a Federal System as a Means to Achieve Closer Unity, 11 May 1946, CO 537/1529, no 101, in A. J. Stockwell, *Malaya*, Vol. I, p. 230.

来亚处于紧急状态之中。①

学界已经把英国的这一政策定性为镇压共产党的阴谋。但值得注意的是,英国政府在开始时并不认为这是一场遏制共产主义的战争,克里奇·琼斯认为,"它是暴徒的行为,他们试图破坏人类社会的基础——有序的生活。"②在议会辩论中,英国大臣也不愿公开把马来亚动乱归罪于莫斯科与共产主义。但是根特与麦克唐纳很快相信,在暴力活动的背后有共产主义因素。1948年7月19日,英国宣布取缔马来亚共产党③,这样的行动很快影响了英国的马来亚政策。

英国怪罪于总督根特,宣布召回根特,但是在其飞回伦敦的航程中,根特因飞机失事去世。10月,新总督格尼(Sir Henry Gurney)到达马来亚,恢复秩序成为这位新总督的第一要务。格尼认为,为了恢复秩序,英国必须采用"争取民心"(Hearts and Minds)的政策。为此,他调整了当地的警察组织并采取了其他措施。1950年2月的英国大选中工党获胜,但所取得的优势并不大,保守党右派的压力开始严重影响工党的政策,工党被迫采取强硬政策,压制共产主义的思想在马来亚殖民政府中的地位日益上升。不久,国防大臣欣韦尔(Emanuel Shinwell)建议派出布里格斯(Sir Harold Briggs)将军到马来亚主持政局,这一建议获得内阁支持。布里格斯到任后提出

---

① [Declaration of Emergency]: inward Telegram no 641 from Sir G. E. Gent to Mr. Creech Jones, 17 June 1948, CO 717/167/52849/2/1948, f 302, in A. J. Stockwell, *Malaya*, Vol. II, pp. 19 - 20.

② House of Commons Debates, vol. 453, 8 July 1948, in A. J. Stockwell, *Malaya*, Vol. I, p. lxv.

③ [Proscription of the Malayan Communist Party]: Cabinet Conclusions, 19 July 1948, CAB 128/13, cm 52 (48)5, in A. J. Stockwell, *Malaya*, Vol. II, pp. 50 - 51.

"新村计划",主张把贫民安置在新建的村落里,从而切断马来亚共产党的物资供应与信息沟通,他随后建立战争执行委员会来协调不同部门的行动。①

东南亚的总督麦克唐纳对英国内阁的政策持不同态度。他向殖民大臣格里菲斯(James Griffiths)与陆军大臣斯特雷奇(John Strachey)建议,如果英国希望维持在马来亚的主动权,以及在东南亚的影响力,英国政府有必要加速推动马来亚的政治发展。但是殖民大臣认为马来亚的政治发展必须在紧急状态结束之后才能实行。② 内阁支持殖民大臣的看法,决定继续把恢复秩序作为第一要务。③ 为了镇压马来亚共产党的武装斗争,英国认为必须给少数族群一些"胡萝卜"。根据"争取民心"的政策,格尼组建了马来亚华人公会(Malayan Chinese Association),也坚持组建一支多元族群的警察部队。麦克唐纳则想筹备建立族群联系委员会,试图塑造一个多元族群的社会共同体。

英国政府恢复秩序的政策很快因朝鲜战争的爆发而宣告破产。1950 年 6 月,朝鲜战争爆发,英国政府加强了对马来亚共产党的镇压,而马来亚共产党也提升了武装斗争的级别。1951 年 10 月 6 日,

---

① "Federation plan for the Elimination of the Communist Organization and Armed Forces in Malaya" (the Briggs Plan): Report by COS for Cabinet Malaya Committee, 24 May 1950, CAB 21/1681, MAL C (50) 23, Appendix, in A. J. Stockwell, *Malaya*, Vol. II, pp. 216 – 221.

② [Constitutional Development]: item I of Minutes of fifteenth Commissioner – General's Conference at Bukit Serene attended by Mr. Griffiths, 7 June 1950, CO 537/5961, no 25, in A. J. Stockwell, *Malaya*, Vol. II, pp. 223 – 224, 225 – 226.

③ "Malaya": Cabinet Conclusions on Reports by Mr. Griffiths and Mr. Strachey following their visits to Malaya, 19 June 1950, CAB 128/17, cm 37/(50) 1, in A. J. Stockwell, *Malaya*, Vol. II, pp. 223 – 224.

总督格尼被刺杀,马来亚局势恶化。

1951年10月底,保守党赢得大选,丘吉尔重组内阁。保守党认为英国在马来亚面临共产主义的威胁,"敌人是马来亚共产党,而它几乎是由清一色的华人组成。"①保守党决定在马来亚实行更强硬的政策,内阁很快选择坦普尔(Sir Gerald Templer)将军出任马来亚最高统治者,同时负责马来亚的军事与民政事务。由于美国正处在朝鲜战争中,美国对全球各地的对抗共产主义的斗争都给予支持,对坦普尔到马来亚主导压制共产主义的事务,美国会尽力配合。英美战略的一致性使坦普尔更容易推行自己的策略,他根据政策的需要很快改组了政府,调整了警察部队、情报与信息部门等。其后,他一方面继续推行军事行动,执行布里格斯的新村计划,对每一个领域实行监控,另一方面,他又推动马来亚的族群融合,继续扩大公民权的范围,鼓励华人更多参与到马来亚的政治生活中。

坦普尔的压制共产主义政策最终推动了马来亚的独立进程。坦普尔逐渐认识到,为了更好地镇压马来亚共产党,英国必须推进马来亚的政治发展。1951年12月,马来亚的乔治城按期进行了市政选举。1952年2月,吉隆坡也如法炮制。3月,坦普尔在立法会承诺,英国将沿着地方选举的路线加快马来亚政治发展的步伐②,他随后委任专员麦吉利夫雷(Sir Donald Macgillivray)主管这些事务。

坦普尔认为英国权力的继承者必须是一个覆盖多元族群的全

---

① Colonial Territories (1950 - 51), Cmd 8243 (May 1951), p. 12, in A. J. Stockwell, *Malaya*, Vol. I, p. lxvi.

② [Political Progress]: inward telegram no 348 from Sir G. Templer to Mr. Lyttelton indicating the Line on Elections which he proposed to take in his forthcoming Speech to the Legislative Council. Minutes by A. S. Gann, T. C. Jerrom and J. D. Higham, 12 March 1952, CO 1022/ 298, in A. J. Stockwell, *Malaya*, Vol. II, pp. 376 - 379.

国性政党,这一想法表明英国仍然认为自己能够掌握着马来亚政治发展的主动权。英国对巫统不太信任,认为这样一个有鲜明族群特色的政党无法担当领导马来亚走向独立的重任。坦普尔、麦克唐纳与马来亚的政治要人多次会面召开秘密会议,试图把巫统的领袖拉赫曼亲王(Tunku Abdul Rahman)从巫统中排挤出去。① 实际上,他们想要支持的是以奥恩·贾法尔为首的马来亚独立党(Independence of Malaya Party),这一政党提倡族群和谐,希望以该党为核心把马来亚塑造成一个全国性的、没有鲜明族群特性的国家。坦普尔认为只有马来亚独立党这样的组织才能领导马来亚走向独立。按照这样一种设想,坦普尔估计马来亚走向独立的最早时间将是 1960 年。

但是,英国人的设想很快就破灭了。在吉隆坡选举中,巫统与马来亚华人公会形成了一种奇怪的党外联盟,1954 年,马来亚印度人大会党也加入了这一联盟。这一联盟虽然是异质的产物,但是很快就把得到英国支持的马来亚独立党排挤到了政治边缘。巫统、马来亚华人公会、印度人大会党的联盟还向英国政府施压,要求在 1954 年进行马来亚联邦大选。

英国为了防止丧失主动权,决定接受大选要求。1954 年 2 月,联邦选举委员会起草了一份报告,报告坚持官方议员应在立法会议中占据多数,并建议在合适的时候进行选举。而三派联盟则坚持经选举出来的议员应该占总数的五分之三(即 60 席),明确要求在 1954 年 11 月进行大选。麦吉利夫雷最终采取了折中方案,决定让经过选举的议员人数占到立法会议多数,选举的时间则定在 1955 年。

---

① [National Conference]: Note by Sir D. Macgillivray for the CO on the Political Developments leading to this Initiative, 6 Apr. 1953, CO 1022/86, no 20, Enclosure c, in A. J. Stockwell, *Malaya*, Vol. II, pp. 451 – 455.

三派联盟不满意麦吉利夫雷的调解,他们派出代表团到伦敦向殖民大臣利特尔顿游说,但是利特尔顿拒绝了三派联盟的要求。作为回应,三派联盟很快在全国发起了抵制联邦选举的抗议活动,并要求马来亚所有人退出殖民政府的公职部门。

马来亚共产党的新政策影响了英国政府的计划。在马来亚走向独立之时,马来亚共产党向马来亚殖民政府提出和平倡议,希望结束对抗,并参与到马来亚选举的进程中。英国认为这一要求并非是橄榄枝而是有毒的圣餐杯,他们反对让马来亚共产党参与选举,希望把权力移交给那些"足够安全的民族主义者"。由于马来亚独立党无法掌握独立的主动权,三派联盟就成为一个不得已的选择。麦吉利夫雷决定让步以与联盟达成妥协。① 在英国"警戒号"军舰上,拉赫曼亲王与麦吉利夫雷进行了"友好而真诚的讨论"。② 双方最终达成了妥协,英国决定支持联盟的要求,而联盟则宣布取消抵制活动。

1954 年 7 月 27 日,马来亚联邦大选正式举行,三派联盟获得选举中 80% 的选票,席卷了议会总数 52 席中的 51 席。其后,英国宣布拉赫曼亲王为马来亚新政府的首相,拉赫曼亲王也答应选择三派联盟外的 9 位成员进入自己的政府,新的联邦执行委员会则由 10 位联盟大臣与 5 位英国官员组成。虽然英国继续掌握着马来亚的经济、司法、防务大权,但是马来亚开始获得了内部自治的权利。

拉赫曼亲王在三派联盟的压力下要求马上接管马来亚内部安

---

① [Federal Elections and Alliance Boycott]: inward Telegram no 496 from Sir D. Macgillivray to Mr. Lyttelton on the use of Reserved Seats, Minute by Sir J. Martin, 23 June 1954, CO 1030/310, no 109, in A. J. Stockwell, *Malaya*, Vol. III, pp. 50 – 51.
② A. J. Stockwell, "Introduction", in A. J. Stockwell, *Malaya*, Vol. I, p. lxxiii.

全的权力,并要求完全独立。但是此时联盟内部出现裂痕,一些苏丹对独立的方式持不同意见。使局面更为复杂的是,马来亚共产党向拉赫曼政府提出了和平谈判的倡议。英国担心拉赫曼亲王和马来亚共产党达成妥协。但这种担心是多余的,拉赫曼亲王拒绝接受马来亚共产党的条件,而要求马来亚共产党无条件投降。英国的疑惧消失了,英国政府决定把内部安全的权力交给马来亚政府,以实现完全的内部自治,同时接受了联盟的要求,即在1957年8月完成独立。此后,英国政府任命了一个英联邦法学家委员会起草马来亚的独立宪法。①

1957年8月,马来亚在英联邦内独立,英国答应继续在经济上援助马来亚,也支持拉赫曼政府的对抗共产主义的斗争。作为回报,马来亚政府同意英国在马来亚继续驻扎军队,英国在地区冲突中可以使用马来亚的基地,马来亚也加入了东南亚防务体系。不久,出于镇压共产党及其他需要,在英国的支持下,马来亚合并了新加坡、沙捞越、北婆罗洲,组成了马来西亚联邦。

英国的战略很难说得上是成功的。英马的合作在开始就出现了不和谐的声音,虽然英国答应援助马来亚政府的镇压共产党的战争,但是拉赫曼政府却指责英国的援助远远不够,而这种吝啬的表现是因为"英国破产了"。英国则反驳称,这是因为拉赫曼政府不能提供充足的证据来表明更多的援助是必需的。② 实际上,这一争吵

---

① "Federation of Malaya Conference: Constitutional Commission": CO Memorandum (fmc 3) on terms of Reference and Composition, Jan. 1956, CO 1030/129, no 27, in A. J. Stockwell, *Malaya*, Vol. III, pp. 253 – 256.

② Telegram from CO to High Commissioner, 16 Jan. 1957, CO 1030/683, in A. J. Stockwell, *Malaya*, Vol. I, p. lxxix.

表明,英国在从远东地区战略转移后,已不愿在该地区投入更多的资源。不久,由于马来人对华人的不信任,新加坡从马来西亚联邦中分离出来并成为一个独立的国家。因为战略转移与经济压力,英国撤出了东南亚地区,但是英国对马来西亚的防务责任却又使它很快卷入了马来西亚与印度尼西亚的战争。到60年代,英国越来越不堪忍受在东南亚的庞大开支,而日益倾向于从东南亚全面撤退。但此时,美苏的冷战也越演越烈,美国深陷越南战争的泥潭不能自拔,美国希望英国能站在自己一边反对苏联集团。不过,在几经徘徊之后,经济的困境最终迫使英国从东南亚完全撤出。

英国从印度、缅甸、锡兰和马来亚撤退,当然与国际压力等因素密切相关,但是在很大程度上,这也是英国主动战略选择的结果,通过以退为进的手段,用让渡独立的形式获取实质利益,这就成为英帝国解体的第一种类型。

二战之后,各西方殖民帝国为主导的多极均势转变为美苏主导的两极体系,而美苏对两欧殖民帝国,轻一点讲是不抱好感,重一点讲是欲瓦解而后快,英国的帝国政策正是在这一局势中变化的。艾德礼政府面临的首要难题是恢复国内经济,由于已承诺建设福利国家,这一任务变得更加艰难。英国在无奈之下只能求助于美国的经济援助。虚弱的经济不能不影响英国的帝国政策,在民族主义者要求独立的斗争中,英国一次又一次地发现自己缺乏镇压殖民地独立运动的经济基础。

英国人是一个务实的民族,其帝国政策也是务实的。艾德礼政府在初期仍然没有为英帝国的解体做好准备,但是在发现民族主义者的斗争宛如狂涛巨浪时,英国政治家决定面对现实制定相应的帝国政策。如果英国无法镇压民族主义者的反抗,那就退而求其次,尽量把帝国的解体置于英国的战略安排之内,如果无法保留帝国,就用另外一种形式继续维护英国的利益。因而,英国政府决定放弃南亚、东南亚的殖民地,但其独立进程乃至以后的政治走向应该按照英国的计划进行。在这一思想的指导下,英国在南亚、东南亚的殖民地纷纷独立。

这种战略有得有失。成功的一面表现在,通过把英帝国转变为英联邦,英国得以继续维持自己在这些地区的利益。在英国南亚、东南亚殖民地独立后,印度、巴基斯坦、锡兰、马来亚等加入英联邦,在英联邦的框架中,英国仍然可以在这些国家维持经济、政治、军事、外交等方面的利益。失败的一面则表现在,英国其他的战略安排几乎都没有成功:英国试图维持印度统一的计划失败了,并且不得不顺应时势,让印度以共和国的身份加入英联邦;英国为缅甸设计的方案遭到民族主义者的反对,缅甸最后没有走进英联邦;在锡兰,英国也不得不根据民族主义者的要求调整独立的时间表;在马来亚,英国放弃了自己设计的政治架构,承认了民族主义者的独立方案。

甚至可以进一步说,英国的整个战略都失败了。虽然英帝国转变成了英联邦,但它远远不是英国政府所希望的英联邦,英国难以通过英联邦继续维持英国的强国地位,因为与其说英联邦是世界第三极势力,不如说它是虚弱的同义词。这些失败证明,殖民主义的时代过去了,英国纵然有美好的愿望,但现实却难以为其提供实现的土壤。在印度、缅甸、锡兰、马来亚的独立过程中,英国大多数时候都表现得力不从心,不得不按照民族主义者的要求做出让步,很多时候都是随波逐流。① 因而,最明智的态度就是收缩力量,悄悄地放弃英帝国,因为在强大时代收获的果实在衰退阶段却会变成沉重的负担。如果试图抗拒历史的潮流,继续维持英帝国,它只能造成巨大的灾难。悲哀的是,英国在中东殖民地饱受煎熬则表明英国的政治家们还没有认识到这一点。

---

① Anil Seal, "Imperialism and Nationalism in India", *Modern Asian Studies*, Vol. 7, No. 3, (1973), pp. 321 - 347.

第三章　冷战思维与中东殖民地的独立

一、战后中东的局面

二战结束的时候,英国仍然牢牢地控制着中东,巴勒斯坦与约旦是英国的托管地,伊拉克、埃及与英国订有联盟条约,而苏伊士运河区则是世界上最大的军事基地之一,也是英国在中东与非洲的军事枢纽。以苏伊士运河为核心,英国在中东形成了一个星罗棋布的军事网。运河区周围有大量的前哨阵地,马耳他、塞浦路斯、巴勒斯坦、利比亚、约旦、伊拉克,以及亚丁湾、波斯湾等地都有英国的海军与空军基地。首先,在军方看来,中东是英国防务政策的三根支柱之一,如果失去了中东,英国整个防务体系也就崩溃了。[①] 如果能够保留中东的战略据点,英国就可以威慑苏联,在英苏爆发战争的时候,以中东为基地直接攻击苏联在乌克兰的工业区与高加索的石油供应地。[②]

[①] The Three Pillars Strategy, 15 January 1947, in Ritchie Ovendale ed., *British Defence Policy Since 1945*, Manchester, 1994, pp. 36 - 37.

[②] John Darwin, *Britain and the Decolonization: the Retreat from Empire in the Post - War World*, New York, 1988, p. 112.

其次,中东的石油对英国变得越来越重要。第二次世界大战见证了石油的重要性,而波斯湾地区蕴藏着丰富的石油资源,到 1947 年,英国石油的 60% 来自中东,预期在 1955 年将达到 70%。英伊石油公司是英国在海外的最大投资,对英国获取美元储备有重要意义。英伊石油公司提供的石油在军事上对英国也有着重要意义,因为皇家海军燃料的 85% 来自伊朗。①

新任外交大臣贝文认为英国应该继续控制中东地区,"虽然英国承担着不必要的负担,但是这种负担看起来似乎是不可避免的。维持我们在中东的地位是英国外交政策的核心任务,因此我们必须准备承担这项义务和经费来维持我们的地位"。② 如果英国不得不放弃希腊,那么这一放弃就是为了更好地防守中东。在军方的支持下,贝文的观点在艾德礼政府中占据主导地位。

但是形势比人强,下面的三个因素最终击碎了英国在中东的帝国梦。

首先,殖民地民族主义者的坚决反抗是英国中东殖民地独立的主要原因。

虽然贝文认为英国对中东的继续统治不但有益于英国,而且有益于当地人的福祉③,但是贝文单方面的良好愿望并不能得到当地人的赞同。实际上,凡是在英国决定继续统治的地区,英国都遭到了民族主义者的坚决抵制。在巴勒斯坦,英国根据政治考虑决定站

---

① Lawrence James, *The Rise and Fall of the British Empire*, London, 1994, p.565.
② Memorandum by Bevin and Hall, 25 Aug. 1945, in W. R. Louis, *Imperialism at Bay: the United States and the Decolonization of the British Empire, 1941–1945*, New York, 1978, p.556.
③ "Middle East Policy": Cabinet Memorandum by Mr. Bevin, 17 September 1945, CAB129/2, CP (45)174. in Ronald Hyam, *LGEE*1, Vol. III, pp. 210–211.

在阿拉伯人的一边,犹太人则采取暴力活动来对付英国人,英国不得不派遣大量兵力到巴勒斯坦控制秩序,但局面仍然急剧恶化,最后甚至连军队都不能保护自己,巴勒斯坦成为英国人的梦魇,英国除了撤退之外没有任何别的选择。在埃及,二战之后,民众展开了反对英国继续控制埃及的斗争,而英国的镇压措施更使埃及的民族主义运动向纵深发展。在埃及民众的压力之下,任何想与英国妥协的掌权派都心存忌惮,英埃之间的谈判很难成功。不管是诺克拉什(Mahmud Nokrashi)、西德吉(Sidky Pasha),还是纳哈斯(Nahas Pasha),他们对埃及利益的要求都近乎顽固。穆斯林兄弟会(Muslim Brotherhood)刺杀诺克拉什更是对埃及谈判者的警醒,埃及的掌权者很快发现只有坚持不妥协的斗争姿态才能得到民众的拥戴。1952年政变后上台的纳赛尔同样面临着民众反殖民主义的压力。1954年条约在丘吉尔看来可能是让步太多了,但对埃及民众而言却是太少了。此后,纳赛尔继续在中东反对英国的殖民统治,1956年的苏伊士运河事件正是英埃斗争的结果,在各方面的压力下,英国只能无条件撤军。50年代中后期,亚丁成为英国在中东最主要的据点,在英国拒绝了民族主义温和派的自治要求后,亚丁的局势急剧左转。在埃及、也门的支持下,亚丁的全国解放阵线与"被占领的南也门解放阵线"很快崛起,占主导地位的民族主义者——全国解放阵线——更是以把英国赶出亚丁而不是与英国谈判作为目标,这使英国的任何一项谈判政策都无法成功,最后,英国只能狼狈地从亚丁撤退。英国从塞浦路斯的撤退没有那么糟糕,但这却是以塞浦路斯的分裂为代价的。英国压制塞浦路斯回归希腊的要求,导致民族主义者向更加暴力的方向发展,埃奥卡的暴力活动很快牵制了英国的大量兵力,不少英国人丧命于塞浦路斯。在发现无法压制塞浦路斯回归希腊的要求时,英国故意拉拢土耳其政府介入塞浦路斯事务。英国虽然在塞浦路斯的独立方案中保留了军事基地,但塞浦路斯不久就陷入了内战与分裂之中。在中东民族主义者风起云涌的反抗下,英国除了放弃中东殖民地外别无选择。

其次,英国在中东的殖民统治面临着国际社会的巨大压力,"小毛驴"最后不得不夹紧尾巴开溜。①

二战结束后,苏联发现反帝反殖的宣传在中东特别具有感召力,社会主义意识形态也获得了一部分中东民族主义者的好感。不少民族主义者都打出社会主义的旗帜来反对外国的殖民统治,苏联则坚决支持民族主义者的反殖民主义要求。在苏伊士运河事件中,苏联政府站在反殖民主义的道德制高点上,威胁要使用核武器来制止英法等国的入侵。

美国在推动中东殖民地的独立中也发挥了重要作用。贝文起初认为美国在中东的崛起是商业竞争的结果。② 但商业竞争很快发展为英美两国的战略竞争。随着冷战的升级,美国希望英国尽力配合其冷战战略。由于英国在经济与战略上都严重依赖美国,英国无法独立地决定本国的政策。贝文虽然试图维持英国在中东的大国地位,但不得不考虑美国的态度。英美在中东的第一次分歧主要出现在巴勒斯坦,而这一分歧的结果就是英国从巴勒斯坦撤退。到1948年,贝文对英国在中东可以扮演一个建设性角色的热情消失殆

---

① 二战结束之际,丘吉尔已经意识到美苏在战后国际事务中的地位将是无可替代的,他把美苏形象地比喻为"美洲野牛"与"北极熊",他也清醒地认识到英国的势衰,把英国比喻为夹在美苏之间的"小毛驴",但是又宣称只有"小毛驴"才知道前路所在。
② "Middle East Policy": Cabinet Memorandum by Mr. Bevin, 17 September 1945, CAB129/2, CP (45)174. in Ronald Hyam, *LGEE*1, Vol. III, p. 211.

尽，①英国政府日益把自己的安全放在大西洋联盟的基础上。1949年英国放弃传统安全政策加入北约是英国在英美战略较量中的第二个败局。1951年英美在英伊石油危机中的博弈也同样表明美国的冷战棋局优先于英国的帝国游戏。美国认为支持英国实行强硬政策会使伊朗等中东国家倒向苏联，正好为苏联的扩张提供机会，因而不支持英国的武力政策。② 艾德礼政府最后不得不低调行事，伊朗民族主义者、伊朗首相摩萨台（Mohammad Mossadegh）大获全胜。英国的《观察者》杂志对此评论，"我们威望的丧失是史无前例的"。③ 在1953年杜勒斯（John Foster Dulles）访问中东后，美国决定推行自己的中东防务政策，以土耳其为代表的国家站在美国一边并成为美国支持的重点。艾登认为美国的新战略将严重损害英国在中东的地位，因而顽固地坚持以埃及为核心的防务体系。在很大程度上，苏伊士运河事件是英美战略分歧的结果，由于美国强硬反对，英国最终不得不无条件从苏伊士运河撤退。在亚丁殖民地，美国拒绝配合英国的战略计划，也使英国的殖民统治难以为继。

随着印度的独立、中华人民共和国的成立，反殖民主义的力量日益强大。在1955年的亚非会议上，与会各国更是对殖民主义与帝国主义进行了猛烈抨击。在苏伊士运河事件发生时，国际社会都对英法过时的殖民政策进行抨击，阿拉伯国家更是采取断交和切断输油管道等手段配合埃及打击侵略者。反殖民主义已经成为这个时

---

① Ronald Hyam, "Introduction", in Ronald Hyam, *LGEE*1, Vol. I, p. li.
② US – UK Divergences on Iran, 20 December 1950, *Foreign Relations of the United States, 1950*, V, pp. 634 – 635.
③ Spectator, 5 October 1951, in Lawrence James, *The Rise and Fall of the British Empire*, London, 1994, p. 566.

代的主流,任何违背潮流的政策必然招致新的国际社会的围攻。

最后,继续控制中东也超出了英国的财力与军力。

二战之后,英国陷入严重的经济困境之中,英国可调配的物资极为短缺,艾德礼政府甚至不得不在国内实行面包配给制。保守党重新执政后,经济局势也没有完全好转。虚弱的经济不能不对英国的帝国政策产生影响,英国放弃希腊的防务责任就很能说明这一点。希腊长期以来都是英国的战略盟友,二战期间,丘吉尔发现英国无法阻遏苏联在欧洲扩张势力,被迫与斯大林达成协议,重新划分了势力范围,但由于希腊是欧洲的桥头堡,丘吉尔仍然把希腊划在了自己的势力范围内。[1] 二战后上台的艾德礼政府起初也继续承担对希腊的义务。正是在英国的支持下,希腊政府在反对希腊共产党的斗争中取得了优势。但是英国的经济困境限制了英国的宏伟战略,1947 年的英镑危机更使英国自顾不暇,英国又不甘心把"熟果"交给苏联,无奈之下,只能向美国求援,要求美国取代英国在希腊的位置,把对抗苏联的斗争进行到底。[2] 继续统治中东也对英国的军力提出挑战。在英伊石油危机中,英国的强硬派主张教训摩萨台,但是英国海军大臣发现,作为强硬政策的"海盗计划"根本无法实现,因为英国海军的主要力量都在参加朝鲜战争,"海盗计划"所需要的军舰无从获得。[3] 在苏伊士运河事件中,英国最后无条件退却,一个重要原因是英国的石油储备出现短缺。在塞浦路斯,在对

---

[1] John Kent, *British Imperial Strategy and the origins of the Cold War 1944 – 1949*, Leicester, 1993, p. 38.
[2] 这一请求为杜鲁门主义的出台提供了契机。John Kent, *British Imperial Strategy and the origins of the Cold War 1944 – 1949*, Leicester, 1993.
[3] Lawrence James, *The Rise and Fall of the British Empire*, London, 1994, p. 565.

埃奥卡的斗争出现好转之时,苏伊士运河事件使英国不得不抽调塞浦路斯的军力,结果使对英国的有利局面再次恶化。

在一次又一次的挫折中,英国政府终于醒悟过来:继续留在中东既违背世界潮流,也会使英国陷入更大的灾难。英国能做的最好选择就是在最坏的结果出现之前从这些地区撤退,从而更好地保护英国的利益。此后,英国政府加快了从中东撤退的步伐,一些不适合独立的小酋长国也在英国的推动下走向独立。随着威尔逊政府从亚丁殖民地撤退,以及英国宣布撤出苏伊士运河以东的防务,英国在中东的帝国体系解体了。

二、败退巴勒斯坦

由于在巴勒斯坦的政策,工党政府外交大臣贝文获得了反犹的名声,但值得注意的是,贝文起初也是一位犹太复国主义者,他曾与马尔科姆·麦克唐纳一起反对英国内阁1930年一度支持的限制犹太移民人数的白皮书。正如路易斯教授指出的,贝文的反犹名声更多来源于国家政策而不是个人感情。① 当他升任外交大臣后,他很快认识到不能根据私人情感在中东执行亲犹政策,他对艾德礼说:"关于巴勒斯坦,根据我外交部同僚的看法,我们错了,我们需要重新考虑。"②

贝文的新政策要从他对战后英国的国际定位来解释。虽然战

---

① W. R. Louis, *Ends of British Imperialism*, London and New York, 2006, p. 419.
② Kenneth Harris, *Attlee*, London, 1982, p. 390.

后的英国经济已经非常虚弱,但是贝文决定继续维持英国的大国地位,而为了维持大国地位,中东的战略地位和石油资源都是必不可少的。在一个几乎全部都是阿拉伯人的世界,要维持英国的利益,没有阿拉伯人的善意与支持是不可想象的,这就决定了英国必须执行亲阿拉伯人的政策。英国总参谋部清楚地指出了这一点:

> 我们在中东的所有防务需求,尤其是维持我们重要的石油供应与战略通道,都要求我们政策的核心是维持与阿拉伯国家的合作,确保阿拉伯世界不会倒向苏联……我们再怎么强调中东石油对我们在战争与和平中的重要性都不过分,我们认为单是这一个因素就使维持与阿拉伯人的友谊成为我们工作的重中之重。①

因而,1945年战争结束时,工党政府仍然执行1939年巴勒斯坦白皮书所确定的政策。英国继续限制犹太移民,巴勒斯坦仍然是一个以阿拉伯人为主的国家,独立的犹太人国家不在英国政府的考虑之内。②

英国的这一政策在战后面临着巨大压力。由于二战的经历,犹太人把欧洲看作是自己的伤心地,成千上万的犹太人迫切希望移居到巴勒斯坦。而国际社会对他们持同情态度,更重要的是,犹太复国主义得到了美国总统杜鲁门(Harry S. Truman)的支持。在美国,犹太人的势力非常强大,对选举产生重要影响,正如杜鲁门所说:投

---

① "Palestine: Anglo-US Report—Military implications": Cabinet Memorandum, Report by COS, 10 July 1946, CAB 129/11, CP (46)267, in Ronald Hyam, *LGEE*1, Vol. I, pp. 21-22.

② John Darwin, *Britain and the Decolonization: the Retreat from Empire in the Post-War World*, New York, 1988, p. 115.

我选票的是犹太人而不是阿拉伯人,因此他支持犹太复国运动。①1945年8月,杜鲁门向艾德礼致函,要求英国将1939年限制犹太人移民的白皮书作废,接受10万名欧洲的犹太移民,"没有什么人的要求比多年中饱受迫害和奴役的这一群体的要求更值得支持的了"②。

然而,英国政府认为杜鲁门的要求只能恶化英国在巴勒斯坦的处境。贝文觉得消解美国压力的最好办法是让美国也参与到解决巴勒斯坦问题中来。通过这样的办法,贝文希望白宫明白巴勒斯坦问题的复杂性与中东战略的重要性,从而压制激进的犹太复国主义者。1945年10月4日,贝文向内阁提议,邀请美国一起处理巴勒斯坦问题,其后,得到了内阁的支持,美国也答应了英国的请求。英美关于巴勒斯坦问题的调查委员会宣告成立,英美各派出6名专家调查犹太移民对巴勒斯坦政治、经济、社会等各方面的影响,同时调查欧洲有关国家犹太人的生存状况。按照委员会的既定程序,委员会首先应该调查巴勒斯坦问题,但委员会首选的目的地却是欧洲。通过与犹太难民的接触,大多数委员对犹太人的命运表示同情,美国的一名委员甚至提议立即打开巴勒斯坦大门并接纳这些犹太难民。

在这种亲犹的氛围中,英美调查委员会提交了报告,主要建议包括立即发放10万张犹太移民的入境许可证,撤销对犹太人购买土地的限制,撤销犹太企业不得雇佣非犹太劳动力的禁令等。委员会并没有提出建立犹太人国家的建议,而是主张在巴勒斯坦建立一个犹太人与巴勒斯坦分治的统一国家。

但在委员会的建议还没有实行之前,杜鲁门要求英国立即允许

---

① Evan M. Wilson, *Decision on Palestine: How the U. S. Came to Recognize Israel*, Stanford, 1979, p. 58.
② 布莱恩·拉平:《帝国斜阳》,钱乘旦等译,上海人民出版社,1996年,第149页。

10万欧洲犹太人进入巴勒斯坦。这样,杜鲁门实际上部分绕开了英美委员会而使问题变得对英国更加不利。① 对英国政府来说,没有美国的支持,英国的大国地位是无法维持的,所以英国不能漠视美国的态度。但是允许10万犹太人移居巴勒斯坦将会马上招致阿拉伯人的反对,而且这样大规模的移民将改变巴勒斯坦的民族构成,巴勒斯坦可能出现无法控制的局面。

实际上,英国把美国拉入巴勒斯坦问题的目的只是想让美国理解巴勒斯坦问题的复杂性,希望美国能够支持英国的巴勒斯坦政策。对委员会这样一份亲犹的调查报告,英国政界几乎全是反对之声。在英国的内阁备忘录中,殖民大臣霍尔(G. H. Hall)认为就巴勒斯坦的长期政策而言,英美调查委员会的报告并没有什么指导意义,因为虽然委员会宣称人口占多数并不会给一个民族控制另一个民族以充分权力,但是如何避免这种情况,委员会并没有明确的意见。实际上,委员会的建议只能让英国的委任统治无限制地延续下去,而这一建议并不可行,因为只能用军事力量才能维持英国在巴勒斯坦的统治,不过这种情况是不可能长期持续下去的。如果委员会的建议得以执行,英国在巴勒斯坦的局面会变得更加糟糕。一方面,英国会招致阿拉伯人的长久敌视,另一方面,英国也会承受美国与犹太人在巴勒斯坦建立犹太国家的压力,英国还会面临没有能力控制犹太人非法移民的困扰。而且,托管地在理论上要求英国推动当地居民向自治或者独立的方向发展,委员会关于犹太人的建议和这一原则是矛盾的。因此,英国政府认为:英美调查委员会的建议

---

① W. R. Louis, "American Anti‑Colonialism and the Dissolution of the British Empire", *International Affairs*, Vol. 61, No. 3, (Summer 1985), pp. 395–420.

就整体而言是没有办法实行的。①

英国进而认为杜鲁门的10万犹太人移民计划是在火上浇油,会给巴勒斯坦问题带来极大的麻烦。贝文更是在公开场合尖锐地指责杜鲁门,说美国之所以支持在巴勒斯坦建立犹太人国家,是因为美国不想在纽约有大量的犹太人。② 实际上,不仅英国政府认为杜鲁门的建议不可行,就连美国的国务院、五角大楼、驻欧洲的大使以及大多数专家都不同意杜鲁门的方案,美国的军事战略专家向杜鲁门建议,美国不应该支持犹太人的复国活动,否则,中东在未来将出现爆炸性局面,而这将严重影响美国的全球战略。

但是英国政府认为,委员会提出的一项建议是可行的,即在完全是阿拉伯人或者完全是犹太人居住的地区实行自治,在民族混杂的地区鼓励公民承担责任并推动自治。同时,委员会建议中所隐含的推动建立阿拉伯人共同体的想法也是可行的。但这两条建议包含的内容太少,因而不能形成未来政策的基础,特别是它无法处理非法移民与土地买卖这两个关键问题。英国认为,如果要在由两个民族构成的统一国家中实行民主,只有两种方式:要么是多数人统治,要么是两个民族在平等的基础上合作。但是委员会并不支持第一种方式,又由于阿拉伯人与犹太人几乎在所有重要问题上都意见相左,所以两个民族合作的想法在实际的操作中也只能陷入僵局。剩下的唯一办法就是做出某种安排,使两个民族都能够管理自己的

---

① "Long-term policy in Palestine": Cabinet memorandum by Mr Hall, 8 July 1946, CAB 129/11, CP(46)259, in Ronald Hyam, *LGEE*1, Vol. I, pp. 17 - 18.
② 杜鲁门被贝文的这一指责深深激怒,他抱怨贝文在巴勒斯坦问题上非常无礼,"极为缺乏外交风度","差不多是敌视的",并评论道,"我受到贝文攻击的伤害。"(参见布莱恩·拉平:《帝国斜阳》,钱乘旦等译,上海人民出版社,1996年,第153页。)

事务。要实现这一点,同样有两种选择,要么是分治,要么是在中央托管政府的指导下建立两个半自治的地区。但分治的问题很多,新成立的联合国的内部可能就有不同意见,而且任何一个民族提出的边界标准一定会招致另一个民族的反对。既然分治的难度很大,那么第二种方案就是唯一可行的,即在中央托管政府的指导下建立两个半自治的地区。英国认为英美可以在这一方案的基础上制定巴勒斯坦的宪政框架。实际上,英国政府支持第二种方案跟英国的战略考虑密切相关,因为在这样的安排下,英国的托管地位没有改变,其战略态势与以前没有两样,英国仍然可以随心所欲地使用当地的军事设施。[1]

但巴勒斯坦的局面越来越糟糕,英国总参谋部预测该地区很快会发生比1936年与1938—1939年规模更大、更加严重的阿拉伯人动乱,而与其邻近的阿拉伯国家都会站在他们一边。在动乱中,英国的人员与财产遭到攻击的情况极可能发生。同时,犹太恐怖主义者也会利用任何机会发动暴力活动。为了维持巴勒斯坦的秩序,英国必须向该地区派出两个步兵师、一个装甲旅、两个步兵营,同时还需要相应的海军与空军部队配合。此外,所有这些军队都要随着巴勒斯坦局势的变化而调整,实际上,他们很可能要长期驻扎在此地。由于当时的英国军力不足,英国不得不顶着压力延迟复员,甚至要求退伍士兵重新加入军队。每年用于维持巴勒斯坦军队的费用高达9 600万英镑,而这一费用比英国维持中东防务军队的费用还要高出3 800万英镑。为了缓解这些压力,总参谋部建议英国寻求美

---

[1] "Long-term policy in Palestine": Cabinet memorandum by Mr Hall, 8 July 1946, CAB 129/11, CP(46)259, in Ronald Hyam, *LGEE*1, Vol. I, pp. 18-19.

国的援助。① 也就是说,英国关于巴勒斯坦问题的处理需要得到美国的配合。

贝文开始调整对10万犹太人移民的立场,他告诉美国国务卿,只要美国能够获得巴勒斯坦的犹太人与阿拉伯人代表的同意,英国就不反对这一建议。贝文也建议英美专家召开联席会议来研究委员会报告的内容并提出具体执行的计划。1946年6月,以格雷迪(Henry Grady)为首的美国官方代表团抵达伦敦,莫里森(Herbert Morrison)和布鲁克(Norman Brook)为首的英国代表团与之合作研究政策方案。贝文提出的建议是,巴勒斯坦的大部分阿拉伯人地区被合并到邻近的阿拉伯国家外约旦与黎巴嫩,犹太人的省份则建立一个独立的犹太国家。关于犹太人与阿拉伯人的宗教圣地耶路撒冷,贝文建议成立一个包含所有宗教的特别理事会,它代表联合国的托管国担负主要行政责任。关于美国的角色,贝文的如意算盘是,美国不要参与巴勒斯坦的管理,但美国应该在政治上支持英国的政策,在联合国为英国辩护,向英国提供资金,这些资金不仅援助犹太移民,而且也援助阿拉伯人来提高生活水平。如果此方案必须依靠军队来执行,美国也应该向英国提供相应的支持,因为英国既不愿意也没有能力单独采取军事行动。贝文提出这样苛刻的条件是为了让美国积极地寻找一个可行的替代方案。实际上,英国内阁并不支持分治方案,因为一旦分治,英国将不得不处理诸如边界、关税等烦琐的问题,而且分治会招致阿拉伯人的反对,从而危害英国

---

① "Palestine: Anglo‐US Report——Military implications": Cabinet Memorandum, Report by COS, 10 July 1946, CAB 129/11, CP (46)267, in Ronald Hyam, *LGEE*1, Vol. I, pp. 21 - 22.

在中东地区的战略利益。①

在激烈的争论后,联席会议最后决定支持在巴勒斯坦建立分省自治的统一国家。根据这一计划,巴勒斯坦不会分裂,而是组成一个四省自治的国家,即占国土总面积17%的犹太省,占国土总面积40%的阿拉伯省,以及直属于英国的耶路撒冷省与内盖夫省。其中,英国高级特派员主持的中央政府领导犹太省与阿拉伯省,并管理国防、外交、关税、治安等事务。在地方事务上,这两省享有大部分自治权。通过这样的安排,犹太人和阿拉伯人在接纳移民方面的冲突就会减小,因为犹太省虽然有权在能力所及范围内接纳移民,但最后的决定权还要通过中央政府,而阿拉伯省则有权拒绝接纳犹太人。同时,通过对外交与防务进行控制,英国将能够使巴勒斯坦继续服务于自己的军事目的。②

虽然英国觉得这个方案非常完美,但理论与现实完全是两码事。到10月底,该方案基本上被束之高阁,"不管它多么值得期待,由于犹太人与阿拉伯人全力反对它,美国人也在公开场合指责它,既然任何一方都不愿意为此努力,那么这一方案因此是不切实际的。"殖民大臣克里奇·琼斯的看法是,英国应该多听听犹太人与阿拉伯人的意见,看看能否找到一个切实可行的折中方案。他认为英国如果能找到一个既让犹太人满意又让阿拉伯人满意的方案是最好的,如果做不到这一点,英国就应该把巴勒斯坦问题移交给联合国,由于各方立场不可调和,英国已经不能继续管理这个委任统治

---

① "Palestine: Report of Anglo‐American Committee": Cabinet conclusions, 11 July 1946, CAB128/6, CM67 (46)4, in Ronald Hyam, *LGEE*1, Vol. I, pp. 23–24.
② John Darwin, *Britain and the Decolonization: the Retreat from Empire in the Post‐War World*, New York, 1988, p. 117.

区。克里奇·琼斯也认识到这样的方案会使英国的战略利益受到损害,承认英国的失败会累及英国的威望,这样的方案也会为那些虎视眈眈中东地区的强国提供机会,最终,巴勒斯坦有可能成为一个持续动荡的地区。从而克里奇·琼斯更倾向于能够使双方满意的方案,即巴勒斯坦的分治。他认为这一方案可以得到美国的支持,也能够得到英国议会与公众的支持,但是英国必须处理好阿拉伯人的诉求,认真审查阿拉伯联盟的势力,以及各个阿拉伯国家的态度,仔细评估阿拉伯人对分治的反应。为此,克里奇·琼斯认为英国应该主导解决巴勒斯坦的分治问题。① 但克里奇·琼斯的建议自我矛盾,他一方面认为英国处理巴勒斯坦的能力是有限的,因而要求联合国介入;另一方面,为了维护英国的利益,他又建议英国主导巴勒斯坦的解决方案。

虽然把巴勒斯坦问题提交给联合国的做法会损害英国的战略利益,但还是有不少大臣认为它很有必要,甚至克里奇·琼斯也认为即使找到了犹太人与阿拉伯人都认可的方案,英国也应该把这样的方案提交给联合国。然而,克里奇·琼斯认为唯一可行的分治方案在1947年1月又被英国内阁否决了,贝文宣称就个人而言,自己并不反对分治方案,然而分治难以得到联合国的支持,即使得到美国的支持,也难以获得必要的多数票。他建议退回到英美共同协商的分省自治的方案,但是英国应该对这一方案进行调整,使其尽可能向阿拉伯人提出的统一国家的方向靠拢。此外,英国必须向阿拉伯人表明不反对犹太移民的立场(但又必须防止犹太移民潮水般涌

---

① [Palestine]: minutes by J. S. Bennett, J. M. Martin, Sir G. Gater and Mr Creech Jones commenting on Sir D. Harris's assessment of the international practicability of partition, 30 Oct.–21 Nov. 1946, CO 537/1783, in Ronald Hyam, *LGEE*1, Vol. I, pp. 30–31.

入巴勒斯坦)。贝文的意见表明,获取阿拉伯人好感的想法仍然占据上风,在 1947 年 1 月 21 日讨论巴勒斯坦的伦敦会议上,犹太复国主义组织被拒之门外(虽然允许他们提供意见)。[1] 于是,英国的战略考量再次主导了英国对巴勒斯坦问题的解决思路。总参谋部表示,英联邦的未来防务有三根支柱,首先是英国本土,其次是英联邦内的海路畅通,最后是英国在中东的地位与影响力。这三根支柱是互相依赖的,任何一根支柱受损都会影响总体的稳固。一旦发生战争,英国从中东地区发动攻击是防务的核心,而巴勒斯坦在这一防务计划中占据特别重要的地位:在战争时期,埃及是中东的关键点,而巴勒斯坦就是防卫埃及的屏障;在和平时期,由于英国必须从埃及撤军,英国也必然要把巴勒斯坦当作备用基地以动员军队,处理中东地区的任何紧急状态。实际上,军方认为只要英国可以利用巴勒斯坦的军事设施,分裂还是统一都无关紧要。然而,如果必须得罪犹太人或阿拉伯人中的一方,英国就必须找到一个不会招致阿拉伯人长期反对的方案,因为一旦得罪阿拉伯人,英国不仅在巴勒斯坦会有麻烦,在整个中东地区也将麻烦不断。[2] 也就是说,英国得罪犹太人的代价小,因而在考虑巴勒斯坦解决方案时可以较少顾及犹太人的意见。英国在 1939 年就奉行的实用主义再次成为英国政府处理巴勒斯坦问题的指导思想,犹太人建立犹太国家的想法再一次遭到英国的否决。

---

[1] Palestine: Cabinet memorandum by Mr Bevin on the main policy options. Annex: "The present position", 14 Jan. 1947, CAB 129/16, CP (47)30, in Ronald Hyam, *LGEE*1, Vol. I, pp. 39 - 40.

[2] "Palestine": military implications of future policy; political implications of future policy: Cabinet conclusions (confidential annexes), 15 Jan. 1947, CAB 128/11, CM 6(47) 3 and 4, in Ronald Hyam, *LGEE*1, Vol. I, pp. 48 - 51.

但忽视犹太人诉求的代价已经越来越高。在杜鲁门的支持下,犹太人向英国人施加压力。按照后来担任以色列总理的果尔达·梅厄(Golda Meir)的话说,"我们一直听到这样的理由,'阿拉伯人能制造很多麻烦,所以你们必须让步'。因此,我们决定我们要制造更多的麻烦"。犹太人的极端组织哈加纳(Haganah)、斯特恩帮(Stern Gang)、伊尔贡(Irgun Zvai Leumi)合力采取暴力行动,迫使英国人对犹太人做出让步或者撤出巴勒斯坦。1946年7月,犹太人极端组织策划了大卫王饭店爆炸事件,90多人在事件中丧生,同一时期,其他的暴力事件也层出不穷。英国人被深深激怒了,英国的一些大城市,如利物浦、曼彻斯特、格拉斯哥以及伦敦等地都爆发了反犹骚乱。但是犹太人的暴力活动还在增加,巴勒斯坦对英国人而言已无异于地狱。1946年,英国不得不派出10万人的安全部队来帮助维持巴勒斯坦的秩序,但是英国维持巴勒斯坦治安的努力并不成功。由于犹太人的暴力活动,在巴勒斯坦的英国人只有与四人组成的武装护送队同行才敢外出,甚至连军方在暴力活动面前也变得胆战心惊。巴勒斯坦的高级专员阿伦·坎宁安爵士(Alan Gordon Cunningham)说:"我最近非常担心,显然连军队都不能保护他们自己了。"[1]他认为英国政府必须认识到解决巴勒斯坦问题的紧迫性,因为英国行政人员与军队都在极其严重的压力下工作。他认为尽管分治建议在获得联合国同意方面有不少困难,但就目前而言,分治是唯一可行的方案。殖民大臣也同意坎宁安的看法,认为阿拉伯人统一国家的想法与英美提出的分省自治的方案都是行不通的。财政大臣也承认分治是解决巴勒斯坦的最好方法,因为所有事件都表明犹太人与

---

[1] 布莱恩·拉平:《帝国斜阳》,钱乘旦等译,上海人民出版社,1996年,第150、157页。

阿拉伯人在过去不能合作,在未来也同样如此。一些大臣认为分治不是不可行,也并非没有好处。卫生大臣就认为分治是唯一正确的方案,而且只要英国、英国的自治领、美国、西欧一些国家对此给予支持,联合国不一定会加以反对。卫生大臣也对那种认为为了维护英国战略利益就绝对不能得罪阿拉伯人的观点提出质疑,他认为在巴勒斯坦出现一个对英国友好的犹太人国家,可能会比任何阿拉伯国家更好地提供军事支持。而且由于苏联的影响力,英国在中东地区长期获得阿拉伯基地的想法是不现实的。虽然国防大臣不同意卫生大臣的敌友观念,坚持认为阿拉伯人的善意对英国至关重要,但也被迫承认分治是唯一让犹太人与阿拉伯人都满意的方案。能源与动力大臣认为英国必须获得美国的支持,而美国支持的一定是分治,他建议内阁采用这一方案,并争取让联合国通过。①

在1947年1月16日提出的备忘录中,克里奇·琼斯再次表明英国最开始提出的分省自治与阿拉伯人提出的统一国家主张都是不可行的,而贝文根据英美委员会建议还更多参考阿拉伯人意见制定的修改方案同样无法实施,它"有前两个方案包含的大多数不利内容"。唯一可行的方案就是1936年英国皇家委员会提出的方案,即把巴勒斯坦分裂为犹太人国家与阿拉伯人国家,给每个民族管理内部事务的最大权力,使一个民族完全不能干预另一个民族的事务。虽然分治方案对阿拉伯人而言严重不公,但它是目前为止对两个民族都比较公平的方案。他也发现分治方案不能满足总参谋部关于战略利益的需求,但是为了摆脱英国在巴勒斯坦的窘境,巴勒

---

① "Palestine": military implications of future policy; political implications of future policy: Cabinet conclusions (confidential annexes), 15 Jan. 1947, CAB 128/11, CM 6(47) 3 and 4, in Ronald Hyam, *LGEE*1, Vol. I, pp. 45 – 46.

斯坦的分治（英国可以抽身而退）就是必要的代价。克里奇·琼斯认为联合国也未必能够同意巴勒斯坦的分治，但如果联合国拒绝了这一方案，那么巴勒斯坦问题就不再是英国而是联合国将必须承担的责任。①

在支持分治的多方压力下，贝文也表示自己在原则上并不反对分治，但他提醒说任何方案都不会让两个民族都满意，如果英国最后不得不用军队来镇压阿拉伯人，他认为英国的舆论不会支持。而且分治的方案会使巴勒斯坦的局面危害世界和平。但殖民大臣认为分治不一定会让阿拉伯人成为英国的对立面，因为阿拉伯国家与英国在经济与战略利益上互相依赖，虽然有些阿拉伯国家可能会反对分治，但它们不可能长期团结在一起坚持这一立场。实际上，外约旦甚至可能偏向分治的方案，沙特阿拉伯也未必真心反对巴勒斯坦的分治。能源与动力大臣也认为从长远来看，犹太人的友谊比阿拉伯人的友谊更有价值，而一个统一的阿拉伯国家不可能永远对英国友好，也不会允许英国在巴勒斯坦长期维持战略基地。但能源与动力大臣反对英国把巴勒斯坦问题交给联合国，因为这样就不能确保英国继续使用巴勒斯坦的军事设施。②

即使在这样的情况下，贝文还是希望寻找一个替代分治的方案。贝文认为，阿拉伯人的年轻一代会拿起武器来反对分治，而所有阿拉伯国家的政府与民众都将坚定地站在巴勒斯坦的阿拉伯人

---

① "Palestine: future policy": Cabinet memorandum by Mr Creech Jones, 16 Jan. 1947, CAB 129/16, CM (47) 32, in Ronald Hyam, *LGEE*1, Vol. I, pp. 51 - 55.

② "Palestine: policy to be followed at resumed London Conference": Cabinet conclusions (confidential annex), 22 Jan. 1947, CAB 128/11, CM 11 (47)2, in Ronald Hyam, *LGEE*1, Vol. I, pp. 55 - 57.

一边,仅仅提出分治的主张就会招致阿拉伯世界的完全敌视。即使英国准备接受阿拉伯世界的敌视,英国也很难指望犹太人会支持自己,因为犹太人提出的分治分界线与英国提出的分界线完全不同。贝文认为犹太人的移民要求有妥协的余地,在他的劝说下,殖民大臣克里奇·琼斯同意与贝文发布一份联合备忘录,支持贝文自治政府的主张。这一方案主张巴勒斯坦可以在一个短期的托管之后走向独立,在托管期间,两个民族在自己的省份实行自治,然后在中央的层面进行合作,10万犹太人移民配额在未来的两年之内(而不是马上)兑现,在此之后,犹太人若增加移民必须同时得到两个民族的同意,如果两者意见不一,应提请联合国予以仲裁。贝文认为,这一方案一方面可以缓解阿拉伯人对犹太人无限制移民的担忧,另一方面也可以把拒绝移民的责任推给阿拉伯人。①

不幸的是,贝文自治政府的主张再次遭到犹太人与阿拉伯人的一致反对。犹太人觉得自治方案给予自己的优惠太少了,而阿拉伯人觉得自治方案给予犹太人的优惠太多了。贝文已经被巴勒斯坦问题折磨得快疯了,他现在想出一个以退为进的方法。贝文建议内阁把巴勒斯坦问题提交到联合国,如果联合国也不能找到一个各方都能接受的解决办法,英国将最终放弃对巴勒斯坦的委任统治。然而,这一政策并不表明贝文真正放弃了努力,他认为犹太人是不会相信英国将把巴勒斯坦问题提交给联合国,他希望通过这样一种态

---

① "Palestine": joint Cabinet memorandum by Mr Bevin and Mr Creech Jones on fresh proposals for self‑government, 6 Feb. 1947, CAB 129/16, CP (47)49, in Ronald Hyam, *LGEE*1, Vol. I, pp. 57 – 60.

度使阿拉伯人与犹太人再次走到一起并协商出一个解决的办法。①

但是贝文的计划又失败了,阿拉伯人与犹太人都拒绝妥协。英国不得不根据自己的承诺把巴勒斯坦问题提交给联合国。联合国很快建立了一个巴勒斯坦问题委员会,委员会成员大多倾向于分裂巴勒斯坦。在分裂计划中,巴勒斯坦被分为 7 份,阿拉伯人占 3 份,犹太人占 3 份,耶路撒冷是共管区。在英国看来,这一分裂计划对阿拉伯人极不公平,而犹太人获得了远大于其人口的国土份额,因为犹太人只占巴勒斯坦人口的三分之一,但是却获得了土地的二分之一。英国很怀疑这样一个方案能否得到各方的同意,而一旦联合国的决议不能成功,英国就可能陷入巴勒斯坦的泥潭。贝文要求英国政府迅速做好撤退的准备。②

由于美国与苏联都支持分治,联合国分裂巴勒斯坦的计划最后被批准了,剩下的就是执行联合国决议。如果继续留在巴勒斯坦,英国作为托管国将不得不强制执行联合国的决议。艾德礼政府认为这一政策一定会得罪阿拉伯人,从而损害英国与阿拉伯人之间的关系,"我们将……被卷入镇压巴勒斯坦阿拉伯人的抵抗活动中,因此会激怒阿拉伯国家,而此时我们在中东的整个政治与战略体系都必须建立在与他们进行良好合作的基础之上"③。

事实上,英国的处境已经让英国政府大为头疼。从 1945 年 1 月

---

① "Palestine: future policy": Cabinet conclusions on reference to the UN, 14 Feb. 1947, CAB 128/9, CM 22(47)2, in Ronald Hyam, *LGEE*1, Vol. I, pp. 66 – 67.

② "Palestine": Cabinet Memorandum by Mr. Bevin on Policy of withdrawal, 18 September 1947, CAB 129/21, CP (47)259, in Ronald Hyam, *LGEE*1, Vol. I, p. 75.

③ Bevin's memo for Cabinet, C. P. (47) 259, 18 September 1947, in John Darwin, *Britain and the Decolonization: the Retreat from Empire in the Post - War World*, New York, 1988, p. 120.

到 1947 年 11 月,英国在巴勒斯坦已付出了 1 亿英镑的代价,338 名英国人死于暴力活动之中。① 许多官员都认识到英国必须从巴勒斯坦撤离,甚至连坚定的帝国主义者丘吉尔都支持撤退,"我们还能从中获得什么益处呢?"② 贝文提出及早撤出的主张,"当特别委员会的报告提交给联合国大会时,其他国家的代表在其中大胆地提出无法操作的建议,他们想当然地认为英国政府会执行这些政策"。为了排除这种危险,贝文认为英国代表必须在一开始就清晰地说明英国政府的态度,英国不愿由自己的军队来执行一个既不讨好阿拉伯人也不讨好犹太人的解决方案,因此英国应该及早撤出驻在巴勒斯坦的军队以及英国的行政机构。殖民大臣也支持贝文的想法,认为英国在巴勒斯坦多留一天,就多一分危险。③ 艾德礼政府最后决定尽早撤出巴勒斯坦,离开的时间最后被定在 1948 年 5 月 15 日。实际上,就在英国还没有完全撤出的这一天凌晨,两个民族已经为争夺巴勒斯坦发生战争了。

英国在巴勒斯坦的悲剧首先是殖民地的反抗活动所致,由于英国不同意犹太人的复国主张,犹太人采取大规模的暴力活动进行反抗。在英国政治家看来,虽然犹太人的暴力活动难以处理,但如果因为犹太人而得罪阿拉伯人,阿拉伯人的暴力反击将比犹太人所能做得更加危险。特别是由于英国企图维持自己在中东的势力,这就使英国与犹太人处于不可调和的冲突之中。结果犹太人中主张和

---

① Ronald Hyam, *Britain's Declining Empire: the Road to Decolonization 1918 – 1968*, Cambridge, 2006, p. 127.
② Parliamentary Debates (Commons), 31 January. 1947, col. 1347.
③ "Palestine": Cabinet conclusions on relinquishing the mandate and the line to be taken at the UN, 20 Sept. 1947, CAB 128/10, CM 76(47)6, in Ronald Hyam, *LGEE*1, Vol. I, p. 76.

英国合作的温和派势力逐渐削弱，而强调暴力反抗的激进派势力大增，犹太人的暴力活动日益升级。到最后，巴勒斯坦对英国而言无异于地狱，当军队都无法保护自己的时候，英国又怎么可能继续统治巴勒斯坦呢？

英国在巴勒斯坦的悲剧还与美国的态度相关。英国在二战后尽量与美国协调政策，但在巴勒斯坦，美国却频频冲破英国的底线，坚定地站在犹太复国主义者一边。而英国又固执地认为只有维持在中东的势力才能保住英国的大国地位，英国必须站在阿拉伯人一边。因而在巴勒斯坦，英美的利益截然相反。这种冲突最终以美国和犹太联盟的胜利而告终。

英国从巴勒斯坦撤退的例子表明了，如果殖民地的民族主义者得到一个超级大国的支持，英国维持殖民统治的努力将会非常困难。

三、受辱埃及

英国在埃及的政策与其军事与政治考虑有关。为了加强对苏联的遏制，英国决定坚守苏伊士运河基地。在埃及民族主义潮流汹涌澎湃之时，英国仍然把自己的战略考量放在首位，这使它对埃及的政治变化反应迟钝。可以说，在英帝国解体过程中，英国在埃及的顽固不化及由此导致的灾难是密不可分的。

二战后，英国很快确立了继续统治苏伊士运河区的方针。1945年3月，在内阁会议上，作为代首相的艾德礼指出，如果英国要继续留在苏伊士运河区并维持在中东的独占地位，代价将是高昂的。他问道:既然苏伊士运河是一条国际水道并让全世界得益,为什么要让英国独自承担防卫的代价呢?为什么不让其他国家,例如美国也来承担这一代价?他建议重新考虑英国在中东的战略问题。① 艾登反对艾德礼的提议,认为埃及与苏伊士运河是英国中东防务的核心,其防务地位对"英帝国而言是生死攸关的"。② 这一争论直到二战终结也没有结束,英国继续保持在苏伊士运河区的军事力量。二战结束之时,苏伊士运河区成为世界上最大的军事基地,它包括10个空军基地、40个驻营区。苏联的态度则进一步刺激了英国的战略安排,斯大林在战争结束时,要求在达达尼尔海峡拥有自己的军事基地。在1945年的伦敦外长会议上,英国认为斯大林的要求如果实现,苏联在地中海东部地区的势力将会大增并最终威胁到自己的利益,因而英国坚定支持土耳其。③ 英国也反对以苏联承认英国在中东与地中海东部地区的势力范围为条件而接受苏联在东欧拥有独占地位,因为把英国从欧洲排除出去是与英国的大国地位不相符的。为了增加对付苏联的筹码,英国政府希望维持自己在中东的独占优势。④

对英国战略发起的最大挑战是埃及的民族主义者。战后埃及人民争取民族独立的运动日益高涨。1945年7月,埃及的民族主义

---

① "The Future Administration of the Suez canal": War Cabinet Suez canal Committee Minutes, 13 Mar. 1945, CAB 95/18, sc (m) 1 (45)1, in John Kent ed., *Egypt and the Defence of the Middle East* (*EDME*), Vol. I, London, 1998, pp. 1 - 4.

② "Defence of the Middle East": War Cabinet Memorandum by Mr. Eden, 13 Apr. 1945, CAB 66/65, WP (45)256, in John Kent, *EDME*, Vol. I, 1998, p. 7.

③ John Kent, *British Imperial Strategy and the origins of the Cold War 1944 - 1949*, Leicester, 1993, p. 61.

④ FO 371/50795, no 8222, Note by Bevin on Heaton Nicholas (South African high Commissioner) to FO, 6 Oct. 1945, in John Kent, *EDME*, Vol. I, 1998, p. xlv.

代表华夫脱党向英国驻埃及大使基勒恩勋爵(Lord Killearn)提出讨论埃及地位的要求。9月,埃及又发表声明要求修订1936年《英埃同盟条约》,而新条约的基础应该是英国从埃及撤军以及埃及获得对苏丹的主权。

面对民族主义者的压力,英国却顽固地决定继续维持殖民统治。英国在中东的官员格里格(Sir E. Grigg, Lord Altrincham)很快向艾德礼政府提出解决埃及问题的建议。他一方面坚持英国必须维护在埃及的地位,认为没有埃及的势力范围,英国将无法生存,另一方面,他指出英国必须改变原来的统治方式,缩减和平时期在埃及的军事力量。① 贝文支持格里格的观点,认为维持英国在中东的权力与威望对英国有至关重要的意义。军方站在贝文一边,他们坚持撤军必须有替代的防务安排,而完全撤出埃及驻军是不可想象的。② 基勒恩勋爵基于自己的政治偏见反对与华夫脱党谈判,他非常鄙视埃及的政治领袖,认为这些人并不代表埃及人民,因此不应该与之谈判。

英国的顽固态度激起了埃及民众的极大不满,反英浪潮一浪高过一浪。1946年2月,在埃及政府庆祝法鲁克国王诞辰的时候,爱兹哈尔大学的学生带头罢课、绝食,其后,开罗大学的学生也走上街头,各大、中学学校的学生很快组成了"埃及学生联合委员会"。2月

---

① "Imperial Security in the Middle East": War Cabinet Memorandum by Sir E. Grigg, 2 July 1945, CAB 66/67, CP (45) 55; "British Policy and organization in the Middle East": Memorandum by Lord Altrincham, 2 Sept. 1945, CO 732/88, no 5a, in John Kent, *EDME*, Vol. I, pp. 20 - 34, 39 - 50.

② "Military requirements in the revision of the Anglo - Egyptian treaty": Memorandum by the Commanders - in - chief Committee, Middle East, for the COS Committee, 26 Mar. 1946, CAB 80/100, COS (46) 95, Annex, in John Kent, *EDME*, Vol. I, pp. 85 - 94.

8日,开罗的学生举行集会,要求英国撤军。2月9日,数千名学生再次示威,提出"英国军队滚出埃及!""反对和英国谈判!"等口号。当学生队伍游行到阿拔斯大桥时,遭到英国军警的镇压,伤亡超过50人。①

英国镇压学生运动在政治上只能激化埃及人的反英斗争。阿拔斯惨案后,反英运动迅速向全国蔓延,埃及各大城市相继举行示威,抗议英军暴行。工人与学生组成了"工人学生联合会",号召全国人民在2月21日举行总罢工、总罢市,"让我们高高举起民族的旗帜!让我们牢固团结在一起——工人、学生、商人、公职人员和全国人民团结起来,洗净奴役的耻辱!"②2月21日,开罗10万群众举行声势浩大的示威游行,高呼"让埃及真正独立!""英军滚出埃及!"等口号。当游行队伍到达伊斯梅尔广场时,英军再次镇压,23人被打死,数百人受伤。"工人学生联合会"再次号召举行全国总罢工、总罢课,对英国的暴行表示抗议,对死难者表示悼念。全国各阶层、各党派、各团体一致响应这个号召,示威和罢工的浪潮席卷全国。3月4日,开罗数十万人走上街头,途经英国海军驻地时,愤怒的群众登上屋顶,扯下英国国旗,把它撕得粉碎。而英国军警则开枪回击。事件中又有28人死亡,342人受伤。③

事实证明,镇压不但不能稳固英国的统治,反而使埃及人更加憎恨英国。一部分官员开始认识到英国必须对埃及做出让步。英国新任驻埃及大使斯坦斯盖特勋爵(Lord Stansgate)认为英国撤军

---

① 吴秉真、高晋元主编:《非洲民族独立简史》,世界知识出版社,1993年,第127页。
② 中国非洲史研究会编:《非洲史论文集》,生活·读书·新知三联书店,1982年,第226页。
③ 吴秉真、高晋元主编:《非洲民族独立简史》,世界知识出版社,1993年,第128页。

是无法避免的,英国应该大方地答应埃及的要求,从而保存其他利益,"内阁必须认识到,对这一底线的替代条约将使埃及联合起来仇视我们,而整个阿拉伯世界将会站在他们一边。"①英国军方的态度也开始改变,他们认为只要中东的防务安排到位,英国可以以撤军为条件与埃及达成和解。②

但是英埃谈判很快就失败了。根据防务委员会的建议,英国内阁表示英国要在5年之内从埃及撤出所有军队。但是英国的撤军是有条件的,它要求在发生与英国有关的战争时,英国可以重新使用苏伊士运河基地。埃及首相西德吉反对英国的谈判条件。首先,长达5年的撤军时间是不可容忍的;其次,英国如果要在战时使用苏伊士运河区的军事设施,只能建立在英埃互相友好的非正式基础上而不是正式立约。英国外交部与军方拒绝接受西德吉的主张,贝文更是在战时使用苏伊士运河基地这一条款("第二条款")上态度强硬。贝文说,一旦英国在伊拉克与伊朗的利益遭到威胁,使用埃及的基地是必不可少的,这一条款是原则问题,英国不能妥协。③ 埃及国王法鲁克建议埃及在该条款问题上做出一定让步,但是他提出埃及对苏丹的主权要求。贝文曾经一度准备以苏丹为条件换取埃及在"第

---

① Cabinet 57(46), 6 June 1946, in John Darwin, *Britain and the Decolonization: the Retreat from Empire in the Post-War World*, New York, 1988, p.113.

② "Military requirements in the revision of the Anglo-Egyptian treaty": Memorandum by the Commanders-in-chief Committee, Middle East, for the COS Committee, 26 Mar. 1946, CAB 80/100, COS (46) 95, Annex, in John Kent, *EDME*, Vol. I, pp.85-94.

③ [Anglo-Egyptian treaty negotiations]: Minute by Mr. Bevin to Mr. Attlee Opposing the Cabinet's Decision on article 2, 4 Aug. 1946, FO 371/53309, no 3519, in John Kent, *EDME*, Vol. I, p.185.

二条款"上的让步①,但在埃及民众反英的压力之下,西德吉拒绝让步,同时又认为埃及必须获得对苏丹的主权。贝文因而拒绝了埃及对苏丹主权的要求,贝文坚持说,在涉及苏丹前途的问题上,英埃必须与苏丹人进行商讨。实际上,贝文认为,由于英埃关系不确定,加强英国对苏丹的控制显得更为重要,如果英国放弃了苏伊士运河基地,苏丹就成为一个重要的替代选择。②

英埃谈判的失败加强了英国强硬派的声音。英国外交部常务次官萨金特(Sir Orme Sargent)认为,埃及政府觉得英国已经衰落,所以总是提出一些过分要求,因而,英国应该采取一种更加强硬的政策来显示英国的力量并警告埃及不可轻视英帝国。他建议按照1936年《英埃同盟条约》来加强英国的条约权利。③ 贝文也建议内阁采取更加强硬的态度并退回到1936年条约所规定的特权地位。④ 军方认为在面临战争威胁的时候,防卫中东的关键在于迅速动员英国在埃及的军队并能在基地采取有效行动,因此,英国在和平时期

---

① FO 371/53314, no 4213, Conclusions of FO Meeting in Paris with embassy Officials to discuss the Anglo‐Egyptian treaty, 4 – 5 Oct. 1946, in John Kent, *EDME*, Vol. I, 1998, p. xlix.
② Memo by Foreign Secretary, DO (47) 65, 10 September 1947, CAB 131/4, in John Darwin, *Britain and the Decolonization: the Retreat from Empire in the Post‐War World*, New York, 1988, p. 121.
③ [Policy towards Egypt and the Sudan]: outward telegram no 425 from Sir O. Sergeant to Mr. Bevin [Moscow] on the inadvisability of concessions, 28 Mar. 1947, FO 371/62943, no 1409, in John Kent, *EDME*, Vol. I, pp. 225 – 226.
④ Cabinet 38 (47), 22 April 1947, CAB 128/9, in John Darwin, *Britain and the Decolonization: the Retreat from Empire in the Post‐War World*, New York, 1988, p. 121.

需要在埃及有一个核心的军事基地。①

下面两个因素强化了英国的这一态度。

首先,中东局势的变化提升了苏伊士运河基地的地位。由于英美战略分歧,英国在巴勒斯坦面临着犹太人的暴力活动,这些暴力活动牵制了大量的英国军队,严重影响了英国的全球战略,英国政府最终宣布在 1948 年 5 月撤出巴勒斯坦。英国在战后本来也占据着意大利在北非的殖民地昔兰尼加,但是在当地民族主义者的反抗之下,英国在昔兰尼加的处境也不再稳固。巴勒斯坦与昔兰尼加的困境无疑让英国的战略家们认识到英国应该千方百计地控制埃及的基地。1947 年,英国迫于财政困难不得不把希腊与土耳其的防务责任交给美国,但英国"瘦身"是为了更好地守护中东地区的其他据点。贝文认为,邀请美国涉入中东局势不过是为了让美国提供英国缺乏的经济与军事资源,中东仍然主要是英国的势力范围,只有展示英国对埃及等殖民地的控制,英国才能使美国确信援助英国是有利可图的。② 这样,笔者发现,英国战略家们的悲哀在于他们仅仅根据地图进行算计,而没有考虑到这些计划能不能得到当地人的支持。

其次,英国政府的顽固态度也与英国希望维持在中东的威望有关。贝文认为,埃及觉得英国正处于衰落阶段,因此想利用这种衰落。正因为如此,贝文把维持英国的威望作为更加重要的任务。他

---

① "Middle East Defence – Military requirements in Egypt": Report by the JPS to the COS, Annex 1,6 Aug. 1947, DEFE 6/3, JP (47)105, in John Kent, *EDME*, Vol. I, pp. 238 – 241.

② "Middle East Policy": COS Committee Minutes on the Washington talks with the Americans, 21 Nov. 1947, DEFE 4/8, COS 144 (47)1, in John Kent, *EDME*, Vol. I, pp. 251 – 254.

坚持"第二条款",不仅因为它的战略价值,而且也因为它是一个关乎帝国威望的原则问题。在苏丹问题上,他认为把苏丹交给埃及是不名誉的,会削弱英国的威望。贝文想让埃及明白是英国而非埃及才是一锤定音者,"千万不能让埃及政府觉得英国政府在根据埃及的方式行事"①。艾德礼认为实力决定政策的制定,贝文却认为威望不仅是实力的衍生物,相反,威望在许多时候对实力起促进作用。基于同样的考虑,他反对美国在中东扩大势力,认为只有维持英国的大国地位才能赢得美国的尊重。贝文的继任者莫里森延续了贝文的观点,不允许埃及践踏英国的威望。

强硬派得势使埃及的局面继续恶化,英国与埃及处于全面冲突之中。1951年7月,英国外交大臣莫里森在下院发表声明,表示英国将继续留在苏伊士运河区。埃及人对此怒不可遏,从1951年8月初开始,埃及人民在全国范围内举行了大规模的示威游行与罢工,坚决要求英国军队撤出埃及。在民众的压力下,埃及政府在10月10日单方面宣布废除1936年《英埃同盟条约》和1899年英埃共管苏丹协定。而英国政府也决定坚持己见,英国外交部发言人称,英国将采取一切必要的措施,来维持英国在苏伊士运河区的驻军。10月17日,英国驻军在"保障安全"的借口下,占领了埃及的一些城市和战略据点,包括塞得港、伊斯梅利亚和阿格鲁伯要塞。英军还控制了开罗与苏伊士运河区之间的铁路交通,不久,英军又侵占了从开罗到运河区的许多战略据点。埃及人民坚决抵抗,在苏伊士运河区,6万工人宣布罢工,拒绝为殖民者服务,整个运河区的交通和日

---

① [Policy towards the Sudan and Egypt]: FO Note of a Meeting with Mr. Bevin and E. A. Chapman Andrews on the Sudan ordinance and Military questions, 12 Mar. 1948, FO 371/69193, no 1872, in John Kent, *EDME*, Vol. I, pp. 268 – 269.

常工作全部陷入瘫痪。在开罗、亚历山大、塞得港、伊斯梅利亚等地,埃及人举行大规模的示威游行,全国各地都展开了抵制英货的运动。同时,埃及的抗英斗争向暴力方向发展,开罗的约一万名大中学生要求组织抗英"国民警卫队",5 000人加入政府的"解放军团""志愿解放营"等武装组织。10月28日,埃及国务会议通过总动员令,征召所有18-50岁的埃及男子入伍。全民斗争使英国人狼狈不堪,游击战更使英军处于被动状态。一名英军士兵回忆说,"埃及游击队的零星活动有效地捆住了我们的手脚,他们几乎使我们变成了走不出营房的俘虏。太寂寞无聊了。我们的一位军士长说,除却食物稍好且能按时供应外,我们的处境与他在德国俘虏营中的情形没什么两样"[①]。

对遍及埃及全国的反英斗争,英国强硬派不肯退让,仍然采取过时的镇压政策。英军先是把埃及的阿卜都村炸平,之后,英军又围剿了伊斯梅利亚的游击队,50多名埃及人被打死,100多人被打伤。

在纳哈斯宣布废除1936年《英埃同盟条约》不到一个月后,英国保守党赢得大选,丘吉尔再次担任首相,艾登担任外交大臣。丘吉尔政府的帝国政策表现得更为大胆,并且丘吉尔的个人魅力对英美的合作也有不少裨益。在伊朗,丘吉尔决定报复摩萨台对英伊石油公司采取的国有化政策,他很快与美国政府联合制定了对付摩萨台的方案:颠覆伊朗政权。在美国的配合下,英国得以成功,虽然其结果是美国在更大程度上卷入了伊朗内部政治,英国丧失了独霸伊朗的特权,但英国毕竟清除了摩萨台这个政治对手。

---

① 布莱恩·拉平:《帝国斜阳》,钱乘旦等译,上海人民出版社,1996年,第297页。

在埃及问题上,丘吉尔同样态度坚定。埃默里曾经讽刺丘吉尔是一个鲁莽的帝国主义者,但由于这一鲁莽的帝国主义把英帝国与荣誉联系在一起,丘吉尔在英帝国问题上也更为顽固,任何破坏英帝国荣誉的政策都是被排斥的,任何对英帝国的挑衅都必须给予迎头痛击。对埃及政府的挑衅姿态,丘吉尔要求采取强硬政策,这种强硬态度由于其种族主义倾向而更加顽固,他称埃及人是"低劣的野蛮人"。① 他对艾登的温和态度也很不满,"如果……你在暴力面前准备投降,在威胁和困扰中准备撤出军队,这将在英国公众中引起深刻反感。"②他认为英国应该通过恫吓的方式迫使埃及接受英国的条件。③

艾登持有一种不同的态度。虽然他也轻蔑地指责纳哈斯单方面废除1936年的条约是卑劣的行径,但作为一位精明的外交家,他很快认识到埃及民族主义的巨大力量,认为英国必须采取一种现实主义的选择。而最好的办法就是不得罪埃及的民族主义者,因为英国在中东的利益将日益依靠与阿拉伯国家的外交协议而不是部署军队,英国必须把冲突的可能性降到最低程度。④ 面对英国强硬派的压力,艾登争论说,英国或者可以得到最好的协议,或者承担无法忍受的代价。既然"我们不再能够不顾人力、财力、国际善意的后果

---

① Churchill to Eden, Private and Personal, 30 January. 1952, in W. R. Louis, *Ends of British Imperialism*, London and New York, 2006, p. 609.

② Churchill to Eden, 15 February. 1952, in W. R. Louis, *Ends of British Imperialism*, London and New York, 2006, p. 612.

③ [evacuation of Egypt]: Minute by Mr. Churchill to Mr. Eden on the inadvisability of early talks and the acceptance of evacuation, 9 Mar. 1952, PREM 11/91, in John Kent, *EDME*, Vol. II, pp. 354 – 355.

④ "Egypt: the David alternatives": Cabinet Memorandum by Mr. Eden, 16 Feb. 1953, CAB 129/59, c (53)65, in Goldsworthy, *CGEE*, Vol. I, pp. 125 – 126.

而把我们的意志强加于埃及头上",那么英国就必须与埃及进行谈判,英国必须做出让步。①

这一次,军方令人惊奇地站在艾登一边,支持与埃及达成协议。英国在中东的司令部早就指出,为了有效地使用埃及的基地,英国必须获得埃及政府的支持。② 帝国总参谋长斯利姆(Sir William Slim)认识到只有获得埃及的合作,英国才能有效地利用基地,而为了得到埃及的合作,英国必须在和平时期撤出驻在埃及的军队。总参谋部最后同意军方不再在谈判时设置一些埃及无法接受的附加条款。③

美国的反应最终改变了丘吉尔的态度。作为一位务实的政治家,丘吉尔清楚英国的帝国政策必须建立在美国的支持之上。他给艾森豪威尔写信说:"我亲爱的朋友,无疑我们寻求或者需要你们的军事、物资和金融的支持……我们应该向独裁者显示我们有一致的计划。"④艾森豪威尔在和自己的同僚商量后认为,美国支持英国的强硬政策会使埃及向苏联靠拢,因而拒绝了丘吉尔的请求。他回信说,如果美国和英国站在一起反对埃及政府,这给世人的印象就是英美联合起来给埃及下最后通牒。⑤ 由于得不到美国的支持,丘吉尔在无奈之下只能默认了艾登的谈判策略。

---

① [Agreement with Egypt]: Minute by Mr. Eden (reply) to Mr. Churchill on the reasons why an agreement is necessary, 10 Mar. 1952, PREM 11/91, in John Kent, *EDME*, Vol. II, pp. 355 – 356.
② John Kent, "Introduction", in John Kent, *EDME*, Vol. I, p. lii.
③ FO 371/96972, no 13, Note by slim, 20 Mar. 1952; DEFE 4/53, COS 47 (52)2, 1 Apr. 1952, in John Kent, *EDME*, Vol. I, p. lxviii.
④ Churchill to Eisenhower, Private and Confidential, 18 February 1952, *Foreign Relations of the United States*, 1952 – 1954, IX, Vol. II, p. 1990.
⑤ President Eisenhower to Prime Minister Churchill, 19 March 1953, *Foreign Relations of the United States*, 1952 – 1954, IX, Vol. II, p. 2028.

但是，终结英国殖民统治的革命性因素却来自埃及局势的发展。正如上文所言，英国在埃及的统治与三支柱形的权力结构紧密相连，英国、埃及国王、华夫脱党之间的权力制衡构成了英国殖民统治的基础。但是这一结构正在崩溃。

从战争结束后，埃及的局势就向左发展，强调暴力反抗的民族主义激进派取得了更大的吸引力。不管是埃及国王，还是华夫脱党，都是埃及上层阶级的代表，他们并不善于从下层人民获得更大的支持，实际上，他们在许多时候反而在限制下层民众参与政治。埃及的经济在战后面临严峻的压力，通货膨胀更使下层民众在生存的边缘徘徊。埃及民众连续不断的抗议活动一方面是对英国的反抗，另一方面也是埃及民众对政府无能的一种不满。由于国王与华夫脱党不善于从下层寻求支持者，这一政治空白区域很快为其他势力提供了土壤。一些极端派如穆斯林兄弟会从这片土壤中获取了丰厚的养分，巴勒斯坦的分治使其成员大规模增加，而埃及战后的社会困难更便利了他们的成长。穆斯林兄弟会想把埃及改造成为一个纯粹的伊斯兰国家，他们既痛恨法鲁克国王的奢侈腐化，也反对华夫脱党与英国进行谈判，刺杀诺克拉什正是这种立场的表达。自由军官组织（Free Officers）是另一个实力强大的组织，它创建于1939年，其成员大部分是青年军官，在战后迅速发展。1948年的巴勒斯坦战争加剧了埃及士兵与军官的不满情绪，自由军官组织秘密印发传单，揭露腐败无能的军人上层集团，要求将叛徒交给法庭审判，并主张清洗军队，进行军事改革。这些传单在军队中广泛流传，人们竞相传阅。到1951年，自由军官组织的能量开始显现出来，他们提名纳吉布（Mohammed Neguib）将军为陆军军官俱乐部主席的候选人，反对法鲁克国王提名的候选人。选举结果是纳吉布获得

276票,而其他三个竞选对手共得58票。这一事件表明自由军官组织在军队内部比国王拥有更大的影响力。①

在这些迅速崛起的政治势力面前,华夫脱党的影响力却在逐渐衰退。华夫脱党是在英国的刺刀保护下上台执政的,在一个反英浪潮席卷全国的氛围中,华夫脱党也日益遭到埃及人的唾弃。而腐败更成为华夫脱党衰落的催化剂。作为华夫脱党的首领,纳哈斯不仅面临着外界的压力,甚至他的妻子与党内同僚都在公开指责他腐败。不久,华夫脱党的总书记奥贝伊德(Makram Ebeid)离开华夫脱党。内部分裂削弱了华夫脱党的影响力。

在华夫脱党这根支柱断裂之时,国王的地位也开始受到挑战。埃及民族主义者不仅把矛头指向英国,而且也越来越不满以法鲁克国王为首的埃及政府。在1946年2月的抗议活动中,埃及人不仅喊出了反对英国的口号,而且提出了"打倒法鲁克!"的口号。第一次阿以战争以阿拉伯国家的失败告终,不少埃及人认为埃及的惨败乃是封建王室的腐败无能所致。纳赛尔(Gamal Abdel Nasser)领导的自由军官组织开始对国王政府失去信心,"除了赶走英国人之外,自由军官组织还必须献身于推翻或至少是彻底改革埃及政府的整个体制"。②

开罗纵火案更是彻底暴露了国王的地位形同虚设。1952年1月26日,为抗议英军对埃及民族主义者的镇压,开罗举行50万人的示威大游行,一些极端派采取了大规模的纵火活动。而在这样的大事件面前,法鲁克领导的政府却持一种麻木不仁的态度,英国由于

---

① 中国非洲史研究会编:《非洲史论文集》,生活·读书·新知三联书店,1982年,第234-236页。
② 同上书,第235页。

担心埃及民族主义者的反抗，也不敢派兵前来处理事件。他们的不作为使这次事件造成极大的破坏性，开罗市中心区的大旅馆、大商店、大银行、俱乐部等相继发生大火，首都变成一片火海。在大火中，不仅有英国人与其他外国人被烧死，一些埃及人也葬身火海。如果国王主导的政府无法处理社会矛盾，无法维持秩序，这样的政府还有什么存在的理由呢？于是，在1952年7月23日，自由军官组织发动政变，国王与华夫脱党领导下的政府被推翻，纳吉布将军被挑选出来担任政府首脑，而纳赛尔领导的"革命指导委员会"掌握着实际权力。这样，第二根支柱也断了。

纳吉布担任革命政府的首脑为英埃谈判提供了机会。纳吉布具有苏丹人的血统，他相信自己可以在苏丹取得自治地位后劝服苏丹承认埃及的主权，因而放弃了埃及对苏丹的主权要求。这就搬去了在英国与埃及民族主义者谈判之间长期存在的一块绊脚石。英国政府很快抓住了这个机会，根据英美联合评估机构的分析，英国政府认为埃及的革命政府是值得支持的。[1] 艾登也认为革命政府为英埃关系的改善提供了一个新的机会，而为了达成协议，英国需要继续让步，不能使用100年前的旧办法来继续维持对埃及的控制。因为若还在使用旧办法一方面超出了英国的能力，另一方面将影响英国在中东的整个防务体系。[2] 艾登的建议得到英国战略家的支持，他们认为英国与其把精力耗费在无休无止的争吵之中，不如通过有限让步来获取埃及民族主义者的支持，这样可能使埃及政府愿

---

[1] John Kent,"Introduction", in John Kent, *EDME*, Vol. I, p. lxx.
[2] "Egypt": Cabinet Conclusions on the resumption of Defence negotiations with Egypt [Extract], 17 Feb. 1953, CAB 128/26/1, cc 12（53）2, in John Kent, *EDME*, Vol. II, pp. 566 - 568.

意支持英国的防务计划。① 丘吉尔起初也对革命政府抱有好感,认为如果能达成防卫中东的替代协议,英国可以从埃及撤军。② 1954年,在艾登的努力下,他与纳赛尔就苏伊士运河问题达成协议:英国军队将于20个月内撤出苏伊士运河区,但是,当中东的阿拉伯国家或者土耳其遭到外部势力的威胁时,英国可以重新使用苏伊士运河区的军事设施。这样,1954年签订的条约结束了英国与埃及长期的主权争执,埃及获得了对苏伊士运河区的主权。

实际上,促使艾登与埃及达成协议的一个重要原因是埃及战略地位的变化。

首先,英国的防务重点已逐渐从中东向欧洲转移。1948年,蒙哥马利元帅对艾德礼政府的防务政策提出质疑,要求英国加强在欧洲的防务力量。英国内阁也逐渐认识到西欧对保卫英国有至关重要的作用。③ 外交部还认识到,要维持独立于美苏之外的第三极势力,英国有必要和西欧建立更为紧密的联盟关系。布鲁塞尔条约与西欧联盟都是这一新思维的表现。在这种新的防务思想出台后,英国在中东与欧洲的防务出现了争夺资源的情况。为了避免西欧施加压力,军方认为英国不应该把自己在中东的战略轰炸机基地情况告诉盟友,也不应该把英国准备部署的兵力告知盟友,其主要原因是英国在中东花费的资源太多了。④ 但1949年英国加入北约后,英

---

① John Darwin, *Britain and the Decolonization: the Retreat from Empire in the Post-War World*, New York, 1988, p.209.
② [evacuation of Egypt]: Minute by Mr. Churchill to Mr. Eden on the need to maintain forces in Egypt for the Defence of the Suez canal [Extract], 19 Aug. 1952, FO 371/96977, no 79, in John Kent, *EDME*, Vol. II, p.447.
③ John Kent, "Introduction", in John Kent, *EDME*, Vol. I, p.lii.
④ Ibid., p.liii.

国对欧洲承担了更多的防务义务,美国与西欧各国要求英国清晰地告知英国准备把多少资源用来保卫欧洲。在美欧的压力下,英国开始把更多的资源向欧洲倾斜。同时,丘吉尔政府逐渐把核战略放在更加重要的位置上,与这一战略相应的调整是,英国的常规部队开始缩减,英国不再有足够的兵力到全球布防。新的防务政策日益挑战中东在英国防务布局中的战略地位,中东对英国的重要性开始减退。

其次,苏伊士运河基地的价值开始下降。军方坚守埃及的一个主要理由是以此为基地可以对苏联展开空袭从而威慑或者破坏苏联的战争能力。但是英国越来越认识到,以埃及为基地不可能对苏联构成重大威胁。到1948年底,英国总参谋部指出英美战略轰炸机力量是如此之小,无法有效防卫自己并减缓苏联向中东挺进。[1] 同时,英国的轰炸机作战半径太小,也无法实施这样的轰炸任务。埃及的军事设施也不适于新型轰炸机执行任务,埃及虽然有5个机场,但其中任何一个的跑道长度都不足以支持英国刚从美国获得的战略轰炸机起飞与降落。1948年10月,埃及政府拒绝为扩建阿布苏韦尔空军基地的跑道提供物资,虽然后来跑道扩建勉强得以完成,但是英国却不得不承担更多的代价。此外,随着苏联军事力量增长,埃及本身也变得越来越脆弱。当苏联成功试爆原子弹后,英国在埃及的防务已经日益成为苏联攻击的靶子,苏联有能力"在一击之下就可以摧毁英国在中东的主要目标"。[2]

---

[1] Digest of plan "speedway": COS Committee Memorandum on the global War emergency plan for the period to July 1950, 16 Dec. 1948, DEFE 5/9, COS (48)210, Annex, in John Kent, *EDME*, Vol. I, pp. 299 – 305.

[2] "Review of the Strategic Problem in the Middle East": Memorandum by the British Defence co‑ordination Committee, Middle East for COS Committee, 28 Apr. 1950, DEFE 5/20, COS (50)141, Annex, in John Kent, *EDME*, Vol. II, pp. 19 – 25.

最后,英美在中东防务上的分歧也削弱了埃及的价值。英国防卫中东的一个前提是,一旦发生战争,美国必须在很短的时间内站在英国一边作战。但是随着美国逐步卷入中东,美国越来越不信任英国在中东的防务战略。1949年,美国制定了新的全球战略,在这一新的战略中,陆军的声音占了上风。美国陆军对防卫中东不感兴趣,因为在他们看来,中东航道是非常危险的。他们建议集中资源建设西班牙南部的基地,要求把更多的资源向欧洲倾斜。这意味着美国放弃了在世界战争初期向中东派出军队的计划。此外,土耳其也更多地向美国的战略靠拢而不愿配合英国的防务安排。① 在失去美国的支持后,英国很快认识到自己无法实现在中东的目标。其后,英美继续在中东防务计划上争吵不休,美国指责英国过度强调中东特别是埃及的地位,而忽视了全球战略的整体性。

不管对丘吉尔也好,对艾登也好,1954年签订的条约远不是英国从中东撤退的标志。英国仍然控制着塞浦路斯、亚丁这些重要的战略基地,约旦与伊拉克仍然是英国的战略盟友。对艾登来说,与纳赛尔友好解决苏伊士运河问题是为了获得民族主义者的好感,最终实现自己的中东战略。英国人认为,纳赛尔通过条约获得的威望将有助于其巩固地位,然后纳赛尔会致力于国内的现代化建设,而埃及在经济上的虚弱迫使埃及必须依赖于英美的经济援助,埃及最终将与英美保持友好关系,埃及最终也会加入英美主导的防务体系。②

正如上文所言,从20世纪四五十年代之交开始,埃及的战略地

---

① John Kent, "Introduction", in John Kent, *EDME*, Vol. I, p. lxii.
② John Darwin, *Britain and the Decolonization: the Retreat from Empire in the Post-War World*, New York, 1988, p. 209.

位逐渐下降,整个中东的防务地位也在下降。那么,又是什么因素使英国政府顽固地抓住中东不放呢?

事实上,随着中东防务地位的削弱,英国政府越来越把中东的防务当作一种工具,当作维护英国的权威、维持英国大国地位的政治工具。正是这一政治目的使英国与埃及的关系继续恶化,也使英国逐渐偏离美国的冷战布局,最终招致了苏伊士运河事件的耻辱。

在达成1954年条约后,艾登很快把注意力放到了构建其他的中东防务体系上。在英国的支持下,1955年,伊拉克与土耳其在伊拉克首都巴格达签订了互助合作条约,即《巴格达条约》,虽然担心引起纳赛尔的反对,英国最终还是决定加入以该条约为基础的巴格达条约组织。对英国来说,加入巴格达条约组织有重要的利益:巴格达条约组织既是英国对抗苏联的工具,又能巩固英国在伊拉克的防务利益,还可以向波斯湾地区的酋长国展示英国保护他们的能力。

美国越来越不耐烦英国在中东的防务计划。1953年5月,美国国务卿杜勒斯访问了中东与北非。他最大的印象是这一地区的反英倾向已经到了令人震惊的地步,正是这一印象促使杜勒斯敦促英国在英埃谈判中做出更大的让步。杜勒斯的访问还有更深一层的意义,它使美国认识到自己在中东必须与英国保持距离,并要发展自己独立的防务政策,而新的防务安排应该排除埃及的中心地位,把中东防务战略建立在新的基础上。长期以来,美国的战略思想家乔治·麦吉(George Mcghee)关于美国在中东应该支持英国的观点占据统治地位,现在,杜勒斯开始提出了不同的意见。杜勒斯认为,虽然美国为了西方联盟的团结应该支持英国,但美国的支持应该是有限度的,美国不应该支持英国那些不受欢迎且过时的政策,而英国这些过时的政策主要表现在中东。为了在中东对抗苏联集团,美国必须扮演更加重要的角色,因为英国在埃及与中东地区已经不再适合胜任领导的位置。根据杜勒斯的提议,美国决定在中东建立以巴基斯坦、伊朗、伊拉克、土耳其为核心的防务体系,在这一防务体系中,埃及被搁到了一边。①

美国的压力刺激了英国的顽固态度。在中东,英国有被边缘化的危险,万一英国的战略被美国抛弃,英国在中东将失去自己的特殊地位,英国将完全变成一个欧洲国家,而这种地区性的二流国家正是英国各届政府千方百计予以避免的。为了巩固在中东的地位,英国在签订1954年英埃条约后,继续建立以英国为核心的中东防务体系,从某种程度上说,《巴格达条约》正是英国对抗美国压力的工具。从这一时刻开始,中东防务的战略意义已经不再重要,它成了维护英国权威、维持英国大国地位的手段。② 因而,虽然美国敦促英国放弃旧有的防务体系并逐步对美国的防务政策让步,英国却在不遗余力地推动建立巴格达条约组织。

在英美的分歧日益扩大之时,英国与埃及的关系也在急剧恶化。英国对纳赛尔的如意算盘打空了。1954年签订的条约并没有有效地巩固纳赛尔的地位,使之放弃对苏丹的主权,长达20个月的撤离时间,这都很难让人相信1954年的条约对埃及是一种胜利。条约签订后不久,穆斯林兄弟会向纳赛尔射出了8颗子弹,纳赛尔差点丧命。其后,纳赛尔虽然取缔了穆斯林兄弟会并绞杀了其首脑人物,但是他感觉到了埃及民众中的不满。他认识到埃及必须与英国保持距离甚至持一种斗争态度,自己才更有利于增加威信,只有把

---

① John Kent, "Introduction", in John Kent, *EDME*, Vol. I, pp. lxxvi – lxxvii.
② Ibid., p. lxxxviii.

埃及塑造成为阿拉伯世界反殖民主义的旗手,自己的地位才能真正巩固。

为了实现这个目标,纳赛尔首先坚持埃及防务的独立性。纳赛尔认为《巴格达条约》是英国企图恢复因撤出苏伊士运河区而做出的替代战略安排,因而坚决反对。以开罗为中心的"阿拉伯之声"电台不停地向阿拉伯世界宣传同一个声音:任何西方的防务体系都不过是另一种形式的殖民主义,是西方列强削弱阿拉伯世界的阴谋,而阿拉伯世界的分裂正是阿拉伯人在阿以战争中失败的主要原因。同时,纳赛尔联合哈什米家族的对手——沙特阿拉伯共同抵制伊拉克在中东的扩张。在纳赛尔的努力下,英国的中东防务体系根本无法成功,叙利亚、黎巴嫩,甚至英国的传统盟友约旦都没有加入巴格达条约组织,叙利亚甚至加入了埃及的防务体系。在埃及的支持下,约旦爆发了内乱,也没有加入巴格达条约组织。与此同时,纳赛尔尽力提升埃及在中东的地位。1955年3月2日,埃叙两国公布了统一军事指挥权的协定。3月6日,埃及、阿曼和沙特阿拉伯发表声明,提议签订"阿拉伯共同防御与经济合作条约",3天后,也门也声明支持这一协定。纳赛尔领导下的反对西方军事联盟的阿拉伯阵营形成了。[①]

在经济与其他问题上,纳赛尔也与英国产生了越来越多的矛盾。纳赛尔希望完成埃及经济的现代化,希望以经济独立来巩固政治独立。阿斯旺水坝计划就是这一想法的体现。它是当时世界上最大的工程项目之一,它将改变埃及的经济,使大片荒芜的地区适于耕种,并防止尼罗河河水泛滥。纳赛尔最初希望从西方获得经济

[①] 吴秉真、高晋元主编:《非洲民族独立简史》,世界知识出版社,1993年,第140页。

援助来建设阿斯旺水坝,可是英美的援助有许多附带条件,纳赛尔对此非常不满。纳赛尔的其他行为也让英美疑虑重重。1955年4月,纳赛尔不顾英美反对,毅然出席万隆会议,并对帝国主义与殖民主义进行了猛烈抨击。同年,以色列军队对埃及在加沙地带的军事阵地发动攻击,造成38人死亡,31人受伤。这次袭击使纳赛尔感到埃及必须要迅速建立一支强大的军队。在西方拒绝提供武器的情况下,纳赛尔决心借助苏联集团的力量。9月27日,纳赛尔宣布埃及通过捷克同苏联做成价值2.5亿美元的军火交易,这一行动打破了西方国家对中东地区的军火垄断。

这些事件使英国越来越不信任纳赛尔。1956年1月,英国政府得出结论,纳赛尔领导的泛阿拉伯民族主义正在彻底清除英国在中东地区的影响力。① 1956年3月1日,约旦国王侯赛因解除了格拉布爵士(John Bagot Glubb)对阿拉伯军团的领导权。艾登认为这是纳赛尔的阴谋,艾登的私人秘书沙克伯格(Evelyn Shuckburgh)记录了艾登已经准备动武的想法,"他把我拉到一边说,他正在严肃地考虑重占苏伊士运河来反击解除格拉布爵士领导权对我们威望的冲击。"②英国现在决定撤销对埃及的经济援助。美国也越来越不满意纳赛尔的态度,在英国的劝说下,美国也答应采取同样的撤援行动。

撤销经济援助一方面会使正在建设的阿斯旺水坝项目搁浅,另一方面,这也是对纳赛尔声望的沉重打击。纳赛尔准备回击。1956年7月26日,纳赛尔宣布埃及政府对苏伊士运河实行国有化。

英国内阁认为,这一事件是关乎英国作为大国的生死存亡的问

---

① Selwyn Lloyd, *Suez* 1956, New York, 1978, p.34.
② David Goldsworthy, *CGEE*1, Vol.I, p.xxxiii.

题,英国必须采取军事行动,如果有必要,英国将独自行动,因为如果对纳赛尔的挑衅无动于衷,英国的中东盟友将对英国彻底失望并与英国离心离德,英国在中东的威望将荡然无存。① 英国在表面上敷衍美国表示不会动武,但是在背地里,英国与法国、以色列密谋入侵埃及,并计划推翻纳赛尔政权。10月29日,以色列军队侵入埃及,英法很快以调停为名轰炸了埃及的空军基地,英法联军的伞兵部队与海军陆战队则登陆埃及,英国再次控制了苏伊士运河区,其占领计划似乎马上就要成功了。但是问题很快出现,入侵埃及的直接结果是英国的石油供应出现问题,英镑的地位也岌岌可危。正如麦克米伦对内阁的报告所言,如果继续进行战争,美国的援助是必不可少的。②

但是美国的反应让艾登意想不到。美国政府严厉敦促英、法、以无条件撤军。美国总统艾森豪威尔对英国背着自己采取军事行动非常生气,他迅速给艾登打电话:"安东尼,你是不是疯了?你欺骗了我。"③实际上,美国的态度有更深层的原因:英国一直不愿意完全屈从于美国的冷战布局,艾登一直希望以英帝国与英联邦为基础把英国确立为美苏之外的第三极势力。在艾登陷入困境之时,美国正好可以敲打一下英国。同时,美国一直希望在中东确立对苏联的优势,而这一次正好可以以反殖民主义为名争取阿拉伯世界的好

---

① "Suez Canal": Cabinet Conclusions on Future Policy, 27 July 1956, CAB 128/30/2, cm 54 (56), in David Goldsworthy, *CGEE*1, Vol. I, pp. 165 – 169.

② "Sterling", 19 November 1956, in W. R. Louis and R. E. Robinson, "The Imperialism of Decolonization", *Journal of Imperial and Commonwealth History*, Vol. 22, No. 3 , (Sept. 1994), pp. 462 – 511.

③ Elizabeth Monroe, *Britain's Moment in the Middle East, 1914 — 1971*, Baltimore, 1981, p. 209.

感。正如杜勒斯所言,英法的军事行动只能为苏联打开中东的大门,也会使阿拉伯世界对西方持有敌意。① 艾森豪威尔认为支持英法是很不明智的,"如果我们支持英法的代价是失去整个阿拉伯世界,我们怎么可能去支持他们?"②基于战略的考虑,美国拒绝为英国提供石油,也不肯解救英国的英镑危机。

英法的入侵也招致了苏联的反对,赫鲁晓夫威胁要使用核武器对付侵略者。这样,在联合国,美苏这两个水火不容的超级大国第一次协调立场,而广大的第三世界国家则以联合国为舞台攻击英法过时的殖民政策。在英国国内,艾登原先的支持者也开始转变立场。在给法国总理的信中,艾登坦言了自己的困境,"我不能坚持了。我正在被所有人抛弃。我的忠实的同事纳丁已辞去国务大臣的职务,我不再能依靠保守党内的举党一致。坎特伯雷大主教、教会牧师、石油商,每一个人都在反对我!"③首相艾登现在完全是孤家寡人了,而现代政治中的孤家寡人意味着穷途末路。艾登被迫退让,英法军队无条件地退出了苏伊士运河区。

苏伊士运河事件严重削弱了英国的威望,英国在中东的地位摇摇欲坠。约旦宣布废除与英国的协议,两年后,英国在伊拉克的忠实盟友努里首相被推翻,约旦也只是在英国的军事保护下才得以保全。到50年代末,英国在中东的势力范围已经被压缩到亚丁与波斯湾地区。

---

① Memorandum of a Conversation, 16 November 1956, *Foreign Relations of the United States, 1955－1957*, XXVII, p. 398.
② Memorandum of Discussion at the 302d Meeting of the National Security Council, 1 November 1956, *Foreign Relations of the United States, 1955－1957*, XVI, p. 910.
③ 陈启能主编:《大英帝国从殖民地撤退前后》,方志出版社,2007年,第97页。

苏伊士运河事件在某种程度上又标志着一个时代的结束。它的直接后果是英国在埃及的势力彻底瓦解。在更深层的意义上,它标志着英国追求超越冷战格局、维持独立于美苏作为世界第三极势力的失败。苏伊士运河事件之后,英国开始屈从于美国的冷战布局。苏伊士运河事件说明,在二战后的新时代,不是英国,而是美国或者苏联说了算。英国外强中干的面目被揭穿,英国的殖民时代已经一去不复返了。

四、被困塞浦路斯

英国对维持英帝国防务体系的强烈追求致使它在埃及受辱,在一个战争威胁没有完全消失的时代,英国觉得殖民政策应该服从于帝国防务的需要,这使它完全背离了时代的潮流。同样的思想也出现在塞浦路斯、亚丁等地。

对军方来说,放弃那些在战略上具有重要意义的地区是不可想象的,塞浦路斯正是这样的一个地区。[1] 同时,塞浦路斯在英国对抗共产主义力量的布局中也具有重要意义,塞浦路斯是"当前全球意识形态争斗中一个脆弱的突出部分"。[2] 殖民部的一些官员认为,为了更好地维持对塞浦路斯的统治,英国应该推动塞浦路斯的政治发展,"一个自治的塞浦路斯……会为维持英国在该地区的影响做出

---

[1] Ronald Hyam, "Introduction", in Ronald Hyam, *LGEE*1, Vol. I, p. xxxv.
[2] [Sir A. Wright's Policy in Cyprus]: Minutes by J. S. Bennett, J. M. Martin, Lord Listowel, Mr. Creech Jones and Mr. Griffiths (no 21B), 24 Jan. - 10 Oct. 1950, CO 537/6228, in *LGEE* 1, Vol. III, p. 111.

有益的贡献"①。外交部的一些官员也主张对塞浦路斯采取及时的让步。② 但是贝文反对塞浦路斯的政治发展,认为最明智的办法是不讨论塞浦路斯问题。贝文的看法得到军方的支持,"应该采取强硬的态度来维持英国对塞浦路斯的主权"③。

对塞浦路斯的民族主义者来说,这种态度是不可接受的。他们认为英国应该在塞浦路斯推动政治发展,在这一要求的背后,是东正教民族主义者渴望塞浦路斯与希腊合并的诉求。

英国拒绝接受民族主义者关于成立大希腊的想法。塞浦路斯总督温斯特(Lord Winster)把"大希腊"这样的政治理想称为幼稚的"塞浦路斯麻疹病",负责中东事务的殖民部官员费希尔(Mary Fisher)对此使用了几乎能够找到的所有侮辱性词汇,艾德礼也认为塞浦路斯民族主义者的想法是"泡沫而不是潮流"。④ 英国的这种态度是英国战略考虑后的结果。一方面,希腊正处于不确定状态,共产党在希腊的势力很大,一个与塞浦路斯合并的大希腊有倒向苏联的危险。另一方面,如果塞浦路斯民族主义者的理想实现,它会在英国的其他殖民地及占领地区造成多米诺骨牌效应,马尔维纳斯(福克兰)群岛、中国香港、直布罗陀、伯利兹等地都会面临同样的问题。

---

① "The Future of Cyprus in Relation to the withdrawal from Palestine": Memorandum by J. S. Bennett, Minutes by Trafford Smith, J. M. Martin, Sir T. Lloyd and Mr. Creech Jones, 14 Nov. 1947, CO 537/2486, no 4, in Ronald Hyam, *LGEE*1, Vol. III, p. 90.
② [Cyprus Policy]: Minutes by Sir O. Sergeant and Mr. McNeil (FO), 3 - 4 Feb. 1947, FO 371/67081, no 1089, in Ronald Hyam, *LGEE*1, Vol. III, pp. 80 - 81.
③ Ronald "Cyprus": Cabinet Conclusions on its Future, 11 Feb. 1947, CAB 128/9, cm 20 (47)6, in Hyam, *LGEE*1, Vol. III, p. 82.
④ Ronald Hyam, "Introduction", in Ronald Hyam, *LGEE*1, Vol. I, p. xl.

1947年,英国授予马耳他内部自治的权利。塞浦路斯共产党声称塞浦路斯也应该获得同样的地位。为了抚慰民族主义者中的温和派,英国殖民部建议内阁为塞浦路斯制定更加自由的宪法,允许塞浦路斯人参与内部事务管理,同时给予总督以很大的权力,这样既能够满足塞浦路斯人的自治要求,也能够保证英国的防务利益。艾德礼却否决了这一建议,认为这一建议在印度已经试行过,但是并没有效果,"它包含双头政治的所有缺陷,这一缺陷使不负责任的批评大行其道"①。内阁最后提供了一套替代方案,主张给予当地政府以更大的权力,选举产生的立法会议与咨询性的执行委员会对总督负责。仔细分析就可以发现,这一方案之所以出现,是因为它可以"确保我们的战略利益"。②

但是这一方案在塞浦路斯的反响并不好。除土耳其裔塞浦路斯人接受外,大希腊主义者与希腊共产党都不接受。1948年8月,塞浦路斯爆发了大规模的罢工,英国政府决定搁置该方案。

英国随后任命强硬派怀特(Sir Arthur Wright)为新的塞浦路斯总督。怀特于1923—1943年在塞浦路斯工作,对塞浦路斯的情况非常了解。他建议英国对塞浦路斯的抵制态度采取强硬政策,并要求伦敦授予自己处理塞浦路斯问题的巨大权力。殖民部官员认为怀特的政策不会有结果,但是外交部支持怀特,力主内阁授予怀特大权。英国内阁则认为首先应该让军方评估塞浦路斯的战略价值。

---

① "Constitutional Reform in Cyprus": Memorandum by Mr. Attlee for Cabinet Commonwealth Affairs Committee, 22 Dec. 1947, CAB 134/54, ca (47) 21, in Ronald Hyam, *LGEE*1, Vol. III, p. 92.

② "Cyprus": Cabinet Conclusions on Proposed Constitutional Reform, 29 Apr. 1948, CAB 128/12, cm 30(48) 9, in Ronald Hyam, *LGEE*1, Vol. III, pp. 104-105.

1950年6月,军方提交了评估报告,认为塞浦路斯的战略地位至关重要。军方同时指出,由于冷战的加剧,英国必须考虑盟友土耳其的态度,如果处理塞浦路斯问题失当,英国可能失去土耳其,甚至导致土耳其进入苏联的怀抱,这对西方盟国来说将是"灾难性的"。①

军方报告使那些对塞浦路斯采取强硬态度的观点占据上风,怀特被授权对塞浦路斯采取强硬政策,殖民部所能做的不过是尽量不让英国公众与国际社会知道塞浦路斯的真实情况而已。

1951年保守党上台后,英国仍然拒绝对塞浦路斯民族主义者的大希腊计划做出让步。1953年,在希腊休养的艾登斩钉截铁地告诉希腊人,根本就没有什么塞浦路斯问题,他甚至讽刺说希腊应该收复纽约,因为纽约的希腊人比塞浦路斯的希腊人还要多。② 1954年7月,殖民部官员霍普金森(Henry Hopkinson)在公开演讲中表明了相同的立场,他指出:"由于一些特殊状况,英联邦中的某些地区永远也不可能获得完全自治的地位。"③

保守党政府为什么在塞浦路斯问题上表现得如此顽固? 第一,塞浦路斯的战略价值对英国来说是有增无减。英国与埃及关系的恶化使苏伊士运河基地的变数很大,塞浦路斯很快被当作替代战略据点,1955年,英国在苏伊士运河区的统帅部迁到了塞浦路斯。第

---

① [Strategic importance of Cyprus]: Letter from Marshal of the RAF Lord Tedder to Gen O. N. Bradley, 2 Oct. 1950, FO 371/87224, no 1081, in Ronald Hyam, *LGEE*1, Vol. III, pp. 117 - 119.
② 布莱恩·拉平:《帝国斜阳》,钱乘旦等译,上海人民出版社,1996年,第392 - 393页。
③ Constitutional Arrangements: extracts from speeches by the Minister of State for Colonial Affairs, the Rt Hon. Henry Hopkinson, and the Rt Hon. J. Griffiths in the House of Commons, 28 July 1954, in Nicholas Mansergh ed., *Documents and Speeches on Commonwealth Affairs, 1952 - 1962*, London, 1963, p. 216.

二,希腊共产党势力强大,塞浦路斯与希腊合并后有可能落入苏联的势力范围,"我们必须防止在一个更加重要的地区出现另一个英属圭亚那"①。第三,土耳其因素在英国政府的考虑中占据重要地位。在塞浦路斯,土耳其族人占总人口的近 20%。作为英国在中东的盟友,土耳其反对塞浦路斯与希腊合并,认为一个近在咫尺的大希腊政权是对土耳其的严重威胁。为了获得盟友的合作与支持,英国必须照顾土耳其的意愿。② 第四,就艾登而言,他在苏伊士运河问题上的政策已经引起保守党右派的严重抗议,为了抚慰这些右派,艾登在塞浦路斯问题上的立场表现得非常强硬。

英国的态度首先激怒了希腊,现在希腊被迫把自己与塞浦路斯的独立事业绑在了一起。在霍普金森讲话后不久,希腊政府把塞浦路斯问题提交到了联合国。英国的顽固态度也激怒了塞浦路斯的民族主义者,他们变得越来越桀骜不驯。1952 年 7 月,塞浦路斯希腊东正教大主教马卡里奥斯(Archbishop Makarios)开始担任革命委员会主席,他很快任命一名叫格里瓦斯(George Grivas)的军人担任委员会的军事负责人。格里瓦斯认为要在塞浦路斯赢得胜利,唯一的办法是进行军事斗争,只有这样才能在希腊本土唤起民众,吸引全世界的注意力,并最终使英国人从塞浦路斯撤退。在格里瓦斯的领导下,塞浦路斯的反英斗争向武装暴力方向发展。

面对联合国与塞浦路斯民族主义者的反对,丘吉尔主张实行

---

① Ronald Hyam, *Britain's Declining Empire: the Road to Decolonization 1918 – 1968*, Cambridge, 2006, p. 203.

② 实际上,为了获得土耳其的合作,英国甚至考虑了分裂塞浦路斯的计划。Catterall, Macmillan Diaries, p. 567, 19 June 1956, and p. 576, 21 July 1956, in Ronald Hyam, *Britain's Declining Empire: the Road to Decolonization 1918 – 1968*, Cambridge, 2006, p. 208.

"强硬但务实的政策"。① 殖民大臣博伊德根据这一指导思想为塞浦路斯提出新的宪法构想:在新的立法会议中,以选举的多数取代任命的多数。但是,博伊德不同意完全由选举成员组成立法会议,艾登也拒绝讨论塞浦路斯的主权问题。② 塞浦路斯的自决权也被否决了,因为,"英国应该避免对希腊倾斜太多以致疏远土耳其,这一点是至关重要的"③。在1956年的拉德克里夫计划中,英国仍然坚持控制塞浦路斯的外交、防务事宜。

英国的态度导致塞浦路斯发生大规模的暴力活动。1955年4月,在马卡里奥斯大主教的支持下,格里瓦斯宣布了"第一份革命宣言",④塞浦路斯的反英武装斗争组织"埃奥卡"(National Organization of Cyprus Fighters,简称EOKA)全面启动。在武装斗争的背后,是绝大部分希腊族塞浦路斯人的强大支持。

面对塞浦路斯的暴力活动,英国派出帝国总参谋长哈丁(Sir John Harding)担任塞浦路斯总督。哈丁上任后不久,就把镇压"埃奥卡"列为政府的中心任务。由于怀疑大主教与"埃奥卡"有关,马卡里奥斯被放逐到了遥远的塞舌尔群岛。但是,放逐马卡里奥斯反而使极端派格里瓦斯可以更加放开手脚来对付英国人。"埃奥卡"把袭击对象从士兵、警察和希腊族塞浦路斯"叛徒"扩大到了英国平民。到麦克米伦政府时期,"埃奥卡"的暴力活动使英国不堪其扰。

---

① Prime Minister to Colonial Secretary, 15 Dec. 1954, in Hyam, *Britain's Declining Empire: the Road to Decolonization 1918 - 1968*, Cambridge, 2006, p.204.
② Memo by Eden, 5 April 1955, in Ronald Hyam, *Britain's Declining Empire: the Road to Decolonization 1918 - 1968*, Cambridge, 2006, p.206.
③ Minutes of Meeting, 5 Sept. 1955, in Ronald Hyam, *Britain's Declining Empire: the Road to Decolonization 1918 - 1968*, Cambridge, 2006, p.206.
④ 布莱恩·拉平:《帝国斜阳》,钱乘旦等译,上海人民出版社,1996年,第398页。

1957年6月,处理殖民问题的核心机构内阁殖民政策委员会(Cabinet Colonial Policy Committee)①得出结论,英国应该从塞浦路斯目前的"可憎状态与高昂代价"中解脱出来。②

实际上,英国的这一转变有深刻的原因。第一,苏伊士运河事件发生后,英国的防务计划发生改变,麦克米伦政府决定放弃维持大规模的常规部队而追求廉价的核武器,现役军人从70万左右缩减到了37.5万人。③ 新的防务政策也使英国不必要完全保有对塞浦路斯的主权,英国只要在塞浦路斯拥有两个空军基地就足够了。第二,"埃奥卡"的暴力活动使塞浦路斯成为一个国际问题,英国既面临着塞浦路斯的暴力斗争,在国际上也因为实行过时的殖民统治而遭到谴责。第三,随着1955年土耳其卷入塞浦路斯问题,塞浦路斯的局面越来越具有不可控的爆炸性,塞浦路斯希腊族与土耳其族有爆发内战的危险,而英国可能卷入其中。④

麦克米伦决定一劳永逸地解决塞浦路斯问题。他上台不久,就取消了对马卡里奥斯的放逐,同时任命自由派政治人物休·富特爵士(Sir Hugh Foot)取代哈丁的总督职位。富特很快提出建议,英国应该在塞浦路斯推行内部自治政策,在经过7年的过渡期后,英国应

---

① 1955年10月,由艾登政府建立,是内阁处理殖民问题的最高权力机构,由首相主持,成员包括外交大臣、英联邦事务大臣、殖民大臣、国防大臣。
② "Cyprus: Future Policy": Minutes of Cabinet Colonial Policy Committee Meeting, 20 June 1957, CAB 134/1555, CPC 10 (57), in Ronald Hyam and W. R. Louis, *CGEE*2, Vol. I, pp. 652 – 653.
③ 布莱恩·拉平:《帝国斜阳》,钱乘旦等译,上海人民出版社,1996年,第410页。
④ [Cyprus: Comments on the Approved Plan]: Letter from Sir H. Foot to Mr. Lennox - Boyd, 24 May 1958, CO 926/1065, no 887, in Ronald Hyam and W. R. Louis *CGEE*2, Vol. I, pp. 676 – 677.

该给塞浦路斯以自决的权利。但是麦克米伦认为这一计划影响了英国与土耳其的关系,而随着英国的忠实盟友努里(Nuri-al-Said)首相在伊拉克的垮台,土耳其在英国中东防务战略上的地位更加重要。麦克米伦的方案是计划邀请希腊、土耳其共同参与解决塞浦路斯问题。

1959年2月,在苏黎世会议上,希腊放弃了与塞浦路斯合并的要求,土耳其则放弃了分裂塞浦路斯的计划。马卡里奥斯大主教也逐渐认识到妥协的必要性,1958年9月,马卡里奥斯最终同意了英国对塞浦路斯的处理意见,也放弃了大希腊的理想。

1960年8月16日,塞浦路斯独立,新国家实行某种形式的联邦制,由希腊族人担任总统,土耳其族人担任副总统,在内阁中,土耳其族人也获得了与其人口比重不成比例的特权,希腊族官员与土耳其族官员的比例为7:3。塞浦路斯的独立由英国、希腊、土耳其联合进行担保,而英国则继续保留对塞浦路斯两个军事基地的所有权。

这一妥协方案为塞浦路斯的民族冲突埋下一个当量巨大的定时炸弹。独立后不到三年,塞浦路斯就爆发了内战。1974年,土耳其军队应塞浦路斯土耳其族人的要求入侵塞浦路斯,造成了塞浦路斯事实上的分裂。

塞浦路斯的苦果是英国人为的产物。英国为了自身战略的需要,顽固反对塞浦路斯民族主义者的要求。在形势的压力下,英国仍然根据自己的战略需要处理塞浦路斯问题,更多地照顾了土耳其的愿望并把土耳其引入塞浦路斯事务,这是塞浦路斯分裂的重要原因。在很大程度上,英国必须为塞浦路斯的分裂负责。

五、溃败亚丁

亚丁是英国在1839年获得的殖民地,是连接大西洋与印度洋的交通要道。英国征服这一地区的理由是为了拱卫印度。这一作用并没有充分发挥,但是靠着有利的地理位置,亚丁很快发展成为英国海军的物资供应站,也逐渐成为一个重要的港口。对亚丁的主要威胁来自相邻的内陆地带。在1839年英国海军上校海恩斯(Stanford Beresford Haines)用收买的方法建立了亚丁保护领①后,对亚丁的主要威胁来自也门北部的穆塔瓦基利亚王国,该王国由其宗教领袖伊马姆(Imam)统治。英国使用了强大的武力对也门的伊马姆进行威慑,在1943年利用也门和沙特阿拉伯的边界纠纷,强迫也门伊马姆签订了为期40年的《萨那条约》,在此条约中,也门王国承认了英国对亚丁地区的控制权。

二战后,亚丁的地位在英国战略家的眼中大大提升。② 首先,亚

---

① 根据殖民地与宗主国的关系,高岱教授把殖民主义体系划分为三种类型。第一类是殖民地,宗主国拥有充分主权。第二类是保护领和保护国,保护领和保护国在名义上是以自愿原则为基础产生的,宗主国不能直接兼并他们。第三类是托管地,这是由国际联盟或联合国交由某些国家代为管理的地区。作为殖民地的亚丁只是一个港口城市,而在亚丁城市的外面,是由苏丹、埃米尔等封建主领导的一些小邦,在海恩斯等英国官员收买了这些小邦的首领后,这些小邦变成了英国的保护领。关于殖民主义体系的类型,参阅高岱:《论殖民主义体系的形成与构成》,《北京大学学报》(哲学社会科学版),1999年第1期,第47—55页。
② 莫比副教授通过对亚丁的研究指出英帝国甚至在50年代都还处于扩张之中的。参阅 Spencer Mawby, "Britain's Last Imperial Frontier: the Aden Protectorates, 1952 – 1959", *Journal of Imperial and Commonwealth History*, Vol. 29, No. 2, (May 2001), pp. 75 – 100.

丁的战略重要性随着局势的变化增强了。由于英国从巴勒斯坦、埃及、塞浦路斯撤离,亚丁成为英国在中东的主要据点。苏伊士运河事件后,英国对约旦的控制也被削弱了,1958年,伊拉克发生军事政变,亲英的努里首相被处死,英国在伊拉克的军事基地也丢失了。在英国势力日蹙的时候,亚丁逐渐成为英国在中东的替代战略据点。从1957年到1959年,英国在亚丁的军事人员增长为原来的4倍。① 1960年,英国在中东的总司令部移驻亚丁,到1964年,英国在亚丁的驻军规模达8 000人。其次,亚丁也成为英国保护波斯湾石油利益的据点。1954年,在被赶出伊朗后,英伊石油公司在亚丁建立了一个庞大的炼油厂,为日益繁忙的过往船只提供能源供应。在英国对波斯湾王公的保护许诺中,亚丁也是英国军队集结的基地。

但是,正如历史学者达尔文观察到的:随着亚丁地位的上升,英国对该殖民地的控制却日益艰难。② 到50年代,以商人为主构成的亚丁协会提出自治要求并希望最终走向独立。

在经历了苏伊士运河事件后,麦克米伦开始服从美国的冷战战略布局。但是不能过于夸大苏伊士运河事件对英国帝国战略安排的重要性,历史的延续性总是顽强地存在着。苏伊士运河事件后,英国仍然是中东的主要大国,在中东仍然维持有庞大的军事网络,也继续坚守对海湾地区酋长国的保护义务。实际上,对麦克米伦政府来说,只要把英国争取利益的范围限制在冷战的战略布局中,英国仍然可以为所欲为。或者说,除非美国坚决反对,否则,英国仍要

---

① 英国军事人员的大量增加甚至使得供应都出现了问题。Philip Darby, *British Defence Policy East of Suez 1947 – 1968*, London, 1973, p. 209.
② John Darwin, *Britain and the Decolonization: the Retreat from Empire in the Post - War World*, New York, 1988, p. 282.

执行帝国游戏。麦克米伦决定守住亚丁与波斯湾。对亚丁协会的要求,英国的答复是:"亚丁在战略和经济方面的地位是如此重要,因此女王陛下政府对本殖民地所负责任没有任何实质松懈的可能性。"[1]

但是对英国殖民统治的真正威胁来自亚丁工会与亚丁的近邻也门王国。1956年后,亚丁工人组建"亚丁工会大会(Aden Trades Union Congress)"(简称亚工大),在这一组织中,也门人占了多数。亚工大主张推翻英国的殖民统治,建立一个包括亚丁市、保护领、也门三个部分统一的社会主义国家。为此目标,亚工大不断举行罢工反抗英国的殖民统治,在英国人眼中,亚工大已经成为亚丁的"第五纵队"。而在亚工大背后,是也门王国对亚丁的威胁。虽然也门在《萨那条约》中承认了英国对亚丁的控制,但情况正在变化。在苏伊士运河事件后,纳赛尔在中东的影响无处不在,"阿拉伯之声"电台在整个中东地区广播谴责殖民主义的罪恶。这一宣传在亚丁、保护领与也门的民众中引起了反抗激情与骚动。

为了稳固在亚丁的地位,英国决心发动先发制人的攻势。一方面,英国努力推动亚丁的经济与社会发展。另一方面,英国的战略家认为把亚丁的商人,保护领的苏丹、谢赫等保守势力联合起来建立联邦,从而对付民族主义激进派是上策之选,英国也可以通过加强阿拉伯传统封建势力来抵御埃及的颠覆活动。[2] 1959年,在殖民大臣博伊德的努力下,贝汉、奥扎利等6个阿拉伯酋长国建立了"南

---

[1] "Future Constitutional development in the colonies": report (CO print, GEN 174/012) of the officials' committee (chairman, Sir N. Brook)(CO (0)(57)5), May 1957, CAB 134/1551, CPC (57)27, in Ronald Hyam and W. R. Louis, *CGEE*2, Vol. I, p. 17.

[2] Harold Macmillan, *At the End of the Day 1961–1963*, London, 1973, pp. 264–266.

阿拉伯酋长国联邦"。英国随后推动亚丁加入这一联邦,在英国的撮合下,1963年3月1日,亚丁殖民地与之前的6个酋长国共同组成了南阿拉伯联邦(Federation of South Arabia)。在新的联邦中,作为高级专员的英国总督掌控外交、国防、安全、警察以及文官方面的权力。① 英国试图通过这样的制度安排巩固自己对亚丁与波斯湾地区的控制。

但是这个政治联合体非常脆弱。首先,保护领的一些苏丹拒绝加入联邦,而加入联邦的大部分苏丹都没有管理现代国家的能力,联邦的一些部长甚至长期拒绝前往联邦首府。各个苏丹、谢赫也担心联邦会干涉自己的酋长国内的事务,联邦的军官也很少互相配合,亚丁的商人也没有时间参与联邦的日常事务。其次,联邦的内阁主席每月轮换,这就使联邦不可能形成一个核心领导。② 最后,联邦也面临着外部力量的攻击,亚工大攻击联邦是英国人的傀儡,也门王国伊马姆王朝的统治者在南阿拉伯酋长国联邦建立后就不断攻击联邦,埃及更是攻击联邦违背中东人民的意愿,是一个反动政府。

1962年也门爆发了"九二六革命",更是对联邦以及英国在亚丁的统治形成致命威胁。也门的新国王伊马姆·巴德尔决定推行新政,他任命曾在苏联受训的阿卜杜拉·萨拉勒(Abdullah el Sallal)为陆军参谋长。但一个星期后,萨拉勒就发动了一场军事政变(也可以说是革命),推翻了国王巴德尔的统治,萨拉勒掌握了也门的政权,并任命纳赛尔的密友阿布杜·拉赫曼·拜达尼(Abdel Rahman

---

① Harold Macmillan, *At the End of the Day 1961–1963*, London, 1973, p. 266.
② 布莱恩·拉平:《帝国斜阳》,钱乘旦等译,上海人民出版社,1996年,第355页。

el Baidani)为副总理。纳赛尔很快向也门提供武器并派出军队来支持萨拉勒政府。也门革命的深远意义在于,它使也门与亚工大能够联合起来。亚工大虽然很早就提出亚丁、保护领、也门建立统一国家的主张,但是一个由传统的、腐朽的伊马姆王朝领导的也门政府并不是新国家理想的领导者,但是革命扫除了这一障碍。

麦克米伦政府很快认识到也门新政府对亚丁的威胁,随后就做出保卫亚丁的战争准备,因为,"假如我国被赶出亚丁或者遇上使我们的基地失去作用的严重革命事件的话,我国在整个波斯湾的势力就会彻底丧失了。"[1]英国虽然对保王派不抱幻想,但别无选择,承认新政府将激起南阿拉伯联邦中各酋长国的不满,[2]如果联邦离心离德,英国在波斯湾的利益将无法维持,而且,萨拉勒政府支持亚丁下层民众反对英国的殖民统治。在亚丁总督的建议下,英国不肯承认也门的新政府。殖民大臣坚持对等承认,如果英国承认萨拉勒政府为也门的合法政府,新政府也必须承认英国在亚丁和保护领的合法地位。[3] 也门新政府对英国的态度越来越强硬,萨拉勒最终把英国代表驱逐出也门。英国于是只能彻底倒向保王派。在也门对亚丁采取军事行动后,英国也采取了强硬措施,帮助亚丁抗击萨拉勒的军事进攻。1963 年,在萨拉勒的支持下,"全国解放阵线(National Liberation Front)"(简称全解阵)在也门成立,这一组织主要由亚丁的也门人与联邦中的部落民组成,其首领是夸赫坦·阿斯哈比(Qahtan Asshabi)。在阿斯哈比的带领下,全解阵很快向英国人发起攻击。英国在亚丁的高级专员特里瓦斯基斯(Sir Kennedy

---

[1] Harold Macmillan, *At the End of the Day 1961 - 1963*, London, 1973, p. 268.
[2] Ibid., pp. 269 - 272.
[3] Ibid., p. 274.

Trevaskis)认为英国应尽快让联邦独立,这是解决问题的最好办法。内阁同意了特里瓦斯基斯的建议,许诺在1968年让南阿拉伯联邦独立。①

但是特里瓦斯基斯的方案并没有解决问题,全解阵的武装斗争仍然使英国政府焦头烂额。1964年工党政府上台后,殖民大臣格林伍德(Anthony Greenwood)决定改弦更张,支持亚工大的领袖阿斯那赫(Abdullah al-Asnag)。英国认为,虽然阿斯那赫一直发表威胁性的演讲,出访莫斯科、开罗,但与全解阵相比,他仍然是一个可以与之妥协的人,与他合作,英国在亚丁的经济与军事利益将得到保障。英国政府决定放弃那些旧日的传统合作者,全力与阿斯那赫谈判。在格林伍德的安排下,阿斯那赫阵营里的成员阿卜杜尔·马卡维(Abd al-Qawi Makkawi)被任命为南阿拉伯联邦的新首相。

英国的这一安排仍然要失败。在阿斯哈比的领导下,全解阵发展得很快。从1963年开始,它就获得了极大的成功,它把驻守在拉德凡邦的联邦军队和英国军队弄得狼狈不堪,乃至英国与联邦军队在九个月后不得不撤出该邦。与亚工大不同,全解阵奉行群众路线,喜欢从最底层寻找支持者,进行的是一种全无章法的新型战争。英国对这种战争很不熟悉,英国的一位军官说:"写战斗汇报时遇到的一大难题是缺少关于敌方的任何确切可靠的情报——他们在哪儿,番号是什么,他们的目标或意图是什么,还有更头疼的是,他们

---

① [Aden: "Surrender of Sovereignty"]: Letter from Sir K. Trevaskis (Aden) to Sir J. Martin (CO). Minutes by Sir H. Poynton and Mr. Fisher, 5 May 1964, CO 1055/123, no 72, in Ronald Hyam and W. R. Louis, *CGEE*2, Vol. I, pp. 644-646.

究竟是谁。"①

英国还是按照自己的战略安排推动联邦的独立。格林伍德在1965年2月宣布召开宪政会议来落实计划,但全解阵威胁要消灭掉出席会议的所有人,很多人不敢出席会议,以致会议最后被迫取消。1965年8月,联邦的警察总监被刺杀,9月,联邦立法会议主席被刺杀。事实证明,没有全解阵的同意,在亚丁进行任何政治安排都是不能实现的,全解阵才是决定亚丁局势的主要力量,但是英国却决定取缔全解阵。

在警察总监与立法会议主席被刺后,英国宣布亚丁处于紧急状态之中。总督特恩布尔(Sir Richard Turnbull)实行直接统治,但英国内阁又不给他全权(特恩布尔的继任者才获得这一权力),亚丁的局面没有太大的改变。为了与全解阵抗衡,阿斯那赫也组织了"被占领的南也门解放阵线(Front for the Liberation of Occupied South Yemen)"(简称南解阵),一样采取暴力活动。

像巴勒斯坦一样,亚丁的暴力活动再次耗尽了英国的精力。英国财政部反对继续维持庞大的防务开支,要求削减开支,而外交部与军方则激烈反对。这一分歧在讨论1966年的防务计划时表现了出来,财政部坚决要求削减防务开支,而军方则坚决反对。争论的结果是海军大臣与国防大臣双双辞职,政府最后削减了防务开支。根据新的防务安排,英国放弃了继续建造航空母舰的计划,也放弃了对亚丁的防守。英国这次的放弃是彻底的,甚至没有要求与亚丁订立任何新的防务协议。

---

① 布莱恩·拉平:《帝国斜阳》,钱乘旦等译,上海人民出版社,1996年,第360—361页。

什么因素促使英国在亚丁完成了一百八十度的大转变？

首先，当地民族主义者的反抗是最主要的因素。从60年代开始，工人的骚动、罢工、投掷炸弹和全面的反英暴力活动日益增多，同英国人合作或参与联邦事务的政治人物经常受到暗杀的威胁。到1965年，暴力活动频繁发生，只要英国人在亚丁集会，就可能招来手榴弹，而邮包炸弹也定期从邮局寄来。甚至联合派到亚丁的和平代表团都不敢离开自己的旅馆。① 暴力活动已经使英国不能从亚丁获得任何利益好处。

其次，英国自身的财政困难也是其从亚丁撤退的重要原因。二战以后，英国的经济形势一直不是很好。在艾德礼政府时期，英国发生过两次英镑危机，艾登政府时期，也发生过一次英镑危机。在英镑危机的背后，是英国经济长期滞后的影响。经济发展的迟滞，准确说是低速发展，严重影响了英国的外交与防务安排。1964年威尔逊上台后，英国的经济局面也没有好转，这也是财政大臣詹金斯（R. H. Jenkins）要求削减开支的主要因素。在这种情况下，英国摆脱亚丁的负担是不可避免的选择。

最后，国际局势、特别是中东地区的阿拉伯民族主义运动加速了英国从亚丁的退却。波斯湾地区蕴藏着丰富的石油资源，美苏都不愿放弃这块膏腴之地。苏联一直试图向波斯湾地区扩张势力，它一方面支持埃及的反英斗争，另一方面通过埃及向亚丁等波斯湾地区渗透。美国的战略考虑也让英国非常为难。在1953年杜勒斯访问中东后，美国开始执行不同于英国的中东防务战略。英国关于英美在也门采取一致立场并且不承认革命政府的要求没有得到美国

---

① 西·内·费希尔：《中东史》下册，姚梓良译，商务印书馆，1980年，第739-740页。

的支持,美国反而甚至要求英国迅速承认新政府。① 在失去美国的支持后,英国继续统治亚丁变得更为艰难。在 1956 年的苏伊士运河事件中,美苏联手把英国置于困境,这表明英国的殖民统治与新的时代格格不入。此外,埃及领导的反殖民主义运动使英国继续留在亚丁困难重重。在苏伊士运河事件以后,纳赛尔在中东的威望迅速上升,埃及成为中东地区反殖民主义的旗帜。在埃及的领导下,中东地区的反殖民主义运动进入高潮。1962 年发生在也门的革命得到了纳赛尔的支持,埃及与也门都站在亚丁民族主义者的一边,反对英国的殖民统治。亚丁殖民地已经成为英国的累赘而不再是必保之地了。因此,从亚丁撤退,才是维护英国利益的最好选择。

为了尽可能体面地撤离,英国政府认为必须协调自己与埃及的关系。为此,外交大臣布朗(George Alfred Brown)任命深受纳赛尔信任的杜威廉(Sir Humphrey Trevelyan)担任亚丁总督。但是,亚丁外部的局势发展使英国的计划再次泡汤。埃及在 1967 年的六五战争中一败涂地,纳赛尔开始从外部收缩兵力,不久撤出了驻扎在也门的军队。亚丁很快成了全解阵与南解阵的内战舞台。使局面更为严重的是,联邦的军队不久发生了哗变,27 名英国军人被杀。英国政府觉得,当联邦政府都无法控制自己的军队时,支持联邦已经毫无意义。② 英国政府认为应该承认全解阵的地位,把全解阵作为

---

① Harold Macmillan, *At the End of the Day 1961 - 1963*, London, 1973, pp. 270 - 278.
② [Aden]: FO record of a meeting between Mr. Brown and Sir H. Trevelyan and officials on the conditions under which the UK will withdraw, 6 May 1967, FCO 8/250, no I, in S. R. Ashton and W. R. Louis, *ESC*, Vol. I, pp. 239 - 241.

唯一的谈判对手。①

但是英国与全解阵谈判的希望也破灭了。全解阵对英国的回复是："南解阵一直在骂我们是帝国主义的走狗,如果在这个关头人们发现我们与你们谈判,那正好证明他们的谣言……我们不得不把你们赶出亚丁。我们不得不让人们看到这是在赶你们走。"②全解阵对英国的武力反抗继续进行。

英国现在希望尽快离开。1967年9月,杜威廉建议,不管亚丁的局面如何,英国必须确定一个撤离的时间。布朗也认为英国提前撤离亚丁是不得已的选择,"不管对阿拉伯人还是对我们自己来说,事实表明我们不能够通过继续留在亚丁而获得任何好处";"我们应该尽快让阿拉伯人来处理他们自己的问题,不应该让我们的军事存在使问题复杂化"。③

在英国加速从亚丁撤离的过程中,英国甚至找不到可以移交权力的对象。全解阵与南解阵的内战仍在如火如荼地进行,虽然全解阵看起来胜算较大,但是他们不肯走到谈判桌前,而南解阵同样如此。英国的撤退显得异常的狼狈。

英国撤走后,全解阵赢得了内战,建立了"也门人民民主共和国",苏联海军定期到访亚丁港,保加利亚和民主德国的顾问则帮助

---

① "South Arabia: political situation": memorandum by Mr. Brown for Cabinet Defence and Oversea Policy Committee recommending Britain should negotiate only with the NLF, 4 Sept. 1967, CAB 148/33, OPD (67)66, in S. R. Ashton and W. R. Louis, *ESC*, Vol. I, pp. 266-267.
② 布莱恩·拉平:《帝国斜阳》,钱乘旦等译,上海人民出版社,1996年,第370页。
③ "South Arabia": Cabinet Memorandum by Mr. Brown on the Arrangements for a UK Withdrawal. Annex, 26 Oct. 1967, CAB 129/33/2, C (67)169, in S. R. Ashton and W. R. Louis ESC, Vol. I, pp. 270-274.

该国发展建设新工业。用丘吉尔当初攻击艾德礼政府的话来说,英国的政策是"逃之夭夭"。

从亚丁撤退后,英国在中东的势力逐步瓦解了。在英国的推动下,波斯湾的一些酋长国纷纷独立。到1971年,英国在苏伊士运河以东的防务荡然无存,英国在中东的防务体系也寿终正寝。

在中东地区,英帝国的解体呈现出一种不同的模式。英国从自身战略出发希望维持殖民统治,结果是英国与当地民族主义者之间发生了激烈的冲突甚至是战争。在民族主义者坚决的反抗下英国遭受沉重打击,其威望与国际地位都大受影响。在这些殖民地,英国是被赶出去的,离开的时候大都非常狼狈。在这些地区,英帝国向英联邦的转变也大都没有成功,新独立的国家基本上摆脱了英国的影响,一些国家甚至走入英国的敌对阵营。

英国在中东的灾难也与国际局势的变化有关。在南亚、东南亚殖民地的独立过程中,英国虽然不得不在美苏两极世界体系中处理问题,但美苏很少直接插手英帝国的事务。在中东殖民地的独立过程中,却经常可以发现美国或者苏联的影子,在苏伊士运河事件中,美苏尤其是美国直接插手,最终使英国无条件撤军。此外,英国的殖民政策也招致了整个国际社会的反对,例如在苏伊士运河事件中,除了那些旧日的殖民宗主国,世界上大部分国家都站在英国的对立面,其中还包括不少的英联邦国家。国际社会的压力终于惊醒了英国人,英国终于认识到,殖民时代过去了,英国必须顺应潮流,应时而变,否则,英国将遭受更大的损失。这一新思维将对英国在非洲的殖民统治产生重要影响。

第四章 经济规划与非洲殖民地的独立

一、变革之风

二战结束后,英国政府认为非洲殖民地的政治发展程度比较低,在很长的时间内不适合走向自治,但如果这些殖民地要实现自治,就必须以经济与社会的发展为前提。① 与此想法相对应的是,英国在非洲殖民地采取的政策是积极推动经济发展。这一政策适应了战后英国恢复经济的任务。在很长的时间内,英国实际上是以推动经济发展为名,加大了对非洲殖民地的干预与掠夺。在政治方面,英国并没有主动积极地推动殖民地的宪政改革,而是尽量采取拖延策略。

但是政治与经济分离的双轨政策终将招致非洲民族主义者的激烈反抗。在当地民族主义者的推动下,殖民地的反抗很快汇聚成一股洪流。由于英国不肯对殖民地的反抗做出实质性让步,殖民地与宗主国之间出现严重对抗,在许多地方,这一对抗最终爆发为政

---

① Alex May, "Empire Loyalists and Commonwealth Man", in Stuart Ward ed., *British Culture and the End of Empire*, Manchester, 2001, p. 45; Lord Hailey, *World Thought on the Colonial Question*, Johannesburg, 1946, p. 8.

治动乱。在黄金海岸,退伍军人的示威活动演变为声势浩大的群众斗争,群众与军警的冲突爆发为"阿克拉暴动",这种愤怒情绪也传播到了库马西、科弗里杜阿等地区,造成数百人伤亡。"阿克拉暴动"事件反过来又推动了民族主义的发展。事件之后,民族主义者的影响力大大提高,黄金海岸统一大会党的成员人数在两个月期间增加了25倍。① 在东非地区,英国根据自身的战略实施建立多种族社会的计划,不过却使英国与当地民族主义者发生激烈对抗。在肯尼亚,茅茅运动的展开迫使英国派出大量军队、花费巨额钱财来维持殖民统治,英国付出了沉重代价。在中非,英国强力推行的中非联邦计划遭到了尼亚萨兰的坚决反对,尼亚萨兰的民族主义政党采取了包括暴力手段在内的各种形式的斗争,各地也爆发了游行示威、冲击监狱、与警察发生武装冲突等激烈对抗。殖民当局宣布紧急状态,结果导致警察在各地枪杀群众至少50人,打伤数百人,英国派去调查的德夫林委员会(Devlin Commission)认为尼亚萨兰存在着"愤怒、怨恨和失望情绪"。② 英国政治家很快发现,民族主义的潮流是无法阻挡的,正如首相麦克米伦所说:"变革之风已经吹遍这个大陆,不管我们喜不喜欢,民族意识的这种增长是个政治事实。我们大家都必须承认这是事实,并且在制定国家政策时把它考虑进去。"③英国决心准备顺应这股潮流。

　　国际社会的压力也增加了英国维持帝国的难度。二战之后形成的两极世界格局使西欧列强维持殖民帝国面临结构性困难,一方

---

① 吴秉真、高晋元主编:《非洲民族独立简史》,世界知识出版社,1993年,第197页。
② 同上书,第363页。
③ Harold Macmillan, *Pointing the Way: 1959–1961*, London, 1972, p.156.

面,苏联对殖民地的独立斗争予以积极支持,另一方面,作为英国盟友的美国也在敦促英国放弃殖民地。随着冷战的加剧,美国意识到只有顺应民族主义者的要求,推动殖民地的独立,西方世界才可能赢得第三世界的好感,美国才能在与苏联的冷战争霸中取得更多优势,因此美国开始敦促英国推动殖民地的独立进程。美苏的反对使维持殖民帝国变得非常艰难。除了美苏,来自国际社会的反对殖民主义的压力也越来越大。印度独立、中华人民共和国成立,反帝反殖力量逐渐壮大。在1955年的亚非会议上,不少参会国都对殖民主义进行了猛烈鞭挞。联合国也开始站在反殖民主义的立场上谴责殖民帝国,这使一旦召开与殖民问题有关的会议时,英国都会陷入孤立状态。

法国与比利时的非殖民化政策增强了英国的紧迫感。为了维持法国对阿尔及利亚的统治,法国与阿尔及利亚的民族主义者长期处于战争状态,为此法国付出了惨重的经济、政治与军事代价。戴高乐重新掌握权力后,认识到非殖民化才符合法国的利益,因而决定执行非殖民化政策。① 在1958年的新宪法中,法国决定给殖民地人民"自由决定权"。几内亚率先脱离法兰西共同体而独立,1959年与1960年又有14个法属殖民地取得独立。法国还不顾法裔移民的反对,同意在阿尔及利亚推行民族自决原则。与此同时,面对民族主义者的斗争,比利时也顺应比属刚果的独立要求。法、比的政策转变使英国决策者产生了紧迫感。英国殖民大臣麦克劳德(Iain Macleod)在听到比属刚果独立的消息时说:"我们在殖民地统治世

---

① 周荣耀:《戴高乐主义论》,《世界历史》,2003年第6期,第2-22页。

界里要成为最后一个而不是第一个了。"[1]因此,英国准备在被赶出殖民地之前采取主动行动,放弃殖民统治,采纳非殖民化政策。

两个先例摆在英国政府的面前:印度殖民地的独立与中东殖民地的独立。这两个先例一正一反:英国在印度等地顺应民族主义者的要求,部分实现了英国的目标;而英国在中东等地顽固抵制民族主义者的要求,招致了惨重的失败。在非洲,英国决定吸取中东的教训,借用印度的经验,顺应时代潮流,推动非洲殖民地的独立进程。但是这一态度也与英国的策略考虑相生相应。非殖民化是英国在新时期维护英国利益的手段,如何通过非殖民化来维护英国的利益是英国政治家始终考虑的问题。[2] 在民族主义者的反抗下,英国很快发现拖延策略反而有利于激进势力与共产主义的发展。英国政府认为,与其壮大激进派,不如支持温和的民族主义者,掌握独立的主动权,从而达到继续维护英国利益的目的。因为只有依靠这些温和派的势力才能维持殖民地的秩序,而对抗他们,英国只能卷入前途黯淡的战争。与其被动地等待被赶走,不如采取明智的态度,通过非殖民化政策争取民族主义者的好感。这样既可以把以前的殖民地羁留在英联邦之内,更多维护英国的政治、经济与战略利益,又有利于扩大西方在第三世界的影响,为英国的战略服务。因而,英国在非洲采取了顺应民族主义者要求独立的政策,以图谋求利益的最大化。

---

[1] 吴秉真、高晋元主编:《非洲民族独立简史》,世界知识出版社,1993 年,第 364 页。
[2] W. R. Louis and R. Robinson, "The Imperialism of Decolonization", *Journal of Imperial and Commonwealth History*, Vol. 22, No. 3, (Sept. 1994), pp. 462–511.

二、西非殖民地的独立

长期以来,撒哈拉以南的非洲大多数地区都是西欧强国的殖民地。加纳作为这一地区第一个摆脱殖民统治的国家,其独立具有重要意义。

20世纪30年代,非洲殖民地的经济困境导致了严重的社会动荡。在危机面前,英国的间接统治政策开始让位于积极管理的政策,黑利爵士(Lord Hailey)的影响力逐渐超过了卢加德。黑利认为:"如果政治的发展不是建立在坚实的经济与社会进步的基础上,它将是一个幻影,并且可能是危险的。"[1]因而,英国政府应该发展殖民地的经济,与此同时,教育与劳工权益也应该得到发展。二战期间,非洲成为英国的后勤基地,英国借发展为名加强了对非洲殖民地的利用,非洲殖民地为战争做出了巨大的贡献。

在加紧开发非洲的过程中,艾伦·伯恩斯(Sir Alan Burns)于1941年出任英属黄金海岸总督。他是一位富有远见的政治家,主张在历史的长河中确定当前的方针政策。伯恩斯曾经宣称黄金海岸是英国的模范殖民地,但是事实上,黄金海岸在政治上并不是那么驯服。20世纪30年代的大萧条使殖民地对英国统治的不满从城市向农村蔓延,1937年可可农要求按高价出售可可农作物的斗争使殖民政府异常头疼,而黄金海岸南部的民众斗争甚至发展到可以废黜

---

[1] Alex May, "Empire Loyalists and Commonwealth Men: the Round Table and the End of Empire", in Stuart Ward, *British Culture and the End of Empire*, Manchester, 2001, p.45.

那些不受欢迎的酋长。与农村不满相对应的是,工人的不满愈益明显。二战爆发前夕,黄金海岸的铁路工人发动罢工,而蔓延于铁路、码头、矿场的罢工浪潮在整个二战时期此起彼伏。在这种氛围中,民族主义组织在黄金海岸出现。1930年,由丹奎(J. B. Danquah)领导的民族主义政党"黄金海岸青年会议"宣告成立,它提出了诸如政府机关非洲化、立法会议中非洲人占多数等政治要求。

伯恩斯认为,消弭殖民地不满的有效手段是满足民族主义者的一些政治要求,推动殖民地的政治发展。他首开非洲人参政的先例,让两个黄金海岸人参加到地方行政机构中。1942年,他又提出在立法会议中让非官方议员占据多数的主张。

伯恩斯的政策其实是一种先发制人的策略。一方面,他坚持说,英国只有通过主动的政治让步才能获得民族主义者的好感,从而引导殖民地的政治发展并保护英国的利益。另一方面,他也要把政治发展控制在一定的范围内,总督保留了足够的权力,可以控制殖民地的形势。

但是,英国殖民部认为伯恩斯走得太远了,主张谨慎行事,"我们所有的殖民经验……都反对这一主张"。① 1943年秋,殖民部西非司(1947年后改为非洲司)司长(Assistant Secretary)威廉斯(O. G. R. Williams)起草了"西非政治发展"的备忘录,重申了黑利的原则,

---

① [Legislative Council]: Minutes by Sir A. Dawe, Sir G. Gater and Mr. Stanley on the arguments against the adoption of an unofficial Majority in the Gold Coast Legislative Council, 12 – 15 Jan. 1943, CO 96/770/4, in Richard Rathbone ed., *Ghana*, Vol. I, London, 1992, pp. 21 – 23; [Legislative Council]: Letter from O. G. R. Williams to Sir A. Burns explaining the views of the CO on the question of adopting an unofficial Majority in the Legislative Council, 20 Jan. 1943, CO 96/770/4, no 9, in Richard Rathbone, *Ghana*, Vol. I, pp. 23 – 24.

"改善人们物质与社会条件的措施是我们的焦点,它应该优先于别的考虑。"根据备忘录,黄金海岸实现自治需要花费几代人的时间。①

但是民族主义者坚持要求尽快获得政治权力。丹奎不久向英国殖民大臣提交了一份备忘录,要求在立法会议与行政委员会中实行选举成员占据多数的主张,同时要求由选举产生的大臣负责内政事务。备忘录同时要求立法会议为阿散蒂人保留代表名额。② 这一备忘录得到联省大会、阿散蒂联合委员会和立法会议中非官方议员的支持。

伯恩斯以丹奎的备忘录为由力主加快黄金海岸政治发展的步伐。他认为,如果拒绝殖民地的要求,英国就可能引起阿散蒂人的不满从而削弱英国和阿散蒂人的合作关系。伯恩斯提议把黄金海岸分为三个区,每个区组成地区委员会,然后选举成员参与中央立法会议,最终在立法会议中形成非官方议员占据多数的局面。③ 殖民部官员反对这一方案,认为伯恩斯的政策可能导致东非的白人定居者也提出类似要求。不过,伯恩斯强调黄金海岸与东非殖民地不同,也与其他的西非殖民地情况存在差异。④ 殖民大臣斯坦利逐渐

---

① "Constitutional Development in West Africa", Colonial Office Memorandum by O. G. R. Williams, June or July 1943, CO 554/132/33727, in A. N. Porter and A. J. Stockwell, *BIPD*, Vol. I, pp. 168 – 177.

② Richard Rathborne, "Introduction", in Richard Rathbone, *Ghana*, Vol. I, p. xxxviii.

③ [Legislative Council]: CO Note of a Discussion with Mr. Stanley on the Secretary of State's visit to West Africa; question of an unofficial Majority in the Gold Coast Legislative Council and the representation of Ashanti, 28 Oct. 1943, CO 96/770/4, no 13, in Richard Rathbone, *Ghana*, Vol. I, pp. 28 – 29.

④ [Gold Coast Constitution]: CO Note of a Discussion with Sir A. Burns, brief prepared by the CO in Advance of Burns's visit to London, 10 May 1944, CO 96/782/1, no 7, in Richard Rathbone, *Ghana*, Vol. I, pp. 29 – 32.

接受了伯恩斯的看法并授权伯恩斯与非洲的民族主义领袖进行谈判。

但是不能据此认为英国准备在黄金海岸推行非殖民化政策。推动政治进步不过是应付批评者的先发制人的策略,英国仍然牢牢控制着黄金海岸,新的立法会议与行政委员会都受到总督的严格控制。而且,英国政府的目的是利用黄金海岸的资源为英国的经济建设服务。二战爆发后,英国设置了西非总督联席会议,为了协调运输问题,又在总督联席会议下面设立了常务秘书处。1941 年,英国又在常务秘书处内设立了西非供应中心,负责协调西非殖民地的消费品配给。在失去东南亚的殖民地后,英国对非洲殖民地的依赖加深了。1942 年 3 月,殖民大臣克兰伯恩子爵要求非洲各殖民政府尽可能地动员当地资源。① 同年 5 月,英国内阁决定任命一位统管全局的西非殖民大臣,负责提升西非殖民地的战争物资供给能力。

二战把黄金海岸更牢固地绑在了英国的战车上。为了得到民族主义者的合作,伯恩斯把更多的资金投入到社会与教育领域。而西非殖民大臣认为殖民地的经济必须服从于战争的需要,他指责伯恩斯把资源投入到社会领域而不是用在提高经济产量上。殖民部支持西非殖民大臣的意见,敦促黄金海岸按照战争需要制定相应的经济计划。这样,英国在战时加强了对黄金海岸的经济控制,民族主义者的要求被搁置一边。

二战临近结束时,艾德礼领导的工党赢得大选并组成了政府。

---

① The Colonies and the impact of War: Confidential Code Telegram to Governors of African Dependencies from the Secretary of State for the Colonies, 21 Mar. 1942, CO 822/111/46705, in A. N. Porfer and A. J. Stockwell, *British Imperial Policy and Decolonization*, 1938–64, Vol. I, p. 106.

虽然艾德礼认为战后英国应该顺应潮流推动印度等殖民地的独立,但是工党在非洲却执行了不同的政策。基于恢复经济的需要,英国决定加紧开发非洲。① 无怪乎一些历史学家把艾德礼政府的这一政策称为"第二次殖民"。② 黄金海岸也不例外,克里西(Sir Gerald Creasy)接替伯恩斯担任总督,标志着英国试图延续战时的经济政策,继续加强对黄金海岸的经济控制。克里西战时曾在英国供应部任职,并担任过西非殖民大臣。支持克里西的是财政部开发非洲的宏伟计划。③

但是,战后的黄金海岸却处于严重的动荡之中。战时与战后的通货膨胀严重影响了当地人民的生活水平。伴随着战争的结束,许多工人失去工作;毕业学生与复员军人使就业问题更为严峻。同时,可可树肿胀病严重影响黄金海岸的经济基础。殖民政府下令大量砍伐那些受灾区和邻近受灾地区的可可树,但是并没有给当地的可可种植农相应的补偿,这使可可种植农极为不满。1947年8月,由大商人格兰特(George Grant)与丹奎领导的黄金海岸统一大会党

---

① Attlee to Cripps and Pethick – Lawrence, 22 Dec. 1945, PREM 8/59, in Ronald Hyam, *Britain's Declining Empire: the Road to Decolonization 1918 – 1968*, Cambridge, 2006, p. 94.

② 安东尼·洛等人称其为第二次占领(Second Colonial Occupation), D. A. Low and J. Lonsdale, "Introduction: Towards the New Order, 1945 – 1963", in D. A. Low and Alison Smith, eds., *History of East Africa*, Vol II, Oxford, 1976, pp. 12 – 16. 哈格里夫斯称其为第二次殖民征服(Second Colonial Invasion), John D. Hargreaves, *Decolonization in Africa*, London, 1988, pp. 107 – 109. 菲尔德豪斯则把这一政策称为"新重商主义", D. K. Fieldhouse, "The Labour Government and the Empire – Commonwealth, 1945 – 1951", in R. Ovendale, ed., *The Foreign Policy of the British Labour Governments 1945 – 1951*, Leicester, 1984, pp. 83 – 120.

③ [Colonial economic policy]: circular letter from Sir T. Lloyd to Colonial Governors. Enclosure: CO memorandum on "the Colonial empire and the economic crisis" for the African Conference (AC (48)5), 26 July 1948, T 220/105, ff 50 – 57, in Richard Rathbone, ed. *Ghana*, Vol. I, pp. 90 – 98.

(United Gold Coast Convention)宣告成立。这是一个比较温和的民族主义团体,主要由中产阶级的上层组成,其中绝大多数都是律师与商人①,他们要求在"最短的时间内获得自治"。②

但是,英国政府对黄金海岸的局势变化反应迟钝。1948年2月开始的"阿克拉暴动"正是英国这一反应的结果。大批退伍军人在战争结束后回到黄金海岸,而战后的经济困难不仅使他们难以享受到胜利者的喜悦,还要承担失业与生活困窘的折磨。1948年2月28日,阿克拉的退伍军人举行了要求救济的示威游行,很快得到积蓄已久不满的群众的支持。他们的游行受到军警的镇压。冲突很快蔓延到其他地区,在混乱中,黄金海岸有29人丧生,266人受伤。③

"阿克拉暴动"引起了轩然大波。苏联、美国和第三世界国家都严厉指责英国过时的殖民政策,而在英国国内,保守党则指责工党缺乏经营帝国的能力。

压制共产主义的立场也影响了工党政府的殖民政策。"阿克拉暴动"发生在冷战时期,工党认为这一事件虽然主要是由于当地社会不满造成的,但是其空前规模又表明它与共产主义势力有千丝万缕的联系,"我们必须尽力去弄明白共产主义的煽动与影响在多大程度上为这一事件负责"④。殖民部很快任命以艾肯·沃森(Aiken

---

① F. M. Bourret, *Ghana: the Road to Independence 1919 – 1957*, London, 1960, p. 166.
② [United Gold Coast Convention]: letter from K. G. Bradley to Mr. Creech Jones on the foundation of the UGCC, Minutes by J. K. Thompson and Sir T. Lloyd, 12 Dec. 1947, CO 537/3559, no 2, in Richard Rathbone, *Ghana*, Vol. I, pp. 41 – 47.
③ 威·恩·弗·瓦德:《加纳史》下册,彭家礼译,商务印书馆,1972年,第558页。
④ [Gold Coast riots]: outward telegram No 259 from Mr. Creech Jones to Sir G. Creasy on the extent of communist influence, 18 Mar. 1948, CO 537/3558, no 122, in Richard Rathbone, *Ghana*, Vol. I, p. 71.

Watson)为首的委员会调查"阿克拉暴动"的原因,调查结论认为《伯恩斯宪法》(Burns Constitution)①在制定时就是过时的,英国应该修改宪法,"使每一个有能力的非洲人都有机会帮助管理国家,不仅参与政治实践而且也可以行使政治权力。我们强烈认为,任何更少的承诺都只能激起社会动乱"②。殖民大臣克里奇·琼斯支持调查报告,他向艾德礼报告,委员会的建议与"当前的政策一致并被广泛接受"。③ 殖民部非洲司司长科恩站在克里奇·琼斯一边,主张加速黄金海岸政治发展的步伐,"自治的政府比出色的殖民政府更好"④。这种政策转变背后的压制共产主义的思维明显存在。马来亚共产党的反抗活动已使英国政府派出大量士兵卷入当地的冲突,琼斯与科恩都认为继续采取拖延政策只能促使共产主义力量在黄金海岸发展。为了避免黄金海岸落入激进派或者共产主义者之手,英国应尽快把权力移交给以丹奎为首的温和派。通过扶持这些"负责任的非洲人",英国可以阻止共产主义者在黄金海岸取得控制权,从而维持英国的影响。内阁接受了科恩等人的看法,支持民族主义温和派成为艾德礼政府的新政策。⑤

---

① 该宪法于1946年颁布,是英国驻黄金海岸总督伯恩斯主持制定的,故有此名。该宪法允许非洲人参加黄金海岸的行政会议,使黄金海岸成为英属非洲殖民地中第一个非洲人在立法会议占多数的殖民地,但是,英国总督仍然保留最终的决定权。
② Richard Rathbone, "Introduction", in Richard Rathbone, *Ghana*, Vol. I, pp. xliv - xlv.
③ [Watson Commission Report]: Minute by Mr. Creech Jones to Mr. Attlee, 19 July 1948, PREM 8/924, in Richard Rathbone, *Ghana*, Vol. I, p. 90.
④ 布赖恩·拉平:《帝国斜阳》,钱乘旦等译,上海人民出版社,1996年,第449页。
⑤ [Political development]: Despatch from R. Scott to Mr. Creech Jones on the agitation for self - government. 10 Mar. 1949, CO 537/4638, no 1, in Richard Rathbone, *Ghana*, Vol. I, pp. 118 - 127.

英国政府很快设立了一个委员会——"库西委员会"(Coussey Committee)为黄金海岸起草新的宪法。值得注意的是,该委员会中包括了一些非洲政治精英。通过展现这样的姿态,英国希望获得民族主义温和派的支持。与此同时,英国加强了黄金海岸的安全与警备工作,警察的数量大大增加,新的安全技术被采用,警卫与情报收集工作也都做出了重大改进。通过这些措施,英国增强了对付民族主义激进派与共产主义者的力量。①

克里奇·琼斯认为英国战略安排的实现需要挑选一位坚毅的总督,他选择了时任沙捞越总督的阿登·克拉克(Charles Arden-Clarke)。克拉克是一位资深的殖民地官员,在长期的工作中,他既表现出外交才干,也显示出卓越的管理才能。更重要的是,作为东南亚的殖民地总督,克拉克拥有对付共产主义者的直接经验。克拉克上台不久,就以煽动叛乱罪拘禁了民族主义激进派——人民大会党(Convention People's Party)的领袖恩克鲁玛(Kwame Nkrumah)及其大部分主要成员,将激进派从政治舞台上暂时排除出去。以丹奎为代表的温和派可以填补权力真空,黄金海岸的宪政道路似乎一时平坦无碍。英国政府宣布在黄金海岸举行大选,并根据大选的结果移交权力。

但是克拉克的强硬政策并非无懈可击。克拉克虽然逮捕了人民大会党的大部分领袖,但是人民大会党的一个关键的组织者格贝德玛(Komla A. Gbedemah)却正好于此时出狱,他很快接手了人民大会党的组织工作并为黄金海岸的大选做准备。更有意思的

---

① [Organization of Ministries]: letter from Sir C. Arden-Clarke to A. B. Cohen, 21 Dec. 1949, CO 96/800/4, no 2, in Richard Rathbone, *Ghana*, Vol. I, p. 232.

是,英国的监狱管理似乎是太宽松了,恩克鲁玛居然可以正常地和外界联系,他不断从监狱里发出指示指导人民大会党进行斗争。[1]同时,人民大会党的地方组织也没有遭到破坏,格贝德玛的组织工作进行得很顺利。与此相反,温和派却想当然地认为自己将是统治权力的继承者,在组织选举方面玩忽懈怠。这使大选的结果一点也不意外了,温和派铩羽而归,人民大会党大获全胜。英国的战略安排面临严峻的抉择。

英国处在一种非常尴尬的位置上。根据许下的诺言,英国需要把权力移交给人民大会党。但是英国政府并不信任人民大会党,认为人民大会党是激进分子,甚至具有共产主义倾向,"是人群中那些激进的群体,为那些底层人的经济、社会与政治理想呐喊"[2]。但是,鉴于人民大会党强大的影响力,英国只有把权力交给人民大会党,才能维持黄金海岸的稳定与秩序。

恩克鲁玛采取了灵活的策略来争取英国的支持。他首先表明自己并不是共产主义者,以此来消释英国的疑惧,"我现在不是共产主义者,也从来都不是共产主义者"[3]。另外,恩克鲁玛也要求人民大会党以合法的方式来争取领导权。实际上,人民大会党的支持是大选得以顺利进行的重要原因,人民大会党赢得大选证明他们并不是只会破坏的煽动分子,他们可以成为英国的合作者。

---

[1] 当时流传着神奇的说法,描述监狱并不能关住他,每天夜里,他变成一只白猫溜了出来。一首歌曲这样唱道:"克瓦姆·恩克鲁玛的躯壳躺在监牢里发霉,但是他的灵魂大步走了出来。"参见约翰·根室:《非洲内幕》下册,伍成译,世界知识出版社,1957年,第925页。

[2] Kwame Nkrumah, *The Autobiography of Kwame Nkrumah*, New York, 1957, p.97.

[3] *The Times*, 14 February 1951, in F. M. Bourret, *Ghana: the Road to Independence 1919 - 1957*, London, 1960, p.176.

在克拉克的坚持下,恩克鲁玛被释放。克拉克很快宣布恩克鲁玛为黄金海岸的政治首脑。1951年6月,艾德礼政府答应支持恩克鲁玛出任黄金海岸总理。1951年10月,保守党重新上台后,殖民部非洲司司长科恩建议新任殖民大臣发表一个议会声明,宣称英国原先的殖民政策会保持连续性。科恩担心的是,如果殖民政策出现大的反复,西非殖民地可能出现爆炸性的局面。殖民大臣利特尔顿接受了科恩的建议,①同时决定给黄金海岸的总督克拉克发送一份电报,宣称英国对那里的政治发展持同情态度并渴望和恩克鲁玛建立友好关系。② 为了获得人民大会党的友谊,英国决定牺牲旧日的合作者。英国要求那些传统盟友酋长参与新国家的建设,酋长们的权力被大大削弱。③ 英国也顶住多哥分裂势力的要求,把多哥交给了黄金海岸的新政府。④

人民大会党也认为有必要与英国政府结成联盟。殖民地的民族主义更多的是一种共同经历的产物,在将这一共同经历政治化的过程中,民族主义进展并不顺利,由于缺乏共同的文化传统,殖民地

---

① "Initial statement of policy": Minute by A. B. Cohen to Sir T. Lloyd, 31 Oct. 1951, CO 537/6696, in David Goldsworthy ed., *The Conservative Government and the End of Empire 1951 — 1957*, II, London, 1994, pp. 1 - 2.

② Ronald Hyam, *Britain's Declining Empire: the Road to Decolonization 1918 - 1968*, Cambridge, 2006, p. 170.

③ [Gold Coast Chiefs]: Minute by E. G. G. Hanrott on a Parliamentary question about the number of de - stoolments since the CPP took office, 19 June 1951, CO 96/819/16, in *Ghana*, Vol. I, pp. 336 - 337.

④ [Togoland and the Cameroons]: CO brief for the UK Representative at the Ninth Session of the UN Trusteeship Council on the effect of the 1950 Gold Coast Constitution and the Constitutional changes in Nigeria on the position of Togoland and the Cameroons respectively, 22 June 1951, CO 96/823/4, no 7, in Richard Rathbone, *Ghana*, Vol. I, pp. 337 - 347.

的民族主义领袖在塑造一个全国性运动时往往并不成功。以民族为基础的分裂力量一直就存在,争取独立的政党往往面临这些分裂势力的挑战。在人民大会党日渐壮大的时候,黄金海岸也出现了众多的反对派。以丹奎为首的黄金海岸统一大会党是人民大会党的传统对手。同时,一些新的反对派开始出现。北方的阿散蒂人就抱怨说,政府通过可可市场委员会征收大量的财产,但是这些财产主要用在补助南方的学校、医院、道路建设上,而不是用在与可可生产直接相关的领域,实际上是一种变相的充公政策。① 黄金海岸的北部地区也抱怨说北方正在被抛离迅速发展的南方经济圈。部落酋长们还指责,在扩大中央权力的过程中,自己被排除出了政治舞台。多哥大会党则要求自治。② 1953 年 1 月,联省酋长大会与阿散蒂人委员会要求在黄金海岸推行两院制议会。1954 年,新成立的北方人民大会党(Northern People's Congress)赢得了阿散蒂地区议会 17 个议席中的 12 席。对人民大会党形成的最大威胁来自民族解放运动(National Liberation Movement),它的支持者主要是北方的可可农,可可农痛恨政府决定征收可可出口税并压低可可价格,可可农的不满推动了民族解放运动的声势大振。民族解放运动很快成为反对派的核心,到 1955 年,北方人民大会党、多哥大会党、穆斯林协会党等都站在了民族解放运动一边。

人民大会党的左派主张走共产主义道路,而恩克鲁玛认为,为了顺利实现独立,人民大会党必须与英国建立合作关系。恩克鲁玛很快把人民大会党的"主动性行动"改变为"策略性行动",主张和英

---

① Beeton to Arden-Clarke, 12 Feb. 1953, ADM 26/130, in Richard Rathbone, *Ghana*, Vol. I, pp. lx - lxi.
② Richard Rathbone, "Introduction", in Richard Rathbone, *Ghana*, Vol. I, pp. lx - lxi.

国政府实行一定程度的合作。恩克鲁玛也接受了克拉克的建议，放弃了由人民大会党单独控制黄金海岸的要求，决定建立一个包括所有非洲人利益的立法会议，在内阁中也吸纳部分反对派，还为英国总督保留一些关键权力。恩克鲁玛限制共产主义的措施更是赢得了英国政府的好感。① 英国政府与人民大会党的联盟关系使黄金海岸的独立进程进展得相对顺利。1952年3月，执行委员会正式转变为内阁，恩克鲁玛出任总理。1954年，黄金海岸获得内部自治权，1957年，黄金海岸获得完全独立，改名加纳，独立后仍然留在英联邦，英国与加纳在防务与经济问题上也达成了妥协。

笔者认为不能夸大英国与人民大会党的合作关系，英国对人民大会党的支持也并不是绝对的。民族解放运动虽然反对人民大会党，但是由于人民大会党在立法会议占据的绝对优势，民族解放运动只能提出联邦制的主张，这一主张遭到了人民大会党的反对。英国政府也不支持联邦制，"联邦制，以最温和的形式来说，对黄金海岸几乎没有任何实际意义"。② 民族解放运动使用暴力来反对人民大会党的领导地位，而英国不肯把警察等国家核心权力机构转交给人民大会党，只是一次次劝说人民大会党要克制忍耐。在独立的最

---

① [Communism in the Gold Coast]: letter from Sir T. Lloyd to Sir C. Arden - Clarke on the measures needed to prevent the expansion of the communist influence, 4 Jan. 1954, CO 554/371, no 73; [communism in the Gold Coast]: letter (reply) from Sir C. Arden - Clarke to Sir T. Lloyd, 13 Jan. 1954, CO 554/1177, no 1; "Constitutional development in the Gold Coast": Cabinet memorandum by Mr. Lyttelton on the measure taken by the Gold Coast Cabinet to deal with communism and the resignation of Mr. Braimah, 18 Feb. 1954, PREM 11/1367, C (54)62, in Richard Rathbone, *Ghana*, Vol. II, pp. 78 - 83.
② [Ashanti]: Despatch No 931 from Arden - Clarke to Mr. Lennox - Boyd on the Asanteman Council's resolution in favour of a Federal Constitution, 18 Nov. 1954, CO 554/804, no 15, in Richard Rathbone, *Ghana*, Vol. II, p. 99.

后阶段,英国仍然把持着军队与警察的控制权,这就使人民大会党处在一种无限责任与有限权力的矛盾之中。

黄金海岸于 1957 年获得完全独立,但是政府与追求分裂的反对派势力之间的矛盾并没有得到消弭。一旦独立完成,权力的归属与分享就成为加纳内部的主要问题,这一问题孕育着分裂的种子,为未来的军事政变滋生了温床。

在研究英帝国解体时,传统思路着眼于殖民政府与民族主义者的冲突,这一研究倾向必然导致两种较为陈旧的认识:一种是民族主义者与殖民政府剑拔弩张,最后殖民政府被迫退却,民族主义者大获全胜;另一种是殖民政府采取主动行动,通过精心的政治安排,使独立后的殖民地能够继续为宗主国服务。这两种研究倾向都认为殖民政府与民族主义者的利益是不相容的。然而黄金海岸的独立经历却显示,在独立的关键时期,两者表现出一定程度的相互依赖关系。一方面,英国需要民族主义者的支持来维持殖民地的秩序并维护自己的利益,在独立的进程中,英国政府根据黄金海岸的政治发展不断调整自己的政策,开始时支持民族主义的温和派,当温和派败于激进派后,英国采取了现实的态度,支持新的激进势力,又利用各种手段影响其向温和的方向转变。在基本稳定局面后,英国支持了黄金海岸的独立。另一方面,民族主义者也需要英国的支持来对付反对派,从而巩固自己的地位,这种相互依赖充分体现了新兴国家独立进程中的困局。

黄金海岸的独立很快推动了西非地区其他殖民地的独立进程。

尼日利亚是英国在非洲面积最大、人口最多的殖民地,同时也是一个族群混杂的地区。尼日利亚主要有北部的穆斯林、东部的伊博人、西部的约鲁巴人三大势力,此外还有许多少数部族。在这些势力中,北部穆斯林相对比较保守,西部的约鲁巴人受西方文化影响较多。这些不同的族群势力之间矛盾重重,北部穆斯林与南方居民长期处于激烈的竞争之中,而南方的伊博人与约鲁巴人也有很大的矛盾。由于在经济与文化上没有多少相似之处,尼日利亚一直处于分裂之中。一直到 1947 年,一位尼日利亚的政治家仍然评论说,尼日利亚"并不是一个国家,而仅仅是一个地理概念"①。

虽然内部处于分裂,但尼日利亚对殖民统治的不满却广泛存在。1945 年,各行业的工人发动大罢工抗议通货膨胀,民族主义激进派也发动了暴力活动。1949 年,尼日利亚又爆发了埃努古矿工起义。由于利益争夺,尼日利亚当地商人非常敌视一些欧洲人开办的大公司。在农村,严重的通货膨胀与政府开发经济的政策还引起了农民的不满。同时,尼日利亚也是非洲民族主义发展最早的地区之一。早在 20 世纪 30 年代,由阿齐克韦(Nnamdi Azikiwe)领导的民族主义运动就获得了较大的影响力,在二战后,该运动再次提出自治和独立的要求。但是,尼日利亚的分裂局面影响了民族主义的深入发展。

在殖民地人民的广泛斗争下,英国政府认为自己的主要任务是推动尼日利亚的统一,为此有必要在尼日利亚构建一个现代国家,而为了实现这一目标,发展经济就是必要的。这一目标正与英国开发非洲经济的政策相符。英国认为,如果要完成这样一个宏伟目标,英国就应该掌握政治的主导权。并非所有的尼日利亚政治力量都支持英国的这一目标。1947 年,西部约鲁巴行动党领袖阿沃洛沃

---

① J. S. Coleman, *Nigeria: Background to Nationalism*, Berkeley, 1958, p. 320, in John Darwin, *Britain and the Decolonization: the Retreat from Empire in the Post‑War World*, New York, 1988, p. 179.

(Obafemi Awolowo)激烈攻击国家统一的计划。① 英国很快发现在三个主要派别之间达成妥协的希望并不大。

英国在尼日利亚还面临政治压力。在黄金海岸开始向独立的方向迈进时,尼日利亚的民族主义者也采取各种斗争形式向殖民政府施加压力。尼日利亚总督麦克弗森(Sir John Macpherson)反对黄金海岸的政治发展,但是却没能说服工党政府,他认为在尼日利亚为了争取温和派的支持,必须采取先发制人的行动推动政治发展进程,"我并不认为这样的路线会消灭极端派,但是,我认为它(政治发展)会使那些有责任心的人确信,英国政府正在努力推动这个国家的宪政既快速又合理的发展。同时,(这一态度)对那些代表大众的温和派政治领袖来说必须是非常清晰的,要让他们认识到在当前的情况下加速中央机构的权力转移将是一场灾难,快速的改变是不必要的"②。内阁最终同意了麦克弗森的建议,1951 年的"麦克弗森宪法"得以实行。尼日利亚的间接统治制度结束了,半责任制政府开始建立。

黄金海岸的独立进程继续影响着尼日利亚的政治局势。1951年保守党重新掌握政权后,麦克弗森继续向英国内阁抱怨说黄金海岸的政治发展太快了,在黄金海岸设立总理的方案会刺激尼日利亚的精英追求同样的目标,而南方人的政治要求肯定会激化尼日利亚

---

① John Darwin, *Britain and the Decolonization: the Retreat from Empire in the Post-War World*, New York, 1988, p. 180.
② Ronald Hyam, *Britain's Declining Empire: the Road to Decolonization 1918 — 1968*, Cambridge, 2006, pp. 144 - 145.

南北之间的矛盾,会使尼日利亚的统一更加艰难。① 但是利特尔顿否决了麦克弗森的建议,认为"尼日利亚的未来将由尼日利亚的情况来决定"。② 事实证明,麦克弗森的担忧并不是多余的,南方的民族主义精英要求尼日利亚在3年内获得自治领的地位,但是北方的穆斯林则认为快速独立会损害自己的利益,如果尼日利亚一定要独立,自己的地区宁可分离出去。在南方的非洲部落中,约鲁巴人与伊博人则都不愿意对方获得政治权力。1953年5月,北部城市卡诺发生暴乱,尼日利亚面临着北部穆斯林要求独立的危险。

正如历史研究者林恩所言,从1953年开始,英国在尼日利亚的政策转变为压制北方。③ 这样,英国在尼日利亚推行的政治方案就与防止地方分裂紧密结合在一起。英国必须顺应民族主义者独立的要求,推动殖民地的政治发展,但英国又必须同时照顾到各地的实际情况,不至于因为政治发展而引起某一集团的不满乃至发生分裂。利特尔顿的许诺就体现了这种矛盾,他一方面承诺英国将在1956年授予3个地区自治权,另一方面又宣称只要"任何一个主要地区认为时间不合适",英国就不为尼日利亚的独立设定时间表。④

---

① [Nigeria]: Letter from Governor Sir J. Macpherson to Sir T. Lloyd on the Political Situation in Nigeria, 18 Jan. 1952, CO 544/298, no 13, in David Goldsworthy, *CGEE*1, Vol. II, pp. 182 – 184.

② Ronald Hyam, *Britain's Declining Empire: the Road to Decolonization 1918 — 1968*, Cambridge, 2006, p. 186.

③ Ibid., p. 187.

④ "Future Constitutional Development in the colonies": Report (CO print, gen 174/012) of the Officials' Committee (chairman, Sir N. Brook) (CO (0) (57) 5), May 1957, CAB 134/1551, CPC (57) 27, in Ronald Hyam and W. R. Louis eds., *The Conservative Government and the End of Empire 1957 — 1964* (*CGEE*2), Vol. I, London, 2000, pp. 5 – 6.

不久之后,英国召开了一个包括尼日利亚各方的宪政委员会,但是各派争吵不休,正如利特尔顿所言,殖民地各方相互攻击的程度要远远胜于他们对英国的攻击。在英国的撮合下,各方最终同意了1954年宪法。这一宪法宣布尼日利亚将是一个统一的联邦①,各个地区的自治权得到了确认,但英国继续控制尼日利亚的警备、司法、公务员管理等事务。

由英国勉强捏在一起的联邦并不稳固,一方面,是各派之间明争暗斗,另一方面,民族主义者还在继续反抗英国的殖民统治。由于英国已经移交了不少权力,在一些冲突面前,英国也无能为力。1958年10月,殖民大臣博伊德认为英国延迟独立的政策毫无所得,"继续统治一个不满而动乱频仍的尼日利亚将导致难以控制的行政困难"②。在这样的情况下,推动尼日利亚的独立是比较明智的政策,内阁最终同意在1960年让尼日利亚殖民地实现独立。

尼日利亚的政治形势便利了英国的权力交接。随着各派的斗争,尼日利亚政治局面出现新的分化整合,北方人民大会党与阿齐克韦领导的尼日利亚与喀麦隆国民大会党逐渐形成了联盟之势。麦克劳德支持这一联盟并决定以这一联盟为基础移交权力。1960年10月1日,尼日利亚获得独立,北方人民大会党的领袖巴勒瓦(Abubakar Tafawa Balewa)担任联邦总理。这样,英国确保了尼日利亚在形式上的统一,英联邦又多了一个成员。

---

① Lyttelton to Churchill, 24 Jan. 1954, and no 303, telegram, 29 Jan. 1954; Ronald Hyam, *Britain's Declining Empire: the Road to Decolonization 1918－1968*, Cambridge, 2006, p.187.

② "Nigeria": Cabinet Memorandum by Mr. Lennox－Boyd on Process of Constitutional talks, 20 Oct. 1958, CAB 129/95, c (58) 213, in Ronald Hyam and W. R. Louis, *CGEE2*, Vol. I, pp. 354－356.

一方面,尼日利亚的独立是民族主义者斗争的结果,在民族主义者坚决的斗争面前,英国除了撤退没有更好的选择。另一方面,尼日利亚的独立也是英国战略调整的结果。在黄金海岸独立的冲击下,尼日利亚各派力量的斗争有失控的危险,尼日利亚可能陷入无政府状态甚至爆发内战。这种战争风险使英国决定加速尼日利亚的独立进程,希望通过加快政治发展促进各派的团结并最终建立一个统一国家。如历史研究者达尔文所言,尼日利亚的独立与统一是马与车的关系,英国希望通过独立的马拉动统一的车。① 但是,统一的大车并不稳固。独立之后不久,尼日利亚的三个自治地区分解出了更多的行政区,1967 年,尼日利亚出现了 12 个州,1976 年,为 19 个州。在其背后,是各种政治势力的分裂要求,尼日利亚为统一付出了巨大的代价。

　　塞拉利昂与冈比亚的民族主义者也提出了独立要求,但他们的要求显得非常温和。1950 年塞拉利昂的教育精英与地方酋长建立联盟,形成塞拉利昂人民党(Sierra Leone People's Party),马尔盖(Milton Margai)担任党魁,他了解塞拉利昂的困难,追求独立的态度并不激进。② 在冈比亚,贾瓦拉(Dawda Jawara)领导的保护国进步党(Protectorate Progressive Party)(后改名为人民进步党)也没有走激进道路。英国则不准备在黄金海岸与尼日利亚正式独立之前在塞拉利昂与冈比亚推动独立。

---

① John Darwin, *Britain and the Decolonization: the Retreat from Empire in the Post-War World*, New York, 1988, p. 181.
② [Sierra Leone]: Minute from Mr. Macleod to Mr. Macmillan about Premier's visit, 25 Apr. 1960, PREM 11/4483, pm (60)24, in Ronald Hyam and W. R. Louis, *CGEE2*, Vol. I, p. 359.

但在麦克米伦政府时期,塞拉利昂温和的政治要求还是导致了动乱。在黄金海岸与尼日利亚马上就要独立的情况下,继续保留塞拉利昂与冈比亚不仅没有任何意义,而且会引起当地民族主义者的反感,英国决定放弃塞拉利昂与冈比亚。1958年,英国撤销了塞拉利昂的官方议员,执行委员会也变成清一色的非洲人,1961年4月27日,在人民党的领导下,塞拉利昂获得独立,英国与塞拉利昂在防务与经济方面也达成了协议。

在麦克劳德看来,冈比亚"太小也太穷了",塞拉利昂独立后,英国应该允许冈比亚独立,并让其与塞内加尔合并。① 1962年,贾瓦拉领导的人民进步党赢得大选,组成了政府。虽然英国希望冈比亚与塞内加尔合并,但是贾瓦拉坚持独立。1965年,冈比亚实现完全独立,并加入英联邦。

三、东非殖民地的独立

在东非殖民地,英国面临两难困境。一方面,英国尽力避免激怒非洲人,因为非洲高涨的民族主义会损害英国的利益,所以,英国政府很早就宣布了土著人利益至上的原则。另一方面,由于欧洲移民在这里占据经济与政治上的主导权,英国又必须倚重他们,二战时的倚重更使白人的优势扩大,而战后开发经济的需要又使英国要继续依赖这些白人定居者。南非局势的发展更是加剧了英国的这

---

① "Future of the Gambia": Cabinet Memorandum by Mr. Macleod, 12 Jan 1961, CAB 129/104, c (61)5, in Ronald Hyam and W. R. Louis, *CGEE*2, Vol. I, p.363.

种困境。在丹尼尔·马伦(Daniel Malan)领导的国民党掌握了南非的政权后,英国开始担心南非向中非与东非扩张势力,"我们的一个主要目标是限制南非……阻止其影响力与权力向北扩张……在我们眼里,这与我们在中非与东非推行的宪政同样重要,这一点应该成为一项政策"①。在英国政府看来,英国必须尽量安抚移民从而避免把他们推入南非的怀抱。② 这种错综复杂的局势就使英国在东非的政策呈现表里不一的特征:英国虽然鼓吹非洲人利益至上,但是在现实中,却推行以白人移民为主、并巩固移民经济与政治权利的政策。

东非独立产生的问题就是由英国推行的经济开发及东非联邦计划引起的。

艾德礼政府的一项重要任务是发展经济,利用东非殖民地为英国的经济服务是其重要内容。东非殖民地包括肯尼亚、乌干达、坦噶尼喀。其中肯尼亚白人势力最大,白人定居者控制了当地的政治与经济权力,英国开发肯尼亚也主要依靠白人定居者。虽然开发肯尼亚的计划会扩大白人的经济优势并可能引起非洲人的抗议,艾德礼还是决定坚持这一政策。③ 开发东部的另一表现是推动在坦噶尼喀的花生种植,英国认为这是发展坦噶尼喀经济的最好方案。为了便利初级产品的运输,英国也进行了一些配套设施的建设,例如铁路、公路等。在乌干达,英国在尼罗河源头的金贾修建了巨大的欧文水坝和发电站。在东非的其他地区,英国也投入大量资金开发殖民地的资源。

---

① Ronald Hyam, *Britain's Declining Empire: the Road to Decolonization 1918 – 1968*, Cambridge, 2006, p. 146.

② Minute, 18 Mar 1947, in Ronald Hyam, *Britain's Declining Empire: the Road to Decolonization 1918 – 1968*, Cambridge, 2006, p. 145.

③ [Foreign Settlement in Africa]: Minute by Mr. Attlee to Mr. Creech Jones, 29 Oct. 1946, CAB 21/2277, M 373/46, in Ronald Hyam, *LGEE*1, Vol. II, p. 243.

与开发经济相对应的是英国在东非推行的东非联邦与多种族社会计划。为了推动东非经济的发展,英国希望把三个殖民地合并为一个联邦。建立东非联邦有英国战略的考虑。二战使不少人认为太小的国家不适于战略防守,南非史末资将军(Jan Christian Smuts)就认为,"侏儒国家的时代已经结束了",战时殖民大臣克兰伯恩子爵同样认为:"当前地区的零碎状态与现代世界完全不合。"①在工党政府殖民大臣格里菲斯(James Griffiths)看来,东非联邦还是英国阻止南非向东非扩张的工具。② 在这些想法的引导下,艾德礼政府派出东非高级委员会探讨建立东非联邦的可能性。1946 年,克里奇·琼斯提出设立东非联邦议会的具体方案。在推行东非联邦的同时,英国也致力于在东非建立多种族社会。对英国政府来说,英国固然要避免白人移民控制东非从而激起黑人民族主义者的反抗,但也要避免黑人控制东非从而威胁白人移民的安全并破坏东非开发的计划,如果能够实现两者的和谐共存,它对经济发展将是非常有利的。

开发经济与东非联邦计划不仅没有成功,反而刺激了黑人民族主义的发展。庞大的开发计划需要大量的专家,需要对殖民地加强控制,这些势必要求英国更多介入黑人的经济与社会生活。为了经济发展的需要,英国许多时候不得不采取一些极端措施,这只能引

---

① Cranborne to Attlee, 22 July 1943, in S. R. Ashton and A. J. Stockwell, *IPCP*, Vol. I, p. 352; W. R. Louis, *Imperialism at Bay: the United States and the Decolonization of the British Empire, 1941 – 1945*, New York, 1978, pp. 318 – 326.

② "visit by the Secretary of State for Commonwealth Relations to the Union of South Africa, Southern Rhodesia and the three high Commission Territories of Basutoland, the Bechuanaland Protectorate and Swaziland": Cabinet Memorandum by Mr. Gorden Walker, 16 Apr. 1951, CAB 129/ 45, CP (51) 109, in Ronald Hyam, *LGEE*1, Vol. IV, pp. 298 – 315.

起殖民地人民的反抗。同时，由于开发经济主要依靠白人移民，非洲人很自然地相信英国政府与白人移民是一方的，开发计划不过是扩大白人定居者优势的阴谋而已。同样，多种族社会与东非联邦的计划也引起了非洲人的抵制，非洲人认为这一制度不过是英国让黑人永远臣服于白人统治之下的工具罢了。

民族主义发展最迅速的地方是肯尼亚。长期以来，白人定居者与土著居民就当地的土地所有权问题争吵不休。肯尼亚的土著吉库尤人认为自己对土地享有所有权，而白人定居者同样宣称自己对这些土地享有所有权。在白人定居者的游说下，1939年的英国枢密院颁布法令，规定"白人高地"①属于白人。但代表吉库尤人利益的吉库尤中央协会（Kikuyu Central Association）则坚决反对这一法令，在中央协会的领导下，肯尼亚爆发了大规模的反政府运动。非洲人的反抗因为二战而受到压制。为了战争的需要，英国取缔了吉库尤中央协会及其附属组织，并逮捕了该组织的许多领导人，肯尼亚的民族主义运动暂时被抑制了。二战后，英国的政策再次刺激了肯尼亚的民族主义。吉库尤中央协会的领导人肯雅塔（Jomo Kenyatta）从英国回到国内，他原是吉库尤中央协会的核心成员，由于在英国伦敦长期学习而没有遭到逮捕。肯雅塔回来正逢其时，非洲土著还在为自己的土地所有权而斗争，而战后初期的经济困难与失业问题也困扰着非洲人，非洲人需要有人领导来反对贪婪的白人定居者。在肯雅塔的领导下，肯尼亚的民族主义发展很快。肯雅塔不久成为一

---

① 19世纪末期，由于饥荒和传染病流行，肯尼亚的非洲土著人大量死亡，大片土地因此空置。其中，从蒙巴萨港口到乌干达坎帕拉的乌干达铁路周边地区，土壤肥沃，被白人殖民者窃居，主要用作农场与种植园，这片土地即被称为"白人高地"。

个温和的民族主义组织——肯尼亚非洲人联盟(Kenya African Union)的主席,他决意把这一组织发展为全肯尼亚民族主义的代理人。

肯雅塔希望采取合法的手段实现目标,但他首先需要协调肯尼亚不同政治派别之间的分歧。那些与英国联系比较紧密的酋长、农场主等政治势力主张继续与英国维持友好关系。而来自下层的一些吉库尤人却认为,伴随着经济发展肯尼亚出现了更多的穷人,因而反对与英国合作,他们是激进派,被黑人中的有产者轻蔑地称为"野孩子"。但是"野孩子"发展很快,并且战后肯尼亚的社会问题也有利于他们的发展,这些"野孩子"广泛吸纳城市的下层民众,也注重向农村扩张势力。他们认为,如果要满足非洲人的要求,白人就必须离开肯尼亚,而最有效的手段就是用暴力对付白人,同时,非洲人也应该惩罚那些与英国合作的非洲"叛徒"。因此,这些"野孩子"不仅袭击白人定居者,也袭击那些与白人定居者合作的土著人,他们很快被称为"茅茅(Mau Mau)"。[①]

[①] 茅茅运动是英国殖民统治时期一个非常复杂的现象。有人认为它是民族主义运动,但是,茅茅与英国之间的矛盾实际上被夸大了,在整个对立时期,只有32个白人被杀,而大量的土著人上层却遭到了茅茅的捕杀。因而,另外一些学者认为茅茅运动是肯尼亚的内战。而殖民政府则把它看作一种返祖的巫术活动。D. W. Throup, *Economic and Social Origins of Mau Mau, 1945 - 1953*, London, 1987; D. W. Throup, "The Origins of Mau Mau", *African Affairs*, Vol. 84, (1985), pp. 399 - 433; J. M. Lonsdale, "Mau Mau of the Mind: the Making of Mau Mau and the Remaking of Kenya", *Journal of African History*, Vol. 31, No. 3, (1990), pp. 393 - 421; J. M. Lonsdale, "The Moral Economy of Mau Mau", in B. Berman and J. M. Lonsdale, *Unhappy Valley: Conflict in Kenya and Africa, Vol. 2: Violence, and Ethnicity*, London, 1992; E. S. Atieno Odhiambo and J. M. Lonsdale, eds., *Mau Mau and Nationhood*, Oxford, 2003; Dane Kennedy, "Constructing the Myth of Mau Mau", *International Journal of African Historical Studies*, Vol. 25, No. 2, (1992), pp. 241 - 260; Brian Lapping, *End of Empire*, New York, 1985. 关于茅茅运动的综述,参阅 M. Chege, "Review Article: Mau Mau Rebellion Fifty Years on", *African Affairs*, Vol. 103, (2004), pp. 123 - 136.

茅茅的兴起不仅威胁着白人定居者与黑人有产者的利益,也很快威胁到了肯雅塔的地位。肯雅塔试图脱身于肯尼亚的派别之争,但不久后就发现自己很难控制"茅茅",于是开始谴责"茅茅"。①

肯尼亚总督米切尔(Philip Mitchell)在处理关键问题上缺乏政治技巧,当已经成为肯尼亚民族主义旗手的肯雅塔要求殖民政府确认他的政治地位时,米切尔却拒绝了肯雅塔的要求。此外,米切尔也不信任白人定居者,当白人要求政府采取强硬政策对付茅茅时,米切尔认为茅茅并不是一个严重威胁,于是又拒绝了白人定居者的请求。

1951年10月25日,保守党重新掌握英国政权,艾登担任丘吉尔政府的外交大臣。艾登认为推行联邦计划是扩大英国影响力的一个重要手段,他决定推动东非联邦计划。对英国政府来说,要建立东非联邦,首先必须建立一个多种族共存的社会,而要达到这一目标,英国必须挫败激进势力茅茅运动,因为茅茅不仅杀害白人定居者,也杀害土著人上层,还要赶走在肯尼亚居住的黄种人。1952年9月,埃弗林·巴林(Evelyn Baring)接替米切尔任肯尼亚新总督。一个月后,巴林宣布肯尼亚处于紧急状态之中,殖民政府开始展开对茅茅的围捕,肯雅塔也被指责是茅茅运动的策划者而被拘捕。

逮捕肯雅塔却壮大了茅茅运动。关于肯雅塔与茅茅的关系,学术界还存在一定的争议。肯雅塔曾经谴责过茅茅,被认为对茅茅产生了致命打击。此外,有些人指责肯雅塔表里不一,他们认为虽然肯雅塔表面上指责茅茅,但实际上是支持茅茅的,后来他也不再批评茅茅了。但无论如何肯雅塔是民族主义的温和派,是支持与英国进行合作的,而英国逮捕他,就把激进派推上了前台。现在,茅茅可

---

① 布莱恩·拉平:《帝国斜阳》,钱乘旦等译,上海人民出版社,1996年,第494页。

以理直气壮地宣称合作政策是没有出路的,非洲人必须用暴力才能推翻英国政府与白人定居者的殖民统治。在肯雅塔被审判期间,茅茅制造了一系列暴力活动。最引人注目的事件是,他们攻占了一个地方警察署,之后又发生"拉里屠杀事件",被杀害的90多人中大多数是妇女儿童。在巴林的建议下,英国政府派出军队镇压茅茅。与此同时,白人定居者也组织辅助警察队,帮助搜捕茅茅。白人定居者的势力似乎进一步扩大了,他们与英国政府是同伙的观点也似乎被证明是正确的。

实际上,茅茅运动主要由吉库尤人中的激进派组成,它远不是全国性的。在英国政府和白人定居者的联合绞杀下,茅茅运动最终失败了。但茅茅运动却加速了英国政策的转变。为对付茅茅,英国动用了几万人,耗费了5 500万英镑。[1] 为了避免类似事件的发生,英国政府决定在肯尼亚乃至东非进行政策调整。

英国做的第一件事是通过农业改革使农村中的中产阶级群体成长起来。与坦普尔在马来亚的情况一样,巴林逐渐认识到,为了镇压茅茅,为了稳定肯尼亚,英国有必要重建肯尼亚的经济,培养一批非洲人的中产阶层。[2] 而紧急状态赋予总督的权力便利了英国实施新政策。殖民政府很快推行"斯温纳顿(Roger Swynnerton)农业改革计划",鼓励非洲人种植农业经济作物,例如咖啡、除虫菊等等。为了提高生产效率,巴林推行土地合并政策,让那些有能力的非洲人经营合并后的土地。同时,为了抚慰那些失去土地的非洲人,殖民政府也给他们以一定的补助。巴林的政策很有成效,作家拉平称

---

[1] 吴秉真、高晋元主编:《非洲民族独立简史》,世界知识出版社,1993年,第362页。
[2] C. Rosburg and J. Nottingham, *The Myth of "Mau Mau": Nationalism in Kenya*, Stanford, 1966, pp. 303 - 305.

巴林的政策引发了一场"农业革命",而农业革命造就了一批农业中产阶级。① 由于这些经济作物依赖于外部市场,英国的中间商地位也就是至关重要的,英国可以指望得到非洲人的合作。

英国还注重扶持肯尼亚民族主义的温和派。一方面,英国人全力围捕茅茅组织成员,动用巨大的人力与财力绞杀茅茅运动。另一方面,英国人也决定软化那些激进派,因为在肯尼亚,吉库尤人是最大的部族,如果要重建肯尼亚,没有吉库尤人的合作是不可想象的。因而,巴林尽力争取那些温和的吉库尤人的支持,在茅茅运动几近瓦解时,主张对其采取宽容政策,以使他们参与到肯尼亚的社会生活中来。殖民大臣利特尔顿支持巴林的想法,他向白人定居者施压说,英国不可能无限制地支持白人定居者,如果要维持白人的影响力,白人定居者必须对土著人让步并让他们分享权力。利特尔顿获得一部分温和派白人定居者的支持。1954年,英国颁布了新的肯尼亚宪法,规定各种族的代表都可以担任政府部长。

1957年麦克米伦担任首相后,英国政府仍然试图维持白人定居者与非洲土著人之间的平衡,在肯尼亚积极建设多种族社会。② 这个计划获得了一部分白人定居者的支持。虽然许多白人对非洲人还是极不信任,但是以布伦戴尔(Michael Blundell)为首的一部分白人逐渐改变了看法,他们认识到,为了维持白人定居者的利益,白人必须和非洲人合作。布伦戴尔劝说白人定居者支持这一政策。虽然劝说工作非常艰难,但是布伦戴尔最终劝服白人定居者接受了一

---

① 布莱恩·拉平:《帝国斜阳》,钱乘旦等译,上海人民出版社,1996年,第514页。
② [D. Stirling's Memorandum on Change in Black Africa]: Letter from Mr. Macleod (Ministry) to Mr. Macmillan, 25 May 1959, PREM 11/ 2583, in Ronald Hyam and W. R. Louis, *CGEE*2, Vol. I, p.161.

位卢奥族的领袖姆波亚(Tom Mboya)参加政府,他成为肯尼亚的第一位黑人部长。

姆波亚虽然也愿意和英国合作,但是在基本立场上,他与英国政府推行的多元种族社会主张是南辕北辙的,他追求的真正目标是非洲人的多数统治,与英国进行合作不过是实现目标的手段。为了这个目标,他坚持不懈地为非洲人争取更大的权力。在他进入立法院不久,就提出把立法会议中非洲人代表的人数提高到议会总人数的一半。面对英国政府提出的以族群为基础的选举,非洲的民族主义者针锋相对地提出"一人一票"的民主制原则与成人普选权要求,并强烈呼吁开放供欧洲移民专用的"白人高地"。

这样,英国政府与白人定居者追求的多元种族社会就面临着严峻的考验。

1959年,在肯尼亚关押的茅茅运动成员已经减少到1 000多人,殖民政府决定把他们转移到霍拉集中营进行管理。由于殖民政府对这些"拒不悔改"的茅茅分子毫无好感,虐囚行动就不可避免地会发生。采取强制手段进行管理的第一天就造成11人死亡,20多人重伤,这就是著名的"霍拉屠杀事件"。该事件发生的同月,尼亚萨兰警方杀害了50多名举行抗议活动的非洲人,英国派出的德夫林调查团认为尼亚萨兰已经变成了一个"警察国家"。英国政府很快成为国际社会批评的焦点,在国内,保守党政府也面临着自由派人士的严厉质询。

这一次,麦克米伦决定采取果断措施。实际上,在苏伊士运河事件后,麦克米伦就已开始怀疑英帝国的价值。他上台后不久,就提议审核帝国的价值,而审核报告认为殖民地"更早而不是更迟的独立会更好地维护英国的外贸利益",英国的金融与经济利益不会因为殖民地的独立而受到影响。同时,殖民地的独立不仅不会损害反而会提高英国的国际地位,因为虽然殖民地独立了,但英国可以"通过另一种方式对之施加影响"。总之,英国应该把英帝国转变为英联邦,使这些殖民地变成英国控制下的自由国家的联合体,通过这一新的形式来遏制共产主义,维护英国的大国地位。[1] 基于此结论,麦克米伦主张放弃非洲殖民地,但是他面临着强大的阻力,以博伊德、索里兹伯里勋爵、利特尔顿等为首的强硬派抱有浓厚的帝国思想,他们反对首相的主张,麦克米伦因而暂时搁置了争议。在1959年10月的大选中,保守党以绝对优势赢得大选,强硬派则退出了内阁与下院。在巩固了地位后,麦克米伦决定按照自己的设想推动非洲殖民地的独立进程,1959年任命麦克劳德为殖民大臣与1960年"变革之风"的著名演讲都是他这一思想的表现。

新任殖民大臣麦克劳德决定加速东非殖民地的独立进程,他认为"……我们不能靠武力维持非洲的殖民地。即使动用了大量的军队,我们还是不能继续统治塞浦路斯这样的小岛,戴高乐也没有保住阿尔及利亚。人们迈向自由的斗争只能加以引导,而阻止是不可能的。"[2]麦克米伦也逐渐认识到尽快让非洲殖民地独立才是最现实的政策。

需要注意的是,直到此时,英国政府仍然希望扶持那些民族主义温和派主持独立的进程,也仍然没有放弃多元种族社会的构想。与1957年不同,这一次英国政府已准备放弃非洲殖民地,英国不会

---

[1] Tony Hopkins, "Macmillan's Audit of Empire, 1957", in Peter Clarke and Clive Trebilcock eds., *Understanding Decline: Perceptions and Realities of British Economic Performance*, Cambridge, 1997, pp. 234 - 260.
[2] David Goldsworthy, *Colonial Issues in British Politics 1945 - 1961*, Oxford, 1971, p. 363.

再为所谓的底线竭尽全力了。

英国政府的这一态度推动了肯尼亚的政治发展。麦克劳德的弟弟也是一位白人定居者,他配合布伦德尔在白人定居者中宣传多元种族的主张。在他们的努力下,1959年新肯尼亚集团(New Kenya Group)成立,这一组织的目的是冲破种族障碍,建立一个非洲人、欧洲人、亚洲人平等相处的新政党。麦克劳德支持这些温和派,决定以此为基础加快肯尼亚的独立步伐,因为独立的延迟可能让英国重蹈塞浦路斯的覆辙。① 英国的殖民政策委员会最终同意了麦克劳德的独立方案。② 1960年1月,英国召开了伦敦会议,麦克劳德邀请肯尼亚40多名民选立法议员到伦敦商谈独立事宜。麦克劳德的目的是建立一个新肯尼亚集团与非洲民族主义温和派之间的联盟,然后以这一联盟为核心推动肯尼亚的独立进程。

为了获得非洲人的合作,麦克劳德为肯尼亚设计了新的宪法,让非洲人在立法会议中占据多数,但是他也同时希望维持白人的利益。他支持的是非洲人中的温和派而不是激进派,既然英国与白人定居者仍然痛恨肯雅塔,麦克劳德就决定不释放肯雅塔,当肯尼亚非洲人全国联盟(Kenya African National Union,简称非全盟)提出把肯雅塔作为自己的领袖时,麦克劳德拒绝了他们的请求。③ 在英

---

① [Cabinet differences on East African Policy]: Minute by Mr. Macmillan to Lord Kilmuir. Enclosure: Letter from Mr. Macleod (6 June), 8 Jan. 1961, PREM 11/4083, M 15/61, in Ronald Hyam and W. R. Louis, *CGEE*2, Vol. I, pp. 407 – 408.

② Minutes of Colonial Policy Committee, 6 Jan. 1961, in Ronald Hyam, *Britain's Declining Empire: the Road to Decolonization 1918 – 968*, Cambridge, 2006, p. 280.

③ G. Bennett and C. Rosberg, *The Kenyatta Election: Kenya* 1960 – 1961, London, 1961, p. 41, in John Darwin, *Britain and the Decolonization: the Retreat from Empire in the Post-War World*, New York, 1988, p. 266.

国政府看来,肯尼亚非洲人民主联盟(Kenya African Democratic Union)才是肯尼亚民族主义温和派的真正代表。这一组织是一个排除吉库尤人的部落联盟,他们担心吉库尤人一旦获得权力会损害自己的利益,他们也不喜欢肯雅塔,愿意支持与布伦戴尔合作并组建多元种族政府。① 在1961年大选中,依靠新肯尼亚集团与总督的支持,肯尼亚非洲人民主联盟组建了新政府。从而,一个包括英国政府、温和派白人定居者、温和派非洲民族主义者在内的联盟形成了,他们共同抵制以肯雅塔为核心的肯尼亚非洲人全国联盟,也反对强硬的白人定居者。

但是,英国实施的政策很快失败了,原因是英国支持的政治势力无法控制肯尼亚的局势。肯尼亚非洲人民主联盟的力量是非常脆弱的。它是一个松散的反对吉库尤人的部落联盟,各部落之间的分歧非常严重,党魁纳格拉(R. G. Ngala)的领导地位并不稳固。同时,它既得不到强硬派白人定居者的支持,也不可能获得吉库尤人的支持,而吉库尤人是肯尼亚最大的部族。代表吉库尤人利益的肯尼亚非洲人全国联盟在肯尼亚的影响力非常大,对肯尼亚非洲人民主联盟的领导地位构成严峻挑战。而且,由于肯尼亚非洲人民主联盟严重依赖英国政府的支持,非洲人更是把它看作英国的傀儡,这使它在群众中缺乏足够的影响力。部落之间、政党之间、领袖之间明争暗斗,肯尼亚面临着局势失控的危险。

面对严峻的形势,麦克劳德明智地认识到,为了避免肯尼亚发生内战,接受肯雅塔才是最好的选择,因为只有肯雅塔才能超越这

---

① G. Wasserman, *The Politics of Decolonization: Kenya Europeans and the Land Issue 1960-1965*, Cambridge, 1976, p. 63.

些冲突。麦克劳德顶住了白人定居者与保守派的压力,释放了肯雅塔。肯雅塔出狱之后,重新确立了自己在肯尼亚的领导地位,非全盟在其领导下重新成为肯尼亚最有势力的政党。

不过许多白人定居者仍然顽固不化,他们在总督雷尼森(Sir Patrick Renison)周围积聚起来抵制肯雅塔与其领导的非全盟,雷尼森在公开的演讲中更指称肯雅塔是"引向黑暗与死亡的领袖"。① 但是英国政府不想再为白人定居者承担责任了,由于认为雷尼森总督不适合与肯雅塔合作,新任殖民大臣桑兹(Duncan Sandys)选择麦克唐纳(Malcolm MacDonald)担任肯尼亚总督。麦克唐纳认为抵制肯雅塔是很不明智的,他上台伊始就劝说白人定居者认清形势并接受肯雅塔。

肯雅塔也决定尽量争取英国政府与白人定居者的支持。长期的监牢生活使肯雅塔更加成熟稳重,他清醒地认识到,白人定居者的能力与财力是肯尼亚经济发展的重要支撑。因而,他一方面致力于部落之间的团结,另一方面也对白人定居者抛出了橄榄枝。对那些顽固不化的白人定居者来说,肯雅塔将要掌握肯尼亚政权已经是一个不争的事实,面对肯雅塔的示好,他们开始动摇了。同时,茅茅运动之后,肯尼亚的形势已经发生了很大变化,白人定居者的经济与政治影响力已经大大削弱,白人定居者对肯尼亚的影响力已是远不如昔了。② 在1963年8月的演讲中,肯雅塔终于赢得了白人定居者的拥护:

---

① 布莱恩·拉平:《帝国斜阳》,钱乘旦等译,上海人民出版社,1996年,第524页。
② John Darwin, *Britain and the Decolonization: the Retreat from Empire in the Post-War World*, New York, 1988, pp. 263 – 265.

世上没有天使的社会,无论白人、棕种人还是黑人都不可能有。我们都是人,因此我们都会犯错误。如果我对你们做错了事,那就要请你们原谅我;如果你们对我做错了事,那就应该是我来原谅你们。非洲人不能说欧洲人全都做错了,欧洲人也不能说非洲人全都做错了……你们应该忘掉某些事,正像我也应该忘掉某些事一样……你们中许多人担心,但我要对你们说:乔莫·肯雅塔不想报复,不想向后看。我们应该忘记过去,面向未来。我受过监禁,受过拘留,但那些已经过去了,我不打算记住它……你们许多人和我一样是肯尼亚人……让我们团结起来,为肯尼亚的利益而工作,而不是为某一特定的群体工作。①

肯雅塔也赢得了英国政府的支持。1963年大选中,非全盟赢得大选,麦克唐纳迅速任命肯雅塔为总理,肯尼亚实现了内部自治。1963年12月,英国支持肯尼亚获得完全独立,肯雅塔成为肯尼亚的第一任总统。独立之后,肯尼亚基本上维持了一个以非洲人为主的多种族国家,肯雅塔也宣称肯尼亚将继续留在英联邦。英国的明智政策维持了英肯在外交方面的友好关系、经济上的合作,当然,还有英国在肯尼亚的无形影响力。

英国政府关于东非联邦的计划也激起了坦噶尼喀与乌干达的强烈反对,尤其推动了坦噶尼喀民族主义的发展。二战时,一些在非洲之外作战的坦噶尼喀士兵开始建立属于非洲人自己的政治团体,一些知识分子也明确提出坦噶尼喀立法会议中应该有非洲人的代表。战后的经济困难引发了1947年坦噶尼喀的全国大罢工,工人不仅要求提高工资,还提出了非洲人在政府中任职的政治要求。但

---

① 布莱恩·拉平:《帝国斜阳》,钱乘旦等译,上海人民出版社,1996年,第528页。

是殖民地的这些反抗行动都是以地区为主的,而且不少民族主义者对英国的殖民统治还存有幻想,这些都制约了民族主义的发展。坦噶尼喀非洲人协会(Tanganyika African Association)是坦噶尼喀最大的民族主义组织,具有全国性,但到1948年,其会员也只有1780人。①英国的经济与政治计划无意中整合了坦噶尼喀的民族主义力量,从而加速了坦噶尼喀民族主义运动的发展。1951年,总督特文宁(Sir Edward Twining)任命的宪法发展委员会向殖民政府建议,立法会议中的非官方成员由黑种人、白种人、黄种人三大种族同等数量的代表组成,英国也在地方议事会中实行以种族为代表的选举制。不少非洲人认为这个方案极不公平,因为坦噶尼喀的白种人与黄种人数量很少。坦噶尼喀非洲民族主义者很快以此为核心整合了起来。1953年4月,朱利叶斯·尼雷尔(Julius Nyerere)当选为坦噶尼喀的非洲人协会的主席,他决定把坦噶尼喀的非洲人协会塑造为整个国家的民族主义政党。一年之后,他把坦噶尼喀的非洲人协会改组为坦噶尼喀非洲民族联盟(Tanganyika African National Union)(简称坦盟),致力于坦噶尼喀的自治和独立。针对英国以种族为基础的选举方案,坦盟针锋相对地提出成年人普选制,要求把非洲人在立法会议和行政会议中的代表人数提升到总数的一半,坦盟也要求坦噶尼喀在10年左右的时间获得独立。由于尼雷尔领导得成功,到1957年,坦盟的成员已达15万—20万人,"我们取得的成功甚至使我们最乐观的人也感到惊奇。几乎全国都支持我们。"②

对此,英国决定镇压尼雷尔与其领导的坦盟。总督特文宁把尼

---

① 吴秉真、高晋元主编:《非洲民族独立简史》,世界知识出版社,1993年,第332页。
② 吴秉真、高晋元主编:《非洲民族独立简史》,世界知识出版社,1993年,第334页。

雷尔描述为"颠覆运动的代表"和"不负责任的鼓动者",①想方设法限制尼雷尔与坦盟的活动。殖民政府既不准尼雷尔在群众集会上演讲,也拒绝甚至撤销坦盟地区支部的官方注册。

英国政府明白为了维持在坦噶尼喀的统治,英国必须获得非洲人的支持,即使是只有一部分非洲人的支持。英国决定扶持那些民族主义者中的温和派与保守派。在英国的支持下,鼓吹多种族联合的坦噶尼喀统一党(United Tanganyika Party)成立了,成为对抗坦盟的工具。英国也拉拢那些传统的政治势力。1957年英国通过《非洲酋长(特别权力)法》,恢复酋长"根据土著权力法……发布规则和命令"的权力,随后建立了"全领地酋长大会"。②

但是随着局势的发展,英国逐渐改变了态度。坦噶尼喀统一党难当大任,在与坦盟的竞争中节节败退。总督特文宁原来是一位强硬派,但是逐渐认识到多种族社会的主张在坦噶尼喀无法实现,英国必须放弃东非联邦的计划,并把以移民为主的政策转向以非洲人为主的政策。他也改变了对尼雷尔的看法,认为尼雷尔比西非其他殖民地的民族主义领导人更加明智与理性,英国如果激怒了尼雷尔,情况将非常糟糕。严格地讲,坦噶尼喀并不是英国的殖民地,而是联合国的托管地,英国只不过是代为托管而已,尼雷尔几次向联合国托管委员会要求坦噶尼喀获得独立。殖民部官员波德林(H. T. Burdillon)支持特文宁的新政策。波德林认为,如果尼雷尔变成一个反对派并在联合国制造麻烦,英国将非常被动。因此,英国必

---

① 吴秉真、高晋元主编:《非洲民族独立简史》,世界知识出版社,1993年,第356页。
② 同上书,第356页。

须推动坦噶尼喀的政治进程。① 殖民大臣博伊德最后同意了特文宁的建议。1957年,坦噶尼喀行政委员会重组,新的助理大臣由4名非洲人、1名欧洲人、1名亚洲人组成。这一新的人事变动显示多元种族社会的计划被放弃了,非洲人多数统治的原则正在执行。

英国虽然放弃了多元种族社会的计划,但是在独立的时间上,还是认为应该由自己掌控。殖民大臣博伊德反对采取激进政策,主张循序渐进地推动非殖民化进程,在他看来,坦噶尼喀要到1970年才可能获得独立。②

但是这种关起门来制定的计划注定要被现实击碎的。1958年9月与1959年2月,坦盟在立法会议的两轮大选中大获全胜,坦噶尼喀已没有别的政治力量能阻挡独立了。在黄金海岸与尼日利亚走向独立时,坦盟也要求在最短的时间内使坦噶尼喀获得自治地位,如果英国拒绝,坦盟将掀起抗议、罢工等全国性抵制活动。

下面四个因素便利了英国从坦噶尼喀的撤退。

首先,国际压力影响了英国的政策。坦噶尼喀在名义上是联合国的托管地,联合国对其负责。由于戴高乐突然改变了法国的殖民政策,加快了非殖民化进程,法属非洲各国纷纷独立。1960年联合

---

① [Tanganyika]: Letter from Governor Sir E. Twining to W. L. Gorell Barnes Reviewing the Political Situation and Proposing a Policy for African Political Advance, 12 Nov. 1956, CO 822/912, no 26; [Tanganyika]: Minutes by W. A. C. Mathieson, W. L. Gorell Barnes, Sir J. Macpherson, H. T. Bourdillon and Mr. Lennox - Boyd on Sir E. Twining's Proposals for African Political Advancement, 29 Nov. - 25 Dec. 1956, CO 822/912, in David Goldsworthy, *CGEE*1, Vol. II, pp. 264 - 278.

② "Future Policy in East Africa": Cabinet Colonial Policy Committee Memorandum by Mr. Lennox - Boyd, 10 Apr. 1959, CAB 134/1558, CPC (59) 2; "Future Policy in East Africa": Minutes of Cabinet Colonial Policy Committee Meeting, 17 Apr. 1959, CAB 134/1558, CPC 1 (59), in Ronald Hyam and W. R. Louis, *CGEE*2, Vol. I, pp. 371 - 383.

国中突然出现了这些新的非洲国家成员,在它们的要求下,联合国托管委员会更加关注殖民地的独立进程。英国继续执行过时的殖民政策只能招致以联合国为舞台的第三世界国家的口诛笔伐,这将令英国陷于尴尬的境地。①

其次,英国不愿意再花费巨大代价来维持非洲殖民地的统治。麦克劳德认为英国在坦噶尼喀的警备力量不足以应付动乱,同时,一旦坦噶尼喀爆发动乱,英国采取镇压政策势必会拖累英国的经济发展。即使英国勉强镇压了殖民地的抗议活动,保持这一贫瘠的殖民地又有什么意义呢?坦噶尼喀在经济与战略上的地位与肯尼亚相比都差得太远。

再次,对抗共产主义势力的策略便利了英国的撤退。比利时无法镇压刚果的民族主义者,被迫撤出刚果,刚果很快爆发了内战,苏联的势力开始渗透到中非。由于英国的中非与东非殖民地都与刚果毗邻,英国也担心苏联向自己的殖民地扩张势力。在此背景下,麦克劳德认为英国最明智的策略就是迅速从坦噶尼喀撤离,否则,英国将不得不处理坦噶尼喀的动乱。②

最后,从坦噶尼喀的撤退不像肯尼亚那样麻烦,这里的白人定居者数量很少,不足以对英国政府的政策造成太大的影响。

1959 年 5 月,新上任的总督特恩布尔(Sir Richard Turnbull)向英国内阁提出建议,英国最迫切的任务是迅速与尼雷尔建立合作关系,因为尼雷尔是最好的合作者,只有支持尼雷尔,独立进程才可能

---

① Ronald Hyam, *Britain's Declining Empire: the Road to Decolonization 1918 – 1968*, Cambridge, 2006, p. 277.
② Ronald Hyam, *Britain's Declining Empire: the Road to Decolonization 1918 – 1968*, Cambridge, 2006, p. 277.

顺利。为了争取尼雷尔的支持,他提议加快坦噶尼喀的独立进程,在 1960 年实现立法会议中的非官方议员占多数比例。如果延迟独立,坦噶尼喀将会出现动乱与革命,而英国的财力将不足以镇压反抗活动。①

麦克劳德担任殖民大臣后,很快接受了特恩布尔的建议。1959 年 12 月,英国宣布在坦噶尼喀进行第二轮大选,并许诺在 1960 年 8 月让民选议员的人数在立法会议与行政委员会中占据多数。鉴于坦盟在坦噶尼喀的绝对优势,这实际上就是支持坦盟在独立中获得领导地位。在之后的大选中,坦盟赢得了压倒性胜利,在坦盟的压力下,英国把独立的时间再次提前。特文宁与特恩布尔的估计是正确的,尼雷尔还是比较理性与友好的,他愿意与英国合作,也同意独立的坦噶尼喀将继续留在英联邦。

桑给巴尔与坦噶尼喀有千丝万缕的联系。它是一个种族混杂的地区,长期以来,阿拉伯人入侵后建立了苏丹国,控制着桑给巴尔的政治与经济。但是,在桑给巴尔占多数的人口却是非洲人,非洲人又分为从大陆非洲(主要从坦噶尼喀)过来的大陆派与桑给巴尔本地的土著人,大陆派与非洲大陆联系紧密,而桑给巴尔土著人却忠诚于阿拉伯人统治者——苏丹。② 在坦噶尼喀走向独立之际,以

---

① [Proposed Timetable for Constitutional Advance in Tanganyika]: Letter from Sir R. Turnbull (Tanganyika) to W. L. Gorell Barnes (CO), 13 Jan. 1959, CO 822 /1448, no 166; [Tanganyika: Proposed Constitutional Advance]: Letter from Sir R. Turnbull to W. L. Gorell Barnes. Minutes by Mr. Amery, F. D. Webber, W. L. Gorell Barnes, Sir J. Macpherson, Lord Perth and Lennox‐Boyd, 12 May 1959, CO 822/1449, no 229 and so on, In Ronald Hyam and W. R. Louis, *CGEE*2, Vol. I, pp. 450 - 483.

② John Lonsdale, "East Africa", in *The Oxford History of the British Empire*, IV: *the Twentieth Century*, Oxford, 1998, p. 542.

苏丹为核心的民族党也提出独立要求,但是以非洲大陆人为主的非洲—设拉子党(Afro-Shirazis)反对民族党的要求,认为过早的独立只能使非洲人完全落入阿拉伯人的掌控之中。①

英国在决定从坦噶尼喀撤退时,也无意对抗桑给巴尔的民族主义者。但是在桑给巴尔追求独立的进程中,英国继续根据自己的战略加以选择。英国更喜欢非洲—设拉子党主导政治发展的局面,因为英国在桑给巴尔仍然有重要的战略利益,阿拉伯人与埃及、苏联等国家关系密切,大陆派则希望从英国获得支持。② 虽然英国支持大陆派,但是阿拉伯人在两者的竞争中却占据优势,因为他们更加能干,在政治上也更加成熟,桑给巴尔土著人也站在民族党的一边。非洲—设拉子党在政治上则缺乏经验。阿拉伯人与非洲人大陆派的冲突最终导致了 1961 年 6 月 1 日的暴乱。

桑给巴尔的殖民官员穆林(Sir George Mooring)认为,暴乱是两派分歧引起的,为了有利于政治发展,英国必须支持两派建立联盟,桑给巴尔只有在联盟的基础上才能真正实现独立。③ 他的建议难以成功,因为两派的联盟根本无法实现。1963 年,桑兹任殖民大臣之际,桑给巴尔政局仍然处于僵持之中。由于担心英国陷入桑给巴尔

---

① "Future Policy In East Africa": Cabinet Colonial Policy Committee Memorandum by Mr. Lennox-Boyd, 10 Apr. 1959, CAB 134/1558, CPC (59)2, in Ronald Hyam and W. R. Louis, *CGEE*2, Vol. I, p. 374.

② [Personal impressions of East Africa and Aden after a visit]: Memorandum by Mr. Macleod for Cabinet Colonial Policy Committee, 11 Apr. 1961, CAB 134/1560, CPC (61) 7, in Ronald Hyam and W. R. Louis, *CGEE*2, Vol. I, p. 413.

③ [Zanzibar's Demand for Independence]: CO Minutes by J. C. Morgan, W. B. L. Monsoon, Sir H. Poynton, Mr. Fraser, Lord Perth, F. D. Webber, and Sir J. Martin, 15 Dec. 1961 - 13 Feb. 1962, CO 822/2328, nos. 213, 215 and 218, in Ronald Hyam and W. R. Louis, *CGEE*2, Vol. I, p. 420.

的内战,桑兹决定尽快放弃这一殖民地。① 1963年6月,桑给巴尔实现内部自治,7月举行大选,在桑给巴尔土著人的支持下,民族党获得胜利,英国决定承认选举的结果。12月10日,桑给巴尔实现了完全独立,阿拉伯苏丹担任国家元首。但是,非洲大陆派继续反对民族党。1964年4月,大陆派发动军事政变推翻了政府,新成立的革命委员会很快与坦噶尼喀达成了合并协议,合并后的新国家改名为坦桑尼亚。

在乌干达,东非联邦的计划也没有什么吸引力。作为乌干达的核心地区,布甘达的国王穆特萨二世(Kabaka of Buganda, Mutesa II)认为东非联邦计划会使布甘达落入白人的控制之下,因而坚决反对联邦计划,甚至提出布甘达单独独立的设想。但布甘达单独独立就无异于瓦解了乌干达,英国很快以个人品质为由流放了穆特萨二世。流放穆特萨二世反而使他成了民族英雄,一些激进势力开始冒头,英国觉得还是与穆特萨二世打交道为好,1955年又让穆特萨二世回到了乌干达。

除了来自穆特萨二世的压力,英国还面临着大众民族主义的压力。1945—1946年,巴塔卡党(Bataka Party)宣告成立,要求在布甘达王国建立民主议会,反对成立东非高级委员会,也反对印度人对棉花和咖啡销售的垄断地位。1949年,在巴塔卡党与另外一些民族主义者的领导下,乌干达民族主义者举行了示威游行,与警察发生冲突,最终发生纵火、抢劫等暴力行为。殖民政府宣布乌干达处于紧急状态,逮捕了1 724人。英国取缔了巴塔卡党,但民族主义运动

---

① [Zanzibar Constitutional Development]: Minute by Mr. Sandys to Mr. Macmillan, 16 Oct. 1962, CO 822/2329, no 289, in Ronald Hyam and W. R. Louis, *CGEE*2, Vol. I, pp. 444 - 445.

却没有一蹶不振。1952年,乌干达国民大会党奥博特派建立(1960年与乌干达人民联盟合并组成乌干达人民大会党,Uganda People's Congress),提出乌干达自治、普选、反帝反殖的政治主张。

在民族主义者的压力下,英国开始推动乌干达的自治进程,并许诺在乌干达进行直接选举,这一计划仍然没有成功。布甘达反对直接选举,穆特萨二世认为民主选举会削弱国王的权力。在布甘达的压力下,英国最终退缩了。虽然1958年的立法会议由直接选举产生,但是布甘达却是一个政治特区,乌干达的普选是不全面的。英国对穆特萨二世的妥协又引起了民族主义者的反对。在乌干达国民大会党衰落之后,以奥博特(Milton Obote)为首的乌干达人民大会党发展很快,成为乌干达最大的民族主义政党,他们反对布甘达的特权,要求在乌干达建立一个民选的中央政府。[1]

直到麦克劳德上任时,英国一直在民族主义者与布甘达国王之间走钢丝。[2] 麦克劳德决定使英国加速从非洲撤退,全力支持民族主义者的独立要求。他很快提出新的宪法方案,主张在立法会议与行政委员会中都扩大民选人数并缩小殖民政府任命的人数,直到它们最终完全由选举产生。[3] 而乌干达的政局发展也使麦克劳德获得了这样的机会。

---

[1] John Darwin, *Britain and the Decolonization: the Retreat from Empire in the Post-War World*, New York, 1988, p. 259.

[2] [Constitutional Development in Uganda]: CO Minutes by Sir H. Poynton, J. W. Stacpoole, F. D. Webber, W. B. L. Monsoon and Lord Perth, 15 Jan. - 31 May. 1960, CO 822/2262, no 8, in Ronald Hyam and W. R. Louis, *CGEE*2, Vol. I, p. 385.

[3] [Proposals for Constitutional Reform in Uganda]: Memorandum for Cabinet Colonial Policy Committee by Mr. Macleod, 4 Feb. 1960, CAB 134/1559, CPC (60) 1, in Ronald Hyam and W. R. Louis, *CGEE*2, Vol. I, pp. 390 - 393.

在布甘达与乌干达人民大会党争夺权力的时候,由伯尼迪克多·基瓦努卡(Benedicto Kiwanuka)领导的乌干达民主党(Uganda Democratic Party)异军突起,他们既在乌干达获得基督徒的支持,又在布甘达王国获得国王臣民的拥护。在1961年3月的选举中,乌干达民主党赢得了选举。① 来自乌干达民主党的压力使两个看起来根本不可能合作的集团联合起来,乌干达人民大会党开始与布甘达国王寻求妥协。最后,乌干达人民大会党同意了布甘达在乌干达的特殊地位,而布甘达国王则答应支持乌干达人民大会党。英国对乌干达民主党也并不信任。② 麦克劳德于是决定支持乌干达人民大会党与布甘达王国的联盟,并以此为基础进行权力移交。根据1961年6月提出的《芒斯特报告》(Munster Report),麦克劳德声称乌干达将于1962年3月实行内部自治,10月走向完全独立,而布甘达与乌干达将维持一种联邦的关系。这样,英国、布甘达国王、乌干达人民大会党最终形成一种同盟关系。1962年5月,在布甘达国王的支持下,奥博特赢得了大选。英国按照原先的许诺,于1962年10月授予乌干达独立地位,新国家也继续留在了英联邦。

英国从乌干达的撤退凸显了利益集团在独立进程中的矛盾。在英国准备撤退的时刻,不少殖民地都出现了争夺权力的内部纷争。在印度有国大党与穆斯林联盟的争夺,在巴勒斯坦有犹太人与阿拉伯人的冲突,在黄金海岸有人民大会党与民族解放阵线的矛盾,等等。在乌干达也表现得非常明显,布甘达国王、乌干达人民大

---

① D. A. Low, *Political Parties in Uganda 1949—1962*, London, 1962, p. 55.
② [Uganda]: Minutes on "Problems" with Chief Minister, Mr. Kiwanuka, by W. B. L. Monsoon and Lord Perth to Mr. Maudling, 2 Feb. 1962, CO 822/2264, nos 265 and 266, in Ronald Hyam and W. R. Louis, *CGEE*2, Vol. I, pp. 429 – 433.

会党、乌干达民主党,以及一些小的政党与部族都希望获得尽可能多的权力。由于利益集团之间的权力争夺,乌干达面临着发生内战的风险。英国由于财政与战略原因不可能在乌干达投入更多的资源,因而决定加速从乌干达撤退。但是英国的撤退并没有消弭乌干达内部的矛盾,它不过是把问题推给了新政府,而面对这些矛盾,新政府又是无力处理的,国家因而面临失败的危险。

四、中非殖民地的独立

艾德礼政府的首要任务是恢复经济并摆脱英国严重依赖美国援助的局面,利用非洲的矿产资源与农业初级产品服务于英国。中非殖民地对英国的经济计划有重要意义,南罗得西亚的烟草、北罗得西亚的铜矿等都是英国赚取美元外汇的重要产品。如何更好地开发中非殖民地的经济资源是英国政府考虑的首要问题。这种经济开发与其伴随的政治安排也是观察中非殖民地独立的关键因素。

为了开发经济,英国提出了建立中非联邦的设想。在中非建立联邦是白人定居者很早就有的想法,因为贪婪的白人定居者希望获得更多的财富,希望控制北罗得西亚的铜矿。英国殖民主义者罗德斯(Cecil John Rhodes)就曾经提出合并南北罗得西亚的主张,其后的白人定居者也一直在为这一目标而奋斗。但是英国政府不愿意把富得流油的铜矿交给那些白人定居者,因而一直没有同意南北罗得西亚合并的主张。但二战爆发后英国开始认真考虑南北罗得西亚的合并,在二战期间,为了整合中非殖民地的资源,英国设立了中非理事会来协调三个地区的经济发展计划。战后,英国认为开发中非殖民地的经济必须要依靠白人的资本与技术,而中非的联合则有利于整合殖民地的资源。

但是把中非殖民地联合起来更多的是一种政治考虑。南罗得西亚的白人定居者人数众多,在经济上掌握着绝对的控制权,二战时期的经济发展加强了这一优势。在政治方面,白人定居者也更加成熟,从1923年开始,南罗得西亚就享有内部自治,很少受到英国政府的干预。① 白人定居者的目标是实现罗德斯的野心,他们多次提出合并南北罗得西亚的要求。白人定居者的压力致使英国不得不考虑他们的要求,1939年,英国的《布莱迪斯洛报告》(Bledisloe Report)认为,英国不能支持两者的合并,因为北方的非洲人反对合并政策。但南非的政治局势又使英国政府改变了态度。1948年5月,南非的丹尼尔·马伦博士领导的国民党赢得大选并组成了政府,马伦政府推行激进的种族隔离政策,希望牢固确立白人的优势。南非的种族隔离政策很快冲击了英国在中非的统治。中非的白人定居者羡慕南非白人不受英国干涉的权力,由于罗得西亚没有完全的内部自治,白人定居者希望摆脱英国政府的控制。英国如果不能很好地处理白人定居者的要求,白人定居者很可能会投入南非的怀抱。大量南非白人向罗得西亚移民,加剧了英国的这一担心。现在,英国必须严肃考虑白人定居者的合并主张。一种选择是同意白人定居者的合并要求,另一种选择是在中非建立某种形式的联邦。

在二战后初期,中非黑人民族主义的发展处于初级阶段,这一

---

① John Darwin, *Britain and the Decolonization: the Retreat from Empire in the Post - War World*, New York, 1988, p.195.

政治情势有利于英国实施中非联邦计划。殖民部非洲司司长科恩是中非联邦计划的主要推动者。科恩警告英国政府,如果英国不能很好地处理南罗得西亚白人定居者的要求,"南罗得西亚将可能与南非建立更紧密的联盟关系"。在与南罗得西亚谈判时,"坦率地承认某种形式的紧密联合有现实的好处"。而且,"从战略、经济与交通的观点来说,在中非建立更紧密的地区合作也有许多真实益处"。① 科恩问道:"既然联邦有这么多好处,为什么不推行联邦计划呢?"

科恩的计划遭到了殖民大臣克里奇·琼斯的反对。琼斯曾经是工党智囊机构——费边殖民局(Fabian Colonial Bureau)的创始人,他认为,英国为了维持中非的稳定,必须对非洲人做出让步。他不断敦促北罗得西亚白人定居者让非洲人进入立法会议,认为国际压力与非洲舆论使英国必须在宪政事业上前进并采取一些必要的激进行动。② 他反对中非联邦计划,认为联邦只能增强南罗得西亚白人的势力,使更多的非洲人落入白人定居者的魔掌。③ 但是,由于琼斯去职,科恩的方案取得进展。1950年2月,格里菲斯接替克里奇·琼斯担任殖民大臣,科恩继续劝说殖民大臣执行中非联邦的计划。格里菲斯也认为南非政治对中非白人定居者有吸引作用,为了

---

① Central African Territories: Memorandum by A. B. Cohen, 16 March. 1950, DO 35/3588, in A. N. Porter and A. J. Stockwell, *BIPD*, Vol. I, pp. 331 – 335.

② [Northern Rhodesia]: CO Note of Discussion with Rhodesian representatives on Constitutional Developments (Legislative Council), 5 July. 1946, CO 795/156/45433/46, no 6, in Ronald Hyam, *LGEE*1, Vol. III pp. 7 – 8.

③ 布莱恩·拉平:《帝国斜阳》,钱乘旦等译,上海人民出版社,1996年,第551页。

对抗南非种族政治,他同意实行联邦计划。① 1951年3月,英国邀请南北罗得西亚和尼亚萨兰的政府代表到伦敦商谈建立联邦事宜,英国的英联邦事务部与殖民部都参与其会。中非联邦计划开始起动了。

1951年保守党重新执政后,在丘吉尔政府的继续推动下加速了中非联邦计划的执行。作为联邦的倡议者,外交大臣艾登更是积极支持中非联邦,他认为中非联邦可以引导白人定居者脱离南非种族政治的影响。但非洲一些民族主义领袖如哈里·恩库姆布拉(Harry Nkumbula)与黑斯廷斯·班达(Hastings Kamuzu Banda)等反对联邦计划。殖民大臣利特尔顿认为非洲人反对中非联邦是一个伪问题,他问道:"非洲语言中根本就没有联邦这个词,非洲人怎么能在真实的意义上反对它呢?"他决定抛开非洲人的反对意见,把中非联邦计划执行到底。由于非洲民族主义仍然处于初级阶段,民族主义者的软弱与分裂使利特尔顿可以无视他们的意见。

利特尔顿设计的中非联邦计划是一种平衡方案。为了获得非洲人的支持,利特尔顿认为英国有必要照顾非洲人的利益,他首先用联邦计划代替白人定居者的合并计划,而且坚持把尼亚萨兰包括在新的联邦中,联邦也必须有保护非洲人的制度安排。他也对白人定居者做了一些让步。最后建立的中非联邦体现了这一混合特色,在联邦中,非洲事务委员会负责照顾非洲人的利益,这一机构直接对英国政府负责。但是英国也根据白人定居者的要求调整了非洲

---

① "visit by the Secretary of State for Commonwealth Relations to the Union of South Africa, Southern Rhodesia and the three high Commission Territories of Basutoland, the Bechuanaland Protectorate and Swaziland": Cabinet Memorandum by Mr. Gorden Walker, 16 Apr. 1951, CAB 129/45, CP (51) 109, in Ronald Hyam, *LGEE*1, Vol. IV, pp. 298-315.

人的代表权,以及非洲人事务委员会承担的职责。

中非联邦建立后,英国似乎达到了预定目标。南罗得西亚修改了一些歧视黑人的法律,一些歧视黑人的做法也被有意回避了,而比较激进的尼亚萨兰民族主义领袖班达也宣布退出政坛。

但是,中非联邦的核心问题在于,它如何同时满足白人定居者与非洲人的愿望。白人定居者要求长久控制中非的政局,而非洲人要求按照非洲人多数原则建立国家。这两个要求是不能同时得到满足的。白人定居者为了实现自己的目标不断提出独立的要求,但是英国认为除非中非联邦解决了非洲人问题,否则英国不能允许联邦独立。

这一两难选择也是考验联邦政府能力的试金石。南罗得西亚的新总理加菲尔德·托德(Garfield Todd)是一位政治主张较温和的白人定居者,他认为为了罗得西亚与中非联邦的发展,南罗得西亚必须与非洲人进行合作。但是他抚慰非洲人的政策激怒了白人定居者中的极端保守派,白人定居者对托德给予非洲人选举权的提议特别敏感,托德最终因为这一问题下台。与托德下台的同时,韦伦斯基(Roy Welensky)接替哈金斯(Godfrey Huggins)担任中非联邦的总理。不管怎么说,哈金斯是一个能够顾全大局的政治家,也支持托德的种族和解的政策,而韦伦斯基则不愿与非洲人合作,甚至不与非裔官员握手。① 在韦伦斯基的支持下,中非联邦政府提出了新的选举权方案,规定获选的非洲人必须同时获得白人定居者的同意和支持,由此,白人定居者在立法会议获得三分之二的多数变得

---

① 布莱恩·拉平:《帝国斜阳》,钱乘旦等译,上海人民出版社,1996年,第569页。

更容易了。① 非洲事务委员会很快向伦敦报告,抗议韦伦斯基的方案,不过英国政府却愚蠢地否决了非洲事务委员会的抗议。由于非洲事务委员会是保护非洲人的最后屏障,英国保护非洲人利益的承诺被破坏了。

与此同时,中非联邦建立后利益分配不均,也加剧了非洲人对中非联邦的不满。中非联邦建立后,联邦的收入更多用在南罗得西亚的经济与社会发展上,而北罗得西亚、尼亚萨兰却没有享受到同样的益处。② 中非联邦的这些问题很快成为非洲民族主义运动的催化剂。③

最激烈反对中非联邦的殖民地是尼亚萨兰。起初,尼亚萨兰的民族主义内部存在严重分歧,这些因素影响了尼亚萨兰反对中非联邦的效果。为了调和各民族主义派别之间的矛盾,一些人提议邀请班达返回尼亚萨兰。1958年,班达应邀回到尼亚萨兰。班达是尼亚萨兰的第一个大学生,曾在南非的教会学校读书,接受英国传教士的教育,之后到美国学习医学,后来在英国行医。班达从一开始就反对中非联邦计划,在中非联邦建立后,他宣布退出政坛并移居黄金海岸,但班达并不是激进派,他反对白人定居者而不反对英国政府。班达回到尼亚萨兰后,很快抓住了问题的关键,把斗争的矛头对准中非联邦,因而获得了广泛的支持。在他的领导下,尼亚萨兰

---

① John Darwin, *Britain and the Decolonization: the Retreat from Empire in the Post-War World*, New York, 1988, p.200.
② 张顺洪等:《大英帝国的瓦解——英国的非殖民化与香港问题》,社会科学文献出版社,1997年,第103-104页。
③ P.E.N.廷德尔:《中非史》,陆彤之译,商务印书馆,1976年,第533-535页。

非洲人国民大会(Nyasaland African Congress)发展很快。①

北罗得西亚反对建立中非联邦的斗争也到了一个新的阶段。1951年,当英国开始实施中非联邦的计划时,以"北罗得西亚非洲人至上"为宗旨的非洲国民大会提出反对意见,并组织非洲人示威游行,也开展其他抵制活动。② 但是北罗得西亚的民族主义者中存在严重分裂,以哈里·恩库姆巴拉为首的温和派与以卡翁达(Kenneth Kaunda)为首的激进派有重大分歧。韦伦斯基1957年的宪法方案使卡翁达一派的影响力上升了,北罗得西亚的民族主义领袖们在反对中非联邦问题上开始紧密团结。

到1959年,尼亚萨兰与北罗得西亚的民族主义者变得更加好斗。尼亚萨兰非洲人国民大会不断举行抗议集会,一些激进派还要求使用暴力方式。英国政府仍然认为中非联邦计划对所有非洲人都是有利的,因此认为反对联邦的斗争是一些人煽动的结果。在民族主义者变得更加激进的时候,中非联邦军队开进尼亚萨兰执行紧急状态命令,班达与其他的民族主义领袖都被逮捕。1959年3月,警察向抗议的群众开枪,在随后的冲突中,有50多名非洲人被杀,更多的人受伤。这一事件在英国引起很大争议,麦克米伦政府派出德夫林调查团到当地进行调查,《德夫林报告》(*Devlin Report*)认为尼亚萨兰动乱是由于殖民政府的镇压活动造成的,尼亚萨兰已经成为

---

① 班达在解释中非民族主义兴起的原因时说,"联邦引起了尼亚萨兰强烈的民族主义感情……",Hastings Banda to Creech‐Jones, 3 Apr. 1952, Creech Jones papers, ACJ 22/10/47, in John Darwin, *Britain and the Decolonization: the Retreat from Empire in the Post‐War World*, New York, 1988, p.201.
② P. E. N. 廷德尔:《中非史》,陆彤之译,商务印书馆,1976年,第517页。

一个"警察国家"。①

新上任的殖民大臣麦克劳德认为,英国不能再靠武力维持统治非洲殖民地,如果除了撤退没有其他的选择,那么支持那些已经控制了局势的民族主义领袖就是最好的办法。麦克劳德主张释放班达,因为,"不可能出现比班达更温和的领袖了"。因而,尽早在中非殖民地推动政治独立是维护英国利益的最好办法。② 但是,在英国内阁还没有决定放弃中非联邦之时,麦克劳德仍然是孤立的,他的计划是不可能实现的。

1960年10月,麦克米伦派出蒙克顿委员会(Monckton Commission)到中非调查联邦的前途。蒙克顿委员会认为尼亚萨兰几乎是"病态地"反对联邦,但是委员会仍然主张维护多元种族合作的原则,以此为目标,英国必须做一些迅速而彻底的改革。首先,中非联邦应该把大部分权力移交给各个地区,只保留外事、防务,以及与联邦有关的经济事务方面的权力。其次,英国必须对中非联邦进行改革,使黑人与白人享有平等的权利。最后,委员会要求在地方层面上做出调整,南罗得西亚必须在种族政策上做出重大让步,而为了安抚尼亚萨兰与北罗得西亚非洲人的感情,英国必须在这两个地区引进非洲人多数统治的原则。③

---

① The nature and extent of Opposition to Federation: Extract from the Report of the Nyasaland (Devlin) Commission of Inquiry, 1959, in Nicholas Mansergh, ed., *Documents and Speeches on Commonwealth Affairs 1952 — 1962*, London, 1963, pp. 133 - 140.

② [Proposed Policy for Nyasaland]: Minute by Macleod to Macmillan, 3 Dec. 1959, PREM 11/3075, pm (59) 60, in Ronald Hyam and W. R. Louis, *CGEE2*, Vol. II, pp. 543 - 545.

③ Report of the advisory Commission on the Review of the Constitution of the Federation of Rhodesia and Nyasaland (Monckton Report), In John Darwin, *Britain and the Decolonization: the Retreat from Empire in the Post - War World*, New York, 1988, p. 273.

英国根据蒙克顿委员会的建议,释放了班达与卡翁达。英国也许诺在尼亚萨兰的立法会议实行非洲人多数原则,在北罗得西亚也将举行一个宪政会议来推动非洲人多数统治事宜。

英国的这一新政策在尼亚萨兰进展相对顺利。由于英国仍然可以控制白人定居者,非洲人多数原则得以推行,以班达为首的民族主义者逐渐获得主动权。但是在北罗得西亚,英国执行的非洲人多数统治政策遭到了白人定居者的强烈反对。面对白人定居者的反对与保守党党内右翼的激烈攻击,麦克劳德不得不推行权宜之计,在新的宪法草案中,白人定居者的优势被保留下来。但是这一草案很快引起了非洲人的不满。卡翁达威胁说,他领导的联合民族独立党将全力抵制这一宪法,接着他就发动了一场日益高涨的暴力运动。① 非洲人的暴力倾向使英国担心中非会发生类似1857年印度民族大起义与20世纪50年代肯尼亚茅茅运动之类的事件。② 1961年末,莫德林(Reginald Maudling)接替麦克劳德担任新的殖民大臣,他认为英国在中非必须要向非洲人而不是向白人定居者倾斜,否则北罗得西亚将出现大骚乱,"情况可能失控"。③ 莫德林很快宣称自己不会囿于1961年的宪法草案。

1962年3月,麦克米伦委托巴特勒(R. A. Butler)处理中非事务。面对班达的强烈要求,巴特勒得出结论,英国必须做出让步,认

---

① P. E. N. 廷德尔:《中非史》,陆彤之译,商务印书馆,1976年,第578－579页。
② 吴秉真、高晋元主编:《非洲民族独立简史》,世界知识出版社,1993年,第363页。
③ [Northern Rhodesia Constitution]: Cabinet Conclusions, 26 Feb. 1962, CAB 128/36/1, cc 16(62), in Ronald Hyam and W. R. Louis, *CGEE2*, Vol. II, pp. 570－574.

真考虑殖民地的独立要求。① 英联邦事务大臣桑兹(不久后他接管殖民部)也在白人定居者与非洲人之间选择了非洲人,认为英国如果给韦伦斯基留下继续支持中非联邦的印象是非常危险的。② 首相麦克米伦对白人定居者也没有好感,认为这些白人定居者是欧洲人中的败类,是制造麻烦的主要原因,他更不想受韦伦斯基的控制。③ 麦克米伦的接任者霍姆(Alec Douglas-Home)首相在这一点上与麦克米伦相同,同样厌倦了那些不断制造麻烦的中非白人定居者。

英国从支持白人移民转向支持非洲人是因为逐渐认清了历史潮流所向。到1962年春,英国看到白人定居者造成的危害与非洲人相比已经不可同日而语了,非洲人多数统治原则的重要性已经超越了中非联邦的重要性。非洲人多数统治原则必须要推行,即使联邦解体也在所不惜。④

巴特勒仍然希望保留中非联邦的某些因素,比如三个地区维持一种经济联系,但是此时,几个殖民地都反对联邦。对北罗得西亚与尼亚萨兰来说,联邦的解体意味着摆脱白人定居者的干扰,意味着自身的独立。对白人定居者来说,在英国愈益强调非洲人多数统治原则的趋势下,放弃中非联邦并实现南罗得西亚的独立才能更好地保持白人的优势地位。1963年12月31日,中非联邦正式宣布解

---

① [Setting a Date for Nyasaland's possible Independence]: Cabinet Conclusions, 20 Nov. 1962, CAB 128/36/2, cc 70 (62)1, in Ronald Hyam and W. R. Louis, *CGEE*2, Vol. II, p.587.
② [Nyasaland's withdrawal from the Federation]: Cabinet Discussion, 8 Nov. 1962, CAB 128/36/2, cc 67(62)2, in Ronald Hyam and W. R. Louis, *CGEE*2, Vol. II, p.584.
③ Ronald Hyam, *Britain's Declining Empire: the Road to Decolonization 1918-1968*, Cambridge, 2006, p.282.
④ John Darwin, *Britain and the Decolonization: the Retreat from Empire in the Post-War World*, New York, 1988, p.276.

散,巴特勒的最后一个愿望也未能实现。

当英国决定支持非洲人多数统治原则并放弃中非联邦时,尼亚萨兰与北罗得西亚的宪政道路进展迅速。1961年8月,尼亚萨兰根据新宪法进行大选,班达领导的尼亚萨兰非洲人国民大会获得胜利。1963年春,尼亚萨兰成为一个内部自治的国家。1964年7月6日,尼亚萨兰独立,改名为马拉维,班达任总理,他同时宣布马拉维继续留在英联邦。

1962年10月,北罗得西亚举行大选,卡翁达领导的民族主义派获得胜利,要求北罗得西亚从中非联邦独立出去。1963年3月28日,英国答应了北罗得西亚的分离要求。1964年10月24日,北罗得西亚获得独立,改名为赞比亚,卡翁达出任总理,他也宣布赞比亚继续留在英联邦。

在中非联邦解体之时,南罗得西亚也提出了独立要求。这一要求让英国非常尴尬。同意南罗得西亚的独立就是承认白人定居者的控制权,这会使英国面对国际社会与英联邦的巨大压力。[①] 由于英国政府已经认清了历史潮流所向,确立了向非洲人多数统治让步的原则,因此明智地拒绝了南罗得西亚的独立要求。

英国的拒绝引起了白人定居者的强烈不满。白人定居者认为英国完全是根据自己的利益而做出的选择,南罗得西亚政府得出结论:"埃里克先生(指英国首相霍姆)……想要一个向世界展示姿态

---

① [Consideration of Southern Rhodesia's Demand for Independence]: Cabinet Conclusions, 28 Mar. 1963, CAB 128/37, cc 20 (63) 2, in Ronald Hyam and W. R. Louis, *CGEE*2, Vol. II, pp. 593 - 594.

的门面,他很精于此道。"①白人定居者对英国越来越不信任,他们认为只要还处在英国的统治下,南罗得西亚建立白人国家就绝不可能,为了实现白人定居者的梦想,南罗得西亚必须切断与英国的联系。1964年4月,白人种族主义者伊恩·史密斯(Ian Smith)担任南罗得西亚总理。史密斯上台后不久,南罗得西亚政府就宣布禁止非洲人的政党活动并逮捕了非洲人政党的主要领袖。11月,史密斯政府组织了一次以白人定居者为主的全民公决,要求南罗得西亚独立。

1964年10月,英国工党上台,威尔逊(Harold Wilson)首相竭力阻止南罗得西亚单方面宣布独立。他劝说史密斯政府继续与英国合作来解决问题,可是史密斯的底线是维持白人的优势地位,并拒绝非洲人多数统治原则,威尔逊政府不能答应这一要求。

但是,威尔逊政府也面临着英国保守派的强大压力。工党政府只拥有议会的微弱多数,威尔逊担心对白人定居者采取强硬态度会被保守派"无情地加以利用"。而且赞比亚的铜矿主要通过南罗得西亚出口,与南罗得西亚的冲突会影响赞比亚铜矿的输出,同时,南罗得西亚的动乱也可能便利于苏联的渗透。② 因而,威尔逊政府宣称英国在任何条件下都不会使用武力。威尔逊宣言为南罗得西亚的独立开了绿灯。1965年11月11日,史密斯政府宣布南罗得西亚独立。

---

① R. Blake, *A History of Rhodesia*, London, 1977, pp. 356 - 357, in John Darwin, *Britain and the Decolonization: the Retreat from Empire in the Post - War World*, New York, 1988, p. 316.
② Richard Crossman, *The Diaries of a Cabinet Minister*, I, London, 1974, p. 356, in John Darwin, *Britain and the Decolonization: the Retreat from Empire in the Post - War World*, New York, 1988, p. 316.

南罗得西亚的独立引起了英联邦国家的强烈反对,其中的亚洲、非洲国家的领导人向英国施加巨大的压力,要求英国对南罗得西亚白人政府采取强硬政策。威尔逊政府已经不准备在帝国问题上花费太多代价了,因此,拒绝了对南罗得西亚使用武力的要求,但为了照顾亚非领导人的要求,英国决定采取经济制裁的手段。然而,对南罗得西亚的经济制裁很难起到作用。[①] 南罗得西亚在经济上依赖南非,而南非是种族主义国家,坚定地站在南罗得西亚政府一边。其后,英国工党政府与史密斯政府的两次谈判都无果而终。1970年,保守党重新掌握政权,希思(Edward Heath)首相认为,为了解决南罗得西亚问题,英国必须对史密斯政府做出让步,把非洲人多数统治原则推迟到30年之后,甚至是无限期延置。[②] 但保守党的如意算盘还是落空了。

从70年代开始,南罗得西亚的周边环境开始发生变化。1974年,葡萄牙发生政变,新政府放弃了非洲殖民地,安哥拉与莫桑比克获得独立。莫桑比克成为南罗得西亚黑人反抗史密斯政府的斗争基地,他们的游击战使南罗得西亚政府面临极大的威胁。

在非洲人的游击战迅速展开之时,南非与美国的态度发生了重要变化。南非并不希望自己的周边出现黑人游击战,因而向南罗得西亚施加压力,要求史密斯政府做出妥协。随着苏联与古巴在安哥

---

① 布莱恩·拉平:《帝国斜阳》,钱乘旦等译,上海人民出版社,1996年,第589—594页。
② M. Hudson, *Rhodesia: Triumph and Tragedy*, London, 1981, p. 99, in John Darwin, *Britain and the Decolonization: the Retreat from Empire in the Post-War World*, New York, 1988, p. 318.

拉的力量增长,美国担心南部非洲出现另一个越南。基辛格逐渐得出结论,西方必须对非洲民族主义者做出让步,美国开始敦促史密斯政府执行非洲人多数统治原则。①

面对非洲民族主义者的武装反抗,南非与美国的强大压力,南罗得西亚政府开始调整政策。1976年9月24日,史密斯宣布南罗得西亚将在两年内根据非洲人多数统治原则组成政府。但是史密斯仍然试图按照自己的方式来安排南罗得西亚的政局,如果不得不实行非洲人多数统治原则,他希望与非洲民族主义的温和派合作并尽力保护白人的利益。黑人主教穆佐雷瓦(Abel Muzorewa)领导的非洲国民大会党(African National Congress)成为史密斯合作的对象,史密斯宣布穆佐雷瓦将组成一个黑人政府。1979年4月,穆佐雷瓦出任政府总理。这一安排遭到南罗得西亚其他民族主义派别的反对。穆佐雷瓦派人劝说黑人游击队放下武器,但游说者被游击队打死了。恩科莫(Joshua Ekomo)领导的津巴布韦非洲人民联盟(简称津人联,Zimbabwe African People's Union)与穆加贝(Robert Mugabe)领导的津巴布韦非洲民族联盟(简称津民联,Zimbabwe African National Union)指责穆佐雷瓦是史密斯的傀儡,拒不接受史密斯提出的和解方案,继续进行游击战争。

1979年5月,撒切尔夫人(Margaret Thatcher)领导的保守党掌握政权。在经历了太多的教训后,撒切尔夫人认为英国必须从外围入手解决南罗得西亚问题,她首先寻求英联邦国家的支持,鼓动

---

① 布莱恩·拉平:《帝国斜阳》,钱乘旦等译,上海人民出版社,1996年,第614—615页。

英联邦国家参加到南罗得西亚问题的解决中来。撒切尔夫人同时向南罗得西亚黑人游击队的后台赞比亚与莫桑比克寻求合作。在长年支持游击队之后,赞比亚与莫桑比克也希望南罗得西亚问题可以早日得到解决,他们向爱国阵线(Patriotic Front)施加压力,要求他们参加谈判。① 为了获得英联邦与南罗得西亚邻国的支持,撒切尔夫人没有承认穆佐雷瓦领导的黑人政府,但提出了新的解决方案:在南罗得西亚举行新的大选,所有的政治派别都可以参加选举,选举将由英联邦进行监督,英国将根据选举结果移交权力。

在1979年12月的选举中,穆加贝领导的津民联赢得了80个议席中的57席,英联邦监督团宣布选举公正合法。根据选举的结果,穆加贝组成政府并担任政府总理,南罗得西亚改名为津巴布韦。但是,新政府受到现实条件的制约。津巴布韦的经济严重依赖南非,英美政府的财政援助也是不可缺少的。穆加贝最后接受了兰开斯特协议:在7年之内不修改现行宪法,新政府不得无故剥夺白人的财产,津巴布韦仍然留在英联邦。

津巴布韦独立的例子证明英国对殖民地的控制是极其虚弱的。不是英国而是美国与南非的压力使史密斯政府改变了态度。② 在美国与南非展开外交攻势时,拥有南罗得西亚名义主权的英国却只能袖手旁观。虽然英国支持穆佐雷瓦与恩科莫组成的温和派联盟,但

---

① John Darwin, *Britain and the Decolonization: the Retreat from Empire in the Post-War World*, New York, 1988, p.320.

② John Darwin, *Britain and the Decolonization: the Retreat from Empire in the Post-War World*, New York, 1988, p.319.

是选举的结果是英国所不能掌控的。① 因此,殖民地与大英帝国对英国来说已经没有意义了。

英帝国在非洲的解体说明,英国已经不再能够依靠武力来维持殖民统治了。"变革之风"已经吹遍了非洲,顺应潮流是最好的选择,用武力镇压独立运动只能带来更大的麻烦,继续维持过时的帝国只能给英国带来更大的危害,损害英国的利益。英国因此审时度势,向当地民族主义运动领导人让渡政权,及时退出了非洲殖民地。当英国政治家决定退出非洲时,英国在西印度群岛、亚太地区群岛的殖民地也同样不可能存在了,而且对这些殖民地,英国还有应该放弃的更多理由!

---

① P. Gosgrave, *Carrington: A Life and Policy*, London, 1985, p. 118, in John Darwin, *Britain and the Decolonization: the Retreat from Empire in the Post-War World*, New York, 1988, p. 323.

第五章 主动放弃与小型殖民地的独立

一、小岛的特殊性

在英国的殖民地中,有许多面积狭小的岛屿,它们对英帝国来说曾有着重要的战略价值,但随着时间的推移,这些殖民地已经失去了原先的作用,其经济价值也在日渐消失。同时,英国又不得不解决这些殖民地的经济与社会难题,也就是说,英国需要用国内的资金来发展这些殖民地,这些殖民地成为了英国的沉重负担。在二战后英国经济长期难以好转的情况下,摆脱这些负担就成为英国政府的一个重要考虑。于是一个奇怪的现象就出现了:在某些殖民地,英国主动地推动其向独立的方向发展,然而这些殖民地却不愿离开英帝国。英国在加勒比海、太平洋、印度洋地区的众多岛屿殖民地就体现了这一政治特色,也是在这些地方,英帝国解体呈现出另一种特殊的面貌。

由于长期的自由放任,到20世纪30年代,英帝国的西印度群岛殖民地出现了严重的经济与社会问题,这些问题导致殖民地经常发生政治动荡。英国政府不得不调整政策,用英国国内的资源来促进西印度群岛殖民地经济与社会的发展。1940年与1945年的殖民地发展法案都与西印度群岛殖民地的经济与社会问题紧密相连。在二战后,西印度群岛殖民地对英帝国既无重要的防务价值,对英国自身的经济发展也几乎没有帮助。更糟糕的是,为了维持英国的形象,英国不得不花费巨资来帮助西印度群岛殖民地发展。对艾德礼政府而言,财政补贴对英国困窘的经济而言显然是雪上加霜的。因而,艾德礼政府倾向于放弃西印度群岛殖民地,唯一的障碍是这些殖民地就面积而言太过狭小,在经济上无法自足独立。① 如果仅仅保留那些对英国有价值的殖民地而抛弃那些成为累赘的殖民地,英国在道义上就无法交代。因此,艾德礼政府试图在西印度群岛殖民地建立联邦,把小块殖民地组成联邦,然后让它独立。通过这种策略,英国可把自己的负担转嫁给那些面积较大、经济比较富裕的大岛殖民地。② 许多殖民地的民族主义者对联邦也持欢迎态度,这使西印度联邦计划顺利进行。但是,其他的问题又很快出现,那些面积大、富裕的殖民地认识到自己必须补贴那些小岛穷弟兄,利己主义最终战胜了利他主义,如牙买加等殖民地纷纷要求自行独立。到此时,英国已别无选择,面积狭小等障碍不复存在,英国承认了牙买加与一些微型殖民地的独立。同时,由于其他一些殖民地不愿独立,英国不得不继续承担管理它们的责任。至今,还有一些西印度群岛中的小岛屿仍保留着英国殖民地的身份。

太平洋与印度洋岛屿殖民地与西印度群岛殖民地的情况基本

---

① Frank Heinlein, *British Government Policy and Decolonization 1945 – 1963: Scrutinizing the Official Mind*, London, 2002, p.59.

② [Grants‐in‐aid to the federal government of the West Indies]: letter from P. Rogers (CO) to A. D. Peck (T), 25 Sept. 1957, CO 1031/2880, no 26, in Ronald Hyam and W. R. Louis, *CGEE2*, Vol. I, London, 2000, pp.749 – 750.

相似。在二战后初期,太平洋群岛在英国经济恢复与防务战略上都处于边缘地位,英国政治家很少认真思考这些殖民地的未来,传统的自由放任政策仍然在这些地区占据主导地位。到60年代,随着非洲殖民地的丧失,英帝国已经名存实亡,剩下的殖民地主要以面积狭小的太平洋与印度洋岛屿为主,其对英国已无太大的价值。同时,殖民帝国的解体势不可挡,第三世界国家以联合国为舞台对殖民帝国口诛笔伐。美英两个超级大国为了在第三世界扩大影响,也都反对旧式的殖民统治。对英国政府而言,继续保留这些殖民地不但无益,反而有害。英国政府很快调整了自己的政策,决定不惜代价地推动这些殖民地的独立,即使它们在独立后出现动荡与战乱也在所不惜。太平洋与印度洋岛屿殖民地的独立经历正是上述历史特征的生动写照。

任何事物都有例外,任何政策也都有不和谐的保留。在主动推动岛屿殖民地走向独立的时刻,英国在伯利兹、直布罗陀、马尔维纳斯(福克兰)群岛、中国香港等地,却又表现出了斯芬克斯的第二副面相,执拗与顽固让笔者再次想到了英国在鼎盛时期的霸道。虽然英国人可以在马尔维纳斯(福克兰)群岛重温一次帝国梦,但随着香港回归中国,人们终于发现:英国在这个新的时代已经不可能再颐指气使了,殖民主义的时代结束了,英帝国也最终成为明日黄花。

二、放弃西印度群岛殖民地

经济状况的恶化激化了西印度群岛殖民地(以下简称西印度)的社会矛盾。在整个20世纪30年代,西印度陷入连绵不断的动荡之中。英国派出以莫因勋爵(Lord Moyne)为首的调查团到西印度调查动乱的原因并提供建议。莫因调查团没有突破黑利思想的窠臼,认为西印度缺乏相应的经济与社会基础,在现阶段不能实行自治,但是调查团也认为,为了西印度的稳定,英国必须在西印度进行土地改革,从而培养一个小农阶层。与土地改革相配套的是,英国必须投入资金来援助殖民地的经济发展,为此,英国应该成立一个西印度福利基金。[①] 实际上,莫因调查团关于发展经济并提供援助的建议并非首创,著名历史学家麦克米伦在1935年就指出这一政策的必要性。但是莫因勋爵的建议却适逢其时,殖民大臣麦克唐纳认为发展殖民地的政策不但是必需的,而且更具有宣传效果。战争爆发使英国必须采取更多的善意政策来争取殖民地的支持,发展与援助殖民地也会削弱美国对英国殖民政策的批评。在麦克唐纳的推动下,英国于1940年出台《殖民地发展与福利法案》。当然,在战争的特殊情况下,这一政策的效果并不明显,到战争结束的时候,西印度的经济并没有明显进步,殖民地社会的不满也没有消弭。

战争期间,西印度的政治发生了一些变化,虽然在独立这一核心问题上并没有取得突破性进展。丘吉尔政府用基地换取驱逐舰的做法,使美国更多介入了西印度地区。美国为了在西印度笼络人心,激烈指责英国在该地区的殖民统治。由于美国不承担任何

[①] West India Royal Commission Report, 1938 - 1939, Cmd, 6607, London, 1945, p. 373, recited in Howard Johnson, "The British Caribbean from Demobilization to Constitutional Decolonization", in *The Oxford History of the British Empire, IV: the Twentieth Century*, Oxford, 1998, p. 614.

责任,其批评就显得非常有力。美国的批评让英国不胜其扰,英国政府觉得明智的做法是拉拢美国介入殖民地事务并承担部分责任,这样可以减轻来自美国的压力。在英国的努力下,1942年,英国与美国共同建立了英美加勒比海委员会,负责协调双方在西印度地区的政策。但是,美国介入西印度之后很快就破坏了英国的战略安排。美国政府认为,为了获得西印度民族主义者的支持,英国应该推动西印度的政治发展。这就与英国正在推行的西印度政策产生了分歧。

英国的西印度政策主要源于调查西印度宪政问题的《莫因委员会报告》(由于担心其他国家抨击英国的殖民政策,英国政府此时还没有公布这一报告的所有内容,但委员会关于宪政改革的建议却发布了)。这份报告认为,为了成功地改革西印度的宪政,英国不需要调整西印度的政治结构,而只要确保其立法院具有足够的代表性。也就是说,英国应该让更多的当地人参与立法院工作。虽然委员会认为政治改革的最终目的是实现普选,但也认为根据普选原则立即让西印度自治是不可行的,特别是当英国还在向西印度提供援助时,西印度完全自治将使英国失去控制援助的能力。关于西印度联邦的主张,委员会的建议是,"政治性的联邦目前并不是解决西印度迫切需求的合适方式。然而,它应该是我们政策努力的方向。"虽然有一些人反对,但大部分人还是接受了莫因委员会的建议。

在国内与美国的双重压力下,殖民部派帕金森(Cosmo Parkinson)访问西印度。帕金森提出的建议也未有太大创新,但在西印度联邦方面打开了一个口子。帕金森认为除了牙买加(已经执行了新宪法),英国在西印度其他殖民地不需要迅速推进政治改革,如果说西印度有追求改革的要求,英国政府只要对其表示同情即可。仅仅因为理念上的正确,或者因为美国的压力,英国就推动西印度自治是很不明智的决策。实际上,帕金森委员会认为,诸如格林纳达、圣卢西亚等殖民地的独立是不可想象的。如果西印度的殖民地实现真正的独立,它就必须与西印度联邦的设想相结合。帕金森委员会认为西印度的不少民众对联邦是有好感的,英国政府应该鼓励这种诉求。当然,推行西印度联邦也有不少困难,英国应该设计方案逐步解决这些问题,例如设立西印度主计官、举行西印度会议、成立西印度统一社会服务局等。[1]

帕金森提出的西印度联邦的主张并没有引起殖民部的重视。殖民大臣斯坦利与许多殖民部官员认为该方案没有立即推行的迫切性。殖民部常务次官盖特(George Gater)认为这一方案应该暂时搁置,原因有三点:首先,英国政府必须先调查西印度向风群岛与背风群岛对成立联邦的态度;其次,英国应该先了解牙买加新宪法的实施情况;最后,英国应该先观察西印度群岛殖民地对英国提出的英美西印度会议的反应。但主管西印度事务的殖民部司长罗杰斯(Philip Rogers)认为,尽快执行西印度联邦计划已经是迫在眉睫的任务,一方面,英国在某些西印度的殖民地做了很多工作,但在与美国的竞争中总是处于劣势,英国有被美国牵着跑的危险。另一方面,西印度的许多人对强大的邻邦美国心存疑惧,因此对西印度联

---

[1] [Constitutional reform and federation in the West Indies]: CO note of a departmental meeting following Sir C. Parkinson's visit to the West Indies, 12 Jan. 1943, CO 318/453/18, no 39, in S. R. Ashton and S. E. Stockwell, *IPCP*, Vol. I, London, 1996, pp. 343 - 345.

邦方案很感兴趣,如果英国迟疑不决,就可能让西印度的民众失望。①

尽管一些官员支持西印度联邦方案,但英国人并没有为西印度独立作好准备。黑利爵士的思想依然在起作用,政治发展必须以经济与社会发展为前提。对西印度来说,面积狭小与经济上无法自给自足是独立的最大障碍,事实上,西印度联邦的主张不过是英国在西印度与国际社会(特别是美国)压力下被迫拿出的权宜之计。1944年7月,殖民大臣斯坦利向西印度的所有总督发送了一份半官方性质的急件,认为有必要向外界宣布英国政府支持成立西印度联邦。在急件中,殖民大臣说英国在西印度的目标是成立自治政府,但同时宣称那些面积狭小的殖民地实现真正的独立是非常困难的,政治的独立必须与联邦的安排结合在一起。不过基于各个殖民地在历史、社会、政治等方面的存在的差异与分歧,以及由于通讯不畅导致的行政管理上的困难,在此时建立联邦是不切实际的。英国政府也不会违背那些不喜欢联邦的殖民地的意愿而强制推行这一方案,英国将在大多数殖民地愿意接受联邦,以及通讯发展使行政管理变得便捷时再推行联邦政策。斯坦利也对西印度联邦方案做出调整:英国可能在西印度组建两个联邦而不是一个联邦,一个西加勒比联邦,一个东加勒比联邦。由于巴哈马群岛离加勒比海的其他殖民地距离太远,它将不在两个联邦的计划之内。当然,斯坦利也认为这些想法都需要根据局势的发展进行调整。各殖民地总督的回应并不令人满意,特立尼达总督说当地商界强烈反对联邦方案。

---

① [Federation of the West Indies]: minute by P. Rogers on the "increasing urgency" of the question of West Indian unity [extract], 13 Jan. 1944, CO 318/453/18, in S. R. Ashton and S. E. Stockwell, *IPCP*, Vol. I, London, 1996, pp. 366–368.

由于特立尼达是西印度地区最富庶的殖民地,联邦方案很可能让特立尼达在财政方面丧失独立性,也就是说,他们担心其他殖民地通过联邦从特立尼达获取财富。英属圭亚那总督强调该殖民地种族的特殊性,牙买加总督则回复说牙买加正把主要精力集中在新宪法实施上因而无暇顾及联邦方案。背风群岛总督认为背风群岛与向风群岛关于联邦的想法互不相容。由于各位总督对西印度联邦的认识各不相同,殖民部提出的联邦方案不得不暂时搁置。① 但不管怎样,西印度的政治制度在二战时期还是发生了一些变化,例如牙买加于1944年实行了成人普选权并据此制定了新宪法,其他的殖民地也先后引进了普选原则。

一方面,二战后的艾德礼政府起初并没有摆脱黑利爵士思想的束缚,工党政治家仍然认为西印度的殖民地面积狭小、经济脆弱,因此无法独立,英国在西印度的殖民统治似乎还会无限期地维持下去。另一方面,西印度对艾德礼政府来说战略价值并不大。就防卫苏联的目标而言,西印度太远了;对恢复英国经济而言,西印度已经完全没有价值了,反而成为消耗英国资源的一个黑洞。战时做出的许诺需要兑现,西印度的经济困境使英国必须投入大量资金来援助其经济发展,这对于英国脆弱的经济而言无疑是雪上加霜。沉重的负担使艾德礼政府决定另谋他策,他们很快就找到了机会。英国在二战时期提出的西印度联邦方案由于西印度各殖民地总督们的意见不一以及英国政府的换届一度沉寂,现在,艾德礼政府决定重新推动西印度联邦方案,来摆脱重建西印度的负担。

---

① "Federation of the West Indies": memorandum by P. Rogers on the governors' replies to Mr Stanley's draft despatch, 14 Dec. 1944, CO 318/453/18, no 98, in S. R. Ashton and S. E. Stockwell, *IPCP*, Vol. I, pp. 382 – 391.

艾德礼政府的政策与西印度民族主义者的独立诉求在某种程度上是契合的。英国政府关注的是经济方面，如果西印度能够在经济上自给自足，自治或者独立的要求是可以允许的。对西印度的民族主义者来说，他们关注的是自治与独立，殖民地的经济福利与社会发展并不是其考虑的首要任务，如果联邦方案能够推动西印度群岛殖民地的独立，为什么不支持它呢？① 双方的态度使西印度联邦方案顺利推行。

1946年2月，工党政府的殖民部西印度司司长罗杰斯向内阁提交了一份关于西印度联邦的详尽备忘录。他首先介绍了西印度联邦方案，分析了各殖民地对联邦方案的态度。罗杰斯提醒英国政府，英国需注意建立联邦过程中会出现的困难。在主观方面，牙买加的民族主义领导人认为建立联邦会危及自己的政治地位，特立尼达的民族主义者则担心建立联邦会使自己背上贫瘠殖民地的包袱，而民族主义者的左翼领导人害怕建立联邦会推迟殖民地的独立。在客观层面，种族问题会影响联邦的建立，各个殖民地之间存在的历史、社会、政治等方面的差异也会影响人们对联邦的认识。即使建立了联邦，其行政管理也是非常艰难的。乘坐飞机以最快的速度视察整个西印度，行政官员最少也需要四到五个月的时间。在许多时候，英国与西印度某一个殖民地的联系比群岛任何两个殖民地之间的通讯还要更加方便。虽然有这些困难，罗杰斯仍然认为英国必须推行联邦方案。从政治与社会层面讲，联邦方案可以让这些殖民地放弃依赖英国援助的念头；从行政层面讲，任何一个殖民地都没

---

① Howard Johnson, "The British Caribbean from Demobilization to Constitutional Decolonization", in *The Oxford History of the British Empire, IV: the Twentieth Century*, Oxford, 1998, pp. 616 - 617.

有能力雇佣那些高度熟练的雇员,而联邦可以做到这一点。当然,最重要的原因是,西印度单个殖民地在现代世界是无法建立自治政府的,20万人的巴巴多斯与6万人的英属洪都拉斯独立将会非常不可思议。关于建立联邦,罗杰斯提出了具体方法。首先把巴哈马群岛排除出西印度联邦,因为它太远,而且政治情势复杂。但英属圭亚那与英属洪都拉斯加入西印度联邦是非常有必要的。为了建立联邦,英国政府需要召开相应的会议,而且需考虑好会议召开的地点以及参会人员。他建议这些会议最好不要在英国召开,以免给人留下印象,西印度联邦是在英国强制下建立的,但最好也不要在牙买加与特立尼达这些对联邦不感兴趣的殖民地召开,而应该在某一较小的殖民地召开。关于参会人员,他认为西印度人应该是主要成员,而且最好能体现非官方的背景,以表明他们不是殖民政府的傀儡,每个殖民地最好派出两名代表。关于会议的主席,他建议英国在政界之外寻找合适人选,而西印度地区的主计长是最好的人选。关于建立何种性质的联邦,他也给出了自己的建议。他反对没有中央组织机构的加勒比式会议体系,也反对建立单一立法机构、单一行政机构的单一制中央政府。他提出的第一个方案是设立常务秘书长与常务主席的联邦会议体系,这种联邦的建立难度最小,但是可以把英属西印度群岛殖民地的情感聚集在一起,使他们把注意力集中在共同的问题上。然而,罗杰斯认为这一方案并不理想,因为它很可能走上加勒比式会议体系的老路,变成一个辩论会。罗杰斯提出一个更大胆的计划,也就是建立一个澳大利亚式的联邦政府,但又可允许各个殖民地成立自己独立的立法机构。其中联邦政府的功能与权力严格限制在某些领域,而未规定的领域则由各殖民地的立法机构加以填补。他还对联邦政府的构成进行了规划,例如联邦秘书长主持的高级专员办公室、两院制的立法机构、牙买加式的执行委员会、立法咨询委员会、宪政会议等。当然,他也发现有些问题很难处理,例如联邦政府的财政独立与某些殖民地依赖英国援助的情况不协调,某些殖民地完全没有总督的权力,但新建立的西印度联邦又必须为总督保留某些权力等。①

1946年9月,殖民部就罗杰斯的联邦计划展开讨论。殖民部助理次官西尔(G. L. Seel)认为,既然要召开西印度会议,英国必须确定会议到底解决哪些问题。克里奇·琼斯认为必须确保会议讨论一些实质性的内容。罗杰斯认为英国必须引导会议讨论方向,否则会议必然失败。但其他人则建议英国不要引导会议讨论,只要设置会议的主要问题就可以了。在激烈的讨论之后,会议初步确定了在向风群岛与背风群岛召开,以及会议的时间及议程等内容。② 11月,西尔等人根据罗杰斯的备忘录与会议精神整理出一份草案,但草案遭到殖民部法律顾问的激烈批评。殖民部副次官凯恩(Sir Sydney Caine)认为草案把两个方案的内容混杂起来,联邦的设计有很大缺陷,他为此写了一份较长的备忘录,以表示不同意见。新草案根据这些批评意见进行了大量修改。其后,克里奇·琼斯提议1947年9月在西印度的某一地区召开会议,他也修改了罗杰斯提出的代表名额,主张每个殖民地派出3名代表,每位代表都可以有自己的法律与财政顾问。他否决了由主计长担任会议主席的提议,主张由一名英

---

① "Federation of West Indies": memorandum by P. Rogers (CO), 12 Feb. 1946, CO 318/466/2, no 9, in R. Hyam, *LGEE*1, Vol. III, pp. 123 – 130.

② [West Indies Colonies]: record by A. M. MacKintosh of a CO departmental meeting to discuss P. Rogers's memorandum on federation, 4 Sept. 1946, CO 318/466/2, no 19, in R. Hyam, *LGEE*1, Vol. III, pp. 130 – 134.

国人担任,他也不建议由英国来引导会议讨论,向明确的联邦设想靠拢,而是建议采用自由讨论合作的形式。①

在会议的准备工作大体完毕之后,英国政府与西印度的民族主义者在牙买加的蒙特哥湾召开正式会议,讨论建立联邦事宜。会议的效果似乎不错,克里奇·琼斯认为除了牙买加的领导人之外,大多数民族主义者都支持西印度联邦的计划。② 在得到各殖民地立法机构的同意后,会议随后设立了一个紧密联盟常设委员会(Standing Closer Association Committee)来推动联邦的建立。经过长期的调研,紧密联盟常设委员会提交了报告。这份报告首先承认了黑利爵士的观点:没有经济独立的基础,政治独立是不现实的。任何单一的殖民地都不可能仅仅依靠自己的力量实现独立,只有建立联邦,这些殖民地才可以获得经济独立,最终使政治独立变成现实。委员会非常青睐澳大利亚的联邦方式,主张在联邦政府与地方政府之间划分权力。委员会主张设立两院制的立法机构,下院根据普选原则选出 50 位议员,参议院 23 位议员由总督任命。国家元首是代表英王的总督,总督任命的国家理事会是联邦的行政机构(相当于英国内阁),由首相 1 人、首相提名的 7 名成员、总督任命的 6 名成员共 14 名成员组成。总督保留防务、外交以及确保西印度联邦财政稳定而必备的权力。委员会认为关税同盟是联邦的基础,关税是联邦政府财政收入的最主要来源,也只有联邦政府才能举借外债。总督负责

---

① [Proposed conference on closer association of British West Indian colonies]: circular dispatch from Mr Creech Jones to West Indian governors, 14 feb. 1947, CO 318/466/2, nos 45 – 48, in R. Hyam, *LGEE*1, Vol. III, pp. 134 – 136.

② [Montego Bay Conference]: Inward telegram no 940 from Mr Creech Jones to CO, reporting his impressions, 12 Sept. 1947, CO 318/483/5, no 219, in R. Hyam, *LGEE*1, Vol. III, pp. 136 – 137.

在联邦政府与地方政府之间缔结财政协定。除了确保联邦财政稳定的立法与自由裁量权外,西印度联邦政府与英国政府之间的关系不再有明确的法律规定。委员会还提出,为了实现联邦计划,相关各方需要做一些前期准备工作。首先是建立地区的经济委员会,其次是建立关税同盟委员会,再次是在公共服务方面统一规划,最后是推行统一货币。委员会也对英国附属地区的代表、联邦的正式名称(英属加勒比联邦)、政府席位、联邦的开支等内容提出了相应的建议。[①] 1950年3月,委员会正式公布了上述报告。1951年8月,在英国的劝说下,牙买加立法会议批准了委员会的建议,同意建立西印度联邦,巴巴多斯、向风群岛、特立尼达与多巴哥、背风群岛等也相继支持这一计划。

保守党上台后,建立西印度联邦的步伐加快。在艾登的外交政策中,一个重要内容是推动殖民地以联邦的方式获得独立,通过与这些联邦维持特殊关系(或者说控制这些联邦)使英国成为在美国、苏联之外的第三极势力。而西印度联邦就是英国这一政策的产物之一。但是英国政府与西印度某些殖民地对联邦的安排有不同看法。在蒙特哥湾会议后,西印度各殖民地的立法机构就建立关税同盟以及统一社会服务等问题一直没有做出决定。1953年3月,在保守党政府的推动下,各方在伦敦召开了讨论西印度联邦的会议。会议的主要内容有两点:其一,以紧密联盟常设委员会的报告为基础

---

① "Report of Standing Closer Association Committee: summary and comment": CO West Indian Dept paper, 2 Dec. 1949, T 220/359/IF 38/588/01, pp. 5 – 15, in R. Hyam, *LGEE*1, Vol. III, pp. 142 – 150.

对西印度联邦的主要内容达成协议。其二，在确立联邦特征的框架下制订联邦运行的具体细节。会上，牙买加与巴巴多斯等殖民地对紧密联盟常设委员会提交的方案不太满意，在宪政与财政安排上更是提出了很多修改意见。他们首先要求削弱联邦政府的权力，修改英王与其代表总督在西印度联邦国家理事会中的保留权力。其次，他们要求英国向联邦提供远远超过委员会建议的财政援助款项。而英国政府认为，如果联邦的目的是解决西印度群岛殖民地的经济问题，英国就应该逐渐增加联邦政府在经济与财政领域的权力与影响力，而且继续削弱本来就已经非常有限的总督权力也并不明智。英国政府对殖民地要求的更多财政援助很是不满，他们认为成立联邦是为了西印度人民的利益，英国没有必要通过大量的财政援助来满足各殖民地立法机构的要求，英国政府只会根据紧密联盟常设委员会的建议提供必要的财政支持。由于英国与殖民地、殖民地与殖民地之间的分歧巨大，英国殖民部认为西印度联邦的前景并不乐观。实际上，英属圭亚那已经明确表示不加入联邦，英属洪都拉斯则无限期地推迟表决的时间，巴巴多斯认为在西印度群岛各个殖民地充分交流意见之前，召开伦敦会议太早了，"巴巴多斯加入任何将要出现的联邦的时机还不成熟"。牙买加的主张与紧密联盟常设委员会的论调矛盾重重。但各殖民地又不愿意承担联邦失败的责任，而是希望把这份责任推给英国政府。英国殖民部的态度是，如果伦敦会议不能就紧密联盟常设委员会的建议达成协议，英国将鼓励会议代表寻找其他促进西印度走向更紧密协作的方式，例如建立关税同盟。统一社会服务的任务比较艰难，然而英国也鼓励建立某种机构，探索一种改善并扩大英国与加勒比之间相互咨询与协作的机制。如果紧密联盟常设委员会的方案失败了，英国还计划推动建立一个由特立尼达、向风群岛、背风群岛组成的较小的联邦。①

在建立西印度联邦的过程中,英国遭到拉美各国的激烈反对。这些国家认为西印度群岛殖民地的民众并不喜欢西印度联邦,而且由于距离遥远、发展程度不同,联邦并不切实可行。西印度联邦不过是英国继续维持殖民统治的华丽外套,英国实际上并不想给予西印度群岛殖民地真正的独立。当然,拉美各国指责西印度联邦,其背后的利益诉求也是非常明显的。首先,英国建立西印度联邦就否决了某些拉美国家对英属圭亚那、英属洪都拉斯的主权要求;其次,如果联邦成立了,其经济体量则会比较大,然而联邦中人民的生活水平却相对低下,这就会与拉美国家形成某种竞争关系。②

为了建立西印度联邦,英国不得不面对各殖民地的反对,不得不面对外界的指责,最后,英国还要向西印度联邦提供经济支援。这当然就提出了一个十分有趣的问题:英国为什么要如此吃力而不讨好地组建联邦?

原因可能是多方面的。首先也是最重要的原因,英国希望借此摆脱西印度的负担。作为西印度的宗主国,西印度的经济与社会困境与英国相关,英国也必须提供相应的援助。③ 英国并不情愿这样做,但赤裸裸地放弃这些消耗钱财的殖民地而保留那些对英国有经

---

① "West Indian Federation Conference": general brief by CO for ministers, Mar. 1953, T 220/360, pp. 59 – 62, in David Goldsworthy, *CGEE*1, Vol. II, pp. 357 – 360.
② "Latin American hostility to West Indian Federation": briefing paper circulated by FO Information Policy Department, July 1953, CO 1027/38, no 50, in David Goldsworthy, *CGEE*1, Vol. II, pp. 360 – 361.
③ "Discussions with delegations from the British West Indies": Cabinet Economic Policy Committee minutes on West Indian access to the United Kingdom market, 2 June 1954, CAB 134/850, EA 14(54), in David Goldsworthy, *CGEE*1, Vol. III, pp. 77 – 79.

济利益或战略价值的殖民地则给世人的印象太坏,它会损害"英国的威望与影响力"。① 英国于是希望通过成立联邦让那些比较富足的殖民地来承担英国的负担,这也是为什么那些贫瘠的殖民地对英国能否提供援助表示担忧,而富庶的殖民地对成立联邦总是疑虑重重。其次,英国成立西印度联邦还有另外一重考虑:通过支持民族主义温和派,英国可以阻止殖民地向激进方向发展,一旦殖民地有"亲共"的倾向,英国政府就会毫不犹豫地强硬对待。这一点可以从英国镇压英属圭亚那民族主义激进派的行动中得到体现。② 1953年4月,在英属圭亚那的大选中,人民进步党(People's Progressive Party)在总数为24席的议会中获得18席,其领袖贾根(Cheddi Jagan)担任政府总理。殖民大臣利特尔顿决定冒险接受这一结果,因为他期望总督通过高明的策略与足够的耐心把人民进步党从极端主义阵营中争取过来,而且人民进步党一旦承担政府职责,也有可能改变政治观点。然而,使利特尔顿失望的是,他发现人民进步党不愿意以英国期待的方式进行统治,其所作所为只是为了推动在英属圭亚那的共产主义事业。当然,使利特尔顿不满的另外一个原因是人民进步党对英国的轻视,例如他们在新议会的第一次会议中竟然拒绝向英王表示效忠,也不派出代表到牙买加去觐见英国女王。在表达了诸多不满之后,利特尔顿要求总督剥夺人民进步党的

---

① "Future constitutional development in the colonies": report (CO print, GEN 174/012) of the officials' committee (chairman, Sir N. Brook) (CO(0)(57)5), May 1957, CAB 134/1551, CPC (57)27, in Ronald Hyam and W. R. Louis, *CGEE2*, Vol. I, London, 2000, p. 25.
② 张顺洪等:《大英帝国的瓦解——英国的非殖民化与香港问题》,社会科学文献出版社,1997年,第82-83页。

权力,把这些民族主义的进步人士投入监狱,并中止宪法。① 此后不久,利特尔顿认为英属圭亚那的局势更加恶化,便决定采取进一步措施。英属圭亚那总督支持利特尔顿,他怀疑有一半的警察力量都是不可靠的,要求英国迅速派出一支皇家威尔士步枪营到英属圭亚那,只要军队到达,他就宣布实施紧急状态,并中止宪法。而英国政府不是决定派出一个营,而是两个营,这让总督大喜过望。② 10月9日,英国驻牙买加的部队抵达英属圭亚那,总督宣布英属圭亚那处于紧急状态并中止了宪法。其后不久,英国采取措施镇压共产主义运动。英国执行的政策除了要配合美国的反苏反共战略外,也与其自身的经济利益相关。人民进步党领导下的新圭亚那政府打算实行国有化,如果执行这一政策,英国在圭亚那的投资与加拿大在铝土方面的投资将被没收,会受到极大损失。③ 面对可能的不利局面,英国出手镇压了人民进步党。

因此,西印度联邦既是英国摆脱负担、转嫁危机的手段,也是英国控制殖民地政治走向的工具。1958年1月,在英国的积极推动下,西印度联邦宣告成立。由于牙买加与特立尼达这些影响力较大、富裕程度较高的殖民地疑虑重重,巴巴多斯的领导人亚当斯(Grantley Adams)出人意料地当选为新联邦的总理。更让人惊愕的是,新总理在上台后的第一场新闻发布会上就攻击自己的政治对手

---

① "British Guiana": Cabinet memorandum by Mr Lyttelton on the constitutional crisis, 30 Sept. 1953, CAB 129/63, C (53)261, in David Goldsworthy, *CGEE*1, Vol. II, p. 362.
② "British Guiana": cabinet conclusions on the constitutional crisis, 2 Oct. 1953, CAB 128/26/2, CC 54 (53)4, in David Goldsworthy, *CGEE*1, Vol. II, p. 363.
③ "Future constitutional development in the colonies": report (CO print, GEN 174/012) of the officials' committee (chairman, Sir N. Brook) (CO(0)(57)5), May 1957, CAB 134/1551, CPC (57)27, in Ronald Hyam and W. R. Louis, *CGEE*2, Vol. I, London, 2000, p. 25.

并威胁说要征收有追溯力的税赋。如果说成立西印度联邦的本意在于推动西印度群岛殖民地的团结,联邦的这种开场方式似乎与此目标背道而驰。更让人忧虑的是,影响力最大的牙买加的领导人没有成为联邦的总理,中等程度的巴巴多斯殖民地是否能领导西印度联邦?根据长期处理西印度事务的司长罗杰斯的看法,如果西印度最重要的政治领袖、特别是牙买加的首席大臣曼利(N. W. Manley)不积极支持联邦政府,联邦的处境将非常糟糕。① 果然,牙买加开始向联邦发难。1959年,曼利提出修改联邦宪法的建议,主要内容包括:照顾牙买加的特殊情况、修改关税同盟、以人口比例设置联邦议院。曼利的要求只能使西印度联邦变成松散的联邦,英国的真正意图将难以实现。② 9月28日的联邦宪政会议没能解决任何问题,之所以没有出现最终的摊牌,是因为各方都同意把这些问题交给两个殖民地政府间的会议加以处理,也就是说,问题被搁置起来。虽然如此,殖民大臣麦克劳德已经感觉到西印度联邦将会发生解体,"我不希望如此,但它是一种可能性"。③ 麦克劳德认为,即使牙买加的要求得到满足,它也不可能同意联邦在税收与工业方面扩大权力。实际上,一方面,牙买加并非是唯一的反对者,它也有自己的支持力量;另一方面,以特立尼达为首的其他殖民地希望扩大联邦政府的

---

① [Grants-in-aid to the federal government of the West Indies]: letter from P. Rogers (CO) to A. D. Peck (T), 25 Sept. 1957, CO 1031/2880, no 26, in Ronald Hyam and W. R. Louis, *CGEE2*, Vol. I, London, 2000, pp. 749 – 750.

② [Future of the Federation, after Mr Manley's statement on Jamaica]: minutes by G. W. Jamieson and P. J. Kitcatt (CO), 12 – 13 June 1959, CO 1031/2574, no 105, in Ronald Hyam and W. R. Louis, *CGEE2*, Vol. I, London, 2000, pp. 762 – 763.

③ [timetable for independence after a breakdown of West Indies Federation]: minute from Mr Macleod to Lord Home, 5 Nov. 1959, CO 1031/2311, no 60, in Ronald Hyam and W. R. Louis, *CGEE2*, Vol. I, London, 2000, pp. 774 – 775.

权力,希望建立一个小型的东加勒比联邦,排除人口众多的牙买加。由于各方意见不一,西印度联邦维持了不到四年就解散了。

联邦解散直接的原因当然与西印度联邦的领导者有关。亚当斯在刚刚上台时就表示要征收有追溯力的税种,这是很不明智的,它只能让其他殖民地担心联邦政府权力过大,牙买加就是其中主要代表。牙买加还担心联邦政府效率低下,而效率低下的联邦政府会干预自己的正常事务。亚当斯个人也缺乏领导能力,西印度联邦总督曾说,亚当斯在遇到危机时就喜欢回家睡觉。殖民部也同意总督的看法,认为缺乏领导力与政治无效率是西印度联邦出现困境的最主要原因。①

历史学者阿什顿提出了"地方特殊主义"的观点,这成为解释西印度联邦失败的一种权威看法。他认为西印度联邦中的各个成员先天缺少相互间的信任感,它们在几个世纪里互相孤立、互不关心、互相嫉妒,这种情况使它们根本就不适合建立联邦。② 其中,牙买加的人口占联邦的一半还多,特立尼达的人口占联邦的四分之一,这两块相对大型的殖民地经济发展程度最高,它们担心其他贫瘠的殖民地会拖累自己。由于英属圭亚那与英属洪都拉斯都不愿加入联邦,剩下的殖民地之间的距离很远,经济联系也少,例如这些岛屿殖民地之间的互相出口额只占到联邦总出口额的5%。巴巴多斯早在1639年就获得了自治地位,与其他殖民地的政治发展程度非常不

---

① [West Indies: announcement about dominion status]: letter from Mr Amery (for S of S) to Lord Hailes (West Indies). Minutes by P. Rogers and G. W. Jamieson, 4 Jan. 1960, CO 1031/2311, no 68, in Ronald Hyam and W. R. Louis, *CGEE2*, Vol. I, London, 2000, pp. 776 - 779.
② S. R. Ashton and S. E. Stockwell, *IPCP*, Vol. I, London, 1996, pp. xliv - xlv, lvii - lviii.

同;圣卢西亚只是一个加煤站,受法国的影响很明显;蒙特塞拉特岛面积狭小,有浓重的爱尔兰特色;尼维斯极度贫穷;开曼群岛主要靠旅游与钓龟为生。要把这些形态各异的殖民地建设成统一的联邦,其难度是可想而知的。

笔者认为,从根本上讲,英国转嫁负担的企图与殖民地的民族主义诉求是不可能协调的,西印度联邦的解体是富庶殖民地民族利己主义的必然结果。牙买加是西印度联邦最主要的成员。在二战后,由于旅游业的发展,蔗糖与香蕉等农产品的出口,以及特别是铝土的出口,使经济上呈现繁荣局面,牙买加的发展很快,不愿其他的殖民地拖累自己。牙买加政府认为要维护自身的利益,就必须切断与西印度联邦的联系,因此向英国政府提出了单独独立的要求。如果接受这一要求,西印度联邦必然面临严峻的挑战,英国转嫁负担的希望将落空,可是英国政府又无法劝服牙买加。在这样的情况下,英国认识到与其得罪民族主义者,不如顺势而为。殖民大臣麦克劳德认为,既然塞浦路斯与塞拉利昂都可以独立,牙买加要求在英联邦内部独立也是难以拒绝的。他向内阁提出建议,承认牙买加的独立并审查其成为英联邦成员的资格,内阁同意了麦克劳德的主张。① 特立尼达很快发现,在牙买加独立后,特立尼达富庶的石油资源将不再由自己独享,而要由联邦的成员国共享,于是特立尼达也提出了独立的要求。

牙买加与特立尼达独立后,殖民大臣认为"以任何形式维持当

---

① [Implications of Jamaica referendum – withdrawal from Federation]: Cabinet conclusions, 28 Sept. 1961, CAB 128/35/2, CC 52(61)4, in Ronald Hyam and W. R. Louis, *CGEE*2, Vol. I, London, 2000, pp.785 – 786.

前的西印度联邦都不再可能"。① 但不能由此认为英国对联邦计划彻底绝望。实际上,在内阁同意麦克劳德关于牙买加独立方案的同时,内阁已经要求他迅速提交一份建立东加勒比联邦的计划。② 巴巴多斯等8个殖民地也提出了建立新联邦的主张。新任殖民大臣莫德林认为英国面临三种选择,一是拒绝8个殖民地的要求,二是接受它们的建议,三是提出英国的反建议,成立一个整合程度更高的联邦(除了名称,实际上是一个单一制国家)。殖民大臣推荐第三种方案。③ 殖民政策委员会决定支持莫德林的建议并提出两点意见,其一,由于8个殖民地可能要求更多的经济援助,财政部与殖民部需要讨论相关的经济议题。其二,尽力劝说美国支持英国的新建议,并使其增加对这些殖民地的经济支持。④

不过第二个联邦的命运也不乐观。1965年2月,殖民大臣格林伍德(Anthony Greenwood)在访问加勒比海地区后认为新联邦的前景并不光明,中央政府与地方政府之间的权力划分是核心矛盾,而英国的财政援助也意向不明。到1965年9月,殖民部已经放弃了建立东加勒比联邦的计划,其结果是巴巴多斯在1966年11月独立。

---

① [Future developments in the West Indies]: Minutes of Cabinet Colonial Policy Committee meeting, 2 Feb. 1962, CAB 134/1561, CPC 3(62)1, in Ronald Hyam and W. R. Louis, *CGEE*2, Vol. I, London, 2000, p. 788.

② [Implications of Jamaica referendum – withdrawal from federation]: Cabinet conclusions, 28 Sept. 1961, CAB 128/35/2, CC 52(61)4, in Ronald Hyam and W. R. Louis, *CGEE*2, Vol. I, London, 2000, pp. 785 – 786.

③ "Federation of the Eight": brief for S of S by L. B. Walsh Atkins (CRO) on Cabinet Colonial Policy Committee memorandum, 10 Apr. 1962, DO 200/111, no 2, in Ronald Hyam and W. R. Louis, *CGEE*2, Vol. I, London, 2000, pp. 789 – 791.

④ [West Indies: possible "Federation of the Eight"]: Minutes of Cabinet Colonial Policy Committee meeting, 11 Apr. 1962, CAB 134/1561, CPC 8(62), in Ronald Hyam and W. R. Louis, *CGEE*2, Vol. I, London, 2000, pp. 791 – 793.

为了管理其他的小殖民地，英国政府提出"合作州"的概念，每个殖民地都自愿与英国结合并成为英国的一个州，英国政府将对其保留防务与外交的权利。各个州在其他方面完全自治，它们甚至可以修改自己的宪法，如果在全民公投中有三分之二的人民支持独立，这个州就可以实现独立。殖民部之所以提出这样的条款，一方面，是为了向国际社会表明英国与殖民地的联系完全是自愿的，英帝国不是旧式的殖民帝国；另一方面，如果这些殖民地要求独立，英国也不会加以阻止。① 1967年2月，英国政府通过了《西印度法案》，授予安提瓜、圣克里斯托弗-尼维斯-安圭拉、圣卢西亚、多米尼加合作州的身份。圣文森特由于政治局势不稳，两年之后才成为合作州。

但合作州带来的问题在安圭拉危机中暴露出来。1967年5月，只有6 000名居民的安圭拉断绝了与圣克里斯托弗和尼维斯的关系，通过公投提出独立的要求。应圣克里斯托弗政府的请求，英国派出一支小型军队与警察别动队到安圭拉恢复秩序。这很快引起国际社会的批评，英国被抨击，在应该行动的南罗得西亚无所作为，在不该行动的安圭拉却继续实行殖民统治。而且，这项行动也花费不菲，到1970年，英国每年在安圭拉的军事支出达到123万英镑。英国被迫承认不可能通过武力方式使安圭拉回到圣克里斯托弗的控制之下，最后认可了安圭拉的独立，1971年又恢复了其英国附属地的地位。安圭拉危机表明，在自愿性的合作州框架中，英国有义务但没有执行权，合作州有权力但却没有义务。于是合作州的形式逐渐退出历史舞台。1974年格林纳达获得独立，1978年多米尼加

---

① [Associated status]: letter from Mr Stewart to Mr Lusk explaining the proposed arrangements and appealing for US support, 29 Apr. 1966, FO 371/184566, no 54, in S. R. Ashton and W. R. Louis, *ESC*, Vol. III, London, 2004, pp. 88-90.

实现独立,1979年圣文森特、圣卢西亚实现独立,1981年安提瓜实现独立,1983年圣克里斯托弗和尼维斯实现独立,1988年改名为圣基茨和尼维斯。以蒙特塞拉特、开曼、凯科斯为代表的小岛则要求继续维持英国殖民地的地位,英国不得不继续对这些地区提供经济补贴。

如果说英国转嫁经济负担的目标失败了,那么英国控制西印度政治走向的战略也很难成功,处于重重的困难之中。美国政府向英国明确表示,不会允许共产主义者贾根领导的人民进步党主导英属圭亚那的独立。在西印度地区严重依赖美国合作的英国政府不得不尽力配合美国的战略要求。为了阻止人民进步党获得议会多数,英国决定采取比例代表制进行大选,这一选举制度对人民进步党很不利,因为人民进步党的组织程度很好,但投其选票的主要是印度裔人或南亚人。比例代表制将给那些组织程度不高的非洲裔人很大的机会。但即使这样,人民进步党还是在1964年12月的议会选举中赢得45.84%的票数与24个席位,伯纳姆(Forbes Burnham)领导的人民全国大会党赢得40.52%的票数与22个席位,联合力量党赢得12.42%的票数与7个席位。贾根邀请伯纳姆参加自己的政府但遭到拒绝。在英国的支持下,人民全国大会党与联合力量党组成了联合政府,英国政府决定在其基础上推动英属圭亚那的独立。①虽然英国政府对伯纳姆寄予厚望,但后来的事实证明伯纳姆难以满足英国的期望。伯纳姆与联合力量党的关系逐渐恶化,英国也开始指责伯纳姆缺乏耐心。但英国与伯纳姆已经是一条船上的人,英国

---

① "British Guiana": note by Mr Greenwood to Mr Wilson on his recent visit to British Guiana and proposing that independence might be granted in 1966, 22 Mar. 1965, PREM 11/137, pp 68 – 74, in S. R. Ashton and W. R. Louis, *ESC*, Vol. III, London, 2004, pp. 81 – 85.

不得不支持伯纳姆把格林纳达与圣文森特合并到英属圭亚那的建议(因为这两个地方以非洲裔人为主,支持伯纳姆建议的可能性大),①但结果并不成功。值得注意的是,在英国撤出英属圭亚那的最后阶段,财政部减慢了英国撤退的步伐。财政部认为,只有在当地民族主义领袖承诺付给公职人员补偿与养老金之后,英国才可以允许英属圭亚那独立,否则,其他殖民地将纷纷仿效英属圭亚那的做法,如此,公职人员的补偿金与养老金最后将落在英国财政部的肩上。②

在西印度地区,英国起初提出的西印度联邦方案是为了应付内外压力的权宜之计,在艾德礼政府时期它又变成英国转嫁负担的策略,英国政府希望那些面积较大、经济比较富庶的殖民地能够承担英国的负担与责任,但是奉行利己倾向的殖民地不肯承担责任,艾德礼政府的企图于是遭到失败。保守党政府除了想要转嫁责任外,还试图通过联邦来控制殖民地的政治走向,虽然保守党政府也获得了一定的成就,但是实现相应的战略目标必然要求付出相应的代价,这些代价最终使英国感到厌倦。与放弃苏伊士运河以东防务相对应的是,英国在西印度群岛殖民地也采取了同样的措施,英国向美国推卸责任,要求美国承担更多的援助责任。③

---

① [Possible Association of Grenada and St Vincent with Guyana]: letter from E. A. W. Bullock to K. G. Ritchie (Georgetown), 14 Sept. 1967, FCO 43/34, no 12, in S. R. Ashton and W. R. Louis, *ESC*, Vol. III, London, 2004, pp. 96 – 99.

② Minute, "British Guiana Independence", Chancellor of Exchequer to Prime Minister, 11 Jan. 1962, recited in Frank Heinlein, *British Government Policy and Decolonization 1945 – 1963: Scrutinizing the Official Mind*, London, 2002, p. 266.

③ "US aid proposals for the Caribbean": CO note on a new American initiative, Minute by Miss M. Z. Terry, Dec. 1964, CO 1031/4706, no 37, in S. R. Ashton and W. R. Louis, *ESC*, Vol. III, London, 2004, pp. 76 – 81.

三、撤出太平洋与印度洋岛国殖民地

除了加勒比海地区,太平洋与印度洋区域也有许多英国认为没有条件实现独立的小型岛屿殖民地,但是当这些殖民地要求独立时,英国没有以强硬的方式加以阻止。实际上,英国在多数时候都是主动地来推动这些殖民地的独立,这一事实的背后既有摆脱经济负担的考虑,也有应付国际社会批评的因素。

从 20 世纪 30 年代开始,亚太地区国际局势的演变已经动摇了英国统治太平洋殖民地的根基。在 30 年代,英国在欧洲与中东的军事压力下削弱了亚太地区的防务能力,为了弥补亚太防务的空虚,英国决定修建新加坡这艘不沉的"航空母舰"。但是在新加坡基地刚刚建成之际,一些专家就指出新加坡基地的防务价值值得怀疑,因而,亚太防务问题并没有得到解决。澳大利亚与新西兰的支援便利了英国的殖民统治。在 1939 年 4 月的亚太防务会议上,澳大利亚与新西兰许诺派遣部队防守英国在亚太的殖民地,1944 年后,澳新的舰队并入英国亚太舰队。在占领日本的英联邦军队中,澳大利亚与新西兰是最重要的组成部分,占领军的统帅也是一位澳大利亚将军。更为关键的是,美国的亚太防务成为维持英国亚太殖民地的重要支柱,主要依靠美国的努力,太平洋战场扭转了局面,英国则借势收复了自己在亚太地区的殖民地。二战后,美国、澳大利亚、新西兰签订军事条约,承担了亚太的主要防务责任。依靠美、澳、新的帮助,英国得以维持对太平洋岛屿的殖民统治。①

由于太平洋岛屿殖民地缺少战略价值，英国政府很少注意这一地区。工党政府也曾经尝试在这些殖民地建立类似西印度的联邦，但是太平洋岛屿之间的距离遥远，使联邦计划无法执行。虽然有些殖民地的外来族裔（主要是印度人）提出过独立要求，但是大部分土著人却反对外来移民的主张，认为过早的独立只能使这些人获利。英国政府执行土著人利益至上的原则，没有满足移民的要求。同时，支持土著人也有利于对抗共产主义势力。1950年，所罗门群岛的殖民专员认为苏联正在亚太地区扩张，②而土著人能够阻挡苏联的势力。需要重视的太平洋岛屿殖民地有两个，一是斐济，二是新赫布里底群岛，其中斐济问题由内部引起，新赫布里底问题由外部引起。

1874年，斐济的酋长把斐济割让给英国，但他们同时也要求英国把某些土地保留给斐济族人。在斐济成为英国的殖民地后，英国人基于发展甘蔗种植园和椰子种植园的需要从印度大规模地输入劳工，到二战结束时，印度族人在数量上已经超过了斐济族人，斐济殖民地的斐济族人、印度族人、欧洲人的人口数量分别为11.5万、11.7万、1.13万。虽然如此，斐济的族群矛盾并没有表面化，但后来欧洲人把这一问题激化了。拉格（Amie Ragg）领导的欧洲人选举协会向英国

---

① 麦金太尔认为正是澳大利亚与新西兰的介入才推迟了太平洋岛国殖民地的独立进程。W. David Mcintyre, "Australia, New Zealand, and the Pacific Islands", in *The Oxford History of the British Empire, IV: the Twentieth Century*, Oxford, 1998, p.680.

② H. G. Gregory – Smith to High Commissioner, 25 Nov. 1950, CO 537/7417, recited in W. David Mcintyre, "Australia, New Zealand, and the Pacific Islands", in *The Oxford History of the British Empire, IV: the Twentieth Century*, Oxford, 1998, p.686.

政府提交了一份政治改革方案，主要内容包括：改革立法院理事会的组成，限制酋长理事会的权力，取消选举权的财产与收入资格限制等。改革的首要内容是在立法院理事会中确立非官方成员多数，协会成员宣称他们得到了印度族人的支持，认为非官方多数将会满足印度族人50多年来的要求。改革的第二个核心要求是打破现存的行政体系，以议会制取代酋长制。欧洲人选举协会认为酋长除了维护自己的特权外再无所求，而在酋长影响下的殖民地政府除了维护酋长利益外也无所作为。斐济总督对第一项要求的回复是，在种族区分比较明显的情况下，把大部分公共事务交给一些私人（指非官方成员）进行处理只会使政治陷入僵局。关于第二项要求，总督认为欧洲人选举协会是在颠倒黑白，英国在斐济并未保持过时的政治体制，而是让这一仍然具有适应力的体制慢慢地现代化，实际上，不管这一体制有多少缺点，它能够为所有人保证安全。总督认为在现存的体制下，绝大多数的斐济人（包括不同族群）对政府是满意的，并认为这一体制比他们所知道的任何体制都好。总督认为所谓斐济人的生活条件正在恶化、斐济人被限制在狭小的经济与政治空间中的说法是歪曲事实。他对欧洲人的改革动机予以批评，他相信欧洲人是出于真诚而提出改革方案，但人类的动机很少能够完全与自私无涉。他认为欧洲人的真实目的是让欧洲种植园主与商人获得最大利益，这些欧洲人试图尽力保护自己的既得利益，千方百计阻挠改善斐济族人生活水平的行动。在这种情况下，把斐济的一个族群交给另一个族群管理是不可想象的，英国政府还不能放弃担任不同族群仲裁者的角色，欧洲人的改革建议只能激化斐济族人和印度族人的矛盾。总督最后向英国政府提出：当下改革并不为所有欧洲人喜欢，印度族人也没有强烈要求，英国明智的做法是承诺把选举权扩大到公务员的范围,同时否决欧洲人选举协会提出的其他建议。殖民大臣克里奇·琼斯最后决定,除非改革得到各方的广泛支持,否则英国将不会考虑改革的建议。由于没有证据证明改革建议令各方共同收益,英国不能采用协会提出的改革建议。①

这样,英国仍然在斐济推行旧日的政治体制,在宪政方面做的唯一一件事是把欧洲选举人的收入资格从120英镑下降到与印度族人持平的75英镑,而印度族人入选立法院理事会的财产资格则提高到与欧洲人同等的水平。除此之外,英国人不愿意进行任何改革,认为斐济缺乏改革的真正需求。② 实际上,黑利关于殖民地政治独立必须以经济独立为前提的思想仍然是艾德礼政府处理斐济事务的指导思想。英国认为斐济需要的是"改善教育,提供更好的医疗设施,继续发展殖民地的经济"。③ 根据这样的指导思想,英国为斐济制定了总开支为386.4万英镑的十年发展计划,其中英国提供100万英镑,其他款项则从斐济的税收中支取。发展项目包括:水电站、新的道路支线、农业与工业的信贷机构、培训当地医护人员的超大规模医疗中心、教师培训学院。英国还在斐济进行地质考察,试图找到新的矿产资源。

---

① [Fiji]: Despatch from Governor Sir A. Grantham to Mr Hall on constitutional amendments proposed by the European Electors' Association, minutes by J. B. Sidebotham and Mr Creech Jones, 10 May 1946, CO 83/239/4, no 1, in R. Hyam, *LGEE*1, Vol. III, pp. 160 – 166.
② [Fiji]: Minutes by J. M. Kisch and Sir C. Jeffries on lack of demand for effective constitutional reform, 1 Jan. – 29 Mar. 1950, CO 83/253/2, in R. Hyam, *LGEE*1, Vol. III, pp. 181 – 182.
③ "The colonial empire today: summary of our main problems and policies": CO International Relations Dept paper. Annex: some facts illustrating progress to date, May 1950, CO 537/5698, no 69, in R. Hyam, *LGEE*1, Vol. I, pp. 348 – 349.

新赫布里底群岛是一个英法共管的殖民地。但是共管在经济发展方面带来了诸多不利。例如,如何分配英国的殖民发展与福利基金就是一个很大的难题。为了解决共管问题,英国殖民部官员杰弗里斯(C. Jeffries)提出完全接管该群岛,而在其他地区满足法国的领土要求。但二战后的法国政府非常虚弱,不敢冒险放弃在国外的任何领土,因而这一建议很难成功。班尼特(J. S. Bennett)提出第二个方案,英国把该岛完全交给法国管理,法国在其他地区给英国以回报,比如西非的埃维地区。托马斯(Ivor Thomas)认为除了上述两种方案外,英国还可有如下四种选择:其一,维持共同管理,但修改原先的协议,使原先的机制可以运行;其二,维持共同管理,但把行政管理权委托给英国或法国;其三,分割该岛,英法各管一部分地区;其四,英法都放弃该地,由第三方管理(例如澳大利亚)。托马斯认为第一种方案最好,因为如果英法无法在新赫布里底群岛合作,那么构建一个团结的欧洲就没有希望。而且这种方案也不容易引起公众的分歧。托马斯认为,虽然这一方案的执行有些难度,但还是有成功的可能。① 托马斯的观点最终占了上风,英法共管的局面并没有发生变化。但让局面复杂的是,1947 年,在南太平洋地区拥有属地的澳大利亚、法国、荷兰、新西兰、英国、美国共同建立了南太平洋委员会。虽然成立这一机构的初衷是当各国所属殖民地在面临经济与社会问题时,该委员会可帮助各国互相沟通、交流信息,②

---

① [New Hebrides]: Minutes by J. S. Bennett, Sir T. Lloyd, Mr Thomas and Mr Creech Jones on future administration, 5 June – 14 Aug. 1947, CO 537/3375, pp 9 – 14, in R. Hyam, *LGEE*1, Vol. III, pp. 170 – 175.
② "The colonial empire today: summary of our main problems and policies": CO International Relations Dept paper. Annex: some facts illustrating progress to date, May 1950, CO 537/5698, no 69, in R. Hyam, *LGEE*1, Vol. I, pp. 349 – 350.

但它也很有可能对英法在新赫布里底群岛的政策产生约束作用,这就迫使英法加速处理在这一地区的管理权问题。1948年12月,英国殖民部提出英法共管的三项新建议,要求设立联合法庭主席,修改联合法庭工作人员的薪水与服务条件,对该岛进行航空勘测。殖民部要求外交部与法国协商这些新建议。①

在艾德礼政府执政后期,克里奇·琼斯曾经任命一个专门的委员会来考虑小型殖民地的宪政问题。在调查中,总参谋部认为英国在考虑殖民地的宪政问题时,必须把它们对英联邦的防务价值考虑在内。也就是说,殖民地的未来不单纯是宪政问题,也同样是英联邦的防务问题。进一步言之,如果某些殖民地的宪政会影响英联邦的防务,这种政治制度就应该受到限制。在太平洋岛屿殖民地(包括斐济、所罗门群岛、吉尔伯特与埃利斯群岛、新赫布里底群岛、皮特克恩群岛、汤加)中,除了新赫布里底群岛、皮特克恩群岛、汤加外,其他地区对英联邦的防务都具有重要意义,特别是斐济,它是海路与航空交通的中心,是海底电缆与无线通信的枢纽,它的自然条件对英国空军与海军的战略行动都具有重要意义。② 1951年,调查委员会在综合了各方意见后把分析报告提交给了殖民部,认为小型殖民地的独立要求在很大程度上是一个尊严问题,因为在其他殖民地独立后,岛屿殖民地不独立似乎就低人一等。但调查委员会并不主张授予这些殖民地独立地位,而是建议授予它们岛州或城市州的

---

① [New Hebrides]: Letter from J. B. Sidebetham to J. W. Russell (FO) on future administration of condominium, 23 Dec. 1948, CO 537/4002, no 6, in R. Hyam, *LGEE*1, Vol. III, pp. 178 – 181.

② "Constitutional developments in the smaller colonial territories – Defence aspects": report to COS by JPS (annex), for reply to the Committee of Inquiry, 19 Nov. 1949, DEFE 4/26, JP (49)144, in R. Hyam, *LGEE*1, Vol. IV, pp. 221 – 229.

身份,在形式上满足它们对尊严的要求,也就是说,调查委员会认为这些小型殖民地还不适合独立。① 由于调查委员会的报告比较敏感,这份报告一直没有公布。但其后的丘吉尔与艾登政府实际上心照不宣地接受了调查委员会的建议。在太平洋岛屿殖民地的改革规划中,甚至不包括斐济和西太平洋高级专员管理的地区,即保守党政府不认为英国有必要在这些地区推动政治改革。② 1954 年,由于马耳他要求独立,一些议员要求公开调查委员会的报告,但殖民大臣仍然认为公布这份报告会让英国非常尴尬。③ 1955 年,英国又对小型殖民地进行分类,黄金海岸、中非联邦、加勒比联邦(即西印度联邦)、马来亚联邦等被认为在任何意义上都不是"更小的殖民地",因而是可以独立的;而斐济与西太平洋高级专员管理地区属于第二类,也就是不适合独立的"更小的殖民地","虽然英国政府一直倡导'帮助殖民地在英联邦内建立自治政府',但'自治政府'并不意味着不顾各殖民地的特点对它们一视同仁。"④英国政府认为岛州的身份在当下对斐济最有吸引力,而西太平洋高级专员管理地区也长期对此抱有期待。

虽然从理论上讲,太平洋岛屿殖民部并不适合独立,但到 50 年

---

① "Interim recommendations to the S of S for the colonies by the Committee of Inquiry into constitutional development in the smaller colonial territories" (chairman: Sir J. F. Rees), Mar. 1951, CO 967/146, no I, in R. Hyam, *LGEE*1, Vol. IV, pp. 229 – 234.

② David Goldsworthy, *CGEE*1, Vol. II, pp. 167 – 404.

③ [Smaller territories]: minute by Mr Hopkinson on the need for a policy for the smaller colonial territories, 31 Oct. 1954, CO 1032/54, in David Goldsworthy, *CGEE*1, Vol. II, p. 59.

④ "Smaller colonial territories": Cabinet memorandum by Mr Lennox - Boyd, appendices, 27 Sept. 1955, CAB 129/77, CP (55) 133, in David Goldsworthy, *CGEE*1, Vol. II, pp. 60 – 68.

代末,麦克米伦政府逐渐对小型殖民地改变了态度。麦克米伦还在担任首相之前就认为,不管是在地中海还是在太平洋,岛屿殖民地会让英国烦恼不断。[1] 当他担任首相后,改变了英国政府在岛屿殖民地采取的政策。当然,还有另外一些因素也发挥了重要作用。

从客观方面讲,首先,太平洋岛屿殖民地族群矛盾的激化,成为随时可能爆炸的火药桶,使英国有卷入殖民地内战的危险。以斐济为例,随着印度移民增加,印度族人数量逐渐超过斐济族人,印度族人也掌控了斐济的经济命脉,但是斐济族人在政治与社会领域顽固地限制印度族人,因此族群矛盾激化,[2]斐济很可能会爆发内战。其次,英国的殖民统治面临着来自国际社会的强大压力。第三世界以联合国为舞台激烈抨击殖民主义。为了扩张自己的势力,美苏也站在第三世界一边反对殖民主义,美国要求英国从冷战格局中西方阵营的整体利益出发来处理殖民地问题,殖民统治已经是穷途末路。最后,随着塞浦路斯的独立,面积狭小已经不再成为阻止殖民地独立的借口。

从主观方面讲,从太平洋殖民地脱身也成为英国的战略选择。其一,为治疗"英国病",英国逐渐把目光从英帝国转移到了欧共体。从50年代开始,英帝国对英国经济的贡献逐渐下降,英国依靠殖民地摆脱经济窘境的期望逐渐淡化。与此同时,欧洲经济共同体(European Economic Community)国家的经济发展形势喜人,逐渐成为英国经济的助推器。麦克米伦政府申请加入欧洲经济共同体,表

---

[1] Macmillan to Sir R. Scott, 9 Sept. 1955, Foreign secretary's private office papers, FO 800/667, in Ronald Hyam and W. R. Louis, *CGEE*2, Vol. I, p. lxxix.
[2] J. W. 库尔特:《斐济现代史》,吴江霖、陈一百译,广东人民出版社,1976年,第86 - 87,104 等页。

明英国不愿意再在太平洋岛屿殖民地问题上消耗太多精力。其二，防务战略的调整也使英国继续保留太平洋岛屿殖民地变得毫无意义。随着中东防务体系的瓦解，特别是 1956 年苏伊士运河事件后，欧洲逐渐成为英国防务战略的重点，英国逐步退出印度洋与太平洋。推动太平洋岛屿殖民地的独立以摆脱负担，就成为其不可避免的选择。

1958 年 12 月，殖民政策委员会向内阁提交了一份处理新赫布里底群岛问题的报告，建议英国政府尽早把英国在该岛的责任转让给澳大利亚，如果澳大利亚不愿意接手，就把责任完全交给法国。这一建议遭到殖民大臣博伊德的激烈反对，他认为在改善殖民地的行政管理水平之前就放弃统治责任是非常错误的，一方面，岛上居民不会同意这一行动，另一方面，考虑到澳大利亚推行的"白澳"政策，英国的行动会遭到世人的指责。博伊德的建议是，英国应该扩大自己在英法共管中的作用，扩大教育、卫生、住房与公共工程方面的投入，在未来的三至四年内投资 12 万英镑进行相应的改革。由于博伊德激烈反对，麦克米伦提议把这一问题留待以后讨论，但他表明自己支持委员会的建议："我们的外交政策在原则上应该是在那些合适并可以安全行事的地方缩减我们的殖民义务，这样，我们的资源就可以集中在维持或加强那些对我们更加重要的殖民地或者其他地区。"①

在后面的讨论中，英国殖民部与英联邦事务部在以新赫布里底群岛为代表的岛屿殖民地问题上尖锐对立。英联邦事务部认为，如

---

① "New Hebrides Condominium": minutes of Cabinet Colonial Policy Committee Meeting, 15 Dec. 1958, CAB 134/1557. CPC 15(58)2, in Ronald Hyam and W. R. Louis, *CGEE2*, Vol. II, pp. 708 – 710.

果不是殖民部的反对,澳大利亚政府本来可以代替英国承担更多的责任。① 但殖民部认为转让的方式一方面不利于当地人民的福祉,另一方面,澳大利亚实际上并不愿意接手该岛,不愿意承担额外的负担。财政部后来也站在英联邦事务部一边,其理由"纯粹出于财政方面的原因"。② 这种说法实际上并没有什么不妥,英国确实缺乏继续维持殖民统治的资源。1959年10月,麦克米伦在赢得大选后重组了政府,麦克劳德取代强硬派博伊德担任殖民大臣,英国在岛屿殖民地问题上的态度迅速转变。

在1963年的文件中,殖民部同意让澳大利亚与新西兰承担更多的义务,但困难在于澳大利亚与新西兰也认为这些殖民地完全是财政、防务和政治上的负担,不愿意接手这些殖民地,因此英国政府只能满足于它们仅仅提供教育、防务和情报方面的帮助。另外的困难来自殖民地本身。斐济土著人不愿意独立,认为独立只会让占人口多数的印度族人主宰斐济的政治局面,而印度族人已经在经济领域占据优势。③ 不管怎么说,当英国政府克服了内部分歧时,推动殖民地政治发展的障碍已经清除,因此岛屿殖民地的独立进程将会更容易展开。

到1965年,斐济的总人口大约为47万,其中斐济族人大约占到

---

① "The Solomon Islands and the New Hebrides": brief for Lord Home by J. Chadwich (CRO), minutes by A. W. Snelling and Lord Home, 29 June 1959, DO 35/8095, Nos 3 and 5, in Ronald Hyam and W. R. Louis, *CGEE2*, Vol. II, pp. 710 - 711.

② "Future of the British territories in the South - West Pacific": CO memorandum. Minutes by D. J. Derx, P. Rogers and Sir H. Poynton, 22 Oct. 1959, CO 1036/331, no 22, in Ronald Hyam and W. R. Louis, *CGEE2*, Vol. II, p. 720.

③ "The British colonies in the South Pacific": CO note on contact with Australia and New Zealand. Annex: analysis by territory, Aug. 1963, DO 169/185, no 171, in Ronald Hyam and W. R. Louis, *CGEE2*, Vol. II, pp. 721 - 724.

42%,印度族人大约占到50%,欧洲人、华人、其他太平洋地区移民占8%。由于英国政府推行土著人利益至上的原则,斐济的政治由斐济族人精英组成的联盟党把持,他们继续把殖民统治当作反对印度族人改革要求的工具。但麦克劳德之后的殖民部却积极推动岛屿殖民地的独立。1968年,印度族人的代表斐济民族联合党(National Federation Party)在补缺选举中获得压倒性胜利。联盟党认为,如果斐济走向独立是不可避免的,那么在斐济族人还控制局势的情况下走向独立是最明智的选择。同时,补缺选举之后斐济族人反对印度族人的暴乱也警告印度族人尽量搁置与斐济族人的分歧,因而他们也同意在新的选举之前实现独立。英国在斐济的最后一任总督对斐济的独立却很乐观,认为斐济的问题大都依赖于经济的迅速发展,如果实现了发展,斐济的族群矛盾就有可能得到缓解,而经济发展的前景很有希望。然而,他也同样认为族群的族群矛盾注定是无法解决的,由于族群问题植根于斐济的社会,它注定在未来将主导斐济的政治发展。① 然而,英国已经无暇顾及(也没有能力解决)这一问题。1970年10月,斐济就在这种担忧与乐观并存的形势下实现了独立,并成为英联邦的一员。

汤加的独立要比斐济稍早一点(1970年6月4日),不过它仅是一种形式上的独立。汤加不是严格意义上的殖民地,它与英国的关系是通过友好条约确立的,英国在汤加的权力也是有限的。② 正如

---

① "Fiji: final despatch before independence": despatch from Sir R. Foster to Sir A. Douglas-Home, 8 Oct. 1970, FCO 32/606, no 1, in S. R. Ashton and W. R. Louis, *ESC*, Vol. III, pp. 266 – 275.

② "The British colonies in the South Pacific": CO note on contact with Australia and New Zealand. Annex: analysis by territory, Aug . 1963, DO 169/185, no 171, in Ronald Hyam and W. R. Louis, *CGEE2*, Vol. II, pp. 721 – 724.

新西兰的高级专员高尔斯沃西(A. Galsworthy)所言,英国在汤加从来不曾执行行政管理的职能,英国的作用主要集中在外交与防务上,由来自英国的一位专员与一位顾问控制汤加的外交。汤加也一直认为自己是一个独立国家,只不过与英国维持特殊关系而已,其国民出国旅行使用汤加护照。但在其他国家追求独立的影响下,汤加也希望更加独立。1968年,汤加国王向英国提出在英联邦内部独立的要求,主张以新的条约取代旧条约。但汤加提出的某些要求并没有实际意义,例如汤加国王要求英国取消在某些内政领域拥有的权力(主要涉及银行、货币等),但英国实际上从来没有对这些领域进行过管理。汤加真正有意义的诉求是在外交与防务领域,但汤加只是要求限制而不是取消英国在这些领域的权力。这样一种保守的独立方式在英国看来是完全可行的。汤加人也并不认为"独立"有多么的重要,甚至国王也认为独立仪式并不是真正的独立仪式,而是在庆祝汤加进入英联邦。①

在斐济与汤加独立后,太平洋地区的其他殖民地基本上就是西太平洋高级专员管理区,主要包括英属所罗门群岛、新赫布里底群岛、吉尔伯特与埃利斯群岛、莱恩群岛,以及其他一些小岛。这些殖民地的主要问题是所处地理位置偏远,发展程度非常低。虽然英国很想把这些如同沉重负担的殖民地转嫁到澳大利亚与新西兰身上,但这两国并没有太大兴趣,新西兰认为自己太穷而无力承担这样的

---

① "Tonga's independence": despatch from Sir A. Galsworthy (Wellington) to Sir A. Douglas - Home, [extract], 8 July 1970, FCO 32/752, no 1, in S. R. Ashton and W. R. Louis, *ESC*, Vol. III, pp. 260 - 265.

任务，澳大利亚则认为这些地区对扩大澳大利亚的影响没有任何意义。[1] 在英国试图推卸责任而没有结果的情况下，英国就只能采取放任自流的政策，吉尔伯特与埃利斯群岛独立就是例证。该群岛上只有5.5万人，面积约283平方英里，分布在两千多英里的海面上，除了磷酸盐外，这里几乎没有任何自然资源，而且磷酸盐到1977年就可能开采完毕。英国估计该群岛只能严重依赖英国。殖民地的人口结构最终推动了政治变化。在吉尔伯特与埃利斯群岛的5.5万人中，有8 000人是埃利斯人，他们担心遭受吉尔伯特人的歧视，担心在政治上被其控制，因而提出从大殖民地分离出来的要求。英国认为埃利斯人的要求不切实际，因为他们在经济上依赖吉尔伯特，在就业与教育领域也是如此，因而不具有自立的能力。此外，他们的分离要求也与联合国大会决议不符。[2] 但要限制他们的要求也很麻烦，英国决定听之任之。1975年，埃利斯从吉尔伯特分离出来，改名为图瓦卢，1978年实现独立。在图瓦卢独立后，吉尔伯特也在第二年实现独立，改名为基里巴斯。

新赫布里底群岛的独立由于法国因素变得更加复杂。英法政府在该岛的发展方向上意见不合，英国强调经济发展，法国强调社会与文化发展。英国政府试图推动殖民地的独立进程，但法国政府却不愿意这样做。英国在该岛的积极态度是可以理解的，因为他们

---

[1] "Australia and the British Pacific dependencies": minute by F. H. Brown, 6 May 1969, FCO 32/499, no 9, in S. R. Ashton and W. R. Louis, *ESC*, Vol. III, pp. 259 – 260.

[2] "Western Pacific constitutional development": minute by R. N. Posnett, annex: "the outlook for the British dependent territories in the Pacific", 29 Oct. 1970, FCO 32/744, no 2, in S. R. Ashton and W. R. Louis, *ESC*, Vol. III, pp. 275 – 278.

认为自己在这里的利益很少,而该岛的复杂局面让英国非常尴尬。①
所谓复杂局面,是指殖民地的土地问题,也正是这一问题最终改变
了法国的态度。新赫布里底群岛的土地问题错综复杂,各族移民与
土著人就土地归属权问题存在严重分歧。以桑图地区的史蒂文
(Jimmy Steven)为代表的土著人上层认为新赫布里底群岛的土地属
于酋长,而新成立的国民党(National Party)则要求对土地实行国有
化。各移民团体根据自己的利益分别站在不同的阵营,这就使新赫
布里底群岛有发生内战的危险。到 1978 年,殖民地的危急局势使法
国人改变了态度,一位法国官员在访问新赫布里底群岛时劝说法国
移民支持该地的独立要求。继而,英法在独立问题上的态度一致
了。在英法的支持下,国民党在 1979 年的大选中获得议会多数席
位,组成新政府。史蒂文则很快提出实行联邦制的要求,否则桑图
就要独立出去。英法最后不得不派出军队来维持新赫布里底的统
一与秩序。在巴布亚新几内亚与澳大利亚等国的支持下,英法镇压
了史蒂文领导的分离运动。1980 年,新赫布里底群岛在独立之后改
名为瓦努阿图。

在太平洋岛屿殖民地渐次独立时,英国在印度洋的殖民地也在
逐步走向独立,这些殖民地包括塞舌尔群岛、马尔代夫、毛里求斯
等。在 1955 年英国殖民部的划分中,印度洋的这些岛屿也被归入太
小而不能独立的地区。② 但在以后的发展过程中,印度洋岛国的政

---

① "The New Hebrides": Minute by Eleanor J. Emery on the problems facing the UK in the administration of the condominium, 3 Aug .1971, FCO 32/827, no 93, in S. R. Ashton and W. R. Louis, *ESC*, Vol. III, pp. 281 – 285.

② "Smaller colonial territories": Cabinet memorandum by Mr Lennox‑Boyd, appendices, 27 Sept. 1955, CAB 129/77, CP (55) 133, in David Goldsworthy, *CGEE*1, Vol. II, pp. 60 – 68.

治命运日益受到英国战略防务评估的影响。1957年,英国决定在印度洋建立一个可以免受印度或锡兰干涉的空军补给站,地点定在马尔代夫的甘岛。为了获得当地人的支持,英联邦事务大臣霍姆勋爵认为最明智的政策是通过财政援助并与马尔代夫协商来获取当地人的好感,国防部也敦促英国政府与马尔代夫进行谈判。① 1960年,英国与马尔代夫签订了新的协议,规定英国可以自由而不受限制地使用甘岛。但此时变革之风也吹到了马尔代夫,英国给予马尔代夫更大的自由,马尔代夫可以与其他国家签订涉及"经济、商业、文化与教育特性"的协议,但马尔代夫与他国的政治协议仍然由英国控制。马尔代夫对1960年的协议并不满意,认为英国虽然可以使用甘岛,但不能使用这一基地来对付亚洲的一些国家或是伊斯兰国家。一直到1965年,英国与马尔代夫才达成新的协议,英国可以将基地用于英联邦的防务,英国同时授予马尔代夫在内政与外交方面的完全权力。根据新的协议,马尔代夫成为独立国家,但前来参加马尔代夫独立仪式的人却很少,因为,"虽然马尔代夫拥有了更广泛的权力,然而这些权力主要是理论而不是实践意义上的,普通马尔代夫人的生活没有受到任何影响。"②

在马尔代夫独立后,英国在印度洋的主要殖民地还剩下塞舌尔群岛与毛里求斯。1963年,英国对殖民地的未来地位做了一次梳理,其中塞舌尔群岛因为对英国防务具有重要价值而被认为必须保

---

① "Maldive Islands": Cabinet conclusions about establishment of an air staging‐post at Gan, June 1959, CAB 128/33, CC 37(59)3, in Ronald Hyam and W. R. Louis, *CGEE* 2, Vol. I, p. 244.

② "Ceylon: the Maldive Islands achieve full independence": despatch from Sir M. Walker (Colombo) to Mr Bottomley, 7 Sept. 1965, DO 196/270, no 271, in S. R. Ashton and W. R. Louis, *ESC*, Vol. III, pp. 241–245.

留,毛里求斯则被认为可以独立,预计其独立时间在 1966 年。① 实际上,毛里求斯仍然受到英国防务战略问题的困扰。在 60 年代的越南战争中,美国发现它在地中海与菲律宾之间的广大区域中的军事控制能力不足,1963 年,美国宣布派航空母舰定期进入印度洋。英国表示支持,希望美国能分担英国的责任。1964 年 2 月,英美政府决定在毛里求斯管辖范围内的迪戈加西亚岛建立美军的通讯站与供应设施,但美国同时强调,为军事目的而选择的这一地区不能受到毛里求斯政府的干涉,特别是使用期限,实际上是要求迪戈加西亚成为一个独立地区。正是在此背景下,英国于 1965 年建立了最后一个皇家殖民地,即英属印度洋皇家殖民地(British Indian Ocean Territory),主要包括毛里求斯管辖的查戈斯群岛(迪戈加西亚属于该群岛)与塞舌尔管辖的阿尔达布拉群岛、法夸尔群岛、德罗什岛。英美达成协议:美国为这一基地出资并允许英国使用,英国则占取这一地区并赔偿毛里求斯与塞舌尔的损失。由于美国坚持基地必须完全雇用美国人,所以英国还要劝说当地政府同意割让这些地区,并为迁出的人口作出赔偿。② 英国因此遭到国际社会的激烈抨击,毛里求斯与塞舌尔就是在此过程中走向独立的。

毛里求斯是印度人、穆斯林、克里奥尔人(即混血种人)多族群杂居的地区。在割让迪戈加西亚的谈判中,毛里求斯同意割让,但要求英国负责为毛里求斯培训独立后的警察与安全部队。实际上,

---

① "The future of British colonial territories": CO memorandum. Annex: "likely future status", 27 Sept. 1963, FO 371/172610, no 13, in Ronald Hyam and W. R. Louis, *CGEE2*, Vol. I, pp. 221 - 220.

② "Defence facilities in the Indian Ocean": Joint memorandum by Mr Stewart and Mr Healey for Cabinet Defence and Oversea Policy Committee, 7 Apr. 1965, CAB 148/20, OPD (65)68, in S. R. Ashton and W. R. Louis, *ESC*, Vol. III, pp. 236 - 240.

毛里求斯的穆斯林与克里奥人在没有独立的时候就已经发生多次族群冲突,英国不得不向毛里求斯派出军队镇压骚乱。一直到毛里求斯在1968年3月独立时,英国军队还没有离开毛里求斯。①

至1965年,塞舌尔的人口不超过4.5万人,面积45平方英里。② 在塞舌尔群岛的独立问题上,许多塞舌尔人不愿意独立,认为塞舌尔的独立没有经济基础,也可以说,英国的经济援助是必不可少的。在基地建设问题上,美国人与塞舌尔人有分歧,美国要求塞舌尔把阿尔达布拉群岛、法夸尔群岛、德罗什岛割让给英国,塞舌尔人则主张租借基地,期限只有99年,而且还要求美国购买塞舌尔更多的食糖。③ 为了便利基地问题的解决,英国决定推动塞舌尔的独立。一方面,英国可以向塞舌尔释放善意(包括独立条约中的英国援助条款),从而让塞舌尔人更加支持基地建设。另一方面,基地建设条款将由独立后的塞舌尔政府签署,这意味着设立基地不是英国殖民政府的决定,而是塞舌尔人自己的决定,从而尽量避免基地的后续问题。1967年,英国基于自己的考虑在塞舌尔引入单一理事会制度,理事会既负有行政职能,也具备立法职能,集权性更强。但到1970年大选时,英国设计的单一理事会制度失效了,立法院的权力上升,

---

① "Mauritius": Commonwealth Office brief for Mr Thomson on the problems surrounding independence, Nov. 1967, FCO 32/318, no 13, in S. R. Ashton and W. R. Louis, *ESC*, Vol. III, pp. 245 – 250.

② "Future of the remaining British colonial territories": minute of 26 May by Mr Greenwood circulated to the Oversea Policy and Defence Committee by Sir B. Trend, 31 May 1965, CAB 148/21, OPD (65)89, in S. R. Ashton and W. R. Louis, *ESC*, Vol. III, p. 9.

③ "Defence facilities in the Indian Ocean": joint memorandum by Mr Stewart and Mr Healey for Cabinet Defence and Oversea Policy Committee, 7 Apr. 1965, CAB 148/20, OPD (65)68, in S. R. Ashton and W. R. Louis, *ESC*, Vol. III, p. 236.

从立法院的多数党中产生了行政机构。吊诡的是,大选中胜出的塞舌尔民主党(Democratic Party, Seychelles)希望塞舌尔能成为英国的一部分,要求悬挂英国"米字旗"。① 但是,英国基于前述考虑,还是推动了塞舌尔的独立。当然,英国关于基地建设的想法也在这种氛围中较为顺利地实现了。1976年,塞舌尔成为一个独立的共和国,并决定援引印度的先例留在英联邦。

英国在其他地区的小岛殖民地也都做出决定,要么独立,要么安排其他选择,例如,科克斯岛与圣诞岛并入澳大利亚,还有一些小岛则要求继续维持英国殖民地的身份。

四、斯芬克斯的第二副面相

英国在直布罗陀、马尔维纳斯(福克兰)群岛、伯利兹、中国香港的态度与它在太平洋、印度洋的小岛殖民地上的态度完全不同,其经历表明英国顽固派的政治立场仍然可以在不同程度上影响英国的殖民政策。

直布罗陀的面积只有2.5平方英里,到艾德礼政府时期,人口也不过2.5万人。1704年英国夺取了这一战略据点,1713年的《乌特勒支条约》确认了英国对这一殖民地的所有权。在英国殖民统治的过程中,直布罗陀的人口构成发生了很大变化,西班牙人逐步迁出,热那亚人大量迁入,到二战之后,直布罗陀的居民主要是热那亚人,

---

① [Seychelles]: letter from Sir B. Greatbach to D. A. Scott on elections in the Seychelles and the future status of the territory, 12 Nov. 1970, FCO 32/776, no 1, in S. R. Ashton and W. R. Louis, *ESC*, Vol. III, pp. 254-255.

但直布罗陀的食品供应基本来自西班牙。二战后西班牙再次提出对直布罗陀的主权要求。但直布罗陀对英国战略地位非常重要,它是英国的海空军基地,是连接大西洋与地中海的咽喉,英国希望继续占据直布罗陀,特别是控制直布罗陀的防务。[1] 由于直布罗陀的人口结构,大部分当地人不愿意归属西班牙。[2] 因此,英国以"民意"为理由维持直布罗陀与西班牙的分离。1950年,英国在直布罗陀成立了一个拥有有限权力的立法理事会。这一做法招致西班牙的激烈反对,西班牙担心,如果英国的政策得以贯彻,直布罗陀将走向独立,从而永远与西班牙脱离关系。西班牙政府开始对直布罗陀与西班牙之间的旅行与贸易进行限制。英国殖民大臣提议对西班牙进行报复,例如限制西班牙人在英国的旅行等。英国外交大臣则建议把政治与经济策略分开,提出尽量减少直布罗陀在经济上对西班牙的依赖,在政治上则表明英国对维持这一地区的坚定态度。外交大臣的建议得到内阁的支持。[3] 到1957年,英国仍然在上述政策指导下继续控制直布罗陀。西班牙提出一个折中的要求:直布罗陀的主权回归西班牙,但英国可以租借该地。英国仍然拒绝,提出的理由是,如果英国放弃直布罗陀,直布罗陀很快就会像西班牙南部某些

---

[1] "Constitutional developments in the smaller colonial territories – Defence aspects": report to COS by JPS (annex), for reply to the Committee of Inquiry, 19 Nov. 1949, DEFE 4/26, JP (49)144, in R. Hyam, *LGEE*1, Vol. IV, p. 223.

[2] "The colonial empire today: summary of our main problems and policies": CO International Relations Dept paper. Annex: some facts illustrating progress to date, May 1950, CO 537/5698, no 69, in R. Hyam, *LGEE*1, Vol. I, p. 354.

[3] [Spanish policy towards Gibraltar]: Cabinet conclusions, 29 Nov. 1954, CAB 128/27/2, CC 80 (54) 5, in David Goldsworthy, *CGEE*1, Vol. I, pp. 319–320.

地区那样变成贫民窟。实际上,英国是担心其防务利益以及威望受损。在西班牙的频繁要求下,英国决定推动直布罗陀向城市国家方向发展。① 1960 年,英国殖民部认为只要不损害英国的利益,直布罗陀可以自治,英国只保留它的防务与外交权力,以及在紧急状态下接管行政机构的权力。② 据此精神,1964 年英国为直布罗陀制定了一部新的宪法,直布罗陀人的自治权扩大了。西班牙认为英国政府的做法不过是为直布罗陀的独立或者民族自决做准备,从 1964 年开始,西班牙政府再次限制西班牙与直布罗陀之间的联系,例如强化过境检查,加强关税与安全检查等。英国殖民大臣格林伍德强调西班牙的行为就是反对英国本身,因而不肯向西班牙示弱。③ 但是,继续在直布罗陀进行殖民统治会削弱英国在联合国的地位,为应付联合国的压力,英国决定把责任推给直布罗陀的当地居民。英国政府宣布将根据直布罗陀人的民意来决定其未来地位,只要直布罗陀人愿意合并到西班牙,英国将不会阻拦。实际上,基于直布罗陀的人口构成,其结果一定是英国期望的独立。在随后的全民公决中,绝大多数直布罗陀人反对与西班牙合并,而愿意与英国维持联系。但是全民公决并没有解决问题,西班牙不承认公投的结果,而且拉美

---

① "Future constitutional development in the colonies": report (CO print, GEN 174/012) of the officials' committee (chairman, Sir N. Brook) (CO(0)(57)5), May 1957, CAB 134/1551, CPC (57)27, in Ronald Hyam and W. R. Louis, *CGEE*2, Vol. I, p. 20.
② [Gibraltar: constitutional forward thinking]: minute by N. B. J. Huijsman (CO), 1 June 1960, CO 926/769, in Ronald Hyam and W. R. Louis, *CGEE*2, Vol. I, pp. 796 – 797.
③ "Gibraltar": memorandum by Mr Greenwood for Cabinet Defence and Oversea Policy Committee on the dispute with Spain and its impact on the colony, 22 Feb. 1965, CAB 148/20, OPD (65)44, in S. R. Ashton and W. R. Louis, *ESC*, Vol. III, pp. 129 – 131.

地区的许多国家与大多数阿拉伯国家都站在西班牙的一边。① 在此后的谈判中,虽然英国与西班牙的关系有所缓和,但直布罗陀的归属问题至今都未解决。

在英属洪都拉斯(自治后改名伯利兹)的归属问题上,英国与危地马拉也展开了激烈交锋。英国是从西班牙手中夺得英属洪都拉斯的。英属洪都拉斯与危地马拉接壤,危地马拉从独立伊始就要求获得英属洪都拉斯的主权。1945 年,危地马拉颁布新宪法,宣布英属洪都拉斯是危地马拉不可分割的一部分。在其他国家对英国殖民地的主权索求上,英国认为有些改变是可行的,例如,把太平洋上的一些岛国交给新西兰,因为这样的行动实际上并不改变英国在该地的地位,但有些主权索求是不能同意的,例如危地马拉对英属洪都拉斯的要求,因为英国在这里的地位将会不同。② 实际上,英国政府早就把英属洪都拉斯限定在西印度联邦的规划中,通过把英属洪都拉斯放在西印度联邦中就可以阻止危地马拉的主权要求。③ 但英属洪都拉斯对西印度联邦的态度冷淡,危地马拉则认为这表明英属洪都拉斯对英国不满。不过,危地马拉的理解是错误的,1957 年 12 月,英属洪都拉斯立法委员会宣布继续效忠英王,并期望英国政府授予其自治地位,同时反对任何其他国家对洪都拉斯的主权要求。

---

① "Gibraltar": Commonwealth Office brief by J. S. Bennett for Mr Thomson on the impending referendum in Gibraltar, 8 Sept. 1967, FCO 42/110/1, no 1, in S. R. Ashton and W. R. Louis, *ESC*, Vol. III, pp. 131 – 134.

② [territorial claim against British possessions]: minute by Sir H. Poynton, commenting on a CRO paper, 15 Dec. 1949, CO 537/4735, no 21, in R. Hyam, *LGEE*1, Vol. II, pp. 455 – 456.

③ "Federation of West Indies": memorandum by P. Rogers (CO), 12 Feb. 1946, CO 318/466/2, no 9, in R. Hyam, *LGEE*1, Vol. III, pp. 123 – 130.

1958年,英属洪都拉斯的领导人提出自治要求,同时表示愿意成为中美洲自由共和国大家庭中的一员。英国支持英属洪都拉斯并表态:"只要情况许可,英国就会尽快在英属洪都拉斯建立自治政府,然后让其尽快独立。"英国之所以这样做,是因为它认为即使危地马拉的主权要求没有得到满足,危地马拉发动战争的可能性也不是很大。① 1964年英属洪都拉斯实现了内部自治,并于1973年改名为伯利兹。危地马拉认为这是英属洪都拉斯分离的信号,因而激烈反对,但又一直不接受英国把英属洪都拉斯问题提交国际仲裁的建议。② 在英国的影响下,联合国于1975年承认伯利兹有民族自决与独立的权利。虽然危地马拉坚决反对,伯利兹还是于1981年宣布独立,并加入英联邦。

如果说英国在直布罗陀与伯利兹的政策都取得某种成功,英国在马尔维纳斯(福克兰)群岛的遭遇则表明成功的代价极其惊人。马尔维纳斯(福克兰)群岛的居民不足2 000人,主要是英国移民。马尔维纳斯(福克兰)群岛在地理上毗邻阿根廷,阿根廷因而对其提出主权要求。英国认为没有必要严肃对待阿根廷的主权要求,因为根据语言、历史、习俗和传统,马尔维纳斯(福克兰)群岛更应该合并到苏格兰(当然也就是英国)。基于同样的原因,英国也不担心受到联合国的指责,实际上,英国认为只要维持好与美国的关系,英国对

---

① [British Honduras: constitutional advance and future status]: minutes of Cabinet Colonial Policy Committee meeting, 5 Apr. 1962, CAB 134/1561, CPC 7(62)1, in Ronald Hyam and W. R. Louis, *CGEE*2, Vol. I, pp. 374 – 376.
② [Boundary dispute between British Honduras and Guatemala]: CO aide memoire for Guatemala Foreign Minister, about current British policy, 6 Nov. 1958, CO 1031/2599, no 507, in Ronald Hyam and W. R. Louis, *CGEE*2, Vol. I, pp. 367 – 368.

马尔维纳斯(福克兰)群岛的统治就可以长治久安。① 但20世纪60年代,英帝国加速解体,阿根廷对马尔维纳斯(福克兰)群岛的主权要求也更为强烈。1964年8月,英国殖民部官员认为阿根廷有进攻马尔维纳斯(福克兰)群岛的可能性,要求国防部制订应急计划。外交部认为阿根廷采取军事行动的可能性很小,阿根廷更有可能向联合国提出交涉,因而建议英国为这种可能性做好准备。② 1964年上台的工党政府对马尔维纳斯(福克兰)群岛无太大兴趣,他们承诺向阿根廷移交主权,但是要求阿根廷照顾好马尔维纳斯(福克兰)群岛当地居民的利益。保守党激烈反对工党的政策。在议会的要求下,工党政府对马尔维纳斯(福克兰)群岛的态度发生变化,其政策是首先要征求马尔维纳斯(福克兰)群岛当地居民的意见再行决定。③ 但是对阿根廷人来说,在马尔维纳斯(福克兰)群岛生活的欧洲人不过是一些擅自闯入阿根廷领土的入侵者,他们没有权力与英国商订任何协议;阿根廷收回马尔维纳斯(福克兰)群岛不是经济、领土和战略问题,而是情感问题。④ 工党政府希望通过劝说让马尔维纳斯(福克兰)群岛当地居民接受与阿根廷合并的命运,70年代末似乎取得

---

① [Falkland Islands]: minute by J. S. Bennett on claims to the Falklands and the Falkland island dependencies, 3 Jan. 1948, CO 936/30/3, no 13, in R. Hyam, *LGEE*1, Vol. III, p. 175.

② [Falkland Islands]: letter from C. M. Rose (FO) to F. J. Stephens (MoD) about contingency planning, 19 Aug. 1964, FO 371/179124, no 9, in Ronald Hyam and W. R. Louis, *CGEE*2, Vol. II, pp. 376 – 377.

③ Falkland Islands Review (the "Franks Report"), para. 25, recited in John Darwin, *Britain and the Decolonization: the Retreat from Empire in the Post-War World*, New York, 1988, p. 312.

④ "Anglo-Argentine discussions": record by Trafford Smith of a meeting at Church House, Westminster between Mrs Hart and Brigadier McLoughlin and Dr Ruda, 24 July 1967, FCO 42/45, no 169, in S. R. Ashton and W. R. Louis, *ESC*, Vol. III, pp. 143 – 145.

了一些成效,外交大臣宣布英国将把马尔维纳斯(福克兰)群岛移交给阿根廷,但是需要一个过渡时间。这一温和的主张再次遭到保守派的反对。撒切尔夫人上台后,英国下院否决了移交马尔维纳斯(福克兰)群岛的主张。出于极度的失望,阿根廷政府决定铤而走险,1982年,阿根廷突袭了马尔维纳斯(福克兰)群岛。阿根廷的军事行动在英国引起激烈的反应,撒切尔政府派重兵重新夺回了马尔维纳斯(福克兰)群岛。但英国为此付出了沉重的代价,这一代价迫使英国重新思考这样一种帝国热情到底值得不值得。

与直布罗陀、伯利兹、马尔维纳斯(福克兰)群岛相比,香港的政权交接比较顺利。根据1842年的《南京条约》与1860年的《北京条约》,英国割占了中国的香港与九龙地方,1898年,英国又获得新界100年的租借权,大香港成为英国在远东的重要基地。二战结束时,中国国民党政府要求英国归还香港。但英国在香港已经有了很大的商业、贸易与金融利益,英国政府并不情愿放弃香港,其理由是中国政局不稳将会影响香港的繁荣。中华人民共和国成立后,国家局势基本稳定,英国又以遏制共产主义为理由继续占领香港。中华人民共和国的一贯立场是,香港是中国的领土,中国不承认英国强加给中国的三个不平等条约,在1972年又通过联合国否定了香港"殖民地"的性质,中国政府主张在适当时机通过谈判解决这一问题。而按照英国政府的观点,香港在防止共产主义在东南亚的扩张中具有重要价值。[1] 但是与马尔维纳斯(福克兰)群岛、直布罗陀不同的是,香港居民大部分是华人,而且,新界是租借地,1997年就是期满

---

[1] "The colonial empire today: summary of our main problems and policies": CO International Relations Dept paper. Annex: some facts illustrating progress to date, May 1950, CO 537/5698, no 69, in R. Hyam, *LGEE*1, Vol. I, pp. 346 – 347.

之日。为了继续统治香港,英国向香港派出增援部队,但是英国也知道仅凭武力难以守卫香港,于是劝说美国与其他英联邦国家支持英国防守香港的计划。① 美国认为香港难以防守,不肯和英国协同守卫香港。② 其他的英联邦国家也反应冷淡,加拿大的借口是自己离中国太远了,澳大利亚则明显不愿意提供援助,南非政府把精力专注在非洲,巴基斯坦则受克什米尔问题的牵扯,新西兰与锡兰的能力有限,而指望反殖民主义立场的尼赫鲁提供支持,其可能性非常渺茫。③ 在当时的特殊历史条件下,英国得以继续维持对香港的统治。这是因为中华人民共和国政府意识到维持香港现状有利于新中国的成长,出于打破经济封锁,保留香港作为国际通道的考虑,中国政府采取了"长期打算,充分利用"的方针,并没有立即收回香港。到1950年,香港已经成为一个先进的工业城市,1970年,香港在国际贸易排名中名列第十六位,到70年代末,香港更成为继纽约、伦敦之后的国际第三大金融中心。到80年代初,随着中国国力日益强大,国内外环境不断改善,中国政府重新提出香港主权问题。刚刚在马尔维纳斯(福克兰)群岛战争中取得胜利的撒切尔夫人不愿把香港移交给中国,但中国政府明确表示不会在主权问题上妥协。但为了让回归后的香港继续维持繁荣稳定,中国政府提出"一国两

---

① W. R. Louis, "Hong Kong: the Critical Phase, 1945 — 1949", *American Historical Review*, Vol. 102, No. 4, (Oct. 1997), pp. 1052 - 1084.

② A Report to the National Security Council by the acting Secretary of State on British views respecting Hong Kong, Sept. 27, 1949, National Security Archive, George Washington University.

③ [An approach to Commonwealth Governments about support for Hong Kong policy]: minute by Mr Noel - Baker (CRO) to Mr Attlee, 12 May 1949, DO 121/23, pp 227 - 234, in R. Hyam, *LGEE*1, Vol. II, pp. 388 - 391.

制"的构想,承诺在香港回归后延续其资本主义制度50年不变。对英国政府来说,虽然统治香港有很多益处,但英国不可能与强大的中国进行对抗,面对现实,撒切尔夫人最终决定放弃香港。1984年中英签订协议,规定英国在1997年向中国交还香港政权。此后,英国政府仍然小动作不断,试图在回归后尽可能维持更多的利益,但大势所趋,1997年,香港顺利回归中国。①

英国在直布罗陀、伯利兹、马尔维纳斯(福克兰)群岛可以采取强硬甚至战争政策,但是在香港,英国最终的表现就比较温和,这一事例再次证明在民族国家林立的世界,国家实力仍然是国家政策的主要后盾。由"英国学派"推崇、美国新自由主义强调的那一套国际关系理论在处理真实的国际问题时经常力不从心。米字旗在香港落地后,英帝国就宣告寿终正寝了。如今,英国在海外还保留一些小岛殖民地,但这些殖民地人口稀少(如皮特克恩岛现在只有数十名居民),又缺乏经济自立能力,英国保留这些小岛实在是不得已而为之,帝国的时代一去不复返了。

---

① 关于中英在香港问题上的博弈,参阅张顺洪等:《大英帝国的瓦解——英国的非殖民化与香港问题》,社会科学文献出版社,1997年,第190-236页。

第六章 从英帝国到英联邦

一、第一英联邦阶段①

最早的英联邦由自治领组成,从词源学上讲,"自治领"来自拉丁语的 Dominus,意思是领主的臣属,因而,对于"独立",自治领表达的是相反的意思。这一原初含义在英国殖民初期曾有所体现,那些被征服的殖民地都是"英王在海外的领地(Dominions)",因此,北美洲的弗吉尼亚被称为"老领地"(Old Dominion),北美洲的东北部地区的殖民地统称为"新英格兰领地"。然而,这一原初含义由于加拿大自治领的出现而发生了改变。1837年,上下加拿大同时爆发起义,虽然规模不大,很快就被镇压了,但它在政治上却引起了很大的反响。在经历了美国独立战争后,英国对殖民地的政治怨恨非常敏感,因此派出达勒姆勋爵(Lord Durham)出任加拿大总督并就该事件提出政策建议。在《达勒姆报告》中,有自由主义倾向的达勒姆叙

---

① 第一英联邦是曼瑟教授提出的概念,指的是 1947 年印度加入英联邦之前的英联邦阶段。关于第一英联邦的情况,请参阅 Norman Hillmer and Philip Wigley eds., *The First British Commonwealth: Essays in Honour of Nicholas Mansergh*, London, 1980.

述了加拿大的两个民族之间的互相争斗,他建议把上下加拿大统一在单一的议会体制中,即加拿大仍然是一个统一的地区,但是,总督须确保议会能够与其推行的政策相协调,因此,加拿大应模仿英国本土的做法,由英王选择议会多数派担任大臣,否则殖民地政府的政策就无法执行。这样,有自治倾向的责任制政府开始在殖民地出现。当时的殖民大臣接受了达勒姆的建议,在给下一任加拿大总督的指示中,他认为加拿大不可能完全自治,但是英国并不反对达勒姆提出的切实可行的建议。① 在埃尔金勋爵(Lord Elgin)担任加拿大总督后,加拿大议会与总督的职权划分得更加明确,总督的"虚置"性质更加明显。② 1867年,英国政府颁布《英属北美法案》对加拿大的政治进展加以确认,上下加拿大在法理上实现了内部自治,而新布伦瑞克和新斯科舍也被整合到加拿大的政治版图中,加拿大成为英帝国内的第一个自治领。由此,"Dominion"这个词就有了内部自治的含义。

但加拿大的事务仍然由英国殖民部管理,自治领并没有摆脱殖民地的性质,这种状况不能满足白人殖民地追求完全自治的要求。1907年,加拿大总理劳里埃(Wifrid Laurier)抱怨,召开帝国会议时,自己竟然和诸如特立尼达与巴巴多斯那样的微型殖民地坐在一起讨论问题。其他白人殖民地也有同感,加拿大与这些白人殖民地决定采取进一步行动。他们首先要找到一个区分自治地位与非自治地位的词语,新西兰领导人沃德(Joseph Ward)希望使用"自治殖民地"(Self‐Governing Colonies)这个概念,劳里埃倾向使用海外自治

---

① R. Koebner and H. D. Schmidt, *The Story and Significance of Imperialism*, Cambridge, 1964, p. 57.
② T. O. Lloyd, *The British Empire, 1558 – 1983*, Oxford, 1984, pp. 192 – 193.

领(Self-Governing Dominions beyond the Seas),澳大利亚的迪金(Alfred Deakin)建议使用"拥有责任政府的英国自治领"(British Dominions Possessing Responsible Government)。最终,他们决定使用"自治领"(Self-Governing Dominion)这个词,因为按照劳里埃的看法,自治领是一个包含许多词义的通用称谓,用其他词汇都难以囊括这些含义。于是自治领的称谓得到了承认,从此之后,自治领就专指那些具有内部自治政府的殖民地,或者说,自治领是殖民地与独立国家之间的一个中途站。首批成为自治领的殖民地包括加拿大、澳大利亚、新西兰、纽芬兰、开普敦、纳塔尔、德兰士瓦。1910年,开普敦、纳塔尔、德兰士瓦与奥兰治自由邦合并为南非自治领,南非成为第一英联邦之内的第五个自治领。

自治领在其后的历史过程中逐渐向独立方向演变。一战期间,为了争取各自治领的支持,英国首相劳合·乔治(Lloyd George)决定让自治领的总理参与英国的战时内阁。从1917年开始,各自治领的总理开始加入英国内阁商讨重要问题。一战后,英国也试图继续维持这种方式,但自治领的总理都知道这种形式不过是让自治领为英国打仗出钱出力的工具,因而不感兴趣,于是最终不了了之。[①] 但自治领追求更大自主权的主张在某种程度上实现了。在凡尔赛会议上,各自治领总理签署了和平条约,而这份条约是只有独立国家才有资格签署的;在随后成立的国际联盟中,它们也都是该组织的发起国。一战后的这些安排使自治领的含义发生了重大变化,其独立的意味已经愈来愈明显。但真正推动自治领向独立目标迈进的关键一步是爱尔兰成为自治领中的新成员。

[①] D. A. Low, *Eclipse of Empire*, Cambridge, 1991, p. 327.

爱尔兰长期以来一直在追求自主权,在此方面一点都不逊色于加拿大、澳大利亚等自治领。面对爱尔兰的长期斗争,1921年英国与爱尔兰签订条约,授予爱尔兰与加拿大、澳大利亚等自治领同等的地位,爱尔兰也成为拥有内部自治权的自治领。但激进的爱尔兰革命者对此并不满意,条约刚刚签订,爱尔兰就发生战争。民族主义领导人德瓦拉(Eamon de Valera)认为英王是外来统治者,不应该在爱尔兰占据任何位置,他要求建立爱尔兰共和国。① 爱尔兰的斗争也推动了其他自治领的独立进程,加拿大等自治领纷纷追求更大的自主权。正是在这些斗争中,英国在1926年通过了《贝尔福报告》,其主要内容就是承认自治领拥有更大的自主权。1931年,《威斯敏斯特法案》确认了《贝尔福报告》,根据这一法案,英联邦正式形成。在英联邦中,英国与其他成员一样,彼此承认对方完全的自治地位,任何一个成员都不隶属于另一个成员。也就是说,各自治领取得了与英国一样的政治地位,英国不再具有强迫它们做任何事情的权力。但是,《威斯敏斯特法案》是英国顺应时势的产物,虽然各个自治领并不臣服于英国,不过法案中一个重要条款规定英联邦的所有成员都须效忠于英王,英王是英联邦的共同元首。因此,虽然英王与英国在法理上不是一回事,但在实践中却很难区分。第二次世界大战证明了这一点,德军的炮火轰炸的是英国而不是英王,但各个自治领还是参与了这场与英国紧密相关的战争。

在《威斯敏斯特法案》通过之后,英国控制各自治领的筹码已经很少了,仅剩的手段是要求各自治领都效忠于英王。为体现英王的

---

① Nicholas Mansergh, *Survey of British Commonwealth Affairs: Problems of external policy, 1931 – 1939*, London, 1952, pp. 25 – 29.

权威,各自治领都设置了总督,总督是英王的代表。但这一点也愈益遭到某些自治领的反对,特别是爱尔兰。英国的一些保守派在《威斯敏斯特法案》通过时就持保留态度,认为这将给爱尔兰修改《英爱条约》甚至修改宪法提供法律依据。① 也就是说,他们认为这一法案给予爱尔兰的权利太多了。但爱尔兰的激进势力却正好持相反的看法,认为这一法案给爱尔兰的权利太少了。英国著名的历史学家与政治活动家库普兰(R. Coupland)在1933年访问爱尔兰时就发现英爱之间的争吵注定无休无止,而且英爱最终有完全决裂的危险。② 他的担忧逐渐变成现实。1936年,德瓦拉在没有咨询其他英联邦成员的情况下通过了《对外关系法》,这部法律废除了英王在爱尔兰对外事务中的权力,爱尔兰成为一个完全独立的国家。但德瓦拉并没有断绝爱尔兰与英联邦的关系,"只要人民愿意维持这种联系,它就会被当成合作的既成事实维持下来,并且被法律加以规范"。《对外关系法》的第三款规定,爱尔兰将与澳大利亚、加拿大、英国、新西兰、南非等密切联系,只要这些国家承认英王是彼此合作的标志,爱尔兰也会如此。③ 1937年,爱尔兰举行全体公民投票,采用了新宪法,根据此宪法,爱尔兰是一个主权独立、不依附于别国的共和民主国家。这个国家具备共和国的实质,但没有使用共和国的

---

① W. K. Hancock, *Survey of British Commonwealth Affairs: Problems of Nationality, 1918 – 1936*, Vol. I, London, 1937, p. 330.

② "An Irish fantasy": second part of a memorandum by Professor R. Coupland, July 1933, DO 35/398/3, no 11111/447, in S. R. Ashton and S. E. Stockwell eds., *Imperial Policy and Colonial Practice 1925 – 1945*, Vol. I, pp. 281 – 286.

③ Nicholas Mansergh, *Survey of British Commonwealth Affairs: Problems of external policy, 1931 – 1939*, London, 1952, pp. 288 – 295.

名称。① 既然爱尔兰有了自己的国家元首,代表英王的总督就没有必要存在了,爱尔兰要求英国撤回总督,其官署与职能也不复存在,向英王宣誓效忠的仪式不再举行,英国枢密院不再是爱尔兰的最高上诉机关。英国无法阻止爱尔兰的做法,最终,英国与其他自治领同意把爱尔兰当作一个英联邦之外的自治领。由于效忠英王的条款在英联邦之内才有效,外部联盟的自治领就徒有其名了。在二战时,当其他自治领与英国一起投入战争中,爱尔兰却保持中立。事实证明,所谓英联邦之外的自治领实际上就是一种完全独立的政治地位。

二战使其他自治领更加成熟,向完全独立的方向迈进。②最明显的表现是"自治领"这一名词开始失去吸引力。1926 年后,加拿大停止使用"加拿大自治领"的称谓,在 1945 年加入联合国时,加拿大最初提交的国名是"加拿大"。新西兰也不再使用"新西兰自治领"的名称,在加入联合国时使用的是"新西兰"。1946 年 1 月,新西兰惠林顿的总理办公室向各个政府部门的最高官员传送了一份文件,认为"新西兰自治领"一词已经不合时宜,并且含义不明,很可能引起某些尴尬的情形,因此,要求各个部门当使用完已有的信笺时,新的信笺标头将全部改为"新西兰",而不是"新西兰自治领"。③

如果说加拿大与新西兰仅仅是不喜欢"自治领"的称谓,但对英联邦还割舍不断的话,那么爱尔兰却正在冲破英联邦的束缚。由于

---

① Nicholas Mansergh, *The Commonwealth Experience*, Vol. II, London and Basingstoke, 1982, p.138.
② J.D.B. Miller, *The Commonwealth in the World*, Cambridge, 1965, p.45.
③ G.A. Wood, "The Former Dominion of New Zealand," *Political Science*, Vol. 26, No. 1, (July 1974) pp. 2 – 10.

历史、宗教、社会等原因,爱尔兰与英国之间矛盾重重。一战期间,新一代爱尔兰民族主义者认为只有在政治、经济、社会上的全面自主才能帮助爱尔兰充分的发展。① 德瓦拉的立场在他们看来过于保守了,毕竟他没有采用"共和国"这样的名称,从而为英联邦留下了空间,《对外关系法》就是其表现。英国对此睁一只眼闭一只眼,不去吵醒"睡着的狗",对爱尔兰是不是共和国、是不是英联邦的成员都模糊处理。② 1948 年 2 月,德瓦拉在选举中被科斯特洛(J. A. Costello)领导的联盟击败,爱尔兰追求独立的斗争进入一个新阶段。科斯特洛在上台之前就多次表示自己不喜欢《对外关系法》,他任命的外交部长麦克布莱德(Sean MacBride)更是一位反英人士,其父亲在布尔战争中曾站在布尔人一边作战,后来被英国处决。③ 1948 年 9 月 7 日,科斯特洛在访问加拿大时突然宣布爱尔兰准备废除《对外关系法》,并且宣称会脱离英联邦,强调这是爱尔兰内阁的共同决定。艾德礼政府试图邀请其他自治领劝说爱尔兰,但最终没有结果。由于英国不肯在效忠英王这一点上让步,而爱尔兰不愿对英王效忠,于是在 1949 年 4 月 18 日爱尔兰正式退出了英联邦,与英联邦不再有任何的关系。

---

① Deirdre Mcmahon, "Ireland and the Empire - Commonwealth, 1900 - 1948", in *The Oxford History of the British Empire, Vol. IV: the Twentieth Century*, Oxford, 1998, p. 138.
② Nicholas Mansergh, *The Commonwealth Experience*, Vol. II, London and Basingstoke, 1982, p. 139.
③ Deirdre Mcmahon, "Ireland and the Empire - Commonwealth, 1900 - 1948", in *The Oxford History of the British Empire, Vol. IV: the Twentieth Century*, Oxford, 1998, p. 160.

二、现代英联邦的形成

如果说爱尔兰从外部冲击了英联邦,那么作为第二英帝国基石的印度则从内部冲击了这一联合体,改变了英联邦的性质。印度早期的民族主义者对自治领的地位非常羡慕,在1926年伦敦会议上通过《贝尔福报告》后,他们一度觉得自治领就是印度追求的目标。在1928年印度德里举行的一次各党派大会上,民族主义者提出的主要诉求就是印度也应该具有与加拿大、澳大利亚、新西兰、南非、爱尔兰同样的自治领地位,在印度建立责任制政府。印度总督在1929年宣布印度可以取得自治领的地位,但在1935年的英国议会颁布的《印度政府法案》中,自治领地位并没有得到体现,英国只是同意在省的层面建立责任制政府,同时把各省与各土邦整合成一个联邦。然而即使是这个省级自治的方案也没有具体的时间表,二战爆发后,由于总督对印度民族主义者心怀疑虑,于是就单方面宣布印度站在英国一边参加战争。这对印度的民族主义者不啻是当头一棒,所谓的责任制政府、自治领等等都是虚假的宣传,于是印度国大党开始抵制英国的战争动员。

1942年1月,当日本通过马来亚侵入新加坡时,英国在东亚的局势变得非常危险。为了争取印度民族主义者的合作,英国战时内阁的一些成员希望对印度做出一定的让步。提出这个主张的是副首相艾德礼与印度事务大臣埃默里(Leo S. Amery)。艾德礼主张满足印度民族主义者自治的要求,理由是达勒姆曾经为英国保住了加拿大，现在印度也需要一个达勒姆。① 埃默里走得更远，他一方面希望承认印度的自治领地位，另一方面还认为自治领应该有从英帝国脱离的权利（就是独立）。在这两人的压力下，丘吉尔向印度派出了一位"达勒姆"，即克里普斯。克里普斯在与印度民族主义者进行谈判时声称，只要他们肯合作，英国将会在战后授予印度自治领的地位，由一个选举出来的大会制定新的宪法。实际上，在英国首相未支持的情况下，克里普斯的承诺是有保留的，他许诺那些不愿意加入印度自治领的土邦以独立地位。克里普斯的条件没有得到印度国大党的同意，愤懑的民族主义者要求马上成立责任制内阁，而且是在中央政府的层面，英国派来的总督只能作为类似于英国国王那样的"虚君"存在。克里普斯没有完成"达勒姆"式的使命，总督林利思戈镇压了国大党的反抗。虽然埃默里在此后不断游说丘吉尔授予印度自治领的地位，但终究没有成功。

艾德礼升任首相后，决定推行英联邦计划。1946 年，艾德礼派出内阁使团出使印度，甘地的一名年轻助手高希（Sudhir Ghosh）是印度方面的主要代表。高希提出的"个人建议"是，英国把印度作为自治领对待，在印度成立一个过渡政府以安排日后的变革。过渡政府成立后，尼赫鲁任总督执行委员会副主席，印度事务大臣告诉总督说，他会尽力劝说内阁同僚尽可能把印度当作自治领看待。② 但在此时，尼赫鲁已经改变了对自治领的态度，认为自治领不是印度的最终诉求，印度应该完全独立，尼赫鲁希望印度成为一个独立的

---

① War Cabinet Paper W. P. (42)59, 2 February 1942, in Hicholas Mansergh, *TOP*, Vol. I, p.112.

② Pethick‐Lawrence to Wavell, 20 Sept. 1946, in Hicholas Mansergh, *TOP*, Vol. VIII, p.557.

共和国。然而,由于国大党与穆斯林联盟的矛盾,印度陷入混乱。在蒙巴顿的要求下,英国决定于1948年6月1日从印度撤出,如果印度的制宪会议不能做出合理的安排,总督将决定"向何人交付权力"。此后不久,高希赶到伦敦,说明制宪会议不可能在1948年中期制定出新的宪法,英国可否选择另一种方案,即修改1935年的《印度政府法案》,把权力交给印度中央政府,并把印度当作自治领加以对待。印度事务大臣也认为给予自治领地位会有利于推动印度的独立进程,他把此想法告诉了新任总督蒙巴顿。蒙巴顿到任后,很快发现印巴分治难以避免,而英国的任务是把印度留在英联邦之内,因此,自治领是一种可行的方案。① 为此,他多次向尼赫鲁解释自治领与独立并没有什么区别,最后,印度与巴基斯坦都接受了这种安排。1947年6月,艾德礼宣布英国把权力移交给两个自治领——印度与巴基斯坦。

但是,尼赫鲁对共和国的追求让英国政治家开始认真思考英联邦的未来。独立后的印度将在英联邦中扮演何种角色?如果印度成为共和国,英联邦还能容纳它吗?实际上,还在印巴分治之前,内阁秘书布鲁克(Norman Brook)就曾劝说艾德礼,英国应该根据新的观念来调整英联邦,把其建立在新的基础之上。他提出的建议是,如果英王不再是印度的元首,那么英王仍然可以被认为是英联邦的元首。② 也就是说,共和国与英联邦可以相容。1947年5月17日,艾德礼创立了英联邦部长委员会,希望解决这一问题。在随后的讨论中,艾德礼认为自治领地位已经失去了吸引力,英国必须创造一

---

① Viceroy's Staff mtg., 19 April 1947, in Hicholas Mansergh, *TOP*, Vol. X, p. 329.
② Brook to Attlee, 12 May 1947, in Hicholas Mansergh, *TOP*, Vol. X, p. 794.

个新的组织架构,一方面能够使众多即将独立的国家留在英联邦,另一方面它也不会违反成员国自己的宪法。自治领事务大臣认为,自治领或自治领地位实际上与成员国关注的平等与独立要求相悖,他建议把自己领导的自治领事务部更名为英联邦事务部,他自己也从自治领事务大臣转换为英联邦事务大臣,因为这样的调整更容易让人明白这一部门的外交特质,新的成员国也更容易接受它。[1] 他希望在印度独立之前完成更名工作,因为这样就不会给人以英国屈服于印度的印象。[2] 1947年7月,更名工作正式完成,英联邦事务部出现了。

如果更名仅仅是一种形式的话,那么如何对待独立后的印度(很可能成为一个共和国)就是英联邦必须处理的更加重要的实质问题。英国在东南亚的总督麦克唐纳担心,如果印度与缅甸离开了英联邦,英国在东南亚的威望将受很大的损害。他认为既然英国可以与德瓦拉谈判并同意爱尔兰在英联邦以外维持自治领的地位,那么缅甸共和国只要承认英王是英联邦的元首就可以加入英联邦。但缅甸的地位远没有那么重要,当缅甸既想成为共和国又想留在英联邦时,英国政府不予接受。[3] 印度的地位远非缅甸可比,当艾德礼与蒙巴顿劝说尼赫鲁放弃共和国的努力失败后,艾德礼告诉英联邦部长委员会,印度作为共和国严重挑战了英联邦成员的资格问题。

---

[1] Brook to Attlee, 12 May 1947, in Hicholas Mansergh, *TOP*, Vol. X, p. 819.
[2] Addison to PM, 19 May 1947, DO 35/2186; Addison to PM, 23 May 1947, DO 35/2611, recited in W. D. McIntyre, "The Strange Death of Dominion Status", in R. D. King and R. W. Kilson eds., *The Statecraft of British Imperialism: Essays in Honour of Wm. Roger Louis*, London, 1999, p. 200.
[3] John Darwin, *Britain and the Decolonization: the Retreat from Empire in the Post-War World*, New York, 1988, pp. 151–152.

如果英联邦中包括共和国，就可能弱化英联邦成员之间亲密无间的关系。英国是应该按照早先的安排限制成员国的资格，还是设计某种双重体系，一种是完全的成员国，一种是同盟式的成员国？

1948年5月，由布鲁克领导的高官委员会建议英王仅在外事领域维持英联邦最高首脑的地位，国王的称谓可以调整为"英联邦所有成员的最高首脑"。此后不久，布鲁克到加拿大、澳大利亚、新西兰等国征询各个自治领的意见，他发现，这些自治领认为只要新的安排不影响自己国家的地位，他们就乐意接受来自亚洲的新成员加入英联邦。在1948年10月英联邦成员国首脑会议上，英国抛出了上述新建议，也得到了英联邦各成员国的赞同。这次会议使"自治领"转变成英联邦成员国，官方的新提法是"英联邦中完全独立的成员"。"英联邦国家"（British Commonwealth of Nations）这个名称也调整为"联邦国家"（Commonwealth of Nations）①，在10月21日的公报中，英联邦中的"英"字不再出现。

艾德礼认为新的联邦仍然必须以英王作为联系的纽带。但英联邦事务部的官员沃克（Patrick Gordon Walker）认为新联邦遵从的原则应该是所有成员国的共同意志而不是英王，"不要由于英王而把联系削弱到不可容忍的地步，而是通过相互允诺并同时适应一个完全非君主的自治领并让其发展为（同样非君主性的）英联邦，最终瓜熟蒂落，友好地分开英王的联结，自治领心甘情愿并诚心诚意地留在英联邦。"②沃克的建议得到英国下层官员的支持，某些大臣虽

---

① 中文仍称其为"英联邦"，以与国际上的其他组织区分。
② Memo by Gordon Walker, 31 Dec. 1948, CAB134/119, recited in W. D. McIntyre, "The Strange Death of Dominion Status", in R. D. King and R. W. Kilson eds., *The Statecraft of British Imperialism: Essays in Honour of Wm. Roger Louis*, London, 1999, p. 201.

然并不情愿，但也最终接受了他的建议。1949年的英联邦政府首脑特别会议得出结论，把印度留在英联邦比成员国宣誓效忠英王更重要。① 在会议宣言第一稿中，英王被称为"联邦的元首以及独立成员自由联盟的象征"。尼赫鲁不同意前一半称谓，他说自己的内阁只授权他同意后一部分内容，也就是说，他不同意英王是联邦的元首。克里普斯向其解释说因为英王是象征所以是元首——象征地位创造了元首地位。但尼赫鲁更希望英王仅仅作为象征而不是元首。南非的马伦担心联邦有超越主权的内容，因而要求英国更清晰地对其加以界定。在最后的决议中，英王地位被确定为"独立成员自由联合的象征，因而是联邦的元首"。对英联邦而言，既承认成员国的共和国身份又承认其属于英联邦，这是它在理念方面最重大的变革之一，标志着现代英联邦的开始。巴基斯坦、黄金海岸、马来亚等都援引印度先例成为英联邦的成员，而英联邦在法律上不必有新的解释。从此开始，英联邦的实质也发生了变化，巴基斯坦首任总理阿里·汗（Liaqat Ali Khan）曾指出："它（英联邦）的结构发生了变化——它现在是那些信奉相同的生活方式与民主的自由国家的联邦，就我而言，这些观念甚至比种族联系更为强大。"②其实共同价值观念与生活方式在新成员中的吸引力是很值得怀疑的，而英联邦凝聚力的削弱却是不争的事实。

---

① 在某种意义上，这种改变对英联邦的发展是有积极意义的。因为印度未来的政策很可能与英国有很大不同，当英王仅仅是英联邦象征的虚君时，其地位是最为安全的。参阅 J. D. B. Miller, *The Commonwealth in the World*, Cambridge, 1965, pp. 53 - 54.
② Nicholas Mansergh, *Survey of British Commonwealth Affairs: Problems of Wartime Co-operation and Post-war Change, 1939 — 1952*, London, 1958, p. 250.

虽然印度获得英联邦成员的地位,但英国如何处理独立后的其他殖民地?它们能否同样加入联邦?对这些问题,英国一直是低调处理,不愿提及自治领问题。1947年6月18日,英国议会宣布锡兰在英联邦中获得完全的自治地位,这一宣言很快引起锡兰的猜疑,这一地位是什么,是不是比自治领地位缺一些分量?1948年2月3日,锡兰殖民地获得独立,殖民部仍然非常谨慎地避免授予其自治领地位,因为一旦给予锡兰自治领地位,其他的殖民地将纷纷采用这一先例。但锡兰要求获得与印度平等的地位,他们对英国玩弄的文字游戏非常不满。在锡兰民族主义者的压力下,殖民大臣最终在议会宣称,锡兰的新地位"与我们习惯称呼的自治领地位没有任何不同",但他同时说,虽然锡兰成为自治领,但它也是最后一个成为自治领的殖民地。[①] 也就是说,其他殖民地不能援引锡兰的先例。

然而,一旦有一个殖民地成为自治领,其他殖民地也一定会效仿。1948年,直布罗陀要求成立责任制政府立法委员会。按惯例,殖民地的此类要求都是合理的,但直布罗陀很特殊,它只有25 000名居民,也已经有了一个选举产生的城市委员会。在艾德礼看来,直布罗陀再成立一个责任制机构并没有太大必要性。但英国仍然需要解决此问题,艾德礼决定创立一个微型地区委员会来处理大约21块微型附属地区的宪政前景。这一委员会里包括著名的历史学家佩勒姆(Margery Perham)与哈罗(Vincent T. Harlow)。佩勒姆认为这些微型殖民地如果失去成为自治领的机会,意味着英国在故意改变政策并使"像沉淀物一样不幸的二十一块(殖民地)沦入永远臣

[①] C. Jeffreys, *Ceylon – The Path to Independence*, London, 1962, pp. 113 – 128.

属的定位"。① 虽然专家学者支持这些微型殖民地获得自治领地位的要求,但1951年的一份秘密报告却建议永远不让某些殖民地得到独立,它们可以追求的只能是成为拥有内部自治的岛屿或者城市国家。这份秘密报告并没有公开,因为艾德礼很快就下台了。

黄金海岸很快成为另一个追求自治领地位的殖民地。当克拉克总督授权恩克鲁玛组建政府时,恩克鲁玛表示黄金海岸也希望获得自治领的身份。黄金海岸要取得自治领地位的要求引起了其他国家的极大担忧,特别是推行种族隔离政策的南非政府。英国的英联邦事务部与殖民部成立了一个联合工作组来研究其产生的深层影响,他们担心的是黄金海岸的自治领地位会削弱英联邦的凝聚力。然而英国又一直在高调宣称英国的殖民统治是要把殖民地引向英联邦架构中的责任制政府之路,这一态度是否表明殖民地终将成为英联邦的正式成员? 在很长时间内,英国一直在寻找一个既可以让殖民地独立但又不会成为英联邦完全成员的折中办法,双层联邦的想法再次浮现在英国政治家的脑海中。1952年,英国殖民大臣利特尔顿访问黄金海岸,向恩克鲁玛搪塞说,授予黄金海岸自治与独立地位是由英国来决定的,然而自治领地位却是由所有英联邦成员来决定的。但英国不可能永远漠视恩克鲁玛,恩克鲁玛要求的是完全的英联邦成员国地位。总督向英国政府报告,如果拒绝黄金海岸的要求,英国很可能失去大多数将要独立的非洲殖民地。1954年,英国内阁最终同意黄金海岸为英联邦成员,在1957年黄金海岸独立之前,英国授予其英联邦完全成员的地位。

---

① Frederick Madden ed., *The End of Empire: Dependencies since 1948*, *Vol. I: The West Indies, British Honduras, Hong Kong, Fiji, Cyprus, Gibraltar, and the Falklands*, Westport, 2000, p. 12.

如果黑人殖民地可以获得完全的英联邦成员国地位,那些曾经被搁置的微型殖民地又该如何处置呢？马耳他向英国提出要求,它应援引南罗得西亚的例子,由殖民部转入自治领部进行管辖,马耳他的总理也应该与其他自治领的总理享受同样的待遇。处理该问题的委员会在1955年提出"邦"(statehood)的概念,它既不是与英国的结合,不是自治领,也不是半自治领。实际上,"邦"是一种双头政治,当地人享有完全的内部自治,但防务与外交事务由总督负责。委员会的这一想法被马耳他拒绝了,但它在新加坡得到采用。在1956年的新加坡宪政会议上,首席大臣大卫·马歇尔(David Marshall)要求新加坡获得自治领地位,英国的回应是授予其"邦"的地位,虽然这一方案在1956年被拒绝,但又在1958年被新加坡接受,第二年,新加坡成为英国非殖民化进程中唯一的一个"邦"国。

第三个是殖民地塞浦路斯,这是一个英国认为永远都不可能获得独立的地区。塞浦路斯只有50万人口,其中占80%的希腊族人希望与希腊合并,但占20%的土耳其族人又强烈反对,双方曾于1931年发生冲突,其责任制政府也被取消。二战后,英国对恢复其责任制政府地位并不积极,甚至到1954年,英国议员哈里·霍普金森(Henry Hopkinson)还确凿无疑地说,"英联邦中的某些地区由于其特殊情况而永远都不可能获得完全独立,我们对此一直都心知肚明并达成了共识"[①]。霍普金森是在讨论塞浦路斯宪政前景的时候说的这些话,即英国不会给予塞浦路斯自治领的地位。"永远不"的

[①] Constitutional Arrangements: extracts from speeches by the Minister of State for Colonial Affairs, the Rt Hon. Henry Hopkinson, and the Rt Hon. J. Griffiths in the House of Commons, 28 July 1954, in Nicholas Mansergh ed., *Documents and Speeches on Commonwealth Affairs, 1952–1962*, London, 1963, p.216.

态度刺激了塞浦路斯的民族主义者。由于民族主义激进派的反对，英国开始调整立场，1955年末，英国的新立场是："英国的态度不是说自治原则永远不适用于塞浦路斯，它的态度实际上是，基于当前的战略条件，现在这一方案并不可行。"① 从"永远不"到"现在不"，英国的态度发生了重大变化，但是还需要进一步变化。1956年苏伊士运河事件后，麦克米伦授权一个专门的委员会进行调查，研究一个不完全的联邦地位的方案。最终，塞浦路斯共和国的独立地位得到英国、希腊、土耳其的联合保证，但英国给予塞浦路斯何种地位呢？一些官员认为，既然自治领已经没有意义了，那就给塞浦路斯自治领的地位；还有的官员提出"联邦州（Commonwealth State）"的形式，但塞浦路斯领导人对这些都不感兴趣。在1960年的英联邦政府首脑会议上，塞浦路斯的地位问题再次引起关注。英国政府大臣、英联邦各成员国的总理，以及其他高级官员都认为塞浦路斯很可能代表一个重要的先例。在英国首相麦克米伦、英联邦事务大臣霍姆、殖民大臣麦克劳德、内阁秘书布鲁克参加的一次秘密会议上，他们形成了一份秘密文件，有人认为，如果塞浦路斯被承认为英联邦的正式成员，其他小型殖民地也会提出同样的要求，这会很麻烦。② 因此，英国全力阻止塞浦路斯获得英联邦正式成员的地位。结果，英联邦政府首脑会议成立了一个英联邦高级官员研究小组，对此问题

---

① Brian Lapping, *End of Empire*, New York, 1985, p. 326.
② Note for the record by T. Bligh, 20 July 1960 of meeting on 13 July, "No Circulation - as arranged with Sir N. Brook", PREM 11/3649, recited in W. D. McIntyre, "Commonwealth Legacies", in *The Oxford History of the British Empire, Vol. IV: the Twentieth Century*, Oxford, 1998, p. 698.

加以处理。摆在研究小组面前的只有三种选择：联邦州、条约州（像汤加那样）、英联邦的正式成员。他们最后得出结论，拒绝授予塞浦路斯英联邦正式成员的地位将严重损害英联邦精神，正式成员国资格是最符合英联邦精神的解决办法。英联邦成员国首脑最终都同意这一解释。1961年，马克里奥斯大主教代表塞浦路斯参加了英联邦政府首脑会议。塞浦路斯加入英联邦是英联邦发展过程中的另一个分水岭，以一个国家的大小来判断这国家能否加入英联邦，已经不合时宜。但在60年代，英国似乎仍然想在太平洋岛国的殖民地维持这一标准。斐济是英国在太平洋岛屿中最大的殖民地，也是英国认为不能获得独立的国家，但在国际社会与斐济内部的双重压力下，英国最终也给予它英联邦成员国的资格。事实上，几乎所有60年代以后独立的殖民地，全都加入了英联邦，到1980年，英联邦的成员国已达到54个。

三、日益失去信心的英联邦

随着自治领向英联邦成员国地位的转变，英国借助英联邦获取全球大国身份的努力彻底失败了，英国政治家与思想家对这一机制越来越表示失望。正如前文所言，在一战及以后的时期，自治领曾经给英国以很大的帮助；在二战中，加拿大、澳大利亚、新西兰、南非等自治领与英国并肩作战，为英国的胜利立下汗马功劳。正因为如此，艾德礼才想当然地认为英帝国转为英联邦之后，这些自治领还能够帮助英国维持大国地位。但1946年的英联邦政府首脑会议证明艾德礼的想法难以实现，各成员国对英国提出的以英联邦为基础形成世界第三极力量的建议不能达成统一的共识。① 艾德礼不惜代价地把印度留在英联邦,也没有实现自己的初衷。实际上,印度加入英联邦揭开了现代英联邦的序幕,此后,其他的殖民地在独立之后纷纷效法印度的先例。随着新成员增多,英联邦也从原来的白人俱乐部演变成一个多种族、多民族的联合体。但新成员国经常在国界问题上相互冲突,例如,印度与巴基斯坦加入英联邦后,很快为克什米尔的归属问题大打出手,英联邦成员国不得不选边站,各成员国之间的矛盾考验着英联邦的凝聚力。

除成员国之间的矛盾外,还有作为整体的英联邦与英国之间的分歧。在 1956 年苏伊士运河事件中,英联邦内部出现了巨大的争议,澳大利亚与新西兰表示不管英国是对是错,他们都愿意支持英国。而曾经是英国坚定支持者的加拿大则希望建立一支联合国部队,以负责恢复苏伊士运河区的和平。印度则在世界范围内对英国展开口诛笔伐,指责英国没有放弃过时的殖民政策。② 针对英联邦内部的分裂,加拿大政治家皮尔逊(Lester Pearson)曾这样评论:苏伊士运河事件"使英联邦走到了解体的边缘"。③ 英国申请加入欧洲经济共同体的行为也在英联邦内招致广泛的反对。为了实现经济复兴,英国决定申请加入欧洲经济共同体,但这一政策却没有得到其他英联邦成员国的支持。澳大利亚、新西兰、加拿大担心英国与欧洲经济共同体的经济联盟会导向政治联盟,这就必然将削弱英联

---

① J. D. B. Miller, *The Commonwealth in the World*, Cambridge, 1965, p. 49.
② T. O. Lloyd, *The British Empire, 1558 – 1983*, Oxford, 1984, p. 338.
③ J. Eayer, The Commonwealth and Suez: A Documentary Survey, London, 1964, p. 194, recited in Ronald Hyam, *Britain's Declining Empire: the Road to Decolonization 1918 – 1968*, Cambridge, 2006, p. 310.

邦。印度担心一个强大的经济与政治联盟会阻碍欠发达国家的工业发展。而加纳、尼日利亚、塞拉利昂则怀疑欧洲经济共同体有新殖民主义的内在特性。① 在这些反对的国家中,新西兰与加拿大的批评最激烈,其原因在于,从工业革命开始,英国已经成为一个食品进口国,英联邦的许多成员国都把其农产品出口到英国,《渥太华协议》更是确认了这种格局。如果英国加入欧洲经济共同体,欧洲经济共同体的农产品将可能取代英联邦的农产品,其中新西兰的黄油出口将遭受严重打击,加拿大的小麦也必须重新寻找市场,其茶叶、奶酪等其他农产品也会面临同样的损失。在1962年的英联邦会议上,成员国集体"表达了对英国加入(欧洲经济共同体)深深的焦虑",在英国做了大量的说服工作后,最后的公报勉强表示:"(英国是否加入欧洲经济共同体)最终取决于英国政府"。② 这一事件让笔者感叹世事的变化,英国曾在很长时间内无所顾忌地干预殖民地的各种事务;现在,英国的外交政策却需要英联邦成员国的谅解了。

南非被逐出英联邦则表明英国操纵英联邦的意图很难实现。1961年,许多英联邦成员国(特别是亚洲、非洲的成员国)对南非的种族隔离政策非常反感,他们要求驱逐南非,以此来推动南非的政治改革。由此,英国必须在国际名声与国家利益之间走钢丝。容忍南非的种族隔离政策会招致英联邦其他成员国的敌视,但批评南非种族隔离政策会影响英国与南非的经济与防务联系,而且,英国与南非境内高级专员公署区的联系也需要南非的帮助,因而,英国并不想剥夺南非的英联邦成员国资格。但历史发展完全不以英国的

---

① Roy Douglas, *Liquidation of Empire: the Decline of the British Empire*, Hampshire, 2002, p. 143.
② T. O. Lloyd, *The British Empire, 1558 – 1983*, Oxford, 1984, p. 355.

意图为依归。虽然麦克米伦做了大量的工作想把南非留在英联邦,结果却令人失望,英联邦的大多数成员决定终止南非的成员国资格,英国最终没能按照自己的意愿行事。① 利特尔顿当年搪塞恩克鲁玛的借口现在变成了事实:英联邦成员的资格是由所有英联邦成员国而不是由英国单方面决定的。

从1960年开始,那些新加入英联邦的非洲成员国在种族问题上采取了更加主动自觉的态度,甚至让英国感受到了气势汹汹的压力。② 对他们来说,种族歧视就是白人虐待黑人,特别是欧洲殖民者压制占据人口多数的黑人。一些老成员国(例如加拿大)也在种族问题上持非常积极的立场,在它们的推动下,1964年的英联邦政府首脑会议发布的公报包括了支持种族平等与反对种族歧视的内容。③ 1971年在新加坡召开的首脑会议上,各联邦成员都宣称信奉某些共同的原则,其中包括和平、自由、合作,反对种族歧视、殖民统治和财富不均等。其中种族歧视与殖民统治是英联邦成员国(特别是新成员)极力反对的,实际上,无论成员国首脑在哪里会面,他们更喜欢谈论与此相关的议题,而南罗得西亚与南非自然就成为攻击的靶子。④ 1964年,白人种族主义者伊恩·史密斯担任南罗得西亚总理后,很快禁止非洲人的政党活动,并且要求以白人为主体实现南罗得西亚的独立。英联邦成员向英国施加巨大压力,要求英国解决南罗得西亚的种族压迫问题,阻止南罗得西亚实施白人种族歧视

---

① Ronald Hyam, *Britain's Declining Empire: the Road to Decolonization 1918 – 1968*, Cambridge, 2006, p. 323.
② Dennis Austin, *The Commonwealth and Britain*, London, 1988, p. 35.
③ Liz Paren and Caroline Coxon and Cheryl Dorall, *The Commonwealth: A Family of Nations*, London, 2003, p. 52.
④ J. D. B. Miller, *The Commonwealth in the World*, Cambridge, 1965, p. 55.

政策。但英国要满足英联邦成员国的期待难度很大,而且英国也有不情愿的方面。其一,南罗得西亚对英国的经济发展有重要作用,英国每年向其出口3500万英镑的产品,如果与其关系恶化,英国的无形收入可能会损失5000万到7000万英镑,而南罗得西亚的大约3800万英镑的债务也可能会抛给英国(因为英国为其作保)。① 其二,英国干预南罗得西亚的能力其实非常有限,能做的事情并不多。② 此外,虽然英联邦成员违背英国的意愿把南非逐出英联邦,但最终也没有解决种族隔离问题。

英联邦成员国继续施加强大压力,禁止英国向南非出售武器,一些非洲成员国还要求英国对南非实行严厉的经济制裁。在伦敦会议上,英国首相撒切尔夫人孤立无援地反对英联邦成员国提出的8条惩戒南非的制裁措施,其中包括禁止农业进口、停止政府援助等。一些成员国甚至威胁要退出英联邦,据英联邦秘书处预测,如果英国继续向南非出售武器,大约20多个成员国会退出英联邦。③ 但英国并不情愿对南非进行经济制裁,英国10%的海外收益来自南非,仅仅切断伦敦与约翰内斯堡之间的航线,英国每年就要损失

---

① Implications of Economic Pressure against Rhodesia: Paper by the Commercial Relations and Export Department of the Board of Trade, 12 May 1965, FO 371/181877, no 141, in S. R. Ashton and W. R. Louis eds., *East of Suez and the Commonwealth 1964 – 1971*, Vol. II, pp. 189 – 190.

② 在给威尔逊首相的信中,坦桑尼亚总统尼雷尔也认识到南罗得西亚问题并不容易解决,但仍然希望英国政府采取更加积极的态度。[Rhodesia]: Letter from President Nyerere to Mr Wilson Expressing Reservations about UK Policy and Intentions, 14 Aug. 1965, PREM 13/538, ff 94 – 99, in S. R. Ashton and W. R. Louis eds., *East of Suez and the Commonwealth 1964 – 1971*, Vol. II, pp. 196 – 198.

③ Lorna Lloyd, *Diplomacy with a Difference: the Commonwealth Office of High Commissioner, 1880 – 2006*, Leiden, 2007, pp. 224 – 225.

7 500万美元。① 撒切尔夫人觉得经济制裁的代价太高,因而没有接受英联邦的决议,这遭到其他成员国的激烈批评。英国悲哀地发现,现在的英联邦已经成为其他成员国激烈批评英国的政治舞台了。

英联邦会议的组织方式与举行地点也能反映英国在英联邦中地位的衰落。从 1897 开始,英帝国会议就一直由英国首相主持,由英国内阁秘书组织,在英国的唐宁街 10 号举行。随着印度等新成员国加入英联邦、特别是非洲的成员国加入,这种会议组织方式就日益遭到其他成员国的挑战。1964 年 7 月,在英联邦政府首脑会议上,恩克鲁玛批评英联邦会议把太多的注意力集中在冷战的议题上,他认为当今世界的主要问题是富国与穷国的关系,主张英联邦要"清理屋子",并把英联邦发展的注意力集中在贸易、援助、信息流通等方面。② 而"清理屋子"就需要对英联邦的组织机构进行调整,并建立秘书处。英国对此忧心忡忡,因为设立秘书处可能使英国在诸如南非、殖民问题等方面受到很大压力。不过,英国政府还是准备设立秘书处,条件是秘书处不能成为一个制定政策的机构,也不能讨论防务战略等问题。1965 年,英联邦设立了常设秘书处与专职的秘书长,加拿大的资深外交官阿诺德·史密斯(Arnold Smith)成为第一任秘书长。一些成员国并不信任他,特别是那些英联邦的老成员(包括加拿大等)以及印度,因为他们认为史密斯在解释自己的角色时太张扬。但大多数亚非地区成员国却对其很有好感,也是在这些亚非地区成员国的支持下,他在 1970 年连任秘书长。史密斯的

---

① R. I. Rotberg, *Ending Autocracy, Enabling Democracy: The Tribulations of Southern Africa, 1960 – 2000*, Washington, D. C., 2002, p. 406.
② S. R. Ashton and W. R. Louis eds., *East of Suez and the Commonwealth 1964 – 1971*, Vol. I, p. lxxxi.

秘书长生涯在英联邦的演变过程中有非常重要的影响。他在成为秘书长后,强烈反对某些专横的英国官员插手自己的事务,他也不愿意让英联邦为英国的特殊利益服务;他坚持英联邦有整体利益,任何成员国都要服从这一利益。他的继任者兰法尔(Sonny Ramphal)也持同样的观点,认为英联邦应该代表大多数成员的利益,而不仅仅代表英国的利益。在伦敦唐宁街10号召开英联邦政府首脑会议的惯例也成为历史。1971年的英联邦政府首脑会议成为转折点,从这一年开始,英联邦政府首脑会议在各成员国轮流举行。在这种情况下,英国想控制英联邦变得更困难了。

实际上,随着英联邦发生变化,英国已经对它失去了兴趣,或者说越来越失望了。当塞浦路斯1961年加入英联邦时(同年南非被逐出英联邦),麦克米伦首相在私下对澳大利亚总理说,"我现在尽量避免参加任何英联邦会议,因为我知道它要有多麻烦就有多麻烦"。① 70年代初,著名的英国历史学家贝洛夫评论道:"英联邦是一个好的想法,但遗憾的是它失败了。"曾经很有希望担任印度总督的鲍威尔(Enoch Powell)认为英联邦不过是一种狂想罢了。对大多数英国人来说,英联邦是一个空谈馆,是第三世界的游说场,是帝国的幽灵,甚至有人把它看作是乌云密布的塔楼,英联邦已经不再有实际意义了。② 英国越来越不愿意为了英联邦而牺牲自己的利益。在1987年到1989年的英联邦会议公报中,表明英国持保留态度的"英国例外"一遍又一遍被重复着。在1989年的科伦坡会议上,撒切尔

---

① Macmillan to Menzies (Secret), Feb. 1962, recited in W. D. McIntyre, "Commonwealth Legacies", *The Oxford History of the British Empire*, Vol. IV: the Twentieth Century, Oxford, 1998, p. 698.

② D. A. Low, *Eclipse of Empire*, Cambridge, 1991, p. 332.

夫人态度强硬地说:"如果58位成员都反对我,那么我只有对不起这58位成员了。"①

英国的失望是因为英国与英联邦其他成员国的关系越来越淡,但为什么会出现这种局面?也许与法国做一个对比是有帮助的。虽然法国在建构与前殖民地联盟或者法国共同体方面失败了,但是法国与西非的前殖民地维持了很好的关系,这种关系甚至超越了英国与它早期的自治领之间的关系。第一,经济援助也许是一个重要原因。由于法国经济有较好的发展,法国把援助政策主要集中在西非地区,其援助既慷慨又具有持续性。而英国不一样,在印度独立后,英国也试图通过经济援助方式拉拢印度,但40年代末期的经济困境打断了英国的援助计划。一直到60年代,英国还在不断经受经济危机,1967年英镑再一次贬值,这种情况使英国的援助政策缺乏连续性,这当然使英国换取成员国的好感变得非常艰难。第二,英国保护英联邦成员的能力日益不足。澳大利亚与新西兰长期依靠英国皇家海军维护自己的国家安全,二战爆发后,两国也频频要求英国派兵保护自己,但新加坡的陷落证明英国皇家海军的能力十分可疑,美国海军才是保护澳大利亚与新西兰的可靠力量。一些英联邦成员国不得不把目光从英国转移到新的霸主美国身上。② 在经济方面,虽然英镑集团仍然存在,但其脆弱性十分明显,而美国主导的布雷顿森林体系才是维持资本主义世界金融秩序的真实机制。第三,英国发现自己与英联邦其他成员之间的经济联系日益减弱,而

---

① W. D. McIntyre, "End of an Era for the Commonwealth: Thoughts on the Hibiscus Summit", *New Zealand International Review*, Vol. 15, No. I, (1990), p. 6.
② John Darwin, *Britain and the Decolonization: the Retreat from Empire in the Post-War World*, New York, 1988, pp. 148 - 149.

与欧共体的关系越来越密切。正如某些经济史学者观察到的,战后世界的一个奇怪现象是发达国家之间的经济联系越来越密切,它们之间的互相投资也越来越大,贫穷的国家要融入其中并非易事。英国逐渐发现欧美日而不是英联邦才是英国经济发展的空间。英国下院议长克罗斯曼(Richard Crossman)对此有清醒认识,他在参加1966年的英联邦政府首脑会议时作了如下论断:英国不应该为了英联邦的短期利益而牺牲欧共体的长期利益。在克罗斯曼看来,英联邦只是一个日暮途穷的场所。① 此后,英国几乎不惜代价要加入欧共体。正是由于这些因素,英国与其他英联邦成员国的关系始终无法达到艾德礼预期的目标。

冷战结束后,英国出现重新重视英联邦的趋向,英国也再次审视英联邦的未来。1991年的《哈拉雷宣言》体现了这种趋势,宣言强调政治领域的民主、法治、良政、人权等价值观念,与经济领域的可持续发展、健康的经济管理、市场经济的中心地位、多边贸易的自由流动等共生共存。② 1994年年末,英国议会外事委员会决定重新评估英联邦的未来,在18个月里,它举行了广泛的听证会,并派官员出访加拿大、牙买加、巴巴多斯、圣卢西亚、肯尼亚、乌干达、南非、印度、马来西亚、澳大利亚、新西兰等众多英联邦成员国。委员会在最后的报告中陈述,"在英帝国解体后的几十年间,英国总是把英联邦看作英帝国的废墟,看作英国脖子上的政治负担"。委员会认为英

---

① S. R. Ashton and W. R. Louis eds., *East of Suez and the Commonwealth 1964 – 1971*, Vol. I, p. lxxxiv.

② *The Commonwealth Year Book*, London, 1996, pp. 103 – 109, recited in W. D. McIntyre, "Commonwealth Legacies", in *The Oxford History of the British Empire, Vol. IV: the Twentieth Century*, Oxford, 1998, p. 700.

联邦也蕴含一些积极因素,例如亚太地区的成员国在贸易与投资方面有着光明的前景,英国将在英联邦中找到众多的朋友与广泛的机会。由此,英国把1997年定为"英联邦年"。[①] 但英国的想法很难实现,因为英联邦的各个成员国都有其他更重要的国际认同。对印度来说,英联邦的重要性无法与不结盟运动相比;对马来西亚与新加坡来说,英联邦的地位无法与东盟相比;对其他成员国来说,它仅可与太平洋论坛、南部非洲发展协作会议、东加勒比国家组织相提并论。实际上,不管其成员国如何看待英联邦,它很少在成员国眼里占据最重要的位置。[②]

当然,在后殖民时期,英联邦仍然有存在的理由,但所有成员国都只把它当作服务于国家利益的工具。对英国来说,英联邦可以抚平帝国解体的伤痛;对加拿大来说,可利用英联邦便利本国与第三世界的联系;对印度来说,要利用英联邦来防止巴基斯坦在孟加拉战争后恢复曾有的国际地位;对澳大利亚来说,英联邦是实施本国外交政策的一个重要工具;对众多的非洲成员国,则是利用它来反对种族歧视与殖民统治;对那些很难在国际舞台上露面的小国(如马尔代夫等),英联邦为其在国际社会的出场并表达意见提供了绝佳的机会。这种态度杂陈的现状注定英联邦只能是一种松散的联合体。也许,用一个词 VIPPSOs 来表达英联邦是比较合适的,这个缩写词包含自愿(Voluntary)、独立(Independent)、专业(Professional)、慈善(Philanthropic)、体育(Sporting)、组织(Organization)等几个词,连起来就是"自愿的、独立的、专业慈善体

[①] W. D. McIntyre, "Commonwealth Legacies", in *The Oxford History of the British Empire, Vol. IV: the Twentieth Century*, Oxford, 1998, p. 700.
[②] D. A. Low, *Eclipse of Empire*, Cambridge, 1991, p. 332.

育组织"。现在的英联邦拥有历史悠久的出版联盟、议会联谊会、大学协会、30多个新成立的专业组织与福利性组织,以及17个专业中心。这些非政府机构被看作是真正的英联邦,也就是说,英联邦更多像是民间的而不是政府的组织机构。不过,在1986年的英联邦运动会上,英联邦成员国禁止本国的运动员参加英国举办的相关项目,因为这些国家认为,南非应该为自己的种族隔离政策付出代价,那些支持南非政权的国家也必须共同承担后果,这一事件证明国家力量在英联邦活动中仍然很强大。① 但不管怎么说,正是在体育领域,人民联邦的观念表现得最充分,把现在的英联邦看作是体育盛会的观点也并非太大的夸张,各成员国人民都乐意参与英联邦运动会,其中,足球、橄榄球、板球、曲棍球更是广受欢迎的运动项目。1994年,2 000多名运动员参与了在伦敦召开的英联邦运动会;1998年,6 000多名运动员参与在科伦坡举办的英联邦运动会。正是在体育领域,成员国的身份认同得到了逐步强化,例如澳大利亚、西印度群岛地区、印度、巴基斯坦的板球在英联邦中享有盛名,新西兰与南非的橄榄球广为人知。在加拿大的要求下,体育内容被增加到英联邦政府首脑会议的议程中,一个由加拿大法官担任主席的"体育促进合作委员会"得以建立。这个委员会充分地证明了体育在培育身份认同、自我发展、社会进步等方面具有的重要意义。②

然而在政治领域,团结与欢乐与英联邦无缘。也许用邦联来命名这个组织更为合适。旧日亲密无间的关系彻底消失了,英联邦也没有如英国政治家期待的那样成为维护英国大国地位的工具。

---

① Dennis Austin, *The Commonwealth and Britain*, London, 1988, p. 13.
② W. D. McIntyre, "Commonwealth Legacies", in *The Oxford History of the British Empire, Vol. IV: the Twentieth Century*, Oxford, 1998, p. 701.

1967年,英国外交部就英联邦对英国的价值做了一个调研,他们发现英联邦不但不能维护英国的地位,反而在削弱英国,实际上,英国置于被勒索的处境中,那些新成员国总是说,"你们必须做某事,如果你们不做,那我们就看着英联邦解体吧"。调查者提出的建议是:这类威胁不应该成为英国执行与自己利益相悖的政策的理由。[1] 1968年,英联邦事务部与外交部合并,在某种意义上也表明英联邦在英国心目中的地位下降。实际上,不仅英国对英联邦不再有更大的兴趣,那些老英联邦成员国也同样如此。澳大利亚总理不愿意到伦敦参加英联邦政府首脑会议,因为他都可以预测到会发生什么事,他会被非洲成员国针对南罗得西亚的批评气得七窍生烟,而他气急之中发表的言论很可能会让他在日后追悔莫及。[2] 加拿大总理特鲁多(Pierre Trudeau)认为英联邦没有什么独特之处,它与联合国或者法语国家组织并没有什么区别。但戴高乐通过建立法语国家组织却阻止了批评他的声音,维护了自己的权力与威望,然而英国在南罗得西亚问题上却无法做到这一点。根据特鲁多的观点,英联邦的价值不在于其成员国有多少共性,而在于它们的共性非常少。[3]

---

[1] "Value of the Commonwealth to Britain": Letter from Sir P. Gore – Booth to Sir S. Garner on the Draft of a Commonwealth Office Paper, 15 Feb. 1967, FCO 49/155, no 8, in S. R. Ashton and W. R. Louis eds., *East of Suez and the Commonwealth 1964 – 1971*, Vol. II, p. 404.

[2] [Australia]: Letter from Sir C. Johnston (Canberra) to Sir J. Johnston on Mr Gorton and the Commonwealth, 1 Aug. 1968, FCO 24/189, no 123, in S. R. Ashton and W. R. Louis eds., *East of Suez and the Commonwealth 1964 – 1971*, Vol. II, p. 442.

[3] [Value of the Commonwealth]: Minutes by Mr MacDonald and N. J. Barringto (FCO) on Informal Discussions with a group of Commonwealth leaders during the 1969 Commonwealth Prime Ministers' Conference, 6 – 15 Jan. 1969, FCO 68/160, nos 7 abd 8, in S. R. Ashton and W. R. Louis eds., *East of Suez and the Commonwealth 1964 – 1971*, Vol. II, pp. 445 – 446.

研究英联邦的王振华研究员也得出了大致相似的结论：现在的英联邦不是以其力量闻名，而是以其争吵闻名于世。① 随着英联邦的发展，英国在其中的地位也大不如前，甚至变得可有可无，以致历史学家安东尼·洛得出结论，如果英国现在退出英联邦，一定不会妨碍这一共同体继续存在。② 纵观英联邦演变的过程，这一假定基本上没有什么问题。

---

① 王振华：《英联邦兴衰》，中国社会科学出版社，1991年，序言。
② D. A. Low, *Eclipse of Empire*, Cambridge, 1991, p. 21.

结语：论英帝国的解体

本卷所述时代开始时，英帝国仍然是一个声名显赫的世界帝国，英帝国仍然是幅员辽阔，人口众多，英国仍然被视作首屈一指的全球大国；然而在本卷结束时，英帝国却已经烟消云散，其势力土崩瓦解，仅消解成一个徒有其名的英联邦了。英帝国的解体让笔者联想起古代罗马帝国的解体，当然，比起古代罗马帝国，英帝国是一个真正的世界帝国。然而，世界帝国仍有它终结的一日，现在，要为英帝国的解体做一些结论了。

首先，英帝国的解体与20世纪世界上的其他殖民帝国的解体有一些不同，它呈现出四种不同的特征。关于这个问题，西方学者存在明显的偏见。

加拉格尔教授与罗宾逊教授是这个领域中最重要的学者，他们的观点影响了整整一代人。按照加拉格尔与罗宾逊等人的观点，英帝国解体是英国官方心态调整的结果，英国在这一过程中掌握极大的主动权，换言之，英帝国解体是英国主动放弃的结果，是英国"不想再玩下去了"。这样的结论是与他们的研究思路紧密相连的，这种思路以英国历届政府的殖民政策为主线、以殖民地区域为板块。以这种思路进行研究，就很容易夸大英国政府的作用，而其他因素只是在英国政府心态变化的框架中才能找到自己的位置。于是，这样的结论就出现了：当英国政府改变了它们对殖民地的看法时，英帝国就解体了。

这种主流范式得出的结论在现实中是缺乏解释力的，如果英帝国真是英国官方心态调整的结果，英国真的是主动放弃了殖民地，那么为什么在英帝国解体的过程中仍伴随着冲突与战争？当然，冲突与战争的诱因是多方面的，但在许多时候，殖民地与宗主国的冲突是主要矛盾，换言之，如果英国真的主动推动殖民地的独立，民族主义的斗争就没有必要了，民族主义者与宗主国的战争就不可能出现。然而在事实上，在笔者研究的过程中发现，英国各届政府的殖民政策虽然会有差异，但具体对待某一殖民地的政策却惊人地相似，政府更替在许多时候是没有意义的。同时，即使是同一届政府，对待不同殖民地的政策也会大不相同，例如艾德礼政府的中东殖民地政策与它的西印度群岛殖民地政策就差别很大，也就是说，英国对不同的殖民地有不同的殖民政策。经过仔细观察，本卷发现英帝国解体的方式有四种类型。

第一种类型，在以印度为代表的南亚、东南亚殖民地，英帝国解体以相对和平的方式进行，英帝国顺利地转换为英联邦。艾德礼政府执政初期，英国仍然没有为南亚、东南亚殖民地的独立做好准备。但是，一方面殖民地的民族主义者为了独立不惜采取暴力手段，另一方面，二战后的英国政府面临严峻的经济困难，英国缺乏镇压民族主义者的物质资源。除了这些实际困难外，英国战略重点的转移也使印度等南亚、东南亚殖民地在英联邦防务中的地位相对下降。在这样的情况下，英国政治家决定在符合英国战略需要的前提下推动印度等殖民地的独立，其一，按照英国的节奏完成独立，其二，把英帝国转变为英联邦，用另一种方式维护英国利益。在印度独立后，英国也把这种模式推广到与印度比邻的其他殖民地，例如缅甸、锡兰、马来亚等。这种模式带来的结果是，大部分新独立的南亚、东南亚国家都选择留在英联邦，英国的利益得到部分保障。但是，英国政府的某些战略安排却失败了，例如，维持印度统一的计划没有成功，英联邦也没有变成维护英国大国地位的工具。实际上，在殖民地独立的进程中，英国许多时候不得不妥协退让，殖民地的政治局势对独立进程与结果的影响显得更加重要。值得注意的是，在南亚、东南亚殖民地的独立过程中，虽然英国在冷战的世界格局中推行其帝国政策并不顺利，但是美苏却很少直接插手这些殖民地的独立事务。

第二种类型，在中东地区，以巴勒斯坦、埃及、亚丁等为代表的战略型殖民地，英国政府与当地民族主义者激烈对抗，民族主义者最后冲破殖民枷锁，英帝国以崩溃的方式宣告结束。二战之后，英国基于战略考虑，决定继续维持在中东地区的殖民统治。但是中东的民族主义者坚决反对殖民统治，为此不惜采取暴力手段。在民族主义者的激烈反抗面前，英国继续把本国的战略需求放在首位，逆势而行，试图驾驭桀骜难驯的民族主义运动，结果是，英国与民族主义者出现了激烈的冲突甚至战争。在巴勒斯坦，恐怖袭击让英国军队朝不保夕；在埃及，英国遭受苏伊士运河事件的耻辱打击；在亚丁，英国被激进的民族主义者驱除出去，甚至找不到交接权力的谈判对象。英国的殖民统治也遭到美国、苏联的强烈反对，在巴勒斯坦、埃及、亚丁等地，经常可以发现美苏的影子，在苏伊士运河事件中，美苏两个超级大国更是以罕见的一致态度来谴责殖民主义。英帝国在这些地区基本上是惨淡收场，新独立的国家也没有加入英联邦，大部分新国家实际上脱离了英国希望的发展轨道，甚至走入英国敌对方的阵营。英国在中东地区的惨重代价证明了,英国必须顺应潮流,应时而变,如果试图抗拒历史潮流,强行维持殖民统治,它只会给英国带来巨大的灾难。

第三种类型,英国非洲殖民地的独立是以急速调整为主要特征的,从开始坚守到突然放弃,政策转变幅度之大,在英帝国解体的过程中十分特殊。二战后初期,英国在非洲推行双轨政策:以经济开发为主,在政治上尽力拖延独立进程。这一双轨政策招致了民族主义者的激烈反对,最终引发了殖民地严重的政治动荡。在民族主义者的压力面前,英国开始调整政策,决定支持那些温和的民族主义派别,力图主导殖民地的独立进程,以图最大程度地维护英国的利益。但民族主义激进派很快战胜了温和派,英国的计划受挫。从50年代后期开始,随着越来越多的殖民地赢得独立,国际上反殖民主义的力量加强了,而出于冷战战略的需要,美国也力促英国加快殖民地的独立进程。英国政治家明智地认识到英国已经无法阻挡历史的潮流,因而希望通过非殖民化策略赢取民族主义者的好感,通过另一种方式维持英国的利益。这样,英国放弃了原先的政策,加速了殖民地的独立进程。英国的态度转变产生了良好效果,大部分新独立国家决定留在英联邦,英帝国又一次成功地实现了向英联邦的转变。英国改变态度的原因是英国政治家逐渐明白变革之风不可阻挡,在民族主义风起云涌的时代,在美苏主导的两极格局世界,放弃殖民地才是最佳的选择,而强行维持殖民地,只能走在中东地区失败的老路。

第四种类型,在以西印度群岛为代表的岛屿殖民地,英帝国解体的特征是英国采取主动,要求殖民地走向独立。从20世纪30年代开始,西印度群岛殖民地出现了严重的经济与社会危机,英国政府不得不拿英国纳税人的钱来解决殖民地的问题,殖民地日益成为英国的负担,此时,英国开始千方百计推动殖民地的独立进程。最初,英国设计西印度联邦,希望它能成为一个独立国家,在西印度联邦方案失败后,英国又试图设计其他的联邦方案,但这些计划都失败了。诸多的岛屿殖民地最终突破了英国的理想设计而径自走向独立,于是在加勒比地区出现了许多独立的小国家。此后,在太平洋与印度洋岛屿殖民地,英国也放弃了冠冕堂皇的道德说教,不顾它们是否适于独立,加速推动这些殖民地的独立进程。英国对这些殖民地不再感兴趣的原因是,一方面,面对殖民地的经济与社会危机,英国承担着道德的责任,必须援助这些殖民地;另一方面,殖民地的政局也变得非常复杂,种族冲突、民族冲突时隐时现,很可能把英国卷入其中。因此,尽早撤离是明智的选择。这一事实表明,在一个新的时代,继续维持殖民统治已经变成一件代价高昂的任务了,马尔维纳斯(福克兰)群岛战争就证明了这一点,为了 2000 名居民,英国消耗了大量的钱财。但此时的英国完全不像美国那样"口袋里有大把的零花钱",它只是一个捉襟见肘的没落贵族。因此,放弃帝国才是维护英国利益的最好方式。

从上述四类殖民地独立的过程中笔者发现,英国不同届政府对待南亚、东南亚殖民地的态度基本上是一致的,它们对中东地区殖民地的态度也基本一致,在非洲也同样如此。但奇怪的是,同一届政府对待非洲殖民地的政策却出现了 180 度的大转弯,而这样的转变又被另一届政府所延续。由此笔者可以说,英帝国解体不是英国"不玩了"的结果,不是英国政府转变态度的结果,其实英国还是很想"玩下去"的,是形势所迫,时代变了,英国"想玩也玩不动了"。民族解放运动席卷全球,美苏两霸主宰着世界,在新的时代,老殖民主义难以持续,而英国又没有本钱推动新殖民主义,于是英帝国只能退出历史舞台,老牌殖民大国英国的退场也就在所难免了。

其次,与其他西方殖民帝国解体的方式有一些不同,英帝国的解体多数情况下呈现为和平交接权力,暴力夺权的方式相对较少。

通观英帝国解体的全过程,可以看出,英国在南亚、东南亚、非洲、加勒比海、太平洋、印度洋等地的殖民地独立进程基本是和平的权力交接,只有在中东等地区,才出现暴力夺权的方式。也就是说,英帝国解体过程的整体特色是夹杂有暴力夺权的体面撤退,和平交接为主,暴力夺权为辅。这种情况,与其他殖民帝国明显不同。二战以后,法国、荷兰、比利时、葡萄牙等老牌殖民国家的殖民帝国纷纷解体,但此过程中的暴力色彩相当突出,殖民地独立往往经历长期的战争,有些战争旷日持久、腥风血雨,例如印度支那战争、阿尔及利亚战争、莫桑比克和安哥拉的游击战争等。相比之下,英帝国的解体就比较平和,而英帝国又是所有殖民帝国中体量最大的一个。

为什么会出现这种情况?显然与英国统治精英的明智态度有关。法国、葡萄牙等殖民宗主国与殖民地经历了旷日持久的战争,两国政府都为此耗尽了国力,国家政权也因此倒台。而英帝国解体对英国的冲击是非常有限的。这一特点与英国决策者能够应时而变有关,在发现无法实现自己的目标时,英国顺应了殖民地民族主义者的要求,一方面允许殖民地独立,另一方面尽可能维护了自己的利益。下面三个因素促成了英国的转变:

其一,英帝国从英国维持大国、强国地位的工具转变成国家的负担累赘。英国起初认为维持帝国可以巩固自己的大国地位,因而一方面通过帝国加强自己的防务战略优势,另一方面通过开发殖民地经济为恢复英国经济服务。但是,经济开发的方案失败了,加强防务的努力同样也失败了,而英国与欧、美的关系越来越紧密,帝国已经不那么重要了。事实证明,帝国不再是大国地位的工具,它反而成为展示英国软肋的窗口。在巴勒斯坦,由于美国的卷入,英国被折磨得筋疲力尽;在苏伊士运河事件中,由于美苏的夹击,英国最终无条件撤军;在亚丁,英国被民族主义者赶了出来;而南罗得西亚单方面宣布独立后,英国的无能也表现得非常明显。这些事实表明英帝国已经不再是力量的体现而成了英国的累赘,在这种情况下继续维持帝国就很不明智了。英国加速从加勒比海、太平洋的殖民地撤出,就是这一逻辑的结果,用加拉格尔的话来说就是,"我们不玩了"。

其二,非殖民化被证明是一种策略,英国通过形式的让步可以换取实质利益,正如麦克米伦报告所言,"更早而不是更迟的独立会更好地维护英国的外贸利益"。实际上,不仅仅是外贸利益,英国的政治、经济、军事等方面都没有因为殖民地的独立而受到重大影响。如果殖民地的独立后英国仍可维持其影响力并且从中获取好处,那么就没有必要继续维持殖民统治,相反,可以通过"主动退出"获得民族主义者的好感,而维持英国的影响。在英帝国解体的后期,特别是20世纪60年代后,英国实际上在主动地推动殖民地的独立。与此同时,英国试图"通过另一种方式对之施加影响",就此而言,非殖民化变成了一种新的帝国主义手段。

其三,英联邦这种机制使英国对自己的未来抱有很高的期望。虽然英联邦最后并没有成为英国维护大国地位的工具,但是在很长的时期,英国学界与政界的精英却固执地认为,实现英帝国向英联邦的转变可以延续英帝国的精神,继续为英国的大国战略服务。艾德礼是这一思想的代表人物,他认为,英帝国在新时代是很难延续的,只有把英帝国转变为英联邦,英国的利益才能得到更好地保护。对英国的许多政治家来说,从英帝国转向英联邦并不是衰落的表现,而只是英国战略的调整。正是这一思想使殖民地的独立在许多英国政治家看来并不那么痛苦,由此而愿意在不可抗拒的潮流面前撤出殖民地。

尽管如此,殖民地通过战争获取独立的案例还是存在的,英国在中东地区的经历就是典型。在南亚、东南亚、非洲、西印度群岛等地区,殖民地的独立进程之所以相对和平,是因为英国愿意在殖民地独立的进程中平衡自己的利益;而在中东,英国把殖民地的独立与自己的战略利益完全对立起来,并把自己的战略利益凌驾于殖民地之上,这才引发了暴力反抗。也就是说,如何权衡英国的利益决定了英帝国解体的方式,当英国认为自己的利益与殖民地独立绝不相容时,它就会坚持殖民统治,而殖民地民族主义者就会采用暴力的手段颠覆英国的殖民统治;反之,当英国认为殖民地的独立并非完全不可接受,从而调整政策并最终接受殖民地民族主义者的要求,殖民地的独立就会以和平交接的方式进行。

最后,英帝国的解体不是主观因素而是客观因素决定的,不是偶然因素而是必然因素的结果。

英帝国相对和平的解体给世人留下了遐想的空间。加拉格尔教授认为英帝国的解体是一种或然的结果,由英国政府调整政策所致。其言外之意是,如果英国想继续维持殖民地,英国就可以这样做。罗宾逊教授与路易斯教授沿着这一思路推论,认为非殖民化只是另一种形式的帝国主义。这种对英国主动性态度的强调深刻影响了后来的学者,英帝国解体的主观性与或然性的观点非常流行。但正如本卷的研究所示,这一结论有待商榷。

纵观英帝国的解体历程,英国政府经历了一个从自信满满到信心消逝的过程。20世纪30年代大萧条之后,英国的殖民统治面临着严峻的挑战,但英国用娴熟的政治手段解决了这些问题。在那些以政治斗争争取独立的殖民地,英国采取以退为进的方针,通过政治妥协来抚慰民族主义者。在那些处于经济与社会困局中的殖民地,英国采取了崭新的发展战略,不仅要发展殖民地的经济,而且要用英国的资源来推进殖民地的社会发展。这一新的发展战略是一种自信的表现,虽然英国在国际舞台上步履维艰,但在殖民地问题上却是自信满满。英国认为只要自己努力,殖民地可以任由自己安排。

在艾德礼政府初期,英国仍然认为自己是殖民地命运的主宰者,殖民地的发展要由英国来主导。英国政府把殖民地划分为适合于独立和不适合于独立的两种类型,并对殖民地独立的路径予以设计。这样的自信很快遭到了挑战,印度的独立并非英国所能控制,印巴分治成为英国政策失败的明证。而在缅甸,英国的顽固态度刺激了激进民族主义的发展,缅甸最后冲破了英联邦的束缚。连一直非常温和的锡兰也不是英国可以随意处置的羔羊,英国在那里也遇到了麻烦。1951年保守党上台后,英国仍然维持了艾德礼政府初期的那种自信,这一态度使英国陷入了更多的灾难。在马来亚,英国与马来亚共产党的斗争旷日持久;在埃及,英国遭受了苏伊士运河事件的耻辱;在塞浦路斯,英国面临暴力活动的折磨;在肯尼亚,英国不得不出兵对付茅茅运动;在英属圭亚那,英国决定对民族主义的左派势力开刀。

按照中国古代哲学家老子对明智的解释,明即是了解自己,智即是了解他人。英国政府在二战后的很长时间似乎都是不智的,换言之,它不知道殖民地的人民到底想要什么,或者说,它仅是想当然地认为殖民地的要求应该服从英国的经济与战略需要。从这点来说,缅甸史专家廷克的看法是非常正确的:伦敦的领导者对殖民地而言完全是陌生人。① 但是当殖民地的民族主义者变得难以驯服时,英国逐渐醒悟过来,开始根据殖民地本身的情况来制定政策,英国开始变得有智慧了。到麦克米伦政府时期,英国自信满满的态度不复存在,麦克米伦很快认识到殖民地政治发展的主动权在民族主义者手中而不是在英国政府手中。② 1966 年发布的防务报告表明,英国不会再仅仅根据自己的主观态度将其战略要求强加于那些殖民地。威尔逊政府时期,英国变得更加聪明了,因为它更深刻地了解了自己。英国没有那么强的能力去统治殖民地,也没有太大的影响力让殖民地遵循自己的思路行事。威尔逊政府决定撤出苏伊士运河以东防务,在南罗得西亚问题上也表现得极其消极。虽然外界可以指责英国未尽其责,但英国至少是在明智地行事。

是什么因素导致英国从昔日的盲目自信走向明智行事呢?

英国的实力不足以处理殖民地问题是最重要的一个原因。20世纪 30 年代的经济大萧条已经严重削弱了英国殖民统治的根基,英国与殖民地经济互补的格局遭到破坏。而在德意日法西斯的挑衅面前,英帝国在许多时候捉襟见肘,如果没有美苏的参战,英帝国可能早就被踏得粉碎。美苏的卷入最终拯救了英帝国,但二战也耗尽了英国的国力,战后英国经济虚弱,直接影响了英国的殖民政策。

---

① Hugh Tinker, "Introduction", in *BSI*, Vol. II, p. xiii.
② Harold Macmillan, *Pointing the Way 1959–1961*, London, 1972, pp. 118–119.

由于没有足够的资源来重新征服印度等殖民地，英国只能向民族主义者妥协。在缅甸、巴勒斯坦、埃及、肯尼亚、南罗得西亚等地，民族主义者的反抗使得镇压的代价极其高昂，茅茅运动就是典型的事件。这一事件后，英国一想到为了镇压民族主义者的起义要付出高昂的代价，它强硬的立场很快就退缩了。

另一原因是战后两极格局态势逐渐磨灭了英国的自信。英帝国史专家达尔文认为，非殖民化不过是新时期强权国家对势力范围的重新划分。① 这一观点颇具启发意义。战后的大国势力范围是在两极格局下划分的，英国试图建立以自己为主的世界第三极，但英国的衰落却注定使达成这一目标困难重重。1949年加入北约是英国尝试建立第三极力量的重大挫折，②1956年的苏伊士运河事件则终结了英国的这一构想。在一个两极世界里，英国的衰落正是英帝国失败的根本原因。势力范围是一个非常现实的概念，对美苏来说，它们固然要在世界上其他地区扩张自己的势力，但对那些被影响的弱国来说，它们同样有选择的余地，在美苏争霸日益激烈的时刻，向它们靠拢意味着更多的经济与政治利益，为什么要牢牢贴紧没落的英帝国呢？这就是战后许多国家包括英联邦成员国重新站队的基本原因，也同样是英联邦失败的根本原因。艾德礼把英联邦塑造为一个强大政治共同体的梦想无法实现，实际上，英联邦成员国的增加与凝聚力下降形成了鲜明的对比，英联邦日益成为争吵、

---

① John Darwin, *Britain and the Decolonization: the Retreat from Empire in the Post-War World*, New York, 1988, p.306.
② R. F. Holland, "The Imperial factor in British Strategies from Attlee to Macmillan, 1945-1963", in R. F. Holland and G. Rizvi eds., *Perspectives on Imperialism and Decolonization*, London, 1984, pp.165-186.

力量虚弱的代名词,①到最后沦落为一个体育盛会。

曾几何时,英国政治家理直气壮地说,英国在世界各地抢夺殖民地是顺应天命、传播文明,那种高昂的优越感何等不可一世。但是二战之后,世界改变了,白人传播文明的说法再也难有号召力,反对殖民主义成了道德的制高点。"殖民主义在其一切表现中是一种应当迅速予以根除的祸害","人民遭受外国的征服、统治和剥削是对基本人权的否定,是对联合国宪章的违背,是对促进世界和平和合作的一种障碍。"②现在,只要与反殖民主义联系在一起的事业,就跟正义站在了一起,甚至以前的殖民者也开始为殖民政策感到羞愧。在亚非会议上,反殖民主义是会议的主题。在非洲,由加纳倡导的泛非主义旨在反对殖民主义。在中东,由纳赛尔领导的泛阿拉伯主义也致力于推翻中东地区的殖民主义。比利时在联合国为本国殖民政策辩护的一位高级观察员这样评论:"反殖民主义倾向的民族主义已成为我们时代的主要革命力量,近年来,它已发展到这样一种程度,它使无论在非自治领③内还是非自治领外,殖民强国不再能够使用极权手段。这一压力正变得不可抵抗。"④当然,这位比利时人也许心怀不满,但他的话却与事实不远,反殖民主义、争取民族独立已成为世界性潮流,殖民主义成为过街老鼠,殖民主义的时代真的结束了。当麦克劳德决定顺应时代潮流加速殖民地的独立进程时,当威尔逊在国际上似乎是无所作为的时候,英国政治家开

---

① 王振华:《英联邦兴衰》,中国社会科学出版社,1991年,第1页。
② 郑家馨主编:《殖民主义史(非洲卷)》,北京大学出版社,2000年,第637页。
③ 这里的非自治领不仅包括殖民地,也包括托管地、保护领或保护国。
④ Crawford Young, "Decolonization in Africa", in L. H. Gann and Peter Duignan eds., *The History and Politics of Colonialism 1914–1960,* London, 1970, p.462.

始明白由英国主导的殖民主义时代已经终结了。在这样一个时代，如果英国能够顺应时代潮流调整自己的政策，英帝国的解体就以和平的方式进行，英国的收获也许比失去的更多。反之，如果英国不顾世界潮流，逆势而行，英帝国的解体就以独立战争的方式收场，英国失去的东西一定比得到的多。英帝国的解体证明了一个道理：在反殖民主义的历史大潮面前，顺之者昌，逆之者亡。因此，英帝国的解体不是主观的而是客观的，不是偶然的而是必然的。

随着米字旗在香港落下，人们明白地看到：世界地图变了样，原本以赤色标注的英帝国不复存在了。虽然英国迄今还保留着一些小岛殖民地，但它们实在太小了，需依赖英国生存。大英帝国已成为历史，英帝国的威风也是明日黄花。以大英帝国的瓦解为标志，"有形帝国"灰飞烟灭。但是，帝国真的结束了吗？是否出现一个没有帝国的外形而完全具备帝国实质的新帝国呢？人类难道真的摆脱了帝国的烦扰，而进入人与人平等、国与国平等的理想世界了？这些问题都是英帝国解体的后续现象，期待着人们探讨。但它们显然已经超出了英帝国史的范围，而只能留给未来的作者了。

附 表

二战以后英国殖民地独立时间表

独立时间	国　家
1946 年	约旦
1947 年	印度、巴基斯坦
1948 年	缅甸、斯里兰卡、以色列
1956 年	苏丹
1957 年	加纳、马来亚(1963 年后称马来西亚)
1960 年	塞浦路斯、尼日利亚
1961 年	塞拉利昂、坦噶尼喀(1964 年与桑给巴尔合并后称坦桑尼亚)
1962 年	西萨摩亚、牙买加、特立尼达和多巴哥、乌干达
1963 年	桑给巴尔、肯尼亚
1964 年	马拉维、马耳他、赞比亚
1965 年	新加坡、冈比亚、马尔代夫
1966 年	圭亚那、博茨瓦纳、莱索托、巴巴多斯
1967 年	亚丁
1968 年	毛里求斯、斯威士兰、瑙鲁

续表

独立时间	国家
1970年	汤加、斐济
1973年	巴哈马
1974年	格林纳达
1975年	巴布亚新几内亚(1973年之前是澳大利亚领地)
1976年	塞舌尔
1978年	多米尼加、所罗门群岛、图瓦卢
1979年	圣文森特和格林纳丁斯、圣卢西亚、基里巴斯
1980年	津巴布韦、瓦努阿图
1981年	伯利兹、安提瓜和巴布达
1983年	圣克里斯托弗和尼维斯

英联邦成员国一览表

国别	加入时间
安提瓜和巴布达	1981年11月
澳大利亚	1931年1月
巴巴多斯	1966年11月
巴布亚新几内亚	1975年9月
巴哈马	1973年7月
伯利兹	1981年9月
博茨瓦纳	1966年9月
多米尼加	1978年11月
冈比亚	1965年2月
格林纳达	1974年2月

续表

国别	加入时间
圭亚那	1966 年 5 月
基里巴斯	1979 年 7 月
加拿大	1931 年 7 月
加纳	1957 年 7 月
津巴布韦	1980 年 4 月
肯尼亚	1963 年 12 月
莱索托	1966 年 10 月
马尔代夫	1982 年 7 月
马耳他	1964 年 12 月
马拉维	1964 年 7 月
马来西亚	1957 年 8 月
毛里求斯	1968 年 3 月
孟加拉	1972 年 3 月
瑙鲁	1968 年 1 月
尼日利亚	1960 年 10 月
塞拉利昂	1961 年 4 月
塞浦路斯	1961 年 3 月
塞舌尔	1976 年 6 月
圣克里斯托弗和尼维斯	1983 年 8 月
圣卢西亚	1979 年 2 月
圣文森特和格林纳丁斯	1979 年 10 月
斯里兰卡	1948 年 2 月
斯威士兰	1968 年 9 月
所罗门群岛	1978 年 7 月
坦桑尼亚	1961 年 12 月
汤加	1970 年 6 月
特立尼达和多巴哥	1962 年 8 月

续表

国别	加入时间
图瓦卢	1978 年 10 月
瓦努阿图	1980 年 7 月
文莱	1984 年 1 月
乌干达	1962 年 10 月
西萨摩亚	1970 年 8 月
新加坡	1965 年 10 月
新西兰	1931 年 2 月
牙买加	1962 年 8 月
印度	1947 年 1 月
英国	
赞比亚	1964 年 10 月
巴基斯坦	1989 年重新加入
南非	1994 年重新加入

文中缩写语表

简　称	全　称
ADM	Admiralty
BIPD	*British Imperial Policy and Decolonization*, 1938–1964
BSI	*Burma, the Struggle for Independence*, 1944–1948
CGEE1	*The Conservative Government and the End of Empire*, 1951–1957
CGEE2	*The Conservative Government and the End of Empire*, 1957–1964
EDME	*Egypt and the Defence of the Middle East*
CAB	Cabinet
CIGS	Chief of the Imperial General Staff

续表

简 称	全 称
CO	Colonial Office
COS	Chiefs of Staff Committee
CPC	Colonial Policy Committee
CPP	Convention People's Party (Gold Coast)
CRO	Commonwealth Relations Office
DEFE	Ministry of Defence
DO	Defence Committee (Cabinet)
DSBCA	*Documents and Speeches on British Commonwealth Affairs*, 1931–1952
DSCA	*Documents and Speeches on Commonwealth Affairs*, 1952–1962
ESC	*East of Suez and the Commonwealth*, 1964–1971
FO	Foreign Office
HMG	Her Majesty's Government
ICS	Indian Civil Service
IPCP	*Imperial Policy and Colonial Practice*, 1925–1945
JPS	Joint Planning Staff
LGEE1	*The Labor Government and the End of Empire*, 1945–1951
PREM	Prime Minister's Office
PRO	Public Record Office
TOP	*The Transfer of Power*, 1942–1947
全解阵	全国解放阵线
南解阵	被占领的南也门解放阵线
亚工大	亚丁工会大会
马共	马来亚共产党
非全盟	肯尼亚非洲人全国联盟

附　录

一、地图*

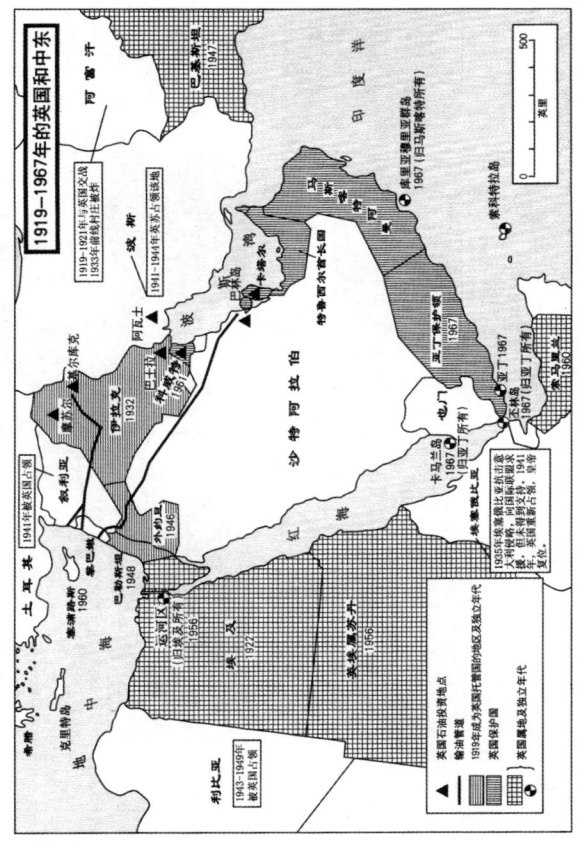

---

* 本书地图引自[英]马丁·吉尔伯特著《英国历史地图》(第三版),王玉菡译,中国青年出版社,2009年。

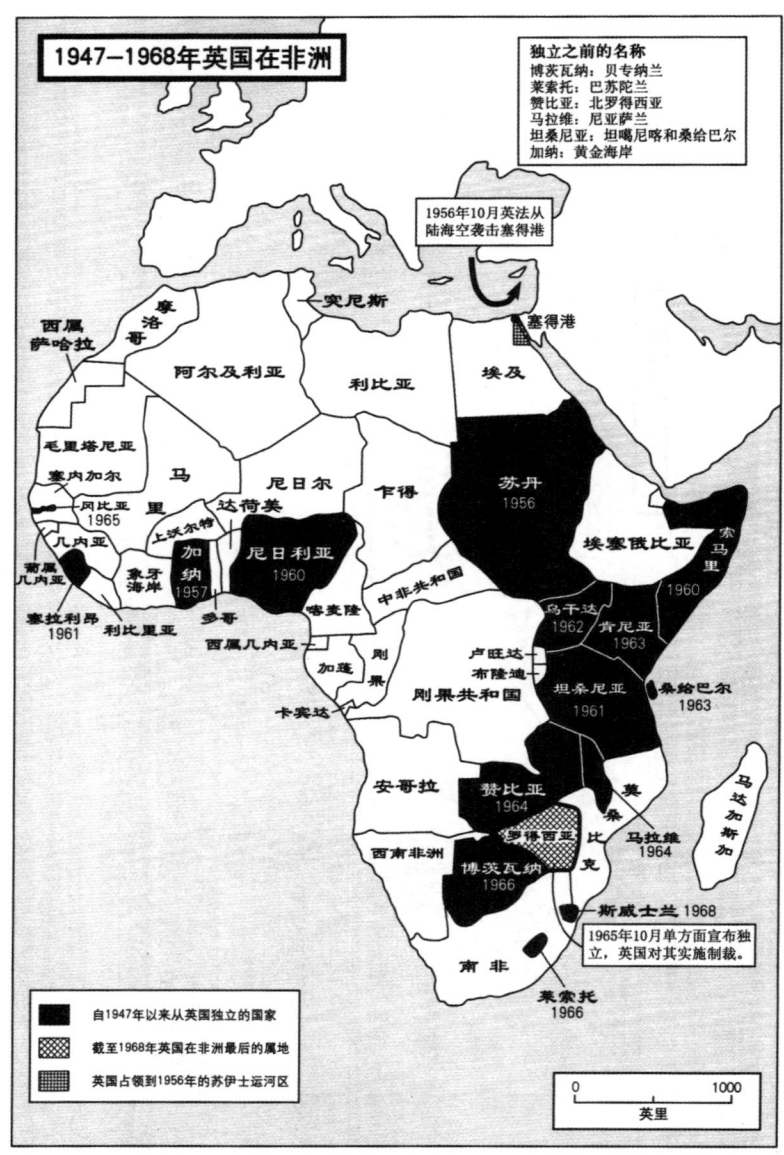

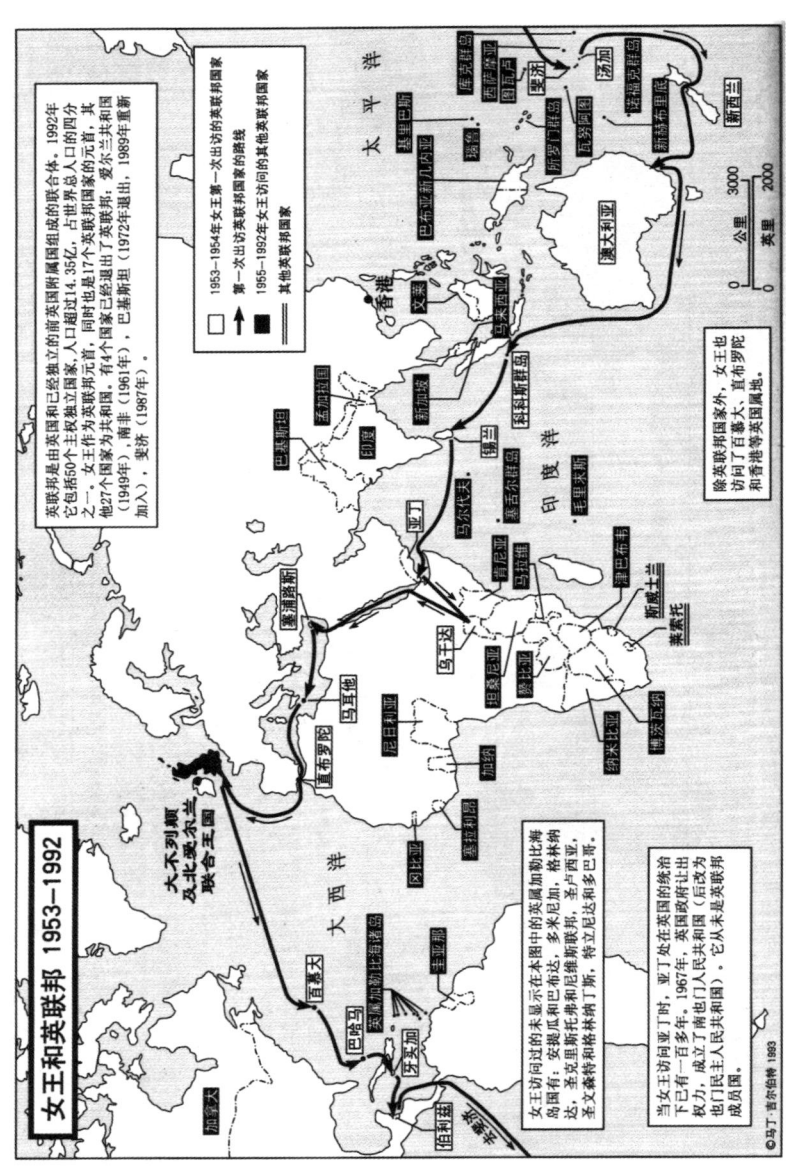

附录 341

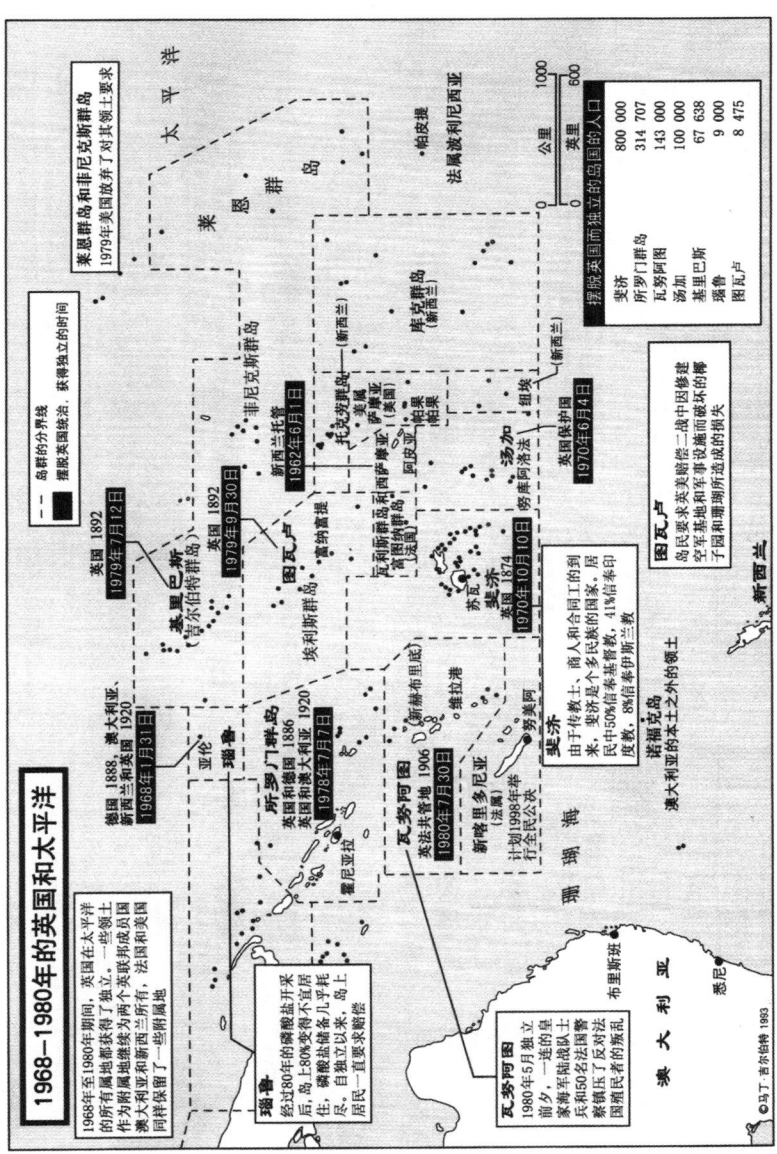

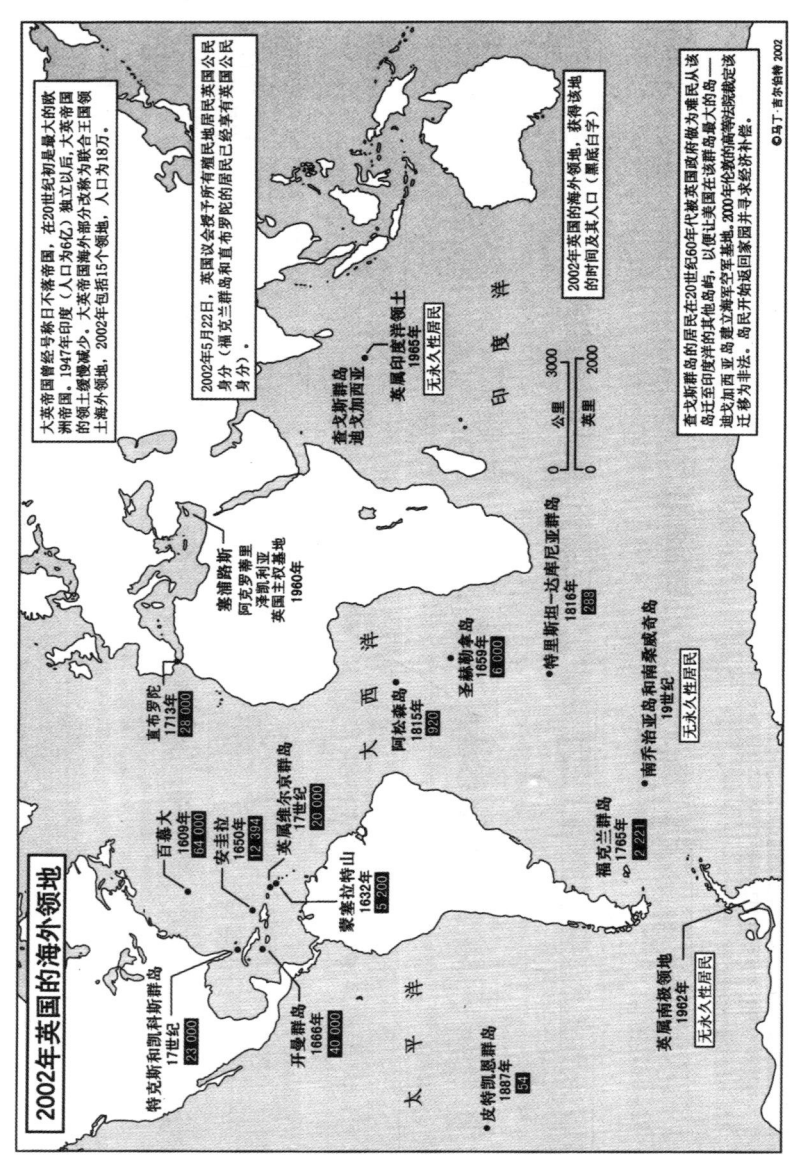

二、大事年表

1945 年	英国通过新的《殖民地发展与福利法案》
	雅尔塔会议同意联合国托管理事会在殖民地问题上的职责
	阿拉伯国家联盟建立
1946 年	英国启动马来亚联盟计划，巫统（马来亚民族统一机构）成立
	美国向英国提供 37.5 亿美元的借款
	英国内阁使团出使印度，商谈独立事宜
	巴勒斯坦大卫王饭店发生恐怖活动，90 多人丧生
	外约旦独立
	黄金海岸、尼日利亚、冈比亚、马来亚通过新宪法
1947 年	印度与巴基斯坦相继独立
1948 年	爱尔兰脱离英联邦
	奉行种族主义的国民党在南非执政
	英国退出巴勒斯坦
	黄金海岸发生"阿克拉暴动"
	锡兰、缅甸独立
	殖民政府宣布马来亚处于紧急状态
1949 年	印度独立后留在英联邦内，现代英联邦开始形成
1951 年	英伊石油公司被伊朗政府国有化
	埃及政府单方面废除 1936 年英埃条约
1952 年	埃及发生军事政变，纳赛尔控制革命政府
	肯尼亚发生茅茅运动，殖民政府宣布肯尼亚处于紧急状态
	恩克鲁玛出任黄金海岸第一任总理
1953 年	英国启动中非联邦计划
1954 年	新的英埃条约通过，埃及获得苏伊士运河区的主权
1955 年	伊拉克、土耳其、英国结成巴格达条约组织
	塞浦路斯出现埃奥卡暴力活动
1956 年	苏丹独立
	苏伊士运河事件发生，英国最终无条件退出运河区
1957 年	麦克米伦首相对英联邦进行实地考察
	黄金海岸独立，更名加纳
	马来亚独立
1959 年	保守党中的激进派麦克劳德被任命为殖民大臣

	中非联邦宣布处于紧急状态
	德夫林报告称尼亚萨兰已成"警察国家"
	肯尼亚发生"霍拉屠杀事件"
1960 年	麦克米伦首相发表"变革之风"的演讲
	尼日利亚、塞浦路斯独立
1961 年	英国第一次申请加入欧洲经济共同体
	塞拉利昂、坦噶尼喀独立
	南非宣布退出英联邦
1962 年	乌干达、牙买加、特立尼达与多巴哥独立
	西印度联邦宣布解散
1963 年	肯雅塔领导的非全盟在肯尼亚赢得大选，肯尼亚独立
	桑给巴尔独立
	中非联邦宣布解散
1964 年	尼亚萨兰、北罗得西亚、马耳他独立
1965 年	英联邦在伦敦设立秘书处
	冈比亚独立
	新加坡从马来西亚联邦独立出来
	南罗得西亚白人政府单方面宣布独立
1966 年	博茨瓦纳、莱索托、英属圭亚那、巴巴多斯独立
1967 年	英国被迫撤出亚丁
1968 年	英国政府宣布撤出苏伊士运河以东防务
	毛里求斯、斯威士兰、瑙鲁独立
1970 年	斐济独立
1972 年	英镑区正式解散
	巴基斯坦退出英联邦
1973 年	英国加入欧洲经济共同体
1979 年	穆加贝领导的津民联在南罗得西亚赢得大选，独立后的国家改名为津巴布韦
1982 年	英国与阿根廷就马尔维纳斯群岛（英国称福克兰群岛）的归属问题发生战争
1997 年	香港回归中国，标志着英帝国的终结

三、参考书目

(一) 英文档案资料

Ashton, S. R. and Louis, W. R. eds., *East of Suez and the Commonwealth 1964 – 1971* (ESC), London: The Stationery Office, 2004, 3 Vols.

Ashton, S. R. and Stockwell, S. E. eds., *Imperial Policy and Colonial Practice 1925 – 1945* (IPCP), London: HMSO, 1996, 2 Vols.

Goldsworthy, David ed., *The Conservative Government and the End of Empire 1951 – 1957* (CGEE1), London: HMSO, 1994, 3 Vols.

Hyam, Ronald ed., *The Labor Government and the End of Empire 1945 – 1951* (LGEE1), London: HMSO, 1992, 4 Vols.

Hyam, Ronald and Louis, W. R. eds., *The Conservative Government and the End of Empire 1957 – 1964* (CGEE2), London: The Stationery Office, 2000, 2 Vols.

Kent, John ed., *Egypt and the Defence of the Middle East* (EDME), London: The Stationery Office, 1998, 3 Vols.

Mansergh, Nicholas ed., *The Transfer of Power* (TOP), London: HMSO, 1970 – 1983, 12 Vols.

Mansergh, Nicholas ed., *Documents and Speeches on British Commonwealth Affairs 1931 – 1952* (DSBCA), London: Oxford University Press, 1953, 4 Vols.

Mansergh, Nicholas ed., *Documents and Speeches on Commonwealth Affairs 1952 – 1962* (DSCA), London: Oxford University Press, 1963, 2 Vols.

Porter, A. N. and Stockwell A. J. eds., *British Imperial Policy and Decolonization, 1938 – 1964* (BIPD), London: Macmillan Press, 1987, 2 Vols.

Rathbone, Richard ed., *Ghana*, London: HMSO, 1992, 2 Vols.

Silva, K. M. De ed., *Sri Lanka*, London: University of London, 1997, 2 Vols.

Stockwell, A. J. ed., *Malaya*, London: HMSO, 1995, 3 Vols.

Tinker, Hugh ed., *Burma, the Struggle for Independence, 1944 – 1948* (BSI), London: HMSO, 1983 – 1984, 2 Vols.

Foreign Relations of the United States, Washington: U. S. Govt. Print. Off.

National Security Archive, George Washington University.

Parliamentary Debates, (*Commons*), London: His Majesty's Stationery Office.

(二) 英文参考书目

Aldrich, Richard J. ed., *British Intelligence, Strategy and the Cold War*, 1945 - 51, London: Routledge, 1992.

Allan, J. De V. and Stockwell, A. J. and Wright, L. R. eds., *A Collection of Treaties and other Documents Affecting the States of Malaysia 1761 - 1963*, Vol II, London: Ocean Publication Inc, 1981.

Amery, L. S., *My Political Life*, Vol II, London: Hutchinson, 1953.

Anderson, David M. and Killingray, David eds., *Policing and Decolonization: Politics, Nationalism and the Police, 1917 - 1965*, Manchester: Manchester University Press, 1992.

Austin, Dennis, *The Commonwealth and Britain*, London: Routledge & Kegan Paul Ltd, 1988.

Bell, J. B, *Terror out of Zion*, New York: St. Martin's Press, 1977.

Ben - Gurion, David, *The Jews in their Land*, London: Aldus Books, 1966.

Bennett, G. and Rosberg, C., *The Kenyatta Election: Kenya 1960 - 1961*, London: Oxford University Press, 1961.

Berman, B. and Lonsdale, J., *Unhappy Valley: Conflict in Kenya and Africa*, Vol II: *Violence, and Ethnicity*, London: Ohio University Press, 1992.

Blake, Robert, *A History of Rhodesia*, London: Eyre Methuen Ltd, 1977.

Blake, Robert and Louis, W. R., *Churchill*, New York: W. W. Norton, 1993.

Brendon, Piers, *The Dark Valley: a Panorama of the 1930s*, London: Knopf, 2000.

Brown, Judith. M. and Louis. W. R. eds. *The Oxford History of British Empire*, Vol. IV. Oxford: Oxford University Press, 1998.

Brown Judith M. and Louis, W. R., *The Oxford History of British Empire* (OHBE), 5 Vols, Oxford: Oxford University Press, 1998 - 1999.

Brown, Neville, *Arms without Empire*, Harmondsworth: Penguin, 1967.

Burke, Edmund, *Select Works*, Oxford: the Lawbook Exchange LTD, 2005.

Burns, James Macgregor, *Roosevelt: the Soldier of Freedom*, New York: Harcourt Brace Jovanovich, 1970.

Butler, L. J., *Britain and Empire: Adjusting to a Post - imperial World*, London: I. B. Taurus, 2002.

Cady, J. F., *A History of Modern Burma*, New York: Cornell University Press, 1958.

Cain, P. J. and Hopkins, A. G., *British Imperialism: Crisis and Deconstruction*

1914 - 1990, London and New York: Longman,1993.

Callahan,Michael Dennis,*A Sacred Trust: the League of Nations and Africa, 1929 - 1946*,Portland: Sussex Academic Press,2004.

Chamberlain,Muriel Evelyn,*Decolonization: the Fall of the European Empires*, Oxford: Blackwell Publishers,1999.

Chandra, Bipan et al eds., *India's Struggle for Independence*, New York: Penguin Books,1989.

Churchill,W. S.,*The Hinge of Fate*,Boston: Houghton Mifflin,1950.

Clarke,Peter,*The Cripps Version: the Life of Sir Stafford Cripps, 1889 - 1952*,London: Allen Lane,2002.

Clarke,Peter and Trebilcock,Clive eds.,*Understanding Decline: Perceptions and Realities of British Economic Performance*,Cambridge: Cambridge University Press, 1997.

Coleman, J. S., *Nigeria: Background to Nationalism*, Berkeley: University of California Press,1958.

Collins,R. O.,*Eastern African History*, New York: M. Wiener Pub.,1990.

Crossman,Richard,*The Diaries of a Cabinet Minister*, Vol I,London: Jonathan Cape,1976

Dalton, Hugh, *The High Tide and After: Memoirs 1945 - 1960*, London: Frederick Muller Limited,1962.

Darby,Philip,*British Defence Policy East of Suez 1947 - 1968*,London: Oxford University Press,1973.

Darwin,John,*Britain and the Decolonization: the Retreat from Empire in the Post - War World*,New York: St Martin's Press,1988.

Darwin, John, *The End of the British Empire: the Historical Debate*, Oxford: B. Blackwell,1991.

Dutt, R. P., *The Crisis of Britain and the British Empire*, New York: International Publishers,1953.

Feiling,Keith Grahame,*The Life of Neville Chamberlain*,London: Macmillan & Co. Ltd,1946.

Fieldhouse, D. K., *Colonialism 1870 - 1945: An Introduction*, London: Weidenfeld and Nicolson,1981.

Fieldhouse,D. K., *The Colonial Empire*, New York: Delacorte Press,1967.

Friedman,Isaiah, *The Question of Palestine, 1914 - 1948: British - Jewish - Arab Relations*,New York: Schocken Books,1973.

Furse,Sir Ralph,*Aucuparius: Recollections of a Recruiting Officer*, London: Oxford University Press,1962.

Gallagher, John and Robinson, Ronald, *Africa and the Victorians*, New York: St. Martin's Press, 1961.

Gallagher, John, *The Decline, Revival and Fall of the British Empire*, Cambridge: Cambridge University Press, 1982.

Gibbs, N. H., *Grand Strategy, Vol. I: Rearmament Policy*, London: Her Majesty's Stationery Office, 1976.

Gifford, P. and Louis, W. R. eds., *The Transfer of Power in Africa: Decolonization, 1940 – 1960*, London: Yale University Press, 1982.

Grimal, Henri, *Decolonization: the British, French, Dutch and Belgian Empires 1919 – 1963*, Boulder, Colo. : Westview Press, 1978.

Gupta, P. S., *Imperialism and the British Labour Movement, 1914 – 1964*, New York: Holmes and Meier Publishers, 1975.

Hailey, Lord, *An African Survey: a Study of Problems Arising in Africa South of the Sahara*, London: Oxford University Press, 1938.

Hancock, W. K., *Survey of British Commonwealth Affairs: Problems of Nationality, 1918 – 1936*, Vol. I, London: Oxford University Press, 1937.

Hancock, W. K., *Argument of Empire*, Harmondsworth: Penguin, 1943.

Hargreaves, J. D., *The End of Colonial Rule in West Africa*, London: Macmillan, 1979.

Hargreaves, J. D., *Decolonization in Africa*, London: Longman, 1988.

Harris, Kenneth, *Attlee*, London: Weidenfeld and Nicolson, 1982.

Havinden, M. and Meredith, D., *Colonialism and Development: Britain and its Tropical Colonies, 1850 – 1960*, London: Routledge, 1993.

Heinlein, Frank, *British Government Policy and Decolonization 1945 – 1963: Scrutinizing the Official Mind*, London: Frank Cass, 2002.

Hillmer, Norman and Wigley, Philip eds., *The First British Commonwealth: Essays in Honour of Nicholas Mansergh*, London: Frank Cass and Company Limited, 1980.

Hodson, H. V., *The Great Divide: Britain – India – Pakistan*, New York: Oxford University Press, 1985.

Holland, R. F., *European Decolonization 1918 – 1981: An Introductory Survey*, New York: St. Martin's Press, 1985.

Holland, R. F. and Rizvi, G. eds., *Perspectives on Imperialism and Decolonization*, London: Frank Cass, 1984.

Howard, Michael, *The Continental Commitment: the Dilemma of British Defence Policy in the Era of the two World Wars*, London: Maurice Temple Smith Ltd., 1972.

Hyam, Ronald, *Britain's Declining Empire: the Road to Decolonization 1918-1968*, Cambridge: Cambridge University Press, 2006.

Hyam, Ronald, *Britain's Imperial Century, 1815-1914: A Study of Empire and Expansion*, New York: Palgrave, 2002.

Jahal, Ayesha, *The Sole Spokesman: Jinnah, the Muslim League and the Demand for Pakistan*, Cambridge: Cambridge University Press, 1985.

James, Lawrence, *The Rise and Fall of the British Empire*, London: Little Brown, 1994.

James, Robert Rhodes, ed., *Winston S. Churchill: His Complete Speeches*, Vol VI, New York: Chelsea House Publishers, 1974.

Jeffery, Keith, *The British Army and the Crisis of Empire 1918-1922*, Manchester: Manchester University Press, 1984.

Jenkins, Roy, *Nine Men of Power*, New York: British Book Centre, 1974.

Kennedy, Dane, *Britain and Empire 1880-1945*, London: Longman, 2002.

Kennedy, Dane, *Decolonization: A Very Short Introduction*, New York: Oxford University Press, 2016.

Kennedy, Dane, *The Imperial History Wars: Debating the British Empire*, London: Bloomsbury, 2018.

Kennedy, Paul, *The Rise and Fall of the Great Powers*, New York: Random House, 1987

Kennedy, Paul, *The Realities behind Diplomacy: Background Influences on British External Policy, 1865-1980*, London: Allen & Unwin in association with Fontana Books, 1981.

Kent, John, *British Imperial Strategy and the origins of the Cold War 1944-1949*, Leicester: Leicester University Press, 1993.

Kindle, John, *Federal Britain*, New York: Routledge, 1997.

Kyle, Keith, *Suez*, New York: St. Martin's Press, 1991.

Lapping, Brian, *End of Empire*, New York: St. Martin's Press, 1985.

Lee, J. M. and Petter, Martin, *The Colonial Office, War, and Development Policy: Organization and the Planning of a Metropolitan Initiative, 1939-1945*, London: Institute of Commonwealth Studies, 1982.

Lloyd, Selwyn, *Suez 1956*, New York: Mayflower Books, 1978.

Louis, W. R., *British Strategy in the Far East 1919-1939*, Oxford: Clarendon Press, 1971.

Louis, W. R., *Imperialism at Bay: the United States and the Decolonization of the British Empire, 1941-1945*, New York: Oxford University Press, 1978.

Louis, W. R., *British Empire in the Middle East, 1945-1951: Arab*

Nationalism, the United States, and Postwar Imperialism, Oxford: Oxford University Press, 1984.

Louis W. R., *In the Name of God, Go!: Leo Amery and the British Empire in the Age of Churchill*, New York: W. W. Norton, 1992.

Louis W. R. editor-in-chief, *The Oxford History of British Empire* (OHBE), 5 Vols, Oxford: University press, 1998–1999.

Louis, W. R., *Ends of British Imperialism*, London and New York: I. B. Tauris, 2006.

Low, D. A., *Political Parties in Uganda 1949–1962*, London: Athlone Press, 1962.

Low, D. A. ed., *Sounding in Modern South Asian History*, Berkeley: University of California Press, 1968.

Low, D. A. and Smith, Alison eds., *History of East Africa*, Vol II, Oxford: Clarendon Press, 1976.

Low, D. A., *Eclipse of Empire*, Cambridge: Cambridge University Press, 1991.

Lugard, Sir F. D., *The Dual Mandate in British Tropical Africa*, London: W. Blackwood & Sons, 1923.

Macmillan, Harold, *Pointing the Way: 1959–1961*, London: Macmillan, 1972.

Macmillan, Harold, *At the End of the Day 1961–1963*, London: Macmillan, 1973.

Macmillan, W. M, *The Road to Self-Rule: A Study in Colonial Evolution*, London: Faber and Faber, 1959.

Madden, Frederick and Darwin, John eds., *Select Documents on the Constitutional History of the British Empire and Commonwealth*, Vol VI, Westport: Greenwood Press, 1993.

Mansergh, Nicholas, *Survey of British Commonwealth Affairs: Problems of External Policy, 1931–1939*, London: Oxford University Press, 1952.

Mansergh, Nicholas, *Survey of British Commonwealth Affairs: Problems of Wartime Co-operation and Post-War Change, 1939–1952*, London: Oxford University Press, 1958.

Mansergh, Nicholas, *The Commonwealth Experience*, New York: Praeger, 1969.

Marquand, David, *Ramsay Macdonald*, London: J. Cape, 1977.

Mcintyre, W. D., *The Rise and Fall of the Singapore Naval Base, 1919–1942*, Hamden, Conn.: Archon Books, 1979.

Miller, J. D. B., *The Commonwealth in the World*, Cambridge: Cambridge University Press, 1965.

Monroe, Elizabeth, *Britain's Moment in the Middle East, 1914–1971*, Baltimore,

Md. : Johns Hopkins University Press, 1981.

Moore, R. J., *Escape from Empire: the Attlee Government and the India Problem*, Oxford: Clarendon Press, 1983.

Moore, R. J., *Making the New Commonwealth*, Oxford: Clarendon Press, 1987.

Morgan, D. J., *The Official History of Colonial Development*, Vol V, Atlantic Highland, N. J. : Humanities Press, 1980.

Moss, Norman, *Nineteen Weeks: America, Britain, and the Fateful Summer of 1940*, Boston: Houghton Mifflin, 2003.

Nehru, Jawaharlal, *Towards Freedom: An Autobiography of Jawaharlal Nehru*, New York: John Day, 1941.

Nehru, Jawaharlal, *Independence and After: A Collection of Speeches, 1946 - 1949*, New York: Day, 1950.

Nkrumah, Kwame, *The Autobiography of Kwame Nkrumah*, New York: T. Nelson, 1957.

Nkrumah, Kwame, *Neo - Colonialism: the Last Stage of Imperialism*, London: Nelson, 1965.

Odhiambo, E. S. Atieno and Lonsdale, J. eds., *Mau Mau and Nationhood*, Oxford: James Currey, 2003.

Ovendale Ritchie ed., *The Foreign Policy of the British Labour Governments 1945 - 1951*, Leicester: Leicester University Press, 1984.

Ovendale, Ritchie ed., *British Defence Policy since 1945*, Manchester: Manchester University Press, 1994.

Owen, R. and Sutcliffe, B. eds., *Studies in the Theory of Imperialism*, London: Longman, 1972.

Pickersgill, J. W., *The Mackinzie King Record*, Toronto: University of Toronto Press, 1960.

Porter, Andrew and Holland, Robert eds., *Theory and Practice in the History of European Expansion Overseas: Essays in Honour of Ronald Robinson*, London: Frank Cass, 1988.

Porter, Bernard, *The Lion's Share: A Short History of British Imperialism 1850 - 1983*, London and New York: Longman, 1984.

Reynolds, D, *Britannia Overruled: British Policy and World Power in the 20th Century*, London: Longman, 1991.

Rimmer, Douglas and Kirk - Greene, Anthony eds., *The British Intellectual Engagement with Africa in the Twentieth Century*, London: Macmillan, 2000.

Roberts, Andrew Dunlop, *The Cambridge History of Africa*, Vol. VII, Cambridge: Cambridge University Press, 1986.

Said, Edward W., *Culture and Imperialism*, New York: Knopf, 1993.

Seeley, Sir John, *The Expansion of England*, Chicago: Chicago University Press, 1971.

Silverstein, Josef, *Burma: Military Rule and the Politics of Stagnation*, Ithaca, N. Y. : Cornell University Press, 1977.

Smith, Martin, *Burma: Insurgency and the Politics of Ethnicity*, London: Zed Books, 1991.

Spackman, Ann ed., *Constitutional Development of the West Indies, 1922-1968: A Selection from the Major Documents*, St. Lawrence, Barbados: Caribbean Universities Press, 1975.

Stettinius, Edward R. Jr, *Roosevelt and the Russians: The Yalta Conference*, Garden City, N. Y. : Doubleday, 1949.

Tarling, Nicholas, *Britain, South Asia and the Onset of the Cold War, 1945-1950*, Cambridge: Cambridge University Press, 1998.

Taylor, A. J. P., *English History, 1914-1945*, Oxford: Clarendon Press, 1965.

Thompson, E. P., *The Making of the English Working Class*, New York: Pantheon Books, 1964.

Thornton. A. P, *The Imperial Idea and Its Enemies*, New York: St. Martin's Press, 1959.

Thornton, A. P., *For the File on Empire*, New York: St. Martin's Press, 1968.

Thurston, Anne, *Records of the Colonial Office, Dominions Office, Commonwealth Relations Office and Commonwealth Office*, London: HMSO, 1995.

Tomlinson, B. R, *The Political Economy of the Raj 1914-1947: the Economics of Decolonization in India*, London: Macmillan Press, 1979.

Vatikiotis, P. J. , *Nasser and His Generation*, New York: St. Martin's Press, 1978.

Vatikiotis, P. J., *The History of Egypt: from Muhammad Ali to Sadat*, Baltimore: John Hopkins University Press, 1980.

Ward, Stuart ed., *British Culture and the End of Empire*, Manchester: Manchester University Press, 2001.

Wasserman, G., *The Politics of Decolonization: Kenya Europeans and the Land Issue 1960-1965*, Cambridge: Cambridge University Press, 1976.

White, Nicholas J, *Decolonization: the British Experience since 1945*, London: Longman, 1999.

Wiener, J. H. ed., *Great Britain: Foreign Policy and the Span of Empire 1689-1971*, Vol IV, New York: Chelsea House Publishers, 1972.

Wilson, Evan M., *Decision on Palestine: How the U. S. Came to Recognize Israel*,

Stanford, Calif.: Hoover Institution Press, 1979.

Winks, Robin W. and Louis W. R. eds. *The Oxford History of British Empire*, Vol V, Oxford: Oxford University Press, 1999.

Woodcock, George, *Who Killed the British Empire: An Inquest*, London: Jonathan Cape Ltd, 1974.

Ye'or, Bat, *Islam and Dhimmitude: Where Civilizations Collide*, Cranbury, NJ: Associated University Presses, 2002.

Ziegler, Philip, *Mountbatten*, New York: Knopf, 1985.

Ziegler, Philip, *Wilson: the Authorised Life of Lord Wilson of Rievaulx*, London: Weidenfeld & Nicolson, 1993.

(三) 英文论文

Brasted, H. V. and Bridge, Carl, "The Transfer of Power in South Asia: a Historiographical Review", *South Asia*, Vol. 17, No. 1, (1994), pp. 93 – 114.

Cain, P. J. and Hopkins, A. G., "Gentlemanly Capitalism and British Expansion Overseas: I: the Old System, 1688 – 1850", *Economic History Review*, 2nd Ser. Vol. 39, No. 4, (Nov. 1986), pp. 501 – 525.

Cain, P. J. and Hopkins, A. G., "Gentlemanly Capitalism and British Expansion Overseas: II: New Imperialism, 1850 – 1945", *Economic History Review*, 2nd Ser., Vol. 40, No. 1, (Feb., 1987), pp. 1 – 26.

Chege, M, "Review Article: Mau Mau Rebellion Fifty Years on", *African Affairs*, Vol. 103, (2004), pp. 123 – 136.

Darwin, John, "Imperialism in Decline? Tendencies in British Imperial Policy between the Wars", *Historical Journal*, Vol. 23, No. 3, (Sep. 1980), pp. 657 – 679.

Davies, Ioan, "The Labour Commonwealth", New Left Review, No. 22, (Dec. 1963), http://www.newleftreview.org/? issue=21.

Flint, John, "Planned Decolonization and its Failure in British Africa", *African Affairs*, Vol. 82, No. 328, (July 1983), pp. 389 – 411.

Gallagher J. and Robinson, R., "The Imperialism of Free Trade", *Economic History Review*, 2nd Ser. Vol. 6, No. 1, (1953), pp. 1 – 15.

Hailey, Lord, "A Turning Point in Colonial Rule", *International Affairs (Royal Institute of International Affairs 1944 –)*, Vol. 28, No. 2, (Apr., 1952), pp. 177 – 183.

Holland, R. F., "The End of an Imperial Economy: Anglo – Canadian Disengagement in the 1930s", *Journal of Imperial and Commonwealth History*, Vol. 11, No. 2, (Jan, 1983), pp. 159 – 174.

Kennedy, Dane, "Constructing the Myth of Mau Mau", *International Journal of African Historical Studies*, Vol. 25, No. 2, (1992), pp. 241–260.

Kennedy, Dane, "Imperial History and Post-Colonial Theory", *Journal of Imperial and Commonwealth History*, Vol. 24, No. 3, (Sep., 1996), pp. 345–363.

Kennedy, P., "Strategy versus Finance in Twentieth-Century Great Britain", *International History Review*, Vol. 3, No. 1, (Jan. 1981), pp. 44–61.

Krozewski, G., "Sterling, the Minor Territories, and the End of Formal Empire, 1939–1958", *Economic History Review*, Vol. 46, No. 2, (May 1993), pp. 239–265.

Kulski, W. W, "Soviet Colonialism and Anti-Colonialism", *Russian Review*, Vol. 18, No. 2, (Apr. 1959), pp. 113–125.

Lonsdale, J. M., "Mau Mau of the Mind: the Making of Mau Mau and the Remaking of Kenya", *Journal of African History*, Vol. 31, No. 3, (1990), pp. 393–421.

Louis, W. R, "Hong Kong: the Critical Phase, 1945–1949", *American Historical Review*, Vol. 102, No. 4, (Oct. 1997), pp. 1052–1084.

Louis, W. R, "American Anti-Colonialism and the Dissolution of the British Empire", *International Affairs*, Vol. 61, No. 3, (Summer 1985), pp. 395–420.

Louis, W. R. and Robinson, R. E., "The Imperialism of Decolonization", *Journal of Imperial and Commonwealth History*, Vol. 22, No. 3, (Sept. 1994), pp. 462–511.

Mawby, Spencer, "Britain's Last Imperial Frontier: the Aden Protectorates, 1952–1959", Journal of Imperial and Commonwealth History, Vol. 29, No. 2, (May 2001), pp. 75–100.

Meredith, D., "The British Government and Colonial Economic Policy 1919–1939", *Economic History Review*, 2nd Ser. Vol. 28, No. 3, (1975), pp. 484–499.

Pearce, Robert, "The Colonial Office and Planned Decolonization in Africa", *African Affairs*, Vol. 83, No. 330, (January 1984), pp. 77–93.

Seal, Anil, "Imperialism and Nationalism in India", *Modern Asian Studies*, Vol. 7, No. 3, (1973), pp. 321–347.

Singh, Anita I., "Keeping India in the Commonwealth: British Political and Military Aims, 1947–1949", *Journal of Contemporary History*, Vol. 20, (1985), pp. 469–481.

Throup, D. W., "The Origins of Mau Mau", *African Affairs*, Vol. 84, (1985), pp. 399–433.

Tomlinson, B. R., "The Contraction of England: National Decline and Loss of Empire", *Journal of Imperial and Commonwealth History*, Vol. 11, No. 1, (Oct. 1982), pp. 58–72.

(四) 中文参考书目

默罕默德·埃尼斯、赛义德·拉加尔·哈拉兹:《埃及近现代简史》,埃及近现代简史翻译小组译,商务印书馆,1980年版。
陈启能主编:《大英帝国从殖民地撤退前后》,方志出版社,2007年版。
陈志瑞主编:《开放的国际社会:国际关系研究中的英国学派》,北京大学出版社,2006年版。
大卫·李嘉图:《政治经济学及赋税原理》,郭大力、王亚南译,商务印书馆,1962年版。
恩克鲁玛:《恩克鲁玛自传》,国际关系研究所翻译组译,世界知识出版社,1960年版。
西·内·费希尔:《中东史》下册,姚梓良译,商务印书馆,1980年版。
弗朗西斯·福山:《国家构建:21世纪的国家治理与世界秩序》,黄胜强、许铭原译,中国社会科学出版社,2007年版。
盖尔纳:《民族与民族主义》,韩红译,中央编译出版社,2002年版。
高岱、郑家馨:《殖民主义史(总论卷)》,北京大学出版社,2003年版。
约翰·根室:《非洲内幕》上下册,伍成译,世界知识出版社,1957年版。
肯尼思·华尔兹:《国际政治理论》,信强译,上海人民出版社,2003年版。
洪邮生:《英国对西欧一体化的起源与演变(1945-1960)》,南京大学出版社,2001年版。
蒋孟引:《蒋孟引文集》,南京大学出版社,1995年版。
蒋孟引:《英国史》,中国社会科学出版社,1988年版。
保罗·肯尼迪:《大国的兴衰》,王保存等译,求实出版社,1988年版。
布莱恩·拉平:《帝国斜阳》,钱乘旦、计秋枫、陈仲丹译,上海人民出版社,1996年版。
雷钰、苏瑞林:《中东国家通史——埃及卷》,商务印书馆,2003年版。
梁志明主编:《殖民主义史(东南亚卷)》,北京大学出版社,1999年版。
林承节主编:《殖民主义史(南亚卷)》,北京大学出版社,1999年版。
刘同舜、刘星汉:《国际关系史》第七卷,世界知识出版社,1995年版。
麦克米伦:《从政末期》,陈体芳译,商务印书馆,1980年版。
麦克米伦:《指明方向》,商务印书馆翻译组译,商务印书馆,1976年版。
纳赛尔:《革命哲学》,张一民译,世界知识社出版社,1956年版。
C. P. 欧曼、G. 韦格纳拉加:《战后发展理论》,吴正章等译,中国发展出版社,2000年版。
彭树智:《世界史·现代史》下卷,高等教育出版社,1994年版。
钱乘旦、许洁明:《英国通史》,上海社会科学院出版社,2002年版。

钱乘旦、陈晓律、陈祖洲、潘兴明:《日落斜阳:20世纪英国》,华东师范大学出版社,1999年版。
钱乘旦、杨豫、陈晓律:《世界现代化进程》,南京大学出版社,1999年版。
爱德华·W. 萨义德:《文化与帝国主义》,李琨译,三联书店,2003年版。
斯塔夫里阿诺斯:《全球通史:1500年以后的世界》,吴象婴、梁赤民译,上海社会科学出版社,1992年版。
E. P. 汤普森:《英国工人阶级的形成》,钱乘旦等译,译林出版社,2001年版。
P. E. N. 廷德尔:《中非史》,陆彤之译,商务印书馆,1976年版。
王振华:《英联邦兴衰》,中国社会科学出版社,1991年版。
吴秉真、高晋元主编:《非洲民族独立简史》,世界知识出版社,1993年版。
张顺洪等:《大英帝国的瓦解——英国的非殖民化与香港问题》,社会科学文献出版社,1997年版。
郑家馨主编:《殖民主义史(非洲卷)》,北京大学出版社,2000年版。
中国非洲史研究会编:《非洲史论文集》,三联书店,1982年版。

(五)中文论文

陈仲丹:《英帝国解体原因探析》,《南京大学学报》(哲学·人文·社会科学版),1999年第4期,第102—109页。
高岱:《"殖民主义"与"新殖民主义"考释》,《历史研究》,1998年第2期,第155—160页。
高岱:《殖民主义的终结及其影响》,《世界历史》,2000年第1期,第17—26页。
高岱:《论殖民主义体系的形成与构成》,《北京大学学报》(哲学社会科学版),1999年第1期,第47—55页。
高岱:《英美学术界有关殖民主义史分期问题研究评析》,《历史教学》,2000年第9期,第23—27页。
何跃:《论战后英国在缅甸独立态度上的转变》,《西南师范大学学报》(人文社会科学版),2004年第5期,第129—133页。
何跃:《战后缅甸脱离英联邦原因探析》,《东南亚研究》,2005年第4期,第8—13页。
李安山:《20世纪中国的非洲研究》,《国际政治研究》,2006年第4期,第108—129页。
李安山:《关于亚非研究中若干理论问题的思考》,《西亚非洲》,1997年第1期,第45—49页。
李安山:《论"非殖民化":一个概念的缘起与演变》,《世界历史》,1998年第4期,第2—13页。
李安山:《日不落帝国的崩溃》,《历史研究》,1995年第1期,第169—186页。

倪学德:《战后初期英国工党政府的非殖民化政策》,《历史教学》,2005 年第 8 期,第 24—28 页。
潘兴明:《丘吉尔的战时帝国政策与非殖民化》,《学海》,2004 年第 8 期,第 121—126 页。
潘兴明:《试析非殖民化理论》,《史学理论研究》,2004 年第 3 期,第 108—114 页。
潘兴明:《二元型殖民地与非殖民化》,《安徽史学》,2007 年第 1 期,第 11—17 页。
秦亚青:《国际关系理论的核心问题与中国学派的生成》,《中国社会科学》,2005 年第 3 期,第 165—176 页。
唐·罗沃萨姆:《后殖民性:新现代性的挑战》,《国际社会科学杂志》,1998 年第 3 期,第 69—84 页。
王逸舟:《认真研究二战遗产(主编的话)》,《世界经济与政治》,2005 年第 4 期。
张顺洪:《论英国的非殖民化》,《世界历史》,1996 年第 6 期,第 2—10 页。
周荣耀:《戴高乐主义论》,《世界历史》,2003 年第 6 期,第 2—22 页。

四、译名对照表

A

阿沃洛沃 Obafemi Awolowo
阿布苏韦尔(埃及) Abu Sueir(Egypt)
阿登纳 Konrad Adenauer
阿里·汗 Liaqat Ali Khan
阿齐克韦 Nnamdi Azikiwe
阿散蒂联合委员会 Ashanti Confederacy Council
阿散蒂人委员会 Asanteman Council
夸赫坦·阿斯哈比 Qahtan Asshabi
阿斯那赫 Abdullah al-Asnag
艾伦·伯恩斯 Sir Alan Burns
埃德蒙·伯克 Edmund Burke
埃奥卡(塞浦路斯) National Organization of Cyprus Fighters, EOKA(Cyprus)
埃利斯群岛 Ellice Islands
埃米尔 Emir
埃默里 Leo S. Amery
埃努古矿工起义 Enugu Mine Riots
艾德礼 Clement Attlee
艾登 Anthony Eden
艾迪生子爵 Viscount Addison
艾伦比将军 Sir Edmund Allenby
爱国阵线(罗得西亚) Patriotic Front (Rhodesia)
昂山 Aung San
奥博特 Milton Obote
奥塔玛 U. Ottama
澳新马 Australia, New Zealand and Malayan, ANZAM

B

巴布亚新几内亚 Papua, New Guinea
巴勒瓦 Abubakar Tafawa Balewa
巴林 Evelyn Baring, Governor of Kenya

巴莫博士 Dr Ba Maw
巴特勒 L. J. Butler
巴特勒 R. A. Butler
阿布杜·拉赫曼·拜达尼 Abdel Rahman el Baidani
班达 Hastings Kamuzu Banda
班达拉奈克 Solomon West Rldgeway Dias Bandaranaike
班尼特 J S Bennett
鲍登 H. W. Bowden
鲍威尔 Enoch Powell
保护国进步党 Protectorate Progressive Party, PPP
北方人民大会党 Northern People's Congress, NPC
北方人民党 North People's Party
贝尔福 A. J. Balfour
贝尔福宣言 Balfour Declaration
贝尔福报告 Balfour Report
贝弗里奇报告 Beveridge Report
贝克 P. J. Noel-Baker
贝洛夫 Max Beloff
贝文 Ernest Bevin
比弗布鲁克爵士 Lord Beaverbrook
比万 Aneurin Bevan
鲍德温 Stanley Baldwin
鲍斯 Subhas Chandra Bose
布甘达国王穆特萨二世 Kabaka of Buganda, Mutesa II
波德林 H. T. Burdillon
博顿利 A. G. Bottomley
博伊德 Alan T. Lennox-Boyd
伯纳姆 Forbes Burnham
布朗（历史学家）Judith M. Brown
布朗（外交大臣）George Alfred Brown
布里格斯 Sir Harold Briggs
布鲁克 Norman Brook

布伦戴尔 Michael Blundell

C

陈平 Chin Peng

D

达尔文 John Darwin
大西洋宪章 Atlantic Charter
摩西·达杨 Moshe Dayan
戴高乐 Charles de Gaulle
丹奎 J. B. Danquah
德钦 Thakin
德比伯爵 Earl of Derby
德夫林报告 Devlin Report
德钦努 Thakin Nu
德文希尔宣言 Devonshire Declaration
德瓦拉 Eamon de Valera
地方特殊主义 Local Particularism
迪金 Alfred Deakin
杜德 R. Palme Dutt
杜勒斯 John Foster Dulles
多尔顿 Hugh Dalton
多哥大会党 Togoland Congress
多诺莫尔勋爵 Lord Donoughmore

E

恩克鲁玛 Kwame Nkrumah
恩科莫 Joshua Ekomo
哈里·恩库姆巴拉 Harry Nkumbula

F

法鲁克（埃及国王）Farouk, King of Egypt
反法西斯人民自由联盟 Anti-Fascist People's Freedom League, AFPEL
费边殖民局 Fabian Colonial Bureau
菲尔德豪斯 D. K. Fieldhouse

斐济国民联邦党 National Federation Party
费希尔 Mary Fisher
费希特 Johann Gottlieb Fichte
非暴力不合作 Nonviolent Resistance
非洲民族委员会（罗得西亚） African National Council（Rhodesia）
非洲—设拉子党 Afro–Shirazis
非洲一览 An African Survey
佛教协会总理事会 General Council of Buddhist Association
福阿德国王 Fuad, King of Egypt
弗斯 Sir Ralph Furse
富特 Sir Hugh Foot

G

盖勒玛 Sir Lawrence Guilemard
盖特 George Gater
甘地 Mahatma Gandhi
高尔斯沃西 A. Galsworthy
高希 Sudhir Ghosh
戈尔 W. G. A. Ormsby–Gore
格贝德玛 Komla Gbedemah
格兰特 George Grant
格雷迪 Henry Grady
格里菲斯 James Griffiths
格里格（见奥特林厄姆勋爵） Sir E. Grigg（Lord Altrincham）
格里瓦斯 George Grivas
格林伍德 Anthony Greenwood
格尼 Sir Henry Gurney
根特 Gerald Gent
本·古里安 David Ben–Gurion
观察者 Spectator
印度国大党 Indian National Congress
锡兰国大党 Ceylon National Congress
国民党（新赫布里底） National Party（New Hebrides）
国民党（南非） National Party（South Africa）

H

哈丁将军 Sir John Harding
哈加纳 Haganah
哈金斯 Sir Godfrey Huggins
哈利法克斯子爵 Viscount Halifax
哈耶姆 Ronald Hyam
海恩斯 Stanford Beresford Haines
汉考克 W. K. Hancock
豪尔 Geoffrey Howe
赫德 Douglas Hurd
赫尔 Cordell Hull
黑利爵士 Lord Hailey
黑人工会国际联盟 International Trade Union Conference of Negro Workers
亨德森 A. Henderson
塞缪尔·亨廷顿 Samuel P. Huntington
华夫脱党 Waft Party
怀特（总督） Sir Arthur Wright
怀特（历史学家） Nicholas J. White
黄金海岸统一大会党 United Gold Coast Convention
霍尔（殖民大臣） G. H. Hall
霍尔（外交大臣） Samuel Hoare
霍普金斯 A. G. Hopkins
霍普金森 Henry Hopkinson
霍华德 Michael Howard
霍拉屠杀 Hola Massacre
霍姆 Alec Douglas–Home

J

奥恩·贾法尔 Ja'afar, Dato Onn Bin
贾根 Cheddi Jagan
贾瓦拉 Dauda Jawara

加拉格尔 John Gallagher
加维 Marcus Mosiah Garvey
间接统治 Indirect Rule
基里亚恩勋爵（见兰普森）Lord Killearn（see Lampson）
基辛格 Henry Kissinger
吉库尤中央协会 Kikuyu Central Association, KCA
杰弗里斯 C Jeffries
紧密联盟常设委员会 Standing Closer Association Committee
津民联（津巴布韦非洲民族联盟）Zimbabwe African National Union, ZANU
津人联（津巴布韦非洲人民联盟）Zimbabwe African People's Union, ZAPU

K

卡拉汉 James Callaghan
卡林顿勋爵 Lord Carrington
卡诺 Kano
卡翁达 Kenneth Kaunda
开曼群岛 Cayman islands
凯恩（学者）P. J. Cain
凯恩（官员）Sir Sydney Caine
凯恩斯 John Maynard Keynes
凯科斯群岛 Caicos islands
考尔迪科特 Sir Andrew Caldecott
阿登·克拉克 Charles Arden-Clarke
克莱门蒂 Sir Cecil Clementi
克兰伯恩子爵 Viscount Cranborne
克利福德 Sir Hugh Clifford
克里普斯 Sir Stafford Cripps
克里西 Sir Gerald Creasy
克罗斯兰 Anthony Raven Crosland
克罗斯曼 Richard Crossman

克罗泽斯基 G. Krozewski
科斯特洛 J. A. Costello
科恩 Andrew Cohen
科克斯岛 Cocos Island
科瓦努克 Benedicto Kiwanuka）
柯里报告 Currie Report
柯蒂斯 Lionel George Curtis
柯廷 John Curtin
戴恩·肯尼迪 Dane Kennedy
保罗·肯尼迪 Paul Kennedy
肯尼亚非洲人民主联盟 Kenya African Democratic Union, KADU
肯尼亚非洲人全国联盟 Kenya African National Union, KANU
肯尼亚非洲人联盟 Kenya African Union
肯雅塔 Jomo Kenyatta
库普兰 R. Coupland
库西 Justice Coussey

L

拉德克里夫 Sir Cyril Radcliffe
拉格 Amie Ragg
拉赫曼亲王 Tunku Abdul Rahman
布莱恩·拉平 Brian Lapping
腊斯克 Dean Rusk
兰法尔 Sonny Ramphal
兰普森（见基里亚恩勋爵）Sir Miles Lampson（Lord Killearn）
兰斯 Sir Hubert Rance
朗福德伯爵 Earl of Longford
劳埃德 Selwyn Brooke Lloyd
劳里埃 Wilfrid Laurier
劳伦斯勋爵 Lord Pethick-Lawrence
雷丁侯爵 Marquess of Reading
雷尼森 Sir Patrick Renison
雷诺兹 D. Reynolds
弗里德里希·李 Frederick Lee

李光耀 Lee Kuan Yew
利斯特尔 Philip Cunliffe-Lister
利特尔顿 Oliver Lyttelton
联省大会 Joint Provincial Council
联省酋长大会 Joint Provincial Council of Colony Chiefs
林恩 M. Lynn
林利思戈勋爵 Lord Linlithgow
罗宾逊 R. E. Robinson
卢加德勋爵 Lord Lugard (Frederick Lugard)
路易斯 Wm. Roger Louis
安东尼·洛 Donald Anthony Low
罗杰斯 Philip Rogers
罗德斯 Cecil John Rhodes

M

马尔盖 Milton Margai
阿里·马赫尔 Ali Maher
马卡里奥斯大主教 Archbishop Makarios
马克达格 D. M. MacDougall
马来亚独立党 Independence of Malaya Party, IMP
马来亚共产党 Malayan Communist Party, MCP
马来亚华人公会 Malayan Chinese Association, MCA
马来亚联盟 Malayan Union
丹尼尔·马伦 Daniel Malan
马歇尔 David Marshall
麦吉 George Mcghee
麦吉利夫雷 Sir Donald Macgillivray
麦克布莱德 Sean MacBride
麦克弗森 Sir John Macpherson
麦克劳德 Iain Macleod
麦克迈克尔 Sir Harold MacMachael
麦克米伦首相 Harold Macmillan
麦克米伦（学者）W. M. Macmillan
拉姆齐·麦克唐纳 James Ramsay MacDonald
马尔科姆·麦克唐纳 Malcolm MacDonald
曼利 N W Manley
曼瑟 Nicholas Mansergh
芒斯特报告 Munster Report
茅茅 Mau Mau
梅杰 John Major
梅委员会 May Committee
蒙巴顿勋爵 Lord Louis Mountbatten
蒙哥马利 Bernard Montgomery
蒙克顿 Sir Walter Monckton
蒙克顿委员会 Monckton Commission
蒙特哥湾 Mentego Bay
米尔纳 Alfred Milner
米切尔 Philip Mitchell
民主党（乌干达）Democratic Party (Uganda)
民族解放运动（黄金海岸）National Liberation Movement (Gold Coast)
莫德林 Reginald Maudling
莫里森 Herbert Morrison
莫洛托夫 Vyacheslav Mikhailovich Molotov
莫斯利 Oswald Mosley
莫因爵士 Lord Moyne
摩尔 Sir Henry Moore
摩萨台 Mohammed Mussadeq
姆波亚 Tom Mboya
穆尔 R. J. Moore
穆林 Sir George Mooring
穆加贝 Robert Mugabe
穆斯林协会党 Moslem Association Party

穆斯林兄弟会 Muslim Brotherhood
穆斯林联盟 Muslim League
穆佐雷瓦 Abel Muzorewa

N

纳格拉 R. G. Ngala
纳哈斯 Nahas Pasha
纳吉布 Mohammed Neguib
纳赛尔 Gamal Abdel Nasser
南阿拉伯联邦 Federation of South Arabia
被占领的南也门解放阵线 Front for the Liberation of Occupied South Yemen
尼赫鲁 Jawaharlal Nehru
尼雷尔 Julius Nyerere
尼日利亚与喀麦隆国民大会党 National Council of Nigeria and the Cameroons
尼亚萨兰非洲国民大会 Nyasaland African Congress
努里首相（伊拉克）Nuri‑al‑Said(Iraq)
诺克拉什 Mahmud Nokrashi

O

欧洲经济共同体 European Economic Community, EEC
欧文勋爵 Lord Irwin, 1st Earl of Halifax

P

帕金森 Cosmo Parkinson
帕斯菲尔德勋爵（见韦伯）Lord Passfield (Sidney Webb)
帕特尔 Sardar Vallabhbhai Patal（也有译为巴特尔的，本文统一译为帕特尔。）
庞南巴拉姆 G. G. Ponnambalam
佩勒姆 Margery Perham
皮尔逊 Lester Pearson
皮姆 Francis Pym
皮特克恩岛 Pitcairn Island
孟加拉别墅 Bungalow（源自印地语的 Bengali）
珀西瓦尔 Arthur Ernest Percival

Q

乔治五世 George V
劳合·乔治 David Lloyd George
青年佛教协会 Men's Buddhist Association
琼斯 Arthur Creech Jones
丘吉尔 Winston S. Churchill
屈威廉 Sir Humphrey Trevelyan
全国解放阵线（亚丁）National Liberation Front (Aden)
全球黑人进步协会 Universal Negro Improvement Association

R

人民进步党（英属圭亚那）People's Progressive Party, PPP
人民大会党（黄金海岸）Convention People's Party (Gold Coast)

S

阿卜杜拉·萨拉勒 Abdullah el Sallal
撒切尔 Margaret Thatcher
萨金特 Sir Orme Sargent
塞尔 John W. Cell
塞舌尔民主党 Democratic Party (Seychelles)
塞拉利昂人民党 Sierra Leone People's Party, SLPP
森纳那亚克 Don Stephen Senanayake
桑顿 A. P. Thornton
桑图地区（新赫布里底群岛）Santo (New

Hebrides Islands)
桑兹 Duncan Sandys
沙克伯勒 Evelyn Shuckburgh
沙耶山 Hsaya San
伊恩·史密斯 Ian Smith
马丁·史密斯 Martin Smith
史密斯总督 Sir Reginald Dorman-Smith
阿诺德·史密斯 Arnold Smith
史末资 Jan Christian Smuts
史蒂文 Jimmy Steven
史蒂文森 Sir Ralph Stevenson
斯利姆 Sir William Slim
斯内尔议员 Mr. Snell
斯诺登 Philip Snowden
斯坦利 Oliver F. G. Stanley
斯坦斯盖特勋爵 Lord Stansgate
斯特蒂纽斯 Edward R. Stettinius
斯特恩帮 Stern Gang
斯特雷奇 John Strachey
斯特朗 Sir William Strang
斯特鲁玛号 Struma
斯图瓦特 Michael Maitland Stewart
斯瓦希里语 Swahili
斯温顿勋爵 Lord Swinton
斯温纳顿 Roger Swynnerton
索尔伯里爵士 Lord Soulbury
索尔兹伯里侯爵 3rd Marquess of Salisbury
索尔兹伯里勋爵 Lord Salisbury, 5th Marquess of Salisbury

T

泰米尔人 Tamil
坦噶尼喀非洲民族联盟 Tanganyika African National Union
坦噶尼喀统一党 United Tanganyika Party
坦普尔将军 Sir Gerald Templer
托马斯 Ivor Thomas
汤姆森 G. R. Thomson
汤姆林森 B. R. Tomlinson
特恩布尔 Sir Richard Turnbull
特鲁多 Pierre Trudeau
特文宁 Sir Edward Twining
特里瓦斯基斯 Sir Kennedy Trevaskis
提拉克 Bal Gangadhar Tilak
廷克 Hugh Tinker
图瓦卢岛 Tuvalu Island
退出印度运动 quit India movement
加菲尔德·托德 Garfield Todd
托马斯 J. H. Thomas

W

韦伯 Max Webber
韦伯(见帕斯菲尔德勋爵) Sidney Webb (Lord Passfield)
韦尔斯 Sumner Welles
韦伦斯基 Sir Roy Welensky
韦维尔 Lord Wavell (Archibald Wavell)
威尔逊 Harold Wilson
威廉斯 O. G. R. Williams
威斯敏斯特法案 Statute of Westminster
温斯特 Lord Winster
沃德 Joseph Ward
沃克 Patrick Gordon Walker
沃森 Aiken Watson
沃森报告 Watson Report
伍德 E. F. L. Wood
伍德科克 George Woodcock
乌干达人民大会党 Uganda People's Congress
吴努 U Nu
巫统(马来亚民族统一机构) United

Malays National Organization, UMNO

X

希思 Edward Heath
西德吉 Sidky Pasha
西非青年联盟 West African Youth League
西非学生联盟 West African Students' Union
西利 John Seeley
外交大臣西蒙 John Simon
西尔 G. L. Seel
新赫布里底 New Hebrides
新肯尼亚集团 New Kenya Group/Party, NKG/NKP
欣韦尔 Emanuel Shinwell

Y

亚当斯 Grantley Adams
雅各布 Major-General Jacob
亚丁工会大会 Aden Trades Union Congress
亚历山大 A. V. Alexander
伊尔贡组织 Irgun Zvai Leumi
伊马姆 Imam Ahmed
伊斯梅勋爵 Lord Ismay

约翰逊总统 Lyndon B. Johnson
约翰逊 Wallace-Johnson
印度文官 Indian Civil Service, ICS
英属印度洋皇家殖民地 British Indian Ocean Territory
英美加勒比委员会 Anglo-American Caribbean Commission
英斯基普(见考尔德科特子爵) Thomas Inskip, Viscount Caldecote
犹太复国主义 Zionism

Z

赞比亚非洲人国民大会 Zambia African National Congress
扎格鲁尔 Zaghlul Pasha
詹金斯 R. H. Jenkins
奥斯汀·张伯伦 Austin Chamberlain
内维尔·张伯伦 Neville Chamberlain
约瑟夫·张伯伦 Joseph Chamberlain
真纳 Mohammed Ali Jinnah
殖民地发展与福利法案 Colonial Development and Welfare Act
殖民地战后重建委员会 Colonial Office Committee on Postwar Reconstruction
自由军官组织 Free Officers

后 记

本卷由刘明周撰写,钱乘旦修改定稿。